インターネット・「コード」・表現内容規制

小倉一志

尚学社

はしがき

　本書は，前書『サイバースペースと表現の自由』(尚学社・2007年)以降，サイバースペースないしインターネット上の表現の自由に関して執筆した論考を中心に収録したものである。本書では，(前書で扱った)総論部分の「サイバースペース原理論」のみならず，各論部分にあたるアダルトコンテンツ・名誉毀損的表現・差別的表現の「その後」を紹介する論考のほか，(前書では十分な検討が行えなかった)プライバシーを侵害する表現・インターネットにおける選挙運動・電子投票・身元識別情報の開示に関する論考なども収めてある。その意味で本書は，前書のアップデート版であるとともに，サイバースペースないしインターネット上で問題となっている，比較的新たな論点を示すものともなっている。

　本書の各論考は，書籍・雑誌の企画に応じて寄稿させていただいたもの，もしくは，筆者の勤務先の紀要に掲載したものである(初出については，別頁参照)。当初より，単著にまとめることを予定していたわけではなく，各論考のテーマはいずれもサイバースペースないしインターネット上の表現の自由に関する狭い領域を扱ったものであるため，内容的にも記述としても重複し合っている箇所が見受けられる。この点は平にご寛恕を乞うしかない。また，本書の出版にあたってのアップデートは最小限に止めている。これは，前書を出した際の反省に基づくものである。サイバースペースないしインターネット上の問題は，変化が非常に早いため，オリジナルの元原稿を修正しても新たな変化が生じることが多く，完全なアップデート版を出すことは困難だからである。本書で扱ったテーマに関する最新情報については，今後執筆する新たな論考で紹介することとし，その辺は割り切って考えることにした。

　気がついてみると，前書の出版から9年の歳月が経っている。気持ちはまだ「若手」のままであるが，いつしか「中堅」教員の仲間入りをし，研究・教育のみならず，学内外で様々な業務も負担しなければならない状況にある。このような中にあっても，筆者の指導教官である，常本照樹先生をはじめとする多く

の先生方からの御指導や，書籍・雑誌への執筆あるいは学会報告等の機会を与えてくださった先生方の御配慮により，今回このような形でまとめることができた。諸先生方に心から感謝申し上げるとともに，これからも変わらぬ御指導を賜りたいと思う。

　また，前書に引き続き本書も尚学社のお世話になることができた。本書の出版をご快諾いただくとともに，出版作業にご尽力いただいた，吉田俊吾社長，苧野圭太様にも心から感謝申し上げたい。更に，本書の出版にあたって，快く転載を認めてくださった各出版社・編集者の方々にも，この場を借りて御礼を申し上げたい。

　最後になるが，個人的な事柄を2点ほど記すことをお許しいただきたい。父・忠一（2012年（平成24年）2月5日死去）は，私にとって一番の理解者であり，応援者であったことを今になって痛感している。私の論文が出た際には，自宅居間の指定席に座って手に取り，うれしそうに眺めていた光景を昨日のことのように思い出す。また，「次は，いつ出るのか」と事ある毎に聞かれ，そのことが，次の原稿執筆への原動力ともなっていたと思う。私が今回，無理を承知で書籍化の作業を推し進めたのは，父との思い出がそのようにさせたのかもしれない。更に，本書の校正中には，祖母・すゞゑも亡くなった（2015年（平成27年）12月27日死去）。本書を「冥土の土産」にと思いながら作業をしていたが，それも叶わぬこととなった。悲しみは尽きないが，本書の出版が心の区切りになればと思う。

2015年（平成27年）12月29日記す

小倉一志

＊本書は，文部科学省科学研究費補助金・基盤研究(C)(一般)(2014年度(平成26年度)～2016年度(平成28年度))の研究成果の一部である。

目　次

はしがき　　i

I　「コード」 3

1　はじめに　3

2　インターネット上の「コード」　4

　2.1　「コード」の分類　4

　2.2　フィルタリングソフトウェア・PICS　5

3　「コード」に関する議論と評価　6

　3.1　レッシグの議論　6

　3.2　受容可能性の検討　7

　3.3　許容されうる「コード」の要件　10

4　まとめに代えて──「コード」による規制の現状との関連で　13

II　サイバースペースにおける表現内容規制に関する一考察
　──規制要素としての「コード」と「法」を中心として 20

1　はじめに　20

2　規制要素としての「コード」　21

　2.1　ローレンス・レッシグ（Lawrence Lessig）の指摘　21

　2.2　「コード」の機能と問題点　22

3　表現内容規制論の変容可能性　24

　3.1　アダルトコンテンツ　25

　　(1)　「公的センサー」として機能する「コード」（ブロッキングソフトウェアの
　　　　場合）　25

　　(2)　「公的センサー」として機能する「コード」（PICSの場合）　25

　　(3)　「私的センサー」として機能する「コード」　25

　3.2　名誉毀損的表現・差別的表現　26

　　(1)　「公的センサー」として機能する「コード」　26

　　(2)　「私的センサー」として機能する「コード」　27

4　まとめに代えて　27

iii

Ⅲ 日本におけるインターネット上の表現内容規制
――韓国の状況を参照しながら ………………………………… 31

1 はじめに 31

2 インターネットの利用状況 32

3 韓国における表現内容規制 33

4 日本における表現内容規制 35

4.1 アダルトコンテンツ 35
(1) 判例 35 (2) 法律 36 (3) 学説 37

4.2 名誉毀損的表現・プライバシーを侵害する表現 38
(1) 判例(パソコン通信) 38 (2) 判例(インターネット) 39
(3) 学説 41

4.3 選挙に関する表現 42
(1) 規制の状況 42 (2) 学説 43

4.4 虚偽事実の表現 44
(1) 規制の状況 44 (2) 学説 44

5 まとめに代えて――日本・韓国の比較 45

Ⅳ 条例によるインターネットの「有害」情報規制 ……………… 52

1 はじめに 52

2 条例による規制の大まかな流れ(時系列) 53

3 条例による規制の分析(地域別) 53

3.1 北海道地方 54
3.2 東北地方 54
3.3 関東地方 55
3.4 甲信地方 56
3.5 北陸地方 57
3.6 東海地方 58
3.7 近畿地方 59
3.8 中国地方 60
3.9 四国地方 61
3.10 九州地方 62
3.11 沖縄地方 63

4 簡単な検討 64

V 条例によるインターネットの「有害」情報規制（続）……… 72

1 はじめに──本稿の目的　72

2 条例による規制の分析　73

2.1 北海道地方　73

2.2 東北地方　74

2.3 関東地方　75

2.4 甲信地方　78

2.5 北陸地方　79

2.6 東海地方　80

2.7 近畿地方　82

2.8 中国地方　85

2.9 四国地方　87

2.10 九州地方　88

2.11 沖縄地方　91

3 簡単な検討　92

VI インターネットにおける「有害」情報規制の現状 ……… 101

1 はじめに　101

2 アメリカ　102

2.1 通信品位法（Communications Decency Act; CDA）　102

2.2 子どもオンライン保護法（Child Online Protection Act; COPA）　103

2.3 児童ポルノ防止法（Child Pornography Prevention Act; CPPA）　104

2.4 子どもインターネット保護法（Children's Internet Protection Act; CIPA）　104

3 日本　105

3.1 従来型の「法」規制によるもの　105

3.2 青少年保護条例　106

3.3 青少年インターネット環境整備法　108

4 まとめに代えて　109

Ⅶ サイバースペースに対する表現内容規制立法と その違憲審査基準

——アメリカにおけるアダルトコンテンツ規制を素材として ……… 112

1 はじめに　112

2 アメリカにおける表現内容規制立法　112

2.1 CDAに対する司法判断の内容　113

(1) ペンシルベニア東部地区連邦地裁決定　113
(2) ニューヨーク南部地区連邦地裁決定　115
(3) 連邦最高裁判決　116

2.2 CDA以外の手段による表現内容規制　117

(1) CDA違憲判決後の連邦議会の動き　117　　(2) 各州議会の動き　118

2.3 小括　121

3 サイバースペースの性質と違憲審査基準　121

3.1 既存メディアにおけるメディア特性分析　121

(1) 電波メディア　121　　(2) 電話(による有料テレホンサービス)　122
(2) ケーブルテレビ　123

3.2 実際の適用における問題点　124

(1) Denver判決　124　　(2) メディア特性分析への懐疑　127

3.3 メディア特性分析への対案　128

(1) パブリックフォーラム理論のアナロジー　128
(2) ビレッジグリーンのアナロジー　130
(3) Tribeの見解及びそれに対する評価　132

3.4 小括　134

4 まとめに代えて　134

Ⅷ 政治過程におけるインターネットの利用

——わが国の過去・現在・近未来 ………………………………………… 148

1 はじめに　148

2 選挙運動　149

2.1 自治省(現・総務省)の立場　149

2.2 総務省での検討　151

2.3 政党・国会の動き　152

(1) 自公政権時代　152　　(2) 民主党政権時代　153
(3) 再度の自公政権時代(現在)　154

2.4 若干の検討　155

３　電子投票　157

　3.1　導入に向けた動き　157

　3.2　電子投票のメリットとデメリット・その後の動き　158

　3.3　若干の検討　160

４　まとめに代えて　162

Ⅸ　インターネットの個人利用者による表現行為について　名誉毀損罪の成否が争われた事例
——いわゆる，ラーメンフランチャイズ事件判決 ································· 196

〔事実〕　196

〔判旨〕　197

　東京地判平成 20 年 2 月 29 日　　197

　東京高判平成 21 年 1 月 30 日　　199

　最決平成 22 年 3 月 15 日　　200

〔検討〕　201

１　名誉毀損（罪）と表現の自由　202

　1.1　刑法 230 条・230 条の 2　202

　1.2　誤信についての相当の理由（「相当の理由」ないし「相当性の基準」）　203

　1.3　「現実の悪意（actual malice）」の法理　205

２　本件地裁判決が示した「新基準」　206

　2.1　表現媒体としての特徴（被害者の反論可能性）　207

　2.1′インターネットへの適用可能性　208

　2.2　表現内容の特徴（インターネット上の情報の信頼性の低さ）　210

　2.3　「新基準」の評価　210

Ⅹ　インターネット上の名誉毀損
——最近の 2 つの事件について ·· 218

１　はじめに　218

２　ラーメンフランチャイズ事件　219

　2.1　事件の概要　219

　2.2　判決・決定の要旨　219

　2.3　若干の検討　220

⑴　表現媒体としての特徴　220　　　⑵　表現内容の特徴　222
　　　⑶　「新基準」の評価　222
　　3　Googleサジェスト事件　223
　　　3.1　事件の概要　223
　　　3.2　決定・判決の要旨　223
　　　3.3　若干の検討　224
　　　⑴　民事責任の存否　224　　　⑵　債務者（被告）の適格性　225
　　4　まとめに代えて　225

Ⅺ　インターネット上のプライバシー侵害に関する一考察 ········ 228
　　1　はじめに　228
　　2　インターネット上の判例の概観　229
　　　2.1　プライバシー（個人情報）掲示型　229
　　　2.2　プライバシー（肖像写真）掲示型　231
　　　2.3　プライバシー（個人情報）漏えい型　231
　　3　検討　233
　　　3.0　（リアルスペース上の）プライバシーの法理　234
　　　3.1　プライバシー（個人情報）掲示型　235
　　　3.2　プライバシー（肖像写真）掲示型　237
　　　3.3　プライバシー（個人情報）漏えい型　238
　　4　まとめに代えて　239

Ⅻ　インターネット上の差別的表現 ······································· 245
　　1　はじめに　245
　　2　インターネットにおける差別的表現の具体例　246
　　　2.1　これまでの状況　246
　　　2.2　最近の判例　248
　　　⑴　奈良水平社博物館事件　248　　　⑵　京都朝鮮学校事件　249
　　3　差別的表現に対する諸外国の対応　250
　　　3.1　国際法レベル　250
　　　3.2　国内法レベル　252
　　　⑴　規制に肯定的な国（ドイツなど）　252
　　　⑵　規制に否定的な国（アメリカ）　254

4 差別的表現に対するわが国の対応　255

　4.1　憲法学説　255

　4.2　法律（案）・条例（案）　257

　　⑴　人権擁護法案・鳥取県条例　258
　　⑵　人種差別撤廃法案・大阪市条例案　259
　　⑶　大阪府条例・岡山市条例　260

5　小括　260

6　まとめに代えて──最近施行された法律・条例に関して　262

XIII　自己情報のインターネット・サイトへの無断記載
──K.U. 対フィンランド判決 ……………………………… 267

〔事実〕　267

〔判旨〕　268

　1　条約8条違反の主張について　268
　2　条約13条違反の主張について　269
　3　条約41条の適用について　269

〔解説〕　270

　1　本判決の意義・特徴　270
　2　条約8条の意味内容　270
　3　身元識別情報の開示　271
　4　日本法の内容・日本法への示唆　272

索引　275

初出一覧・関連文献　287

文献・判例集書誌の略称は『リーガル・リサーチ〔第5版〕』
（日本評論社・2016年）に従っている。

インターネット・「コード」・表現内容規制

I 「コード」

1 はじめに

　インターネットの起源は，1969年に策定されたARPANET計画にまで遡ることができる。この計画では，ベトナム戦争においてアメリカ軍の通信網がベトナム人民軍のターゲットとされたことの反省を踏まえ，ソ連軍による核攻撃があった場合においても，国家の機能・軍の指揮命令系統を守ることを可能とするような自律分散型ネットワークの構築が志向されていた。しかし，当初の目的とは裏腹に，ARPANETはアメリカ国内の大学・研究機関を結ぶ学術研究用のネットワークとして発展するとともに，時を同じくして，コンピュータの「コード（Code）」を無償で書き，ネットワーク上の仲間と技術や情報を共有し合う，ハッカーが活躍を見せるようになる。コンピュータについての高度な専門知識を有する彼（女）らの積極的な活動は，コンピュータやネットワークの発展に大きく寄与するとともに，その後のインターネットにも彼（女）らの思想がビルトインされることとなる。この点は，インターネットの歴史そのものが，オープンソースの精神に貫かれていることからも見て取ることができる[1]。

　また，彼（女）らの政治的スタンスは，反体制運動・反戦運動に多分の影響を受けた初期のものから，サイバーリバタリアニズムへの移行が見られる[2]ものの，国家や「法（Law）」による介入を拒絶する点では首尾一貫している。この点を明確に表したものとして，ジョン・ペリー・バーロー（John Perry Barlow）による「サイバースペース独立宣言」[3]が知られている。この中でバーローは，（既存の国家からの）サイバースペースないしインターネットの独立を高らかに宣言するとともに，「なにごとも人々からしてもらいたいことは，すべてそのとおり人々にしてあげなさい」とする「黄金律」をインターネットに適用可能な唯一の「法」としたが，この宣言は，「コード」が（インターネットの）更なる自由

を探求する彼（女）らの下にあるとともに，自律分散型のアーキテクチャは国家や「法」による介入の拒絶を技術的に支えるものであることを前提としていたといえよう。

　しかし，「コード」はハッカーである彼（女）らの専有物ではないのみならず，価値中立的な存在である（表現の自由等の憲法的価値をより良く実現するためにも，あるいは逆に縮減するためにも用いることが可能である）ことが認識されるようになり，国家や「法」以上に，「コード」に注意を払う必要性が示されるに至っている。本稿は，ローレンス・レッシグ（Lawrence Lessig）が「法」以外の規制要素（regulator）として摘出した「コード」につきラフスケッチを試みるものである。最初にインターネットを規制する「コード」につき，表現規制として用いられるフィルタリングソフトウェアやPICS（Platform for Internet Content Selection）を中心に見る。その上で，「コード」をいち早くインターネットの規制要素として位置づけるに至ったレッシグの議論の紹介と受容可能性の検討を行うとともに，表現の自由という憲法的価値の観点から許容されうる「コード」の要件について考える。また，「コード」による規制の現状についても簡単に触れることとしたい。

2　インターネット上の「コード」

2.1　「コード」の分類

　インターネット上の「コード」を検討するにあたっては，次の分類が有用である。まず，①ルートサーバは，インターネットの規制を困難にしている最大の原因である自律分散型の特質を支える部分であるが，この領域での「コード」の書き換えは，インターネットにおけるセルフガバナンスの複雑な「力学」により容易には行えないとされる。これに対して，②TCP/IPのアプリケーション層，③コンピュータのハードドライブ（にあるソフトウェア）は，インターネット上の情報の流通と匿名性に影響を与える部分であるが，「コード」の書き換えは比較的行いやすいとされる。②の領域では，ウェブサーバ，ブラウザ，オペレーティングシステム，暗号化モジュール，Java，電子メールシステムにおける「コード」が考えられるが，具体例としては，サーバにインストールされるフィルタリングソフトウェアやPICS，認証システム，著作権管理システムがあげ

られる[4]。③の領域では，オンライン上でダウンロードされた，あるいはオフラインで購入されたソフトウェアの中でも，コンピュータのハードドライブにインストールされるフィルタリングソフトウェアやPICS，特定の被疑者のオンライン上の活動を監視するために捜査当局が用いている（とされる）ソフトウェアが具体例としてあげられる[5]。

2.2　フィルタリングソフトウェア・PICS

これらの中で，フィルタリングソフトウェアとPICSの2つが表現の自由に影響を与える「コード」として知られている。フィルタリングソフトウェアについては，現在，様々なものが利用可能となっているが，①サイトブロッキング技術（ウェブサイトを予め目視によりチェックしておき，その結果に基づいて，表示・非表示を決定する技術）を中心に，②キーワードブロッキング技術（表示されるサイト内の文字を自動的に検索し，問題となる言葉〔例えば，セックスや麻薬等〕が含まれている場合には，非表示とする技術），③後述のPICSの技術等により構成されている。このフィルタリングソフトウェアは，コンピュータにインストールするものとサーバにインストールしその下で接続されたコンピュータからのアクセスをコントロールするものがある。ユーザは市販のフィルタリングソフトウェアを利用できるほか（インターネットサービスプロバイダも同様のソフトウェアを提供している），フィルタリング機能を持つプロキシサーバ経由でのアクセスを提供するプロバイダもある[6]。また，コンピュータからのアクセスのみならず，携帯電話（NTTドコモ，au，ソフトバンク）・PHS（ウィルコム）からのアクセスにもフィルタリングソフトウェアが用いられている。携帯電話・PHSの各社は，ネットスター社のカテゴリリストを使用し，アクセス禁止に指定されたカテゴリに分類されたサイトをフィルタリングしている[7]。

PICSは，インターネット上に存在する様々なサイトについて予め定められた観点もしくはカテゴリに基づきレイティング・ラベリングを（サイトの作成者・管理者もしくは第三者が）行った上で，そのレイティング・ラベリングについてのデータをコンピュータ上，あるいはサーバ上で照らし合わせることによって，表示・非表示を決定する技術である。先述のフィルタリングソフトウェアは（主として）企業により商用ソフトウェアとして提供されており[8]，「独自のレイティング情報と独自の方式」を用いている[9]ため互換性を有しないという問

題があったが，PICSはWWW技術の標準化の推進を目的としたW3C (World Wide Web Consortium) により開発された。この技術に基づき，非営利組織のRSAC (Recreational Software Advisory Council) は，「暴力」「裸体」「性」「言葉」の4つのカテゴリから5段階（0～4）でレイティングするRSACiシステムを策定したが，現在はRSACの活動を引き継いだICRA (Internet Content Rating Association) [10] により策定されたICRAラベリング・システム（2000年の基準[11]は「ヌード，および性的なマテリアル」「暴力」「言葉」「その他のトピックス」「チャット」の5つのカテゴリに分類される表現につきラベリングを行う）へと移行している。

次に項目を改めて，これらの「コード」に関する議論を見た上で，憲法学の観点からどのように評価すべきかを検討する。

3 「コード」に関する議論と評価

3.1 レッシグの議論

アメリカでは，当初より，自律分散型の特質を有するインターネットに対して，（トップダウン型の）国家による「法」を適用できるか否かが議論となっていた。この点に関して，最初に注目を集めたのが，デビッド・ポスト（David Post）とデビッド・ジョンソン（David Johnson）[12] である。国家による規制が困難であることに加えて，（ボトムアップ型の）自発的なルールが最善の解決方法であるとの理解から国家の介入を否定する2人の主張は，インターネットというフロンティアに対する規制に反対し，表現の自由等の憲法的価値を積極的に擁護するサイバーリバタリアンとも歩調を合わせるものであり，多くの支持を集めることとなった[13]。

これに対して，「規制の妥当性は行為の影響力に基づく」との理解から，インターネット上の行為がリアルスペースの人間に影響を与える以上，国家による介入は否定できないと反論する[14]とともに，より一般的な理論を提示したのがレッシグである。レッシグは「法と経済学」における新シカゴ学派（New Chicago School）[15] の立場から，（インターネットのみならず）人間の行動一般に対する規制要素として，「法」のみならず，「（社会）規範（(Social) Norm)」，「市場（Market)」，アーキテクチャないしアーキテクチャを構成する「コード」を摘出する。レッシグが好んで用いる喫煙（行動）の例でいえば，喫煙場所の規制・未

成年に対する販売規制のように「法」による規制が可能であるのみならず，車の同乗者の同意のない喫煙・食事中の喫煙は「（社会）規範」によって規制可能であり，たばこの値段や品質を利用した「市場」やフィルタの有無・ニコチンの量・においの強弱などのアーキテクチャによっても規制可能であるとする[16]。その上で，各規制要素がもたらす効果と相互の関連性を検討する[17]。この場合，いずれの規制要素によっても同様の結果をもたらすことができるが，どの規制要素をどれだけ利用するかはコスト・ベネフィットの検討を通じて決定されるという[18]。また，「法」と他の規制要素は別個独立して存在しているのではなく，場合によっては「法」が他の規制要素を間接的にコントロールする場合があることを認め，「法」の役割を積極的に位置づける。例えば，「法」によるたばこの課税率の引き上げ（「市場」を通じた規制），禁煙キャンペーンのための予算＝「法」の獲得・執行（「（社会）規範」を通じた規制），たばこに含まれるニコチン量を非常に少量にする「法」の制定（「コード」を通じた規制）によっても規制可能であるとする[19]。これは，レッシグが寄って立つ新シカゴ学派の特徴であり，（旧）シカゴ学派も「法」以外の規制要素を重要視する点で共通するが，「法」の位置づけ方が両者で異なっている。

　以上の理論枠組みをインターネットにあてはめると次の2点が浮かび上がる。第1に，インターネットにおいてはアーキテクチャ，すなわち「コード」作者（code writer）によって書かれた「コード」が他の規制要素よりも強く機能することである。第2に，「コード」は価値中立的なものであり，（表現者にとって好ましい）表現の自由や匿名性等の憲法的価値が比較的良く保たれている現状は，現在の「コード」がそれを実現しているにすぎないことである[20]。これらの理解を基にレッシグは，「法」を用いずとも「コード」の書き換えによってインターネット上の憲法的価値が縮減可能であるのみならず，実際にも縮減する形で書き換えられる蓋然性が高く，アメリカの西部開拓時代にも擬えられたインターネットは終焉を迎えることになると警告する。

3.2　受容可能性の検討

　インターネット上の憲法的価値が「コード」によって縮減されうることから，インターネットの特質を決定づける鍵は「コード」であると見るレッシグの理解は多くの支持を集めている。日本でも例えば，名和小太郎教授が「情報機器

にしても通信ネットワークにしても，その中心にはコンピュータがあり，その
コンピュータの中にはプログラムが仕組まれている。このプログラムが情報機
器やネットワークを制御している。つまり，情報社会を支えているのはプログ
ラムなのである」[21]と指摘するとともに，デジタル権利管理に代表される技術
が著作権法制度に先行することを「技術による制度の迂回」として注意を喚起
していた[22]。また，園田寿教授も人間の行動をコントロールする方法には，（有
無を言わさず強制的に行動を規制する）物理的な規制と（言葉の意味を理解させ，意味
に従わせて規制する）言葉による規制の2つがあることを指摘し，インターネッ
トにおいて特に前者が重要な意味を持つとする[23]。

　しかし，「コード」の決定を「コード」作者中心の「私的自治」に委ねることが，
インターネット上の憲法的価値を縮減してしまう結果に直結するとは言えない
であろう[24]。第1に，「コード」を書き換えるに際しての動機は一様ではない[25]。
特に企業等の私的ドメインにおいて，憲法的価値を縮減してしまう新しい「コ
ード」をすべての「コード」作者が採用することはないと考えられる。なぜな
らば，「コード」は「神の見えざる手」により決定されるものだからである。ユ
ーザにとって不利な「コード」をユーザ自らが選択する可能性が低い以上，こ
のような「コード」のみで市場が埋め尽くされることはない[26]。場合によって
は独占的・寡占的企業の存在により，ユーザにとって不利な「コード」しか選
択できない状況が生じるかもしれないが，それは「コード」の欠陥ではなく，自
由な競争秩序をいかに構築するかの問題である[27]。

　第2に，「コード」の書き換えへの抵抗は不可能ではない。現在においても，
インターネット技術の標準化に関わる作業はIAB (Internet Architecture Board)，
IETF (Internet Engineering Task Force)[28]，W3C等の非営利組織が担っており，
インターネットにとって重要な「コード」はオープンにされている。確かに，
これらの組織における標準化は厳格なものではないことから，デファクト・ス
タンダードな「コード」が生じる可能性があり[29]，インターネットへの市場原
理の浸透はこの確率を高めているが，標準化のプロセスをこれらの組織が現在
も担っている点は重要視すべきである。「コード」がオープンにされている[30]
限り，「コード」にコントロールを及ぼすことは可能である。また，公的ドメ
インにおける「コード」（の少なくとも一側面）は裁判を通じたコントロールが可能
である。例えば，公立図書館においてフィルタリングソフトウェアの使用を義

務づける規則の違憲性が争われたMainstream Loudoun v. Board of Trustees of the Loudoun County Library[31]や義務教育諸学校・公立図書館のコンピュータにフィルタリングソフトウェアをインストールすることを条件としてインターネットへの接続費用等について政府が補助金を支出することを定める「子どもインターネット保護法（Children's Internet Protection Act; CIPA）」の違憲性が争われたUnited States v. ALA[32]において，表現内容のフィルタリングを行う「コード」が表現の自由の観点から吟味されている。このように考えると，オープンにされた「コード」にコントロールが及ぶのみならず，オープンにされていない「コード」であっても，公的ドメインで用いられる「コード」（の少なくとも一側面）には裁判を通じたコントロールが可能である。更に，その結果として，私的ドメインで用いられる「コード」（の少なくとも一側面）についても「間接的」「反射的」なコントロールは及ぶといえよう[33]。

　ところで，レッシグは，いま指摘したような形でのコントロールが可能であるとは理解していないために，「法」から「コード」への規制要素のシフトによって憲法的価値が縮減した場合[34]には「私的自治」に委ねておくべきではなく，国家や「法」が介入することによって回復する必要があるとする[35]。憲法制定者の意図を探り，その意図を「翻訳」した上で「コード」に適用することが可能であるならば，この「翻訳」作業により憲法保障の内実を豊かにすることによって憲法によるコントロールの幅を広げることもできるが，現実には「翻訳」内容の確定はしばしば困難を伴う[36]とともに，一定の場合を除いて私人の行為を制約するものとは解されていない点を補うことが可能となる。この点における，表現の自由等の憲法的価値の「保護義務」を国家に課すことによって「コード」をコントロールしようとするレッシグの議論は興味を引くが，アメリカ・日本の憲法学における自由の観念とは大きく異なるものと言わざるをえない。ここでの自由とは「国家からの自由」，すなわち，「政府による干渉がない状態を指し，それゆえ自由とは政府による干渉を排除する権利として理解」[37]されている。ゆえに，「コード」により一旦縮減された自由を回復させるために「法」を用いることは「想定外」ということになる[38]。これに対してドイツにおける自由とは，「国家からの自由」のみならず「国家による自由」を併有するものと考えられていることから，「法」を国家（政府）による干渉とのみ捉えるのではなく，国家（政府）の情報責任＝条件整備として捉えることも可能となる[39]。

I 「コード」　9

しかし，ドイツでの理解を日本に導入しようとする学説は少数に止まっている[40]。

なお，レッシグが関わってきた「オープンソース運動」「クリエイティブ・コモンズ」も「コード」のコントロールを狙いとしているところに共通点が見て取れる。前者は，ソースコードをオープンにすることにより「コード」の自由な拡張・再配布を認めるものであり，後者は，DRM（Digital Rights Management）技術が著作物に対する「支配」「管理」を容易にしている現状への対抗措置として，「著作者表示の有無，営利目的での利用の可否，翻案や改変の可否」について細かなライセンス条件を著作者自身が選択できるようにするとともに，その利用条件を示すロゴマーク，コンピュータで読み取れるメタデータを付加するものである[41]。これらは憲法的価値を縮減する「コード」に対する防波堤として機能することが期待される「カウンター・コード」と評価できよう。

3.3 許容されうる「コード」の要件

以上の点を踏まえて，表現の自由という憲法的価値の観点から許容されうる「コード」の要件について検討する。ここで参考になるのが，レッシグを参照しつつ情報社会学の立場から検討を加える東浩紀教授の議論である。東教授は，レッシグ流の「法」や「（社会）規範」を中心とした権力からアーキテクチャ型の権力への移行を，規律訓練型権力（人々の内面に規律＝規範を植え付ける権力）から環境管理型権力（人々の行動を物理的に制約する権力）への移行と対比させるとともに，この権力基盤の移行により，権力は人間を「動物化」させる（権力が「動物」でも従うことのできる効率的かつ直截的な規制を多用する）と主張する[42]。その上で，インターネットにおけるゾーニング方式とフィルタ方式という2つの「コード」による規制を対比させるレッシグの議論を紹介し[43]，ゾーニング方式はユーザ自身が規制されていることを認識できるが，フィルタ方式はこの認識を欠いたまま規制される所に問題があるとする結論を支持する。また，「消極的自由（他者からの干渉がないこと）」と「積極的自由（自分自身で自らの行為選択をすること・自己支配をすること）」の区別を行い，「消極的自由」を（政治的に意味のある自由として）重要視したアイザイア・バーリン（Isaiah Berlin）の議論を用いながら[44]，インターネットは「消極的自由」を拡大（他者からの干渉を減少）させるものと評価する一方で，「積極的自由」の追求には，ユーザ自らが設定する「自主的フィルタリング」の問題が潜んでいると指摘する。

このように，①「規制の認識（規制の可視性）」，②「消極的自由」や③「積極的自由」から分析する手法は憲法学においても示唆的であると考えられる。これらにつき順に検討すると，①「規制の認識」の点については，上流のサーバで「濾過」する方式ではなく，各自のコンピュータレベルで表示・非表示を決定できることが必要とされる。サーバレベルでのフィルタリングソフトウェアやPICS が「規制の認識」を欠くようなシステムとなっているのであれば，この要件を満たさないこととなる。

　②「消極的自由」の点については，規制の「過大」と「過小」が問題となる。まず，規制の「過大」は，フィルタリングソフトウェアや第三者によるレイティング・ラベリングで生じるとされてきた。（前者の）フィルタリングソフトウェアについては，(i)フィルタリングの対象が必要以上に広汎であるとともに，その基準が十分に開示されていないこと[45]，(ii)不当なフィルタリングが行われた場合，サイトの作成者・管理者に対抗する手段がないこと[46] 等の問題が指摘されてきた。（後者の）第三者によるレイティング・ラベリングについても（様々な政治的・思想的スタンスを反映できる点でメリットがあるが）広汎な規制となることが指摘されてきた。しかし，この規制の「過大」を狭める仕組みも考えられている。（前者の）フィルタリングソフトウェアについては，例えば，健全な（逆に言うと，「有害」ではない）サイトを認定する第三者機関の活動がある[47]。日本では，フィルタリングソフトウェアが「有害」サイト以外のサイトも規制の対象としている現状認識の下，サイトの健全性を評価する基準を策定するとともに，申請のあったサイトに対して認定マークを付与する取り組みが始まっている。これらの活動が活発化すれば，フィルタリングソフトウェアが抱える上記の問題を解決できるように思われる。（後者の）第三者によるレイティング・ラベリングについては，ジャック・バルキン（Jack Balkin）により「3層フィルタリング・スキーム（three-layer filtering scheme）」が提唱されている。1層目はサイトの作成者・管理者により，2層目は第三者によりラベリング・レイティングが行われる（これらはオープンソースとすることによりコントロールが可能になる）とともに，3層目では他の2層に関わらずユーザが表示・非表示を変更できるように設計されている[48]。このスキームは，多元的組織による多元的評価を用いた規制を可能にするとともに，表示・非表示の最終的な判断をユーザの手元に残すことによって（「規制の認識」の確保とともに）規制の「過大」を狭める「コード」

I　「コード」　11

と評価できる。

　規制の「過小」は，サイト作成者・管理者によるレイティング・ラベリングで生じるとされてきた。レイティング・ラベリングをサイト作成者・管理者の自発的意思に委ねた場合には，それに従わないものが多数出てくることは必然だからである。しかし，レイティング・ラベリングを「法」により強制することは表現行為の強制にあたり，この領域には厳格審査基準が適用されると考えられている[49]。この点につき，レッシグは，「未成年に有害な」表現に限ってタグを付ける方法である「キッズ・モード・ブラウジング」を提案している。「未成年に有害な」表現であるとサイト作成者・管理者が判断したものを<H2M></H2M>のタグで囲むように「法」で義務づけるとともに，ブラウザに未成年が利用する場合と大人が利用する場合の切り替えスイッチを設けることによって，このタグを読んだブラウザが当該表現の表示・非表示を可能にする方法は，一種のゾーニング[50]と見なすことができる。

　そして，③「積極的自由」の点については，「自主的フィルタリング」を過度に推し進めていくことを可能とするような「コード」が利用可能となった場合，自己統治の価値にマイナスの影響を与える恐れが，キャス・サンスティン（Cass Sunstein）によって指摘されている。ただし，現段階では，この点について問題は生じていないと考えられる。

　従来の憲法学において主たる検討対象とされてきたのは，いうまでもなく②「消極的自由」であるが，インターネットにおける表現の自由を考える際には，①「規制の認識」や③「積極的自由」への配慮も求められよう。ドイツにおける自由の観念を前提とするのであれば，国家や「法」による介入が要請される。その一方で，アメリカ・日本の理解を前提とすると，（特に，公的ドメインにおける「コード」の）②「消極的自由」は裁判を通じた確保も可能であるが，これらへの配慮は，「コード」作者・「コード」を選択するユーザ・インターネット技術の標準化に関わる組織や「コード」の監視団体，更には，健全なサイトの認定を行う第三者機関等の「私的自治」に委ねられるのが基本となろう。

4 まとめに代えて
——「コード」による規制の現状との関連で

表現内容を規制する「コード」であるフィルタリングソフトウェアやPICSは，元来，家庭等の私的ドメインにおいて「(純然たる) 自主規制」として機能することが期待されていたものであった。1990 年代半ばよりアメリカで販売されるようになったフィルタリングソフトウェアをローカライズしたもの (Cyber Patrol, CYBERsitter, SmartFilter等) のみならず，日本のソフトウェアメーカが独自に開発したもの (i-フィルター，InterSafe等) も流通するようになり，マイクロソフト社はInternet Explorer 3.0以降のバージョンで「コンテンツアドバイザ」を組み込み，PICSを利用可能にしている[51]。しかし，「コード」による「(純然たる) 自主規制」は必ずしも十分に機能しているとは言えない状況にあり[52]，対応が求められていた。アメリカにおいては，「コード」の使用を「法」により強制すること (Loudoun 判決の場合) や補助金による経済的誘因を「法」により創出すること (CIPA 判決の場合) が試みられてきたが，日本では，自主規制の枠組みを「法」によって規定する，いわゆる「規制された自主規制」[53]の手法が選択されることとなった。

2009 年 (平成 21 年) 4 月 1 日に施行された[54]「青少年が安全に安心してインターネットを利用できる環境の整備等に関する法律 (いわゆる，青少年インターネット環境整備法)」[55]は，「コード」の利用環境の整備を事業者に強制すること等を内容とする自民党青少年特別委員会が取りまとめた当初の議員立法案[56]とは異なり，(青少年保護条例[57]と同様に) 強制の要素が取り除かれている点で一定の評価ができる。しかし，「規制された自主規制」であっても，表現内容を規制するのは他ならぬ「コード」である。この「コード」に様々な問題が含まれていることは，本稿で検討したとおりである。特に，「コード」の決定が「コード」に係わるアクターの「私的自治」に委ねられる (のが基本となる) との結論は，表現の自由という憲法的価値が「コード」に反映されていることの不確実性を示すこととなるが，「国家からの自由」を基調とするアメリカ・日本の理解に立つ限りやむを得ないと考えられる。「コード」の書き換えにより憲法的価値が縮減されることのないように常に監視し，コントロールする重要な役割を (「動物化」

I 「コード」　13

されようとしている）これらのアクターも担わざるをえないのである[58]。

1) 矢野直明『インターネット術語集——サイバースペースを生きるために』（岩波新書・2000年）176頁。

2) 東浩紀「情報自由論——データの権力，暗号の倫理⑤」中央公論 2002年（平成14年）11月号（2002年）271-272頁。

3) 邦訳として，公文俊平編『ネチズンの時代』（NTT出版・1996年）228-232頁などがある。

4) STUART BIEGEL, BEYOND OUR CONTROL?: CONFRONTING THE LIMITS OF OUR LEGAL SYSTEM IN THE AGE OF CYBERSPACE 198-199 (2001).

5) Id. at 204-205.

6) 例えば，OCNは「有害サイトブロックサービス」としてトレンドマイクロ社の「InterScan WebManager」，BIGLOBEは「Webフィルタリングサービス」としてデジタルアーツ社の「i-フィルター」を提供している。@niftyは「Webフィルタ for Kids」として「i-フィルター」を提供するのみならず，「コンテンツフィルタリングサービス」として「InterScan WebManager」をプロキシサーバに設置している。

7) 「不法」「主張」「アダルト」「セキュリティ」「ギャンブル」「出会い」「グロテスク」「オカルト」「コミュニケーション」「成人嗜好」が4社共通の（アクセスが禁止される）カテゴリとなっており，更に，NTTドコモとウィルコムは「ライフスタイル」「宗教」「政治活動・政党」も含めている（石野純也『ケータイチルドレン——子どもたちはなぜ携帯電話に没頭するのか？』〔ソフトバンク新書・2008年〕171頁）。なお，NTTドコモとauは，ネットスター社が上記カテゴリに該当しないと判断したサイトのみアクセスを認めるホワイトリスト方式を採用していたが，上記カテゴリに該当すると判断したサイトのみフィルタリングするブラックリスト方式へと変更した（NTTドコモは2008年（平成20年）8月1日より，auは10月1日より）。

8) フリーウェアとしてデジテク社の「フィルタリング・ブラウザ」，財団法人インターネット協会の「ソフトウェア・サービス」があるが，一般的ではない。

9) 国分明男＝清水昇「インターネットにおけるコンテンツ・レイティングとフィルタリング」情報処理40巻1号（1999年）57頁。

10) ICRAは，その後，2007年2月に設立された非営利組織FOSI (Family Online Safety Institute) の傘下に入っている。

11) 2008年の基準は「ヌード」「性的マテリアル」「暴力」「不快を生じさせる恐れのある言葉」「有害の恐れのある活動」「不安を生じさせる恐れのあるマテリアル」「ユーザが書き込んだ内容」「販売促進活動とデータ保護」となっている。

12) David Post & David Johnson, *Law and Borders: The Rise of Law in Cyberspace*, 48 STAN. L. REV. 1367 (1996); David Johnson & David Post, *And How Shall the Net Be Governed?: A Meditation on the relative Virtues of Decentralized, Emergent Law, in* COORDINATING THE INTERNET 63 (Brian Kahin & James H. Keller eds., 1997).

13) ただし，サイバーリバタリアンが規制に反対する真の理由は情報技術の自由な利用に基づいた公正な競争が阻害される所にあり，憲法的価値の擁護は副次的なものにすぎないとの指摘がある（東・前掲注2）272-273頁）。

14) Lawrence Lessig, *The Zone of Cyberspace*, 48 STAN. L. REV. 1403, 1404 (1996).

15) Lawrence Lessig, *The New Chicago School*, 27 J. LEGAL STUD. 661, 661 (1998).

16) ローレンス・レッシグ（山形浩生訳）『CODE VERSION 2.0』（翔泳社・2007年）172－174頁。Lawrence Lessig, *Law of the Horse*, 113 HARV. L. REV. 501, 512-513 (1999). 更に，レッシグ（ら）の議論につき，成原慧「フィルタリングと表現の自由」情報ネットワーク6巻（2007年）111頁以下，JONATHAN ZITTRAIN, THE FUTURE OF THE INTERNET: AND HOW TO STOP IT 193-196 (2008).

17) 飯田高『〈法と経済学〉の社会規範論』（勁草書房・2004年）142－143頁参照。

18) この点につき，情報社会の秩序形成は「集合的決定が必要かどうかも含めて，法についての，そしてアーキテクチャやコードについての，いずれにしても十分かつ公正な情報とそれに基づく公共的コミュニケーションに依存する」（酒匂一郎「法・情報・技術」日本法哲学会編『法哲学年報2001——情報社会の秩序問題』〔有斐閣・2002年〕17－18頁）とする酒匂一郎教授の主張に対して，大屋雄裕教授は公共的コミュニケーションがアーキテクチャに依存するものであれば，ここでの解決を公共的コミュニケーションに委ねるのは楽観的に過ぎると批判する（大屋雄裕「情報化における自由の命運」思想965号〔2004年〕227頁）。

19) 平野晋『電子商取引とサイバー法』（NTT出版・1999年）32－33頁参照。

20) ローレンス・レッシグ（山形浩生訳）『コモンズ——ネット上の所有権強化は技術革新を殺す』（翔泳社・2002年）218－219頁。

21) 名和小太郎『デジタル・ミレニアムの到来——ネット社会における消費者』（丸善ライブラリー・2000年）172頁。

22) 名和小太郎『個人データ保護——イノベーションによるプライバシー像の変容』（みすず書房・2008年）95－96頁，同『サイバースペースの著作権——知的財産は守れるのか』（中公新書・1996年）参照。

23) 園田寿「情報化社会と刑法」同編『知の方舟——デジタル社会におけるルールの継承と変革』（ローカス・2000年）22頁，同ほか『ハッカー VS. 不正アクセス禁止法』（日本評論社・2000年）229頁〔園田発言〕。

24) スチュアート・ビーゲル（Stuart Biegel）は，「（レッシグの主張を支持し）ドアの鍵はこじ開けられる可能性があるが，それによって鍵の機能が否定される訳ではない」とするティモシー・ウー（Timothy Wu）の議論を批判的に用いながら，リアルスペースとは異なり，ドアの鍵をこじ開ける道具がインターネットでは広く行き渡っているとともに，そこにおける「社会規範」もそれを後押しするという（BIEGEL, *supra* note 4, at 210-211）。また，憲法的価値を縮減する「コード」が出現する場合には，それを阻止する「カウンター・コード」も出現すること，1996年WIPO条約や1998年デジタルミレニアム著作権法（Digital Millennium Copyright Act; DMCA）の迂回禁止条項（anti-circumvention rule）は実効性の問題を抱えていること等を指摘し，「コード」の変化に対する影響は非常に限定されたものであるともいう（BIEGEL, *supra* note 4, at 208-209）。

25) この点につき，白田秀彰教授は「技術者がどのような技術を開発するかは技術者が決めること。機器の質を高めるために技術の先鋭化を進めるのが技術者の本分」であることを主張する（白田秀彰「法は単なる調整手段，技術者は自由に進め」日経エレクトロニクス967号〔2007年〕38頁）。

26) キャス・サンスティーン（石川幸憲訳）『インターネットは民主主義の敵か』（毎日新聞社・2003年）39頁。

27) 松井茂記「インターネットと憲法」公法 64 号（有斐閣・2002 年）51 頁。その一方で，発展途
上国等では，国家自らがユーザにとって不利な「コード」を強制することもありうる（フィル
タリングシステムを国家レベルで導入している中国やサウジアラビアが例である〔JACK
GOLDSMITH & TIM WU, WHO CONTROLS THE INTERNET?: ILLUSIONS OF A BORDERLESS WORLD 74
& 92-95 (2008)〕）。しかし，先進国を含むすべての国家が強制することはありえず，仮にそ
のような場合がありえたとしても，ネットヘブン（net haven）として機能する国家が現れる
のは必然である。

28) IAB は IETF の上部組織として，インターネットのアーキテクチャやプロトコルに関して
責任を負う組織であり，IETF はその下にあって，標準化の具体的作業を行っている（DAVID
G. POST, IN SEARCH OF JEFFERSON'S MOOSE: NOTE ON THE STATE OF CYBERSPACE 134-141
(2009)）。

29) Sharon Eisner Gillet & Mitchell Kapor, *The Self-Governing Internet: Coordination by
Design, in* COORDINATING THE INTERNET 20 (Brian Kahin & James H. Keller eds., 1997).

30) アメリカにおいては EFF（Electronic Frontier Foundation），EPIC（Electronic Privacy In-
formation Center）に代表される組織が「コード」の監視を行っており，ACLU（American
Civil Liberties Union）等も人権擁護の観点から同様の活動を行っている。日本では，このよ
うな組織はしばらく見られず，「日本のサイバースペースにおける政策や法律上の欠陥を生
む要因」となる恐れが指摘されていたが（白田秀彰「アメリカにおけるインターネットへの
司法権力の介入」IAJ NEWS, Vol. 3 No. 1〔1996 年〕http://orion.t.hosei.ac.jp/hideaki/iaj964.
htm (last visited Apr. 1, 2009)），社会的責任を考えるコンピュータ専門家の会（Computer
Professional for Social Responsibility; CPSR）日本支部，インターネット先進ユーザーの会
（Movements for Internet Active Users; MIAU）等が組織されるに至っている。

31) 2 F. Supp. 2d 783 (E.D. Va. 1998); 24 F. Supp 2d 552 (E.D. Va. 1998).

32) ただし，連邦最高裁（相対多数意見）は政府資金助成の条件付けが問題となっていることか
ら，連邦地裁（201 F. Supp. 2d 401 (E.D. Pa. 2002)）のように厳格審査基準を適用することは
しなかった（539 U.S. 194 (2003)）。

33) また，「コード」全体に関わるが，「コード」作者の技術者倫理に訴える方法もコントロール
の例としてあげられよう。アメリカ・日本の情報処理関係の学会では倫理綱領ないしガイド
ラインが策定されている（小倉一志『サイバースペースと表現の自由』〔尚学社・2007 年〕91
頁）。

34) レッシグは表現規制のほか，（著作者の許諾なしに一定の使用を認める）「公正使用（fair
use)」などを例としてあげる（レッシグ・前掲注 16）258−260 頁）。

35) 『『規格』を作る者の『見えざる手』は公共の価値に反する構造を生み出しうるから，政府は
『規格』を作る者へ介入して公共の価値に合致するように矯正しなければならない。同様に
PICS も言論の自由という公共の価値に反する利用を許すから，政府はその『規格』の在り方
を言論の自由に合致するような方向に導くべきである」（サイバースペース法研究会「『サイ
バースペース法学』とインターネット──『ハッカー』の倫理と『セルフ・ガヴァナンス』の
精神」際商 26 巻 7 号〔1998 年〕726 頁）。

36) レッシグは第 4 修正の「翻訳」を例としてあげる。第 4 修正の目的を（無差別捜査や「汎用
令状」による捜査と同様に）捜査対象者が不当な負担を強いられることの防止にあると解す
るのであれば，捜査用の「ワーム」（コンピュータに侵入し，そのハードドライブを走査した

結果を他のサーバに送信する「コード」）を用いたデジタル捜査は憲法上の問題を生じさせない。しかし，第4修正の目的を人民の尊厳を守ることにあると解すれば話が違ってくる（レッシグ・前掲注16) 294頁）。新たな「コード」の出現が「不完全に理論化された同意 (incompletely theorized agreement)」（サンスティン）の結果である第4修正の意味内容の決定を迫っているという（レッシグ・前掲注16) 298-299頁）。

37) 松井茂記『インターネットの憲法学〔新版〕』（岩波書店・2014年) 66頁。

38) 鈴木秀美「情報ネットワークの自由と規制」伊藤守ほか編『情報秩序の構築』（早稲田大学出版部・2004年) 2頁。

39) 鈴木・前掲注38) 3頁。

40)「日本では，自由権的基本権と法律とのあいだに親和的関係を見いだす見解は少数であり，ドイツの基本権論に対しては，むしろ警戒的な論調が支配的である」（小山剛『基本権の内容形成——立法による憲法価値の実現』〔尚学社・2004年) 5頁）。例えば，芦部信喜教授は，「国家権力の積極的な配慮と調節による人権の実現を広汎に認めることになるので」「日本国憲法の人権理論にはそのままでは妥当しえない」（芦部信喜『憲法学Ⅱ　人権総論』〔有斐閣・1994年) 89頁）と主張し，松井茂記教授も「日本国憲法は，自由を確保するために自由を制約するという考え方をとってはいないというべきである。したがって，インターネットについても，インターネットの自由を確保するために法的規制を加えるべきだとか，さらにはそのような法的規制を加えることが憲法上必要だといった考え方はとるべきではない」（松井・前掲注37) 67頁）とする。これに対して，小山剛教授は，コンピュータ・ネットワークの「発展がもたらす人間の存在と尊厳に対する新たな危険は，」「表現の自由などを一面的に尊重することによって適切に対処できるものではない。国による最低限の規制と秩序維持は，従来の憲法論における暗黙の前提とは異なり，放っておいても自ずと実現されるものではない。」「基本権保護は，『侵害による保護』である。そのため，『保護』という視角が強調されるならば，国の過度の介入を招く危険が生じる。しかし，基本権保護義務は，各人の自己決定の実質的保障を目的として，介入の必要的下限を画するだけで」あるとする（小山剛『基本権保護の法理』〔成文堂・1998年) 321-322頁）。

41) ローレンス・レッシグ「ネット時代に適した法的枠組みで知財権の乱用に歯止めをかける」日経コンピュータ 2004年（平成16年) 1月12日号（2004年) 65頁，池田信夫『ネットワーク社会の神話と現実』（東洋経済新報社・2003年) 43頁。

42) 東浩紀「情報自由論——データの権力，暗号の倫理③」中央公論 2002年（平成14年) 9月号（2002年) 262頁，東浩紀＝大澤真幸『自由を考える—— 9・11以降の現代思想』（NHKブックス・2003年) 32-34頁，39-40頁。

43) ゾーニング方式は「成人IDをもつユーザはアダルトサイトにアクセスできるが，もたないユーザはアクセスできない。あるいは逆に，児童IDをもつユーザは，アダルトサイトへのアクセスを禁じられる」システムを指し，フィルタ方式はPICSであるとする（東浩紀「情報自由論——データの権力，暗号の倫理⑥」中央公論 2002年（平成14年) 12月号〔2002年) 270頁）。

44) アイザイア・バーリン（小川晃一ほか訳）『自由論Ⅰ』（みすず書房・1971年) 55頁以下，大澤真幸『〈自由〉の条件』（講談社・2008年) 109頁以下参照。

45) 井出明ほか「フィルタリングソフト使用における技術と法の境界に発生する問題についての考察」神戸大学大学院自然科学研究科紀要19号（2001年) 176頁。

46) 井出明「社会システムとしてのフィルタリング問題」情報の科学と技術56巻10号（2006年)

449-450頁は，①につき，フィルタリングの仕組みや基準の大綱は総務省・文部科学省等が定めることを，②につき，フィルタリングされたサイトの管理者が苦情を申し立てることができる第三者機関の設置を主張する。また，サイトのURLを入力することで通過状況を容易に確認できる仕組みを検討すべきだとする。

47)「モバイルコンテンツ審査・運用監視機構（EMA）」（2008年（平成20年）4月8日），「インターネット・コンテンツ審査監視機構（I-ROI）」（同年5月30日）が発足し活動を開始している（前者は携帯サイトについてのみ）。

48) J. M. Balkin, Beth Simone Noveck & Kermit Roosevelt, *Filtering the Internet: A Best Practices Model, in* PROTECTING OUR CHILDREN ON THE INTERNET: TOWARDS A NEW CULTURE OF RESPONSIBILITY 199 (Jens Waltermann & Marcel Machill eds., 2000); 小倉・前掲注33) 166-167頁。このスキームのアイデアは，財団法人インターネット協会が策定したSafety Online 3 (SO3) においても取り入れられている。

49) 匿名ビラの配布を禁止した州法を違憲としたTalley v. California, 362 U.S. 60 (1960) や職業的募金勧誘集団に対する規制の一環として，一定のディスクロージャーを要求した州の規則を違憲としたRiley v. National Federation of the Blind of North Carolina, 487 U.S. 781 (1988) がある。なお，厳格審査基準とは，①政府にやむにやまれぬ利益があること，②当該法律はその目的を達成するために精密に調整されたものであること，の立証が政府側に求められるとする基準である。

50) この場合，①子どもが当該表現を見る憲法上の権利を有しておらず，かつ，②大人のアクセスを不当に制限していないことが必要となる。

51) IE 7.0以降，「規制システム」がRSACiからICRAに変更されている。

52) ただし，携帯電話・PHSは状況が全く異なる。「未成年者の利用についてはフィルタリングを原則とする」との総務省の「青少年が使用する携帯電話・PHSにおける有害サイトアクセス制限サービス（フィルタリングサービス）の導入促進に関する携帯電話事業者等への要請」（2007年（平成19年）12月10日）は事実上の「命令」であったという（石野・前掲注7) 165頁）。インターネットサービスプロバイダ等とは異なり，キャリアが4社しか存在せず，そのキャリアに対して免許権限を背景に強い影響力を有しているためである。

53) 鈴木・前掲注38) 17-19頁，鈴木秀美「インターネットと人権——ドイツにおける有害表現規制を手がかりに」ジュリ1244号（2003年）105-106頁。

54) 与党が立法化を急いだ背景には，コンピュータや携帯電話・PHSを通じて「有害」情報を未成年が容易に入手できるようになっている現状に加えて，「出会い系サイト」が未成年の売春等の犯罪の温床と見なされていることや，「学校裏サイト」「プロフ（自己紹介サイト）」における「ネットいじめ」が社会問題化したこと等があると考えられる。

55) インターネット上の「有害」情報をフィルタリングソフトウェア（2条9項）・フィルタリングサービス（2条10項）により閲覧制限できるよう，インターネットに係わる様々な事業者等に対して，（罰則のない）義務や努力義務を課すことを主たる内容とする。例えば，①プロバイダには（利用者からの求めに応じて）フィルタリングソフトウェア・フィルタリングサービスを提供する義務（18条），②携帯電話・PHS会社には（利用者が18歳未満の場合）フィルタリングサービスを提供する義務（ただし，保護者の申出によって解除することも可能）（17条），③コンピュータ等のインターネット接続が可能な機器のメーカにはフィルタリングソフトウェア・フィルタリングサービスの利用を容易にする措置を講じる義務（19条），④

「有害」情報の発信が（他者により）行われた（あるいは，自ら行おうとする）サーバの管理者には青少年が閲覧できないように措置を講じる努力義務（21条），⑤フィルタリングソフトウェアの開発事業者には（閲覧制限を行う必要のない情報について）制限を可能な限り少なくすること，青少年の発達段階・利用者の選択に応じて制限の設定をきめ細かく行えるようにすることの努力義務（20条）が課されることとなった。なお，「有害」情報の範囲を確定する作業は，行政機関が行うのではなく，登録制の「フィルタリング推進機関」が担うこととなった（24条）。

56) 当初の議員立法案では，内閣府に「青少年健全育成推進委員会」を設置し，規制対象となる「有害」情報の細かい定義・規則等を策定するとともに，「有害」情報を含むサイトの閲覧制限を目的として，①サイト管理者（管理権限を有する者）には18歳以上の会員に限定した会員制サイトへの移行，フィルタリングソフトウェアにおけるフィルタリングを容易にする措置，「有害」情報の削除，②プロバイダにはサイト管理者に対して①の各措置を講じるよう促すこと，利用契約の停止・解除の義務，③携帯電話・PHS会社にはフィルタリングサービスの提供の義務，④コンピュータ製造メーカにはフィルタリングソフトウェアのプレインストールを義務づけるとともに，違反者に対して刑罰を課すこと等を内容としていたが（別井貴志「日本のインターネット産業に大きな節目？――自民と民主が重要法案を準備」http://japan.cnet.com/news/media/story/0,2000056023,20370849,00.htm (last visited Apr. 1, 2009)），自民党総務会は業界の自主規制を尊重する立場をとっていたことから，大幅な妥協が図られた。

57) 条例レベルでは，2008年（平成20年）4月現在，「有害」情報の遮断方法・フィルタリングソフトウェアの情報提供については32都道府県，フィルタリングソフトウェアの利用については36都道府県が，努力義務ないし（罰則のない）義務を事業者等に課している（小倉一志「条例によるインターネットの『有害』情報規制」札大19巻2号〔2008年〕35頁以下【本書52頁以下】）。

58) 本稿は，2009年度（平成21年度）札幌大学研究助成（個人研究）による研究成果の一部である。なお，紙幅の関係で引用・参考文献及び注を最小限に留めざるを得なかった。ご寛恕いただければ幸いである。

I 「コード」 19

Ⅱ　サイバースペースにおける表現内容規制に関する一考察
——規制要素としての「コード」と「法」を中心として——

1　はじめに

　従来のコンピュータはスタンド・アローンの状態で存在し，データ処理をその主たる役割として担ってきたといえるが，現在においては，専用線等によってサイバースペースに接続されることにより，コミュニケーション・ツールとしての側面を強く有するようになってきている。この側面を憲法のレンズを通して見ると，サイバースペースがきわめて民主的なメディアであり，様々な情報を誰もが低コストで送受信できる点が特に注目される。「貧民の放送局」の言葉に代表されるように，現在では，わずかな資力と設備しかもたない一個人さえもが，世界中の不特定多数の人々に向けて自己を表現することができるのと同時に，受け手としても，新聞や放送に代表される従来のマスメディアには見られないような，多様な観点にもとづく多彩な表現内容を入手することが可能となりつつある。また，これまでの憲法理論では，事実上，マスメディアに表現手段が独占されていることを前提とした上で，これを補完するものとして，デモ行進を含む集会の自由の民主主義的意義が強調されることが多く見られたが，サイバースペースにおける表現活動は，リアルスペースと比べて「参入障壁」が非常に低く，また，表現内容をより広汎に伝達できることを考えると，サイバースペースが表現の自由に対して持つ意義は非常に大きいものといえる。

　しかしながら，「参入障壁」の低さ及び情報伝達の広汎性は，表現の自由にとってプラスの意味を持つだけではなく，マイナスの意味も合わせ持つ。表現を行おうとする者にとってサイバースペースは，自己実現や自己統治の価値をまさに具体化するものと評価されるが，それと同時に，容易に他者の権利侵害を

可能にする「諸刃の剣」である。サイバースペース上での，わいせつな (obscene) 表現に代表されるアダルトコンテンツ・名誉毀損的表現・差別的表現等の流通に対して，各国が対策に苦慮しているのはその証左である。

　本稿においては，専ら「法」を規制要素 (regulator) として形成されてきた従来型の表現内容規制論に「コード」が加わった場合の変容可能性を，「コード」に対する評価とともに検討してみたい[1]。高橋和之教授が指摘されるように，「(表現の自由における) 基底的メディアが出版から電子情報システムに移るとすれば，新しい基底的メディアが自由なアクセスをどのような形でどの程度まで保障しうるのか，そして，出版メディアをモデルに形成されてきた表現の自由の諸理論が新たなメディアの下でどこまで通用しうるのかが問われざるを得なくな」り，「技術が将来のシステム設計図を模索しながら展開しつつある今のうちから，模索の考慮要素として表現の自由の要請を組み込む」必要性が認められるからである[2]。

2　規制要素としての「コード」

2.1　ローレンス・レッシグ (Lawrence Lessig) の指摘

　サイバースペース上の規制要素として，「法」以外のものが存在することを明確に指摘したのは，レッシグである[3]。彼は，サイバースペース上の表現に止まらず，人間の行動一般にかかわる規制要素として，「法 (Law)」，「(社会) 規範 (Social) Norm)」，「市場 (Market)」，「アーキテクチャ (Architecture)」の 4 つの存在を指摘する[4]。その上で，サイバースペース上の表現行為が問題となる際には，とりわけ，規制要素としての「アーキテクチャ」の役割が大きな地位を占めるとの理解を前提として，「アーキテクチャ」の内実が，プログラマー達によって書かれる「コード」そのものであることを考えると，サイバースペース上の表現行為を制約（もしくは促進）する鍵を握っているのが他ならぬ「コード」であり，この「コード」をどのように位置付けていくのかが，「法」の位置付けとともに問題になる，と指摘するものであった[5]。

　また，わが国の学説においても，レッシグによる「コード」の理解と同期をなすものが現れつつある。例えば，名和小太郎教授は「情報機器にしても通信ネットワークにしても，その中心にはコンピュータがあり，そのコンピュータの

中にはプログラムが仕込まれている。このプログラムが情報機器やネットワークを制御している。つまり，情報社会を支えているのはプログラムなのである」と指摘されており[6]，更に，園田寿教授は，人間の行動をコントロールする方法には，①有無をいわさず強制的に行動を規制する，物理的な規制（＝「コード」による規制），②言葉の意味を理解させ，意味に従わせてコントロールする，言葉による規制（＝「法」規制）の2つがあることを示してから[7]，「サイバースペースに対する規制を考えるならば，それは技術的なもの，とくにインターネット全体に関係するソフトウェアの問題に収斂されるような気がする。」「サイバースペースに妥当する（刑）法とは，実はソフトウェアなのかもしれない」と指摘されるに至っている[8]。

2.2 「コード」の機能と問題点

以上のように，サイバースペースにおける「コード」の重要性が認識されつつある状況にあるが，「コード」の機能と問題点について次に見る。

まず，現在のブロッキングソフトウェアにおいては，（細かい仕様は各自異なるものの）サイバースペース上の表現へのアクセスをブロック（遮断）する仕組みとして，キーワードブロッキング（表示されるサイト内の文字を自動的に検索し，問題となる言葉が含まれている場合には，その特定のURLの全体を表示しないようにする技術）とサイトブロッキング（人間の手によってウェブサイトをチェックし，問題があった場合，そのURLのものは表示しないようにする技術）を併用するものとなっており，更には，下品な（indecent）表現や差別的表現まで含むのか否か，あるいは，ソフトウェアの稼働時間等まで，ユーザ側で詳細に変更することが可能といわれている。

このブロッキングソフトウェアには，いくつかの法的・技術的問題点が指摘されている。①キーワードブロッキングが，問題となる言葉の文脈を考慮せずに機械的に行われるために，本来ブロックされるはずのないページまでブロックされる場合があること，②サイトブロッキングについては，人手によってチェックが行われるために，すべてのページをチェックすることが不可能なこと，③ブロックする基準が業者によって異なること（Miller v. California[9]）が示した基準に従ってブロックを行うX-Stopから，比較的広い範囲でブロックを行うCybersitterまで，かなりの幅があることが指摘されている），④ブロックするか否かの判断を一民

間企業にすぎない各社が「一方的に」行っていること，⑤問題のないページがブロックされた場合，そのサイトの作成者が法的に争うことが難しいこと等である。

このため，表現内容を暴力，裸体，性，言葉の4つの観点を5段階で評価する等のレイティングシステムを，サイト作成者に限らず，第三者も利用できるのと同時に，レイティングを行った主体をユーザ側において選択可能とする，PICS（Platform for Internet Content Selection）が注目を集めるようになった。PICSに対しても，次のような批判，例えば，①何らかの強制力を持った形でセルフレイティング（self-rating: サイト作成者自身にレイティングを課すこと）を行わせる場合には，表現行為の強制となり，この領域にあっては厳格審査基準（strict scrutiny; (i)政府にやむにやまれぬ利益があること，(ii)当該法律はその目的を達成するために精密に調整されたものであること，の立証が政府側に求められるとする基準）が適用されるとした判例[10]との関係が問題となること，②自主的な形でセルフレイティングを行わせる場合には，どれだけの者が従うか疑問であり，また，レイティングが行われていないサイトのすべてをブロックするとの設定を前提とすれば，作成者が自ら進んで，レイティングを行おうとはしないこと，更に，③レイティングが，国家レベル（特に，レッシグは情報規制に熱心な中国，シンガポールにおいて，国家による検閲の代用となることを危惧している）に限らず，会社あるいは，公立図書館や学校等において「悪用」される危険性も指摘されている。

しかし，批判の①②に対する反論として，PICSは第三者によるレイティングをも可能にするものであり，セルフレイティングに問題があるからといって，レイティング自体が欠陥を持つものとはいえないこと，批判の③に対しては，レイティングの目的を未成年者の保護と見たくない者の保護に限定するシステムの構築は可能であり，一番重要な点は，システムの設計にあたって，憲法的価値をその中にどれだけ盛り込むことができるかである，と反論可能である。

この点で注目されるのが，「コード」を重層的に用いることを主張する，ジャック・M・バルキン（Jack M. Balkin）の主張である[11]。彼の「3層フィルタリング・スキーム（three-layer filtering scheme）」は，ブロッキングソフトウェアが有するとされた，単一の組織が行う単一の評価を用いての「コード」規制のデメリットを排し，従来型のPICSのメリットと考えられてきた，多元的組織による多元的評価をより有効的な形で用いようとする点に特徴がある。このスキーム

Ⅱ　サイバースペースにおける表現内容規制に関する一考察　23

における1層目においては，世界中のウェブサイト作成者が，自らの表現内容を30ないし60程度のキーワードを用いて，ディスクリプター（descriptor）により表示を行う。2層目は，1層目のディスクリプターを基にして，どの程度の表現内容まで通過させるかを決定するテンプレート（template）を様々な第三者のグループが作成する。そして，3層目では，従来のブロッキングソフトウェアと同様の（第三者による）ブロッキングシステム，下の2層と統合的に機能しPICSとも互換性を持つレイティングシステムがその構成をなし，更に，一種のホワイトリストとして機能する「救済リスト（redemptive list）」も用意されている。この「救済リスト」は，1層目のディスクリプター，2層目のテンプレートの使用の結果にかかわらず表示を可能にするものであり，他の二者と相まって（表示するか否かの）結果の調整を行うためのものとして機能する。そして，ユーザ側では，これらを自ら選択してインターネットを利用することになる。

このスキームは，いずれの層においても各人・各グループの自発性を用いたものであり，また，最終的な「コード」の選択の場面においても各ユーザ（ユーザが子どもである場合には，親・親権者等）の自発性に委ねられるものである。このように未成年者を保護するのと同時に，憲法上の権利である表現の自由を守ることを目的とした「コード」のデザインも提案されている[12]。

3　表現内容規制論の変容可能性

次に，規制要素としての「コード」の出現によって，従来の表現内容規制論がどのように変容するのか／しないのか，を検討する。ここでは，表現内容をアダルトコンテンツと名誉毀損的表現・差別的表現に分けた上で，アメリカの判例において，①純然たる自主規制として機能する，「私的センサー（censor）」としての「コード」と②「法」[13]によって使用が強制される，「公的センサー」としての「コード」の存在が見てとれることから，「公的センサー」／「私的センサー」を分析基軸とする[14]。更に，アダルトコンテンツについては，「コード」の相違に応じて，ブロッキングソフトウェア／PICS（バルキンの「3層フィルタリング・スキーム」を含む）も分析基軸とする。

3.1　アダルトコンテンツ

(1)　「公的センサー」として機能する「コード」(ブロッキングソフトウェアの場合)

　この領域には，公立図書館におけるブロッキングソフトウェアの使用を強制した，郡図書館委員会規則の違憲性が争われたMainstream Loudoun v. Board of Trustees of the Loudoun County Library [15]の判示部分があてはまる。ブロッキングソフトウェアの使用が強制される場合には厳格審査基準が適用され，現在の技術水準を前提とする限り，違憲と判断されることになる [16]。ただし，合憲とされるブロッキングソフトウェア（＝憲法上制約が許される表現のみをブロックするソフトウェア）が出現する可能性自体は否定できないだろう。なぜなら，メーカにとっても自社のソフトウェアが，公立図書館や公立学校で採択されるか否かは極めて重要な問題だからである。ソフトウェアのソフィスティケートには，「市場」の力が働くのである。

(2)　「公的センサー」として機能する「コード」(PICSの場合)

　従来，PICSは「私的センサー」として機能する「コード」と理解されてきたが，ここでは，「法」によって使用を強制された場合を考える。PICSの技術は価値中立的なものであり，ブロッキングソフトウェアに比べて問題点の少ないものと思われるが，レベルの選択ないし（第三者のレイティングを用いる場合）レイティングを行う主体の選択の問題は依然として残る。ここでは，「公的センサー」として機能することから，基本的には厳格審査基準が適用され，表現の自由の保障が及ばない領域に限って規制が許される。

　加えて，「公的センサー」として機能するPICS（ソフィスティケートされたブロッキングソフトウェアも同様に考えられる）は，一種のゾーニングを目的としたものと見ることができる [17]。この場合，①制限された表現を見る憲法上の権利を子どもが有しておらず，かつ，②大人のアクセスを不当に (unduly) 制限していない場合に合憲となる。従来型の表現内容規制立法やブロッキングソフトウェアを前提とすると，サイバーゾーニング (cyber-zoning) を合憲とすることは難しいが，PICS等によりゾーニングを行った場合，合憲となる可能性が出てくると考えられる [18]。

(3)　「私的センサー」として機能する「コード」

　この領域において，自らの意思，あるいは親の意思により「コード」を用いることは，表現の自由論の土俵にのらない議論であり，また，親の教育権の観点

からも正当化される，というのが従来の議論であった。この領域では，専ら「コード」が規制要素として機能し，「法」が機能することはない。なぜなら，「法」を用いることにより「コード」を何らかの形で強制する場合には，それは即，「公的センサー」として機能する「コード」となってしまうからである。

3.2　名誉毀損的表現・差別的表現

(1)　「公的センサー」として機能する「コード」

　この領域における「コード」も「私的センサー」として機能してきたものであるが，ここでは，「法」によって使用が強制された場合を仮定する。画像や動画を中心とするアダルトコンテンツとは異なり，その大半が文字のみによる表現であることから，憲法上規制が許されるもののみを「公的センサー」として機能する「コード」によりブロックすることは，アダルトコンテンツ規制よりも更に困難であろう。この領域においては，従来型の「法」が今まで通り機能することになる可能性が高いと考えられる。

　名誉毀損的表現において裁判上問題となった「コード」として，自動ソフトウェア・スクリーニング・プログラムがある。パソコン通信上の名誉毀損的表現が問題となったStratton Oakmont v. Prodigy Service [19] は，パソコン通信業者であったProdigyをパブリッシャーと判断した根拠の1つとして，不快な内容や悪趣味な内容が「コード」によって削除可能であった点をあげていた。確かに，Prodigy判決は，「コード」による規制可能性 (regulability) の一端を示したものであるが，キーワードブロッキング技術に問題があることは，ブロッキングソフトウェアの所で検討した通りである。このような「コード」を用いた規制には厳格審査基準が適用され，現在の技術水準を前提とする限り，違憲と判断されることになる。

　差別的表現においても，「コード」が有する問題点は払拭されない。一時期，反中傷同盟 (Anti-Defamation League; ADL) の参入により，ADLが他のメディアに対して，長年に渡って培ってきた差別的表現に関する専門的知見を応用することが期待されたが [20]，ADLが有する専門的知見を用いたとしても，「コード」自体が有する欠陥のために，十全にソフィスティケートすることは難しいように思われる。

　差別的表現という規制カテゴリーを否定する通説・判例の理解からすれば，

「公的センサー」として機能する「コード」の使用自体が違憲となるが、差別的表現の規制根拠を「少数者（マイノリティ）集団に属する個々人の名誉感情」の保護とし、「ことさらに侮辱する意図をもって行われる、きわめて悪質なもの」に限り、規制が合憲になるとする立場に立つとすれば、公的規制を承認する以上、「公的センサー」として機能する「コード」の使用が直ちに違憲となることはない。この少数説に立つ場合には、名誉毀損的表現と類似した枠組みとなる。しかし、ADLの参入等により「コード」がある程度ソフィスティケートされるとしても、合憲とされるレベルに達するには、かなりの困難が伴うように思われる。なぜなら、少数説が示しているように、差別的表現、本来が持つ主観的・感情的な性質がその定義自体を不明確にしており、この不明確な基準により、不十分な形でしかソフィスティケートされていない「コード」を用いた規制は合憲とならないからである。

(2) 「私的センサー」として機能する「コード」

これに対して、「私的センサー」として機能する「コード」による規制は、名誉毀損的表現・差別的表現の場合のいずれも、親・親権者等の私人が自発的に行うものである限り、憲法上の問題は生じない。自らの家庭において自発的に「コード」を選択し、自らインストールすることは、表現の自由の問題とは関係ないからである。

4　まとめに代えて

サイバースペースにより実現（あるいは再現）された、理念的な形での「思想の自由市場」に「出荷」される表現を分析するにあっては、既存の法理が前提としてきた、リアルスペースにおけるものとは異なるバランシングが要求される。その際には、レッシグが正当にも示すように、従来型の「法」以外に、「コード」が大きな意味を持つと考えられる。

本稿においては、表現内容をアダルトコンテンツと名誉毀損的表現・差別的表現に分け、更に「コード」を「公的センサー」として機能する場合と「私的センサー」として機能する場合に分けて検討を行った。現段階において、「公的センサー」として「コード」を機能させる場合には、原則として厳格審査基準が適用されることから、更なるソフィスティケートが求められることになる。しか

し，文字情報を中心とする名誉毀損的表現や差別的表現とは異なり，画像や動
画を中心とするアダルトコンテンツは，他の表現内容に比べて，「コード」によ
る効果的な規制が可能になると予測される。特に，この領域においては，「コー
ド」の力に反比例して，従来型の「法」の役割が相対的に弱められていくことに
なろう[21]。

1) 本稿において検討対象とする「コード」につき，ブロッキングソフトウェアとPICSに代表さ
   れるレイティング技術に限定したい。サイバースペース上の「コード」はこれ以外にも多数
   存在し，これらもレッシグが懸念を示す「コード」であることに変わりはないが，表現内容規
   制において問題となっているのは，ブロッキングソフトウェアとレイティング技術を中心と
   したものに限られるからである。
2) 高橋和之「インターネットと表現の自由」ジュリ1117号（1997年）26-27頁。同『立憲主義
   と日本国憲法〔第3版〕』（有斐閣・2013年）200頁も同旨。
3) Lawrence Lessig, *The Law of the Horse: What CyberLaw Might Teach*, 113 HARV. L. REV.
   501 (1999).
4) 具体例を1つあげると，リアルスペース上での喫煙行動を規制するには，課税率を引き上げ
   ること，公共機関内で喫煙をした者を罰すること（「法」による規制），更には，公報等による
   啓蒙活動（「（社会）規範」による規制），たばこの値段を上げること（「市場」による規制），た
   ばこに含まれるニコチン量を少なくすることによって喫煙者のニコチンによる常習性を低く
   抑えること（「アーキテクチャ」による規制）等，それぞれの規制要素を用いることによって，
   喫煙行動を制約することが可能であるとする。
5) レッシグの議論は更に，「コード」に対するコントロールの問題へと進んでいくが，本稿では，
   レッシグが規制要素として機能する「コード」の重要性を強調していた点を確認するにとど
   めておく。
6) 名和小太郎『デジタル・ミレニアムの到来——ネット社会における消費者』（丸善ライブラ
   リー・1999年）172頁。
7) 園田寿ほか『ハッカー VS. 不正アクセス禁止法』（日本評論社・2000年）229頁〔園田発言〕。
8) 園田寿「情報化社会と刑法」同編『知の方舟——デジタル社会におけるルールの継承と変革』
   （ローカス・2000年）22頁。更に，森脇敦史「図書館に対するフィルタリングの義務づけと今
   後のインターネット上における表現規制の態様——CDA，COPA，CIPAの事例から」阪法
   53巻3・4号（2003年）412頁参照。
9) Miller v. California, 413 U.S. 15 (1973).
10) 匿名ビラの配布を禁止した州法を違憲としたTalley v. California, 362 U.S. 60 (1960) や職業
    的募金勧誘集団に対する規制の一環として，一定のディスクロージャーを要求した州の規則
    を違憲としたRiley v. National Federation of the Build of North Carolina, 487 U.S. 781
    (1988) がある。
11) J. M. Balkin, Beth Simone Noveck & Kermit Roosevelt, *Filtering the Internet: A Best
    Practices Model, in* PROTECTING OUR CHILDREN ON THE INTERNET: TOWARDS A NEW CULTURE OF
    RESPONSIBILITY 199 (Jens Waltermann & Marcel Machill eds., 2000), *available at* http://

www.yale.edu/lawweb/jbalkin/articles/Filters0208.rtf (last visited Dec 31, 2005).

12) このスキームにつき，ジョン・ペリー・バーロー（John Perry Barlow）は，（バルキンの表現の自由を守るのと同時に，子どもの保護等も考えなければならないとの趣旨自体には反対しないものの）このようなスキームを作ること自体が，政府に対してサイバースペースを規制する手段を与えるものであり，それは，政府によるレイティングの法的強制となって具体化すると指摘する。これに対して，バルキンは，政府による「コード」の誤用（misuse）を法的あるいは政治的に争うことが可能であり，誤用の可能性の故をもって，「コード」の技術的発展に反対すればよいものではない，未成年者を保護し，かつ，憲法上の権利である表現の自由を守るのに効果的な「コード」のデザインを考案することこそが重要であると反論している。

13) 本稿における「法」は，①表現内容規制立法を指す場合だけではなく，②「コード」の使用を強制する立法等を指す場合もあるが，筆者が変容を注視しているのは，前者である。

14) ①の例としては，「コード」による規制の可能性等を十分に考慮することなく立法を行ったことを理由として，通信品位法（Communications Decency Act; CDA）が厳格審査基準の2番目のプロング（当該法律はその目的を達成するために精密に調整されたものであること，の要件）を満たさないとしたReno v. ACLU, 521 U.S. 844 (1997), 同様に，ブロッキングソフトウェアが，技術的に未熟であることは認めるものの，40ドル程度で利用できる点，アメリカ国外のウェブサイト及びhttp以外のプロトコルをカバーしている点で，子どもオンライン保護法（Child Online Protection Act; COPA）は厳格審査基準の2番目のプロングを満たさないとしたACLU v. Reno, 31 F. Supp. 2d 473 (E.D. Pa. 1999) がある。ここでの「コード」は，親たちによって自発的にインストールされる，「私的センサー」として機能するものであった。これに対して，②の例としては，「コード」の使用を法的に強制した，後掲のLoudoun判決がある。

15) Mainstream Loudoun v. Board of Trustees of the Loudoun County Library, 2 F. Supp. 2d 783, 24 F. Supp. 2d 552 (E.D. Va. 1998).

16) ブロッキングソフトウェアを義務教育学校や公立図書館のコンピュータにインストールすることを条件として，インターネットへの接続費用等について政府が補助金を支出することを定める，子どもインターネット保護法（Children's Internet Protection Act; CIPA）につき，連邦地裁は（限定的パブリックフォーラムに該当することから）厳格審査基準を採用し，ブロッキングソフトウェアは未成年者にとって有害な表現のみをブロックできるほど完成したものではないことから，憲法上保障されている表現（に対するアクセス）を広汎に制限しているとして，違憲の判断を下した（ALA v. United States, 201 F. Supp. 2d 401 (E.D. Pa. 2002)）。ただし，連邦最高裁相対多数意見は，①公立図書館が限定的パブリックフォーラムに該当することを否定した上で，②インターネットへのアクセス制限は，図書の選択に相当するものであることから，ユーザへの提供につき裁量が認められ，更に，③CIPAが規定する補助金としての政府資金助成の条件付けは（特定のメッセージを伝達することを意図するものではないことから）合憲と判断した（United States v. ALA, 539 U.S. 194 (2003)）。永井善之「インターネット上の青少年に有害な表現の法的規制について」情報ネットワーク4巻1号（2005年）21－22頁，森脇・前掲注8）401頁以下，前田稔「フィルターソフトを用いた公立図書館による『わいせつ物』インターネット利用規制の合憲性──ルーデューン判決の評価」筑波29号（2000年）131頁以下参照。

17) オコナー（Sandra Day O'Connor）裁判官は，表現内容規制立法たるCDAをインターネット上に「アダルト・ゾーン」を設定するゾーニング立法であると見たが，子どものアクセスを制限すると同時に，大人のアクセスも制限しているために，「アダルト・ゾーン」を有効に設定できていないとした。表現内容規制立法を擁護する側からは，Ginsberg v. New York, 390 U.S. 629 (1968) 等が正当化根拠として引用された。しかし，リアルスペースにおいては，売り手が買い手の年齢を確認することが容易であるのに対して，サイバースペースでは，大人のアクセスを制限しない形で年齢確認を行うことが難しく，また，年齢確認がうまくいかないところで法規制を行ってしまうと，表現者は，処罰を恐れて自己検閲（self-censored）を行うことになる。

18) その根拠としては，①PICSを用いた場合，子どもによるアクセスのみがブロックされ，大人によるアクセスはブロックされないこと，また，②起訴を恐れて自らのサイトを検閲させるような萎縮的効果（chilling effect）も生じないこと，があげられる。更に，PICSを用いる利点として，①PICSの「アーキテクチャ」は，サイト作成者に対して経済的負担を課すものではないこと（この点は，前掲のCOPA連邦地裁決定が認定しているように，300ドルから数千ドルかかるとされるクレジットカードによる認証システムとは，対照的である），②クレジットカードを用いない「アーキテクチャ」である以上，匿名性が守られること（ここにおける匿名性は，第1修正から導かれる憲法上の要請である），③インターネット上の表現物は国外からも流入してくることから，普遍的なコード（universal code）であるレイティングが有用であること等があげられる。

19) Stratton Oakmont v. Prodigy Service, 1995 N.Y. Misc. LEXIS 229 (N.Y. Sup. Ct. 1995).

20) ADL Press Release, *ADL and the Learning Company Develop Educational Filter Software to Combat Hate on the Internet, available at* http://www.adl.org/presrele/Mise_00/3081-00. asp (last visited Dec 31, 2005).

21) 本稿は，情報ネットワーク法学会第5回研究大会（2005年（平成17年）11月26日，南山大学名古屋キャンパス）における報告原稿（研究大会予稿集43-46頁）に補筆したものである。拙い報告であったにもかかわらず，ご出席いただいた諸先生方に感謝したい。

　なお，本稿は，既に発表済みの論文を基にしている（特に，「サイバースペースと表現の自由(2)——表現内容規制をめぐるアメリカ憲法理論の検討を中心に」北法55巻2号（2004年）112頁以下，「サイバースペースと表現の自由(4)」北法55巻4号（2004年）242頁以下，「サイバースペースと表現の自由(5)」北法55巻5号（2005年）153頁以下〔『サイバースペースと表現の自由』（尚学社・2007年）79頁以下・153頁以下・185頁以下〕）。紙幅の関係から，本稿では注を最小限にとどめていることもあり，併せてご参照いただければ幸いである。

Ⅲ　日本におけるインターネット上の表現内容規制
——韓国の状況を参照しながら——

1　はじめに

　情報通信機器における韓国メーカの躍進ぶりには，目を見張るものがある。情報通信機器全体では，中国・アメリカ・日本に次ぐ世界第4位の生産高を占めるに至っており，「無線」機器に限定すると，韓国が日本と入れ替わって第3位となる[1]。その中で例を挙げると，携帯電話の分野では，サムスン電子・LG電子が（ノキアに次ぐ）第2位・第3位の世界シェアを占めるまでに成長しており[2]，パソコン・携帯電話などで用いられている半導体メモリ（DRAM）の分野では，サムスン電子がトップシェアを占め，同じく韓国のハイニックス半導体がそれを追う形となっている[3]。第3位は，日本のエルピーダメモリである[4]が，最近になって，会社更生法の適用を申請した（2012年（平成24年）2月）ことが大きく報じられた[5]。同社の経営破綻は，（近年指摘されている）情報通信機器における日本の世界シェア・国際競争力の低下を示す象徴的な出来事であるとも言えよう。

　この点はさておくとしても，情報通信機器の生産・売上において，日本・韓国が世界有数の国であることは間違いない。また，後で見るように，日本・韓国は，情報通信機器の利用（言い換えると，インターネットの利用）の場面においても，世界有数の国となっている。

　そこで本稿では，インターネット上の表現内容規制に関する日本の状況分析を，韓国の状況を参照しながら行ってみたい。日本が直面している問題は，韓国でも共通して問題となっている場合が多いようであり，ここでの状況分析は，韓国における議論に対して示唆的であると思われるとともに，韓国の状況を知ることは，日本における表現内容規制（の今後）を考える際に，参考となるよう

31

に思われるからである。（本稿の）構成としては，日本・韓国のインターネットの利用状況（2）・韓国における表現内容規制の状況（3）につき，ラフスケッチを行うことから始めたい。その上で，日本で問題となっている表現内容規制について状況分析（4）を行う。そして最後に，日本・韓国の比較（5）を紙幅の許す範囲で試みることとする[6]。

2　インターネットの利用状況

日本では，インターネットイニシアチブ（IIJ）がインターネット接続サービスを（他社に先駆けて）開始した（1993年（平成5年）11月）のを契機として，利用者数が増加した。特に，2003年（平成15年）までは，前年比10％以上の伸びを示した（1997年（平成9年）には利用者数1155万人・人口普及率9.2％であったものが，2003年（平成15年）には利用者数7730万人・人口普及率64.3％となった）。その後は，前年比一桁台へと鈍化したが，2010年（平成22年）末現在の利用者数は9462万人・人口普及率は78.2％である[7]。

一方の韓国では，キム・デジュン（金大中）政権下において，アジア通貨危機（1997年）後の経済立て直しのために，インターネットのインフラ整備・IT産業の振興が国策として推進され，トゥルーネット（1998年6月），ハナロテレコム（現SKブロードバンド）・KT（いずれも1999年）のブロードバンドサービスの開始により利用者数が急増した[8]。近年においては，（日本と同様に）韓国においても伸び率は鈍化しているが，2010年末現在の利用者数は4091万人・人口普及率は83.7％である[9]。

このように，日本・韓国のいずれも高い利用状況を示している。両国とも「インターネット先進国」と呼ぶにふさわしいレベルにあると考えられるが，（日本の）総務省が行った国際比較調査によると，（世界の主要30か国の中で）韓国が第1位，日本は第3位にあるという。ここでの調査は，①個人・企業・政府の利活用，②固定ネット・モバイル環境のインフラ（基盤）の普及，③先進性・安定性・許容性といったインフラ（基盤）の整備の観点から進展度の評価を行い，偏差値として全体の総合評価（ICT総合進展度）を算出したものである。韓国は，①の利活用で第1位，②のインフラの普及で第5位，③のインフラの整備で第3位と，すべての観点で高い値を出しているのが特徴的である。これに対して，日本は，

③のインフラの整備で第1位となったが，①の利活用で第18位，②のインフラの普及で第12位に止まっており，バランスに欠けていることが（弱点として）指摘されている[10]。

3　韓国における表現内容規制

　次に，韓国において，どのような表現内容規制が（裁判などの場面において）問題となっているのかを確認する。ここでは，筆者の目についた事例を中央日報[11]・東亜日報[12]のニュースサイト（日本語版）の記事[13]から抜き出してみよう[14]。

　①　アダルトコンテンツ
• 会員制のアダルトサイトを運営していた者が，わいせつ動画を（青少年を含む）会員に閲覧させていたことから，電気通信基本法（48条の2：わいせつな表現の流布を禁じている）・青少年保護法に違反したとして立件された[15]。
• ポータルサイトに動画を提供したコンテンツ業者が，情報通信網利用促進及び情報保護法（44条の7：わいせつな表現の流布を禁じている）に違反したとして下級審では有罪とされた[16]が，最高裁では無罪とされた[17]。
• ポータルサイトの一部メニューにアダルト情報が掲載されているとして，情報通信倫理委員会が，これらのメニューを青少年有害媒体物と決定した[18]。
　②　名誉毀損的表現・プライバシーを侵害する表現
• あるメディアの代表者を「トゥッポジャプ（『聞くことも見ることもできない奴』の意）」と呼び，「メディアの創刊と廃刊を繰り返している」と（インターネット掲示板や自分のブログに）書き込んだ者が，情報通信網利用促進及び情報保護法（44条の7：人の名誉を毀損する表現の流布を禁じている）に違反したとして，有罪判決を受けた[19]。
• 自殺した交際相手の母親が，「自殺の原因は原告にある」と書き込んだことに端を発し，原告を批判する書き込み・実名や所属を明らかにする書き込みが相次いだ。これに対して原告は，これらの書き込みを削除しなかったポータルサイトを訴えた。ソウル中央地裁は，「日常的な監視により問題のある書き込みを認知した場合には，削除する義務がある」として，ポータルサイトに損害賠償を命じた[20]。

Ⅲ　日本におけるインターネット上の表現内容規制　　33

③　選挙に関する表現

• 第 16 代大統領選挙（2002 年 12 月 19 日）に際し，インターネット掲示板で，特定候補を誹謗中傷するなどした者を中央選挙管理委員会が摘発し，警察に捜査を依頼するとともに当該書き込みを削除する措置をとった[21]。

• 大統領予備選挙候補である国会議員を誹謗中傷する書き込みを，自分が運営するインターネット媒体において行った者に対して，ソウル中央地検が（情報通信網利用促進及び情報保護法に違反したとして）拘束収監を行った[22]。

④　虚偽事実の表現

•「両替業務は 8 月 1 日付けで全面禁止」「政府，ドル買い禁止を巡り，緊急公文を発送」などといった事実と異なる書き込みをした「ミネルバ」と名乗る者が，電気通信基本法（47 条：虚偽事実〔の表現〕の流布を禁じている）に違反したとして起訴された。しかし，ソウル中央地裁は，同 47 条が規定する「公益を害する目的」「虚偽事実という認識」の構成要件に該当しないことから，被告人を無罪とした。更に，憲法裁判所は（憲法訴願事件について），明確性の原則から同 47 条を違憲とした[23]。

⑤　利敵表現

• 北朝鮮の核開発や先軍政治を称賛する表現を掲載していたインターネットコミュニティの運営者に対して，（国家保安法に違反したとして）仁川地裁が有罪判決を下した[24]。

• ウェブサイトに掲載された北朝鮮を称賛する表現を情報通信部長官の是正命令に従わずに放置した政党の元代表に対して，（情報通信網利用促進及び情報保護法に違反したとして）ソウル南部地裁が有罪判決を下した[25]。

　以上のように，韓国は（日本と同様に）インターネットの利用者数・人口普及率が非常に高く，また，それゆえに，インターネット上の表現につき，様々な問題を抱えている。韓国では，①アダルトコンテンツ・②名誉毀損的表現・プライバシーを侵害する表現・③選挙に関する表現・④虚偽事実の表現・⑤利敵表現が特に問題となっているようである。そのうち，①〜③の表現は，日本でも以前より問題となっていたものであり，④の表現は，ごく最近になって問題となり始めたものである。

　その一方で，⑤の表現は，韓国で（独自に）問題となっているものと言えよう。

「直接暴力を動員しない体制転覆のための宣伝煽動」の処罰を目的とした国家保安法（7条：利敵表現物の制作・頒布などを禁じている）に対しては，暴力を煽動する表現を「処罰するためには表現と暴力行為の接近性が要求され，ひいては表現に接した個人や集団が，その表現が主張する行動を取る能力がなければならない」としたYates v. United States[26]が「西欧諸国で常識的に受け入れられている基準であり，国際社会に通用する基準でもある」ことから，「即刻的暴力を伴わない表現（煽動）は処罰できない」[27]との批判が（韓国の）学説からなされている。しかし，「朝鮮半島の連邦制統一，駐韓米軍撤収，国家保安法撤廃，社会主義体制樹立など」[28]をその内容とする利敵表現の規制は現在も続いている。

4　日本における表現内容規制

　次に，①〜④の表現に関する日本の状況分析を行うこととする。日本では，インターネットが普及する以前のパソコン通信の時代から，①アダルトコンテンツのみならず，②名誉毀損的表現・プライバシーを侵害する表現なども問題となってきた。パソコン通信は，（技術の面では）ホストコンピュータを中心とした中央集権型システムである点で，自律分散型のインターネットとは異なるものであるが，電子メール・電子掲示板・チャット・データベース検索・データのダウンロードなどのサービスが利用できたことから，（機能の面からは）インターネットの初期形態と見做すことができる[29]。

　①アダルトコンテンツ・②名誉毀損的表現・プライバシーを侵害する表現については，パソコン通信の判例があり，その判例がインターネットの判例の礎石となっている。そこで，ここでは，パソコン通信・インターネット双方の主要な判例を取りあげた上で，（規制のための新たな法律や）学説からの反応を見ることとする。また，③選挙に関する表現・④虚偽事実の表現については，判例に代えて，規制の状況を中心に扱う。

4.1　アダルトコンテンツ

（1）判例

　パソコン通信において，わいせつな表現が初めて問題となったのが，P-STATION事件横浜地裁川崎支部判決[30]である。パソコン通信の運営者が，

自らのホストコンピュータ内のハードディスクに画像データを蔵置し，不特定多数の顧客に閲覧可能な状況を設定した上で，アクセスしてきた者にデータを送信して再生・閲覧させた行為に対して，わいせつ物の公然陳列を認めた。

　この川崎支部判決は，（後で見る）既存判例の拡張適用ともいうべき判例であるが，（この点に関する唯一の最高裁の判断である）京都アルファネット事件最高裁決定[31]も同様に，(i)わいせつな画像データを蔵置させたハードディスクは，刑法175条が定めるわいせつ物に当たる。(ii)同条の定める「『公然と陳列した』とは，その物のわいせつな内容を不特定又は多数の者が認知できる状態に置くことをいい，その物のわいせつな内容を特段の行為を要することなく直ちに認識できる状態にするまでのことは必ずしも要しない」。ゆえに，(iii)「ホストコンピュータのハードディスクに記憶，蔵置された画像データを再生閲覧するために通常必要とされる簡単な操作」で，わいせつ性が露見する程度のものであれば，ハードディスクへの記憶，蔵置という行為自体が，「画像データを不特定多数の者が認識できる状態に置いたものと」いえ，わいせつ物の公然陳列に当たるとした。

　このような理解は，インターネット上の表現であっても変わりはない。（インターネットにおいて，わいせつな表現が初めて問題となった）ベッコアメ事件東京地裁判決[32]などでも，パソコン通信との差異を認識することなく，わいせつ図画の公然陳列を認めている。

　(2)　法律

　現在では，刑法による従来からの規制に加えて，改正風営適正化法・児童ポルノ法・青少年インターネット環境整備法などの新たな法律により，（わいせつな表現以外にも）規制の対象が広げられている。改正風営適正化法は，有料のアダルトサイト（「専ら，性的好奇心をそそるため性的な行為を表す場面又は衣服を脱いだ人の姿態の映像を見せる営業」で，電気通信設備を用いて映像を伝達する「映像送信型性風俗特殊営業」を規制対象とする〔2条8項〕）を届出制とするとともに18歳未満の利用を禁止し，年齢確認義務を課している（31条の7・31条の8）。これらに違反した場合には公安委員会による「指示」「措置命令」（31条の9・31条の10）が行われ，「措置命令」に違反した場合には処罰される（50条7号）。また，この法律は「わいせつな映像」と「児童ポルノ映像」を有料のアダルトサイト運営者がアップロードしたことをプロバイダ等が知った場合には，当該送信を防止するた

めに必要な措置を講ずるよう，努力義務を課している（31条の8第5項）。

　児童ポルノ法は，児童ポルノを「提供した者」あるいは「不特定若しくは多数の者に提供し，又は公然と陳列した者」を処罰の対象としており，この法律がインターネット上の表現にも適用されることは，電気通信回線を用いた「電磁的記録」の提供を規制対象に含めた法改正（2004年（平成16年）7月）により明確にされている（7条）[33]。

　また，青少年インターネット環境整備法は，インターネット上の「有害」情報[34]の閲覧制限が可能となるよう，(i)プロバイダには（利用者からの求めに応じて）フィルタリングソフトウェア・フィルタリングサービスを提供する義務，(ii)携帯電話会社・PHS会社には（利用者が18歳未満である場合）フィルタリングサービスを提供する義務（保護者の申出によって解除することも可能），(iii)（コンピュータなどの）インターネット接続が可能な機器のメーカにはフィルタリングソフトウェア・フィルタリングサービスの利用を容易にする措置を講じる義務，(iv)「有害」情報の発信が行われた（あるいは，自ら行おうとする）サーバの管理者には青少年が閲覧できないように措置を講じる努力義務，(v)フィルタリングソフトウェアの開発事業者には（閲覧制限を行う必要のない情報について）制限を可能な限り少なくすること，青少年の発達段階・利用者の選択に応じて制限の設定をきめ細かく行えるようにすることの努力義務を課している（17-21条）[35]。

　更に，フィルタリングソフトウェアについては，改正出会い系サイト規制法においても，サイト事業者・プロバイダ及び携帯電話会社・PHS会社にフィルタリングソフトウェアの利用・提供の努力義務が課されており（3条2項），都道府県などの青少年育成条例においても規定が置かれるようになっている[36]。

(3)　学説

　わいせつな「文書」「図画」「その他の物」を「頒布」「販売」「公然陳列」した場合（販売目的での「所持」も同様）には，刑法175条によって責任を負うものとされている。先に見たP-STATION事件川崎支部判決・京都アルファネット事件最高裁決定は，映画フィルム・ビデオテープ・デジタル録音機などを再生することによって，不特定多数の者にその内容を視聴させた場合に公然陳列となるとした従来の判例からも，その結論が容易に想定されるものであった。現在では，「それ自体が一見してわいせつ物であることが明らかではないが，何らかの補助的器具を使用したり，手を加えれば容易にわいせつ性が顕在化するものにつ

いては，わいせつ物と認めて」よいとするのが判例のみならず，刑法学説の立場である。この場合，わいせつ「図画」であるのか「その他の物」であるのかについては見解の相違が見られる[37]ものの，刑法175条が適用されることに違いはない。

　その一方で，憲法学説（の多く）は，わいせつな表現に対する規制そのものを否定するのではないが，表現の自由（憲法21条）の観点から規制に慎重な立場に立つ（表現の時・場所・方法の規制のみが許される，ハードコアポルノの規制のみが許される，刑法学説・判例の解釈には無理があるなど[38]）。表現の自由には，(1)表現に係わることによって各人が自己の実現を図るという個人的な価値（「自己実現」の価値）のみならず，(2)表現に係わることによって（主権者である）各人がより良い政治的意思決定を行えるという社会的な価値（「自己統治」の価値）もあることから，(他の人権と比較して)「優越的地位」にあると考えられているからである。

　更に，憲法学説からは，改正風営適正化法の「営業」概念[39]・児童ポルノ法の定義規定（2条3項)[40]の不明確性に対する懸念，青少年インターネット環境整備法の「有害」情報の基準設定・判断に国が関与することへの懸念[41]，フィルタリングソフトウェア・フィルタリングサービスの技術的側面に対する懸念[42]なども指摘されている。

4.2　名誉毀損的表現・プライバシーを侵害する表現

(1)　判例（パソコン通信）

　パソコン通信において，名誉毀損的表現が初めて問題となったのが，ニフティサーブ・現代思想フォーラム事件である。フェミニズムを扱う「現代思想フォーラム」における名誉毀損を理由として，(i)表現者，(ii)(フォーラムの管理・運営を委託されていた）システムオペレータ（シスオペ）など[43]の責任が追及された。東京地裁判決[44]は，(i)表現者のパソコン通信における書き込み内容は個人攻撃的な色彩が強く，社会的評価を低下させるのに十分なものであること，(ii)シスオペは，他人の名誉を毀損する表現が書き込まれたことを具体的に知ったと認められる場合に，名誉が不当に侵害されないよう（削除などの）必要な措置をとるべき義務を負うことを示し，表現者とシスオペの責任を認めた。その一方で，東京高裁判決[45]は，(i)社会的評価を低下させる表現であり名誉を毀損するとした（ただし，地裁判決とは異なり，名誉毀損の成立範囲を限定している）が，(ii)シ

スオペが削除する義務を負うのは，管理者としての権限を行使する上で必要であり，標的とされた者が自己を守るための有効な救済手段を有しておらず，会員等からの指摘に基づき対策を講じても功を奏しない場合などに限られるとし，シスオペの責任を否定した。この高裁判決は，(i)名誉毀損の成立範囲を限定するにあたって，「本件フォーラム内において，ある会員に向けられた批判や反論の発言があれば，当該会員は，直ちにこれに対する反論や再批判をすることができ」たとしていることから，「対抗言論」の理論を（明示的にではないにしても）踏まえたものである点[46]，(ii)「議論の積み重ねにより発言の質を高める」との運営方針の下，シスオペは（問題となる表現を削除するのではなく）表現者に対して疑問を呈するにとどめ，他の参加者からの議論による「封じ込め」を期待したことは不当とはいえないとした点に特徴がある。

　「対抗言論」の理論については，ニフティサーブ・本と雑誌のフォーラム事件東京地裁判決[47]でも示唆されている。「本と雑誌のフォーラム」における名誉毀損等を理由として，ニフティサーブの責任が追及された[48]が，東京地裁判決は，「言論による侵害に対しては，言論で対抗する」のが表現の自由の基本原理であり，被害者が十分な反論を行えた場合には社会的評価が低下していないと評価できること，被害者の議論誘発的な表現に対する応答としてなされた表現は「対抗言論」の範囲内として許容されうる限り違法性が阻却される場合があることを示した上で，被害者に対する表現は，社会的評価が低下しない場合・違法性が阻却される場合にあたるとして，ニフティサーブの責任を否定した。

　また，プライバシーを侵害する表現が問題となった事例として，ニフティサーブ・プライバシー侵害事件がある。ニフティサーブの掲示板に，（眼科医である）本人の承諾なく診療所の住所・電話番号等を掲載したため，プライバシー侵害を理由として，表現者の責任が追及された。神戸地裁判決[49]は，職業別電話帳に掲載されている個人情報は，私生活上の事柄であるとは言い難い面もあるが，「一般人の感受性を基準にして，原告の立場に立った場合，公開を欲しない事柄であり，かつ，一般人に未だ知られていない事柄に該当する」として，表現者のプライバシー侵害を認めた。

(2)　判例（インターネット）

　インターネットにおいて，名誉毀損的表現が初めて問題となったのが，都立大学事件である。大学のサーバ上に開設された学生個人のウェブサイトに掲載

された内容が，名誉毀損にあたるとして，(i)表現者（である学生）とともに，(ii)大学の責任が追及された。東京地裁判決[50]は，(i)学生個人のウェブサイトによって社会的評価が低下したとして名誉毀損を認めたが，(ii)管理者である大学が責任を負うのは，名誉毀損に該当すること，加害行為の態様が著しく悪質であること及び被害の程度も甚大であることが一見して明白であるような，きわめて例外的な場合に限られるとして，大学の責任を否定した。この地裁判決（及び現代思想フォーラム事件東京高裁判決）のように，従来の判例は，表現者の所在が明らかであれば，その表現者の責任を認める一方で，プロバイダの責任については，慎重な立場をとる傾向にある[51]と言える。

　また，ラーメンフランチャイズ事件もウェブサイトの内容が名誉毀損にあたるとして，表現者の（刑事）責任が追及された事例である。東京地裁判決[52]は，インターネットの特徴（「対抗言論」の理論の成立可能性・インターネット上の情報の信頼性の低さ）に着目して，確実な資料，証拠に基づいていなくても「利用者として要求される水準を満たす調査」を行っていれば名誉毀損の罪責は問い得ないとし，無罪とした。その一方で，東京高裁判決[53]・最高裁決定[54]は，インターネットを他のメディアと別異に扱う必要はないとの立場から，確実な資料，証拠に基づいて，真実であると誤信したことについて相当の理由があるときに名誉毀損罪が成立しないとした「夕刊和歌山時事」事件最高裁判決[55]の基準（「相当性の基準」）を適用し，有罪とした[56]。

　更に，インターネット掲示板においても名誉毀損的表現やプライバシーを侵害する表現が問題となっている。2ちゃんねる・動物病院事件では，「ペット大好き掲示板」内の「悪徳動物病院告発スレッド」等における名誉毀損を理由として，運営者の責任が追及されるとともに，表現の削除が求められた。東京地裁判決[57]は，2ちゃんねるの運営者も削除権限を有することを認めた上で，運営者が（IPアドレス等の接続情報を記録・保存しない[58]ことによって）匿名による表現を許容していることから，（書き込みを常時監視し，削除の要否を検討することは不可能であるとしても）他人の名誉を毀損する表現がなされたことを知り，又は知り得た場合には，直ちに削除するなどの措置を講ずべき義務を負うとし，運営者の責任（と表現の削除）を認めた[59]。

　2ちゃんねる・プライバシー侵害事件では，「悪マニ管理人，Aが企業恐喝？」と題するスレッドにおいて，Aの妻の氏名・住所，親族の氏名，親族が経営す

る会社の所在地・電話番号をＡの同意なく掲載したために，プライバシー侵害を理由として，表現者の責任が追及された。東京地裁判決[60]は，プライバシーに関わる情報に該当し，これらの情報を公開する必要性も認められないとして，表現者の責任を認めた。

(3) 学説

人の名誉・プライバシーは，古くから法的保護の対象と解されており，現在では，人格権の一内容としての名誉権・プライバシーの権利として，（私法上の権利としてのみならず）憲法上の権利として位置づけられている[61]。名誉毀損的表現によって，他人の社会的評価を低下させた場合には，刑法 230 条（名誉毀損罪）・民法 709 条（不法行為責任）によって責任を負うものとされており，プライバシーを侵害する表現によって，他人の私的事柄を本人の同意なく公表した場合には，民法 709 条（不法行為責任）によって責任を負うこととなる。

名誉毀損的表現・プライバシーを侵害する表現のいずれも新聞・雑誌に代表されるプリントメディア等において，憲法 21 条（表現の自由）との関連で問題となってきた。従来型のメディアに適用されてきた法理の多くは，パソコン通信・インターネットであっても適用可能なものであるが，パソコン通信・インターネットの特徴から，別異に扱うべきことを検討すべきものもある。その代表例が，「対抗言論」の理論（の成立可能性）と（表現媒体の管理者たる）プロバイダの責任の問題である。

前者の「対抗言論」の理論とは，名誉毀損的表現がなされた場合には「対抗言論」によって名誉を回復することが原則であり，(i)両者が対等な言論手段を有していること，(ii)「対抗言論」を要求しても不公平とはならないこと（例えば，(a)議論誘発的な表現を行うなど，批判・攻撃を受けることが予想される立場に自分から進んでなった場合，(b)同じ批判・攻撃を執拗に受け続けるなど，「対抗言論」での対応を要求することが酷ではない場合など）を満たしている限り，国家（裁判所）による介入は行われるべきではない（違法性阻却を認めるべき）とするものである[62]。

先に見た現代思想フォーラム事件東京高裁判決・本と雑誌のフォーラム事件東京地裁判決は，「対抗言論」の理論によって名誉毀損の成立を制限ないし否定するものであるが，（パソコン通信の場合とは異なり）インターネット上のウェブサイト・掲示板への適用については，否定的な見解が強い[63]。「対抗言論」の理論が機能するための 2 つの条件を満たすような「スペース（場）」は，インター

ネットの利用者同士が対抗可能な「クローズド」な形式のものにしかあてはまらず，結局の所，「対抗言論により名誉の回復が図れる場合があるとしても，それは極めて限定的な場合に限られる」[64] と解されている。

　後者のプロバイダの責任の問題は，（従来型のメディアとは異なり）パソコン通信・インターネットにおいて，表現者と表現媒体の管理者の分離が顕著であることから生じている。先に見たように，動物病院事件東京地裁判決以降の判例は，（プロバイダ責任制限法 3 条 1 項に則して）他人の名誉を毀損する表現がなされたことを「知り，又は知り得た」場合，直ちに削除するなどの義務を負うとしているが，現在の学説（の多く）は，これらの判決を支持している。その一方で，アメリカのように，プロバイダに対して完全な免責を認めるべきではないとしても，プロバイダが違法な表現であることを知っていたか，あるいはそれを全く顧慮しなかったような「現実の悪意 (actual malice)」のある場合にのみ責任を負うとする学説[65] もある[66]。

4.3　選挙に関する表現

(1)　規制の状況

　第 13 回北海道知事選挙（1995 年（平成 7 年）4 月 9 日）・第 17 回参議院議員通常選挙（同年 7 月 23 日）辺りから，選挙運動にインターネットを利用しようとする動きが（日本でも）見られるようになったが，その動きに対しては，自治省（現・総務省）から即座にストップがかけられた。自治省の立場は，インターネットの特質を一顧だにせず，リアルスペースにおける（従来からの）選挙運動規制と同様に対処しようとするものである。より具体的には，（公職選挙法 142 条・143 条などにより，選挙運動としての「文書図画」の「頒布」「掲示」が規制されているが）「『文書図画』とは，文字若しくはこれに代わるべき符合又は象形を用いて物体の上に多少永続的に記載された意識の表示をいい，スライド，映画，ネオンサイン等もすべて含まれ」ることから，「パソコンのディスプレーに表示された文字等」も該当すること，「『頒布』とは，不特定又は多数人に文書図画を配布することをいい」，「『掲示』とは，文書図画を一定の場所に掲げ，人に見えるようにすることのすべてをい」うことから，「パソコンのディスプレーに表示された文字等を一定の場所に掲げ，人に見えるようにすることは『掲示』に，不特定又は多数の方の利用を期待してインターネットのホームページを開設することは『頒

布』に」該当する[67]との立場である(判例[68]も同様の理解から,ウェブサイト〔ホームページ〕・電子メールは「文書図画」に該当する,ウェブサイトの開設・電子メールの送信は「頒布」に該当するとしている)。その結果,国政選挙のみならず地方選挙を含むすべての選挙において,選挙期日の公示に伴う「ウェブサイトの一時閉鎖」「内容の差し替え」「更新の停止」などの自主規制が常態化することとなった。

このような閉塞状況を打開すべく,民主党は,第142回国会に「公職選挙法の一部を改正する法律案」(衆法43号:1998年(平成10年)6月17日)を提出して以降,第151回国会(衆法25号:2001年(平成13年)5月18日),第159回国会(衆法32号:2004年(平成16年)4月13日),第164回国会(衆法40号:2006年(平成18年)6月13日)において公選法改正案を継続的に提出していた。また,マニフェスト(政権公約)においても,第20回参議院議員通常選挙(2004年(平成16年)7月11日)に際して,「ホームページや電子メールを利用したインターネット選挙運動の解禁」を初めて盛り込み,第44回衆議院議員総選挙(2005年(平成17年)9月11日)では「ケータイ,ブログなど」による選挙運動も解禁するとし,第45回衆議院議員総選挙(2009年(平成21年)8月30日)では,「誹謗中傷の抑制策,『なりすまし』への罰則などを講じつつ,インターネット選挙活動を解禁する」としていた[69]。

一方,自民党においても,(誹謗中傷・なりすましへの対処が難しいことや無党派層の政治参加を促すことは民主党に有利に働くとの見方があり,インターネットの利用解禁に否定的な意見が多数を占めていたが)「インターネットを利用した選挙運動に関するワーキンググループ」の最終報告案(2006年(平成18年)5月30日)の取りまとめ以降,積極的な立場へと方針転換が行われ,自民党選挙制度調査会の公選法改正案要綱(2010年(平成22年)4月14日)を経て,第174回国会に公選法改正案(衆法18号:同年4月28日)を提出した[70]。これにより,与野党の溝は埋まったように見えたが,様々な政治的要因から公選法改正の目処が立たない状況が続いていた[71]。

(2) 学説

公職選挙法は,(i)文書図画の頒布の制限(142条・142条の2),(ii)掲示の制限(143条),(iii)頒布又は掲示につき禁止を免れる行為の制限(146条)について規定を置いている。伝統的な学説[72](及び判例[73])は,「選挙の公正」を重要視することにより(これらの規定を)合憲と解してきたが,現在の学説[74]は,国民主権原理や表現の自由の観点から「選挙の自由」を重要視する。これにより,伝統

Ⅲ 日本におけるインターネット上の表現内容規制　43

的な学説（及び判例）のように「『選挙の自由』を蹴散らす力をもつものとして」「選挙の公正」を位置づけるのではなく，「『選挙の自由』がまずあって，これをわきから制約するものとして，『選挙の公正』を確保する諸方策が承認されるにすぎない」と考えるようになってきている[75]。この理解は，選挙運動を「あらゆる言論が必要最小限度の制約のもとに自由に競いあう場」とする欧米の理解とも符合し，合憲と解されてきた従来の規制に見直しを迫るものである。

ここで見直しが迫られるのは，リアルスペース・インターネット（両方）の選挙運動規制であるが，インターネットにおける選挙運動規制については，特に配慮が必要となる。ウェブサイト・ブログ・電子メール・ツイッターのいずれであっても，インターネットは極めて安価で利用しやすい表現媒体であるのみならず，候補者と有権者の双方向的な意見交換・合意形成を可能とする民主主義的意義を持つ表現媒体でもある。現在の学説のように，「選挙の自由」を重要視し，必要最小限度の制約のみが許されるとの理解を前提とすれば，具体的な弊害を除去するための規制のみが許されることになる。

4.4 虚偽事実の表現

(1) 規制の状況

虚偽事実の表現によって，人の信用を毀損したり，その業務を妨害した場合には，刑法233条（信用毀損罪・業務妨害罪）が適用されるおそれがあること。また，有価証券の募集・売買などのため，有価証券の相場の変動を図る目的をもって虚偽事実の表現（風説の流布）を行った場合には，金融商品取引法158条・197条1項5号（更には2項）が適用されるおそれがあることの指摘[76]は以前よりなされていたが，インターネット上の表現について，適用された事例はなかった。

しかし，最近になって，「（ジャスダック上場の企業と）業務提携したことがわかった」「業績が大幅に拡大している」などと（自らが所有する株式の値段の上昇を意図して）インターネット掲示板に書き込んだ者が，金融商品取引法に違反したとして，家宅捜索を受けた事例（2011年（平成23年）12月）も現れるようになってきている[77]。

(2) 学説

インターネット上の虚偽事実の表現が，これまで問題となることはなかったことから，学説の議論もほぼ皆無である。この点につき，表現の自由を強く保

障しようとする学説により，(当該表現を「虚偽であることだけを理由に」規制することは許されないが)，「人の生命，自由，もしくは財産に危害を発生させる実質的な危険性」がある場合には許されるとの主張がなされている程度である[78]。

5　まとめに代えて──日本・韓国の比較

　これまで本稿では，インターネット上の表現内容規制に関する日本の状況分析を，韓国の状況を参照しながら行ってきた。ここでは，まとめに代えて，日本・韓国の比較を (簡便な形ではあるが) 試みてみたい。

　まず最初に確認しておきたいのは，日本国憲法 21 条・大韓民国憲法 21 条の共通性である。韓国の学説 (及び憲法裁判所決定[79]) においても「表現の自由は，『個人が言論活動を通じて自分の人格を形成する自己実現 (個人的価値) の手段であるだけでなく，民主市民という社会構成員として平等な配慮と尊重を基本原理として共生・共存関係を維持し，政治的意思決定に参加する自己統治 (社会的価値) を実現する手段』という二重的性格を持ち」，「他の基本権に比べて優越的な地位」にある[80] と解されており，日本の学説と同様の立場に立っている。また，違憲審査基準についても，日本の学説と同様に，アメリカの影響を強く受けていることが指摘されている[81]。

　インターネット上の表現につき，表現内容規制が行われている領域を比較すると，国家保安法 (7 条)・情報通信網利用促進及び情報保護法 (44 条の 7) が規制対象とする利敵表現は韓国特有の問題と言えるが，それ以外の表現領域については日本との共通性を見て取ることが出来る。しかし，日本と同様の表現領域に対する規制であっても，日本よりも厳しい規制が行われている点を併せて指摘できる。例えば，情報通信網利用促進及び情報保護法 (42 条) が，インターネット上の青少年有害媒体物に電子的表示を行うことを求めている[82] 結果，青少年有害媒体物にアクセスしようとしたユーザには，「19 歳未満の青少年は利用できません」との告知文が表示され，ポータルサイトなどにおいて先に進むためには，住民登録番号と名前の入力による「本人確認 (ないし，成人認証)」が必要とされている[83]。この「本人確認」は，青少年有害媒体物へのアクセスの場合のみならず，国家機関及び (大手の) 情報通信サービス提供者が掲示板などの書き込み機能をユーザに提供する場合にも求められ (44 条の 5)[84]，(インタ

ーネット言論社[85]が）選挙に関する表現を掲示板やチャットルームで書き込めるようにしている場合も同様である（公職選挙法82条の6）[86]。

韓国における「本人確認」の制度は，それぞれ青少年の保護・匿名の（陰湿な）書き込みの排除[87]・選挙の公正性の確保にその目的が求められるが，特に前二者について，表現行為の強制が問題となる際に適用される違憲審査基準である厳格審査基準[88]をクリアーすることは困難であるように思われる。また，後者には，より制限的でない他の選びうる手段（LRA）の基準が適用されるとする説が（少なくとも日本では）有力であるが，「名誉毀損法理や公職選挙法251条の候補者誹謗罪によっても充分に規制できる」[89]のであれば，LRAの基準も満たさないことになる。一般論としても，日本よりも厳しい規制を行うことには，慎重さが求められるように思われる[90]。

その一方で，韓国の方が，日本よりも緩やかな規制に留まっている点もある。韓国では，従来は個別に制定されてきた選挙関連の法律を統合した公職選挙法が1994年に制定され，その段階で既に，「自筆の書信，個人用コンピュータ又は電話による」選挙運動が許容されていた[91]。その後，パソコン通信の使用を明確化する法改正（1997年）を経て，インターネットの使用を明確化する法改正（2004年）がなされている。これにより，選挙運動を行うことができる者は，選挙運動期間中，ウェブサイト・掲示板・チャットルーム等に選挙運動のための内容の情報を掲示したり，電子メールで送信すること[92]が可能となっている（82条の4第1号）[93]。また，虚偽事実の表現が問題となったミネルバ事件では，憲法裁判所が明確性の原則を適用することにより，電気通信基本法（47条）を違憲と判断したのも先に見たとおりである。

これらの点に関する韓国の状況は，日本が公職選挙法の改正や明確性の原則の適用を考える際に，参考となるように思われる[94]。

1)「韓国通信機器産業の位置付け」http://www.investkorea.org/InvestKoreaWar/work/ik/jpn/ (last visited Feb. 1, 2012)。日本の通信機器全体における生産高は28997百ドル，韓国は27356百ドル，「無線」機器に限定した日本の生産高は23419百ドル，韓国は26513百ドルである（いずれも2009年度）。
2) 同ウェブサイトによると，2009年度（カッコ内は2001年度）の世界シェアは，サムスン電子が19.5%（7.1%）・LG電子が10.1%（2.5%）である。
3) 総務省『平成20年度版 情報通信白書』（ぎょうせい・2008年）64頁。

4) 3社の売上高世界シェア（2010年度）は，サムスン電子が38.2％，ハイニックス半導体が21.8％，エルピーダメモリが16.4％である（「エルピーダ破綻」北海道新聞2012年（平成24年）2月28日朝刊）。

5)「エルピーダ 更生法申請」北海道新聞2012年（平成24年）2月28日朝刊。

6) 本稿は，日韓比較憲法研究会における報告（2012年（平成24年）8月20日）段階での状況を基に作成している。その後の状況の変化については，重要な点に限って，注に織り込むこととした。

7) 総務省『平成23年度版 情報通信白書』（ぎょうせい・2011年）33頁・186頁。

8)「世界情報通信事情（韓国）」http://g-ict.soumu.go.jp/country/korea/detail.html#internet (last visited Feb. 1, 2012)

9)「ICT Statistics Database」http://www.itu.int/ITU-D/ICTEYE/Reports.aspx (last visited Feb. 1, 2012)

10) 総務省・前掲注7) 29-32頁。なお，その他の上位の国には，スウェーデン（第2位），ノルウェー（第4位），デンマーク（第5位）などの北欧諸国がランクインしている。

11) http://japanese.joins.com/ (last visited Feb. 1, 2012)

12) http://japanese.donga.com/ (last visited Feb. 1, 2012)

13) 本来であれば，原典にあたらなければならないのであるが，筆者の語学上の問題から，それができなかった。この点については，お許しを乞うしかない。また，韓国の法律については，園田寿教授の邦訳（http://sonoda.e-jurist.net/korea/law/index.html (last visited Feb. 1, 2012)）を参照させていただいた。

14) 本文で紹介したもののほか，パソコン通信上の「不穏通信」を規制する電気通信事業法53条・同法施行令16条が過剰禁止原則に反するとして，憲法裁判所が違憲とした（2002年6月27日）決定もある（白井京「海外法律情報 韓国 インターネットの法的規制と『表現の自由』」ジュリ1232号〔2002年〕159頁）。

15)「10代のわいせつサイト運営者を拘束」東亜日報2001年2月21日。

16)「審議通過した『アダルト動画』もわいせつ物なら有罪」東亜日報2006年2月2日。

17)「最高裁『露骨な性行為の表現がなければわいせつ物としない』」中央日報2008年3月24日。

18)「アダルト情報提供検索サイトに懲戒措置」中央日報2002年5月21日。

19)「〔オピニオン〕陳重権の『トゥッポジャプ』」東亜日報2010年2月6日。

20)「ソウル地裁，『ネット書き込みの名誉毀損，ポータル側に賠償責任』」東亜日報2007年5月19日。

21)「大統領選，違法なサイバー選挙運動が盛ん 1935件摘発」東亜日報2002年9月23日。

22)「ネットに朴槿恵誹謗を流布した60代女性拘束」東亜日報2012年8月6日。

23)「〔社説〕1審で無罪判決だったが，『ミネルバ』現象が望ましいわけではない」東亜日報2009年4月21日，「ネット上の虚偽の書き込み，憲法裁が『処罰条項は違憲』と判定」東亜日報2010年12月29日。更に，白井京「海外法律情報 韓国 ネットでの虚偽情報流布と表現の自由――憲法裁判所の判断」ジュリ1416号（2011年）7頁参照。

24)「北核美化の40代男，今度は北の延坪島攻撃を称賛」中央日報2010年12月10日。

25)「民主労働党，ホームページの金正日称賛文を放置……罰金500万ウォン」中央日報2010年8月10日。

26) Yates v. United States, 354 U.S. 298 (1957).

27) 金鍾書「現代韓国と刑事司法」大久保史郎＝徐勝編『現代韓国の民主化と法・政治構造の変動』（日本評論社・2003年）189－190頁。

28) 金・前掲注27）191－192頁。更に，朴宣映（徐勝＝中村知子訳）「韓国における表現の自由と国家統制」立命288号（2003年）211－212頁，韓永學『韓国の言論法』（日本評論社・2010年）292－302頁。

29) 小倉一志「インターネット上の表現の自由」鈴木秀美＝山田健太編『よくわかるメディア法』（ミネルヴァ書房・2011年）179頁。

30) 横浜地川崎支判平成7年7月14日判例集未登載。

31) 最決平成13年7月16日刑集55巻5号317頁。下級審は，京都地判平成9年9月24日判時1638号160頁，大阪高判平成11年8月26日判時1692号148頁。

32) 東京地判平成8年4月22日判時1597号151頁。

33) 小倉一志「インターネットにおける『有害』情報規制の現状」憲法理論研究会編『憲法学の未来』（敬文堂・2010年）126頁【本書106頁】。なお，改正前は，京都アルファネット事件最高裁決定と同様の理論構成により，インターネット上の表現への適用が行われていた（奥村徹「児童ポルノネット公開事件（甲府地判平成14年8月5日判例集未登載）」岡村久道編『サイバー法判例解説』〔商事法務・2003年〕80－81頁）。

34) 「有害」情報の範囲を確定する作業は，内閣府の下に設置される「青少年健全育成推進委員会」ではなく，登録制の「フィルタリング推進機関」が担うこととなった（24条）。

35) 小倉・前掲注33）129－130頁【本書108－109頁】。

36) 小倉一志「条例によるインターネットの『有害』情報規制」札大19巻2号（2008年）35頁以下【本書52頁】。

37) 山中敬一「インターネットとわいせつ罪」高橋和之ほか編『インターネットと法〔第4版〕』（有斐閣・2010年）103－104頁。

38) 松井茂記『インターネットの憲法学〔新版〕』（有斐閣・2014年）142－143頁，小倉一志『サイバースペースと表現の自由』（尚学社・2007年）44頁。

39) 笹田栄司「青少年保護──『有害な表現とは何か』・犯罪報道」法教236号（2000年）33頁。

40) 清水英夫『言論の自由はガラスの城か』（三省堂・1999年）182－183頁，長峯信彦「"わいせつ"映像類はどこまで自由に表現できるか」法セ565号（2002年）17頁。

41) 鈴木秀美「インターネット上の有害情報と青少年保護」高橋ほか編・前掲注37）140－141頁・148－149頁。

42) 小倉一志「コード」駒村圭吾＝鈴木秀美編著『表現の自由Ⅰ──状況へ』（尚学社・2011年）308－309頁【本書11頁】。

43) 本件では，ニフティサーブの責任も追及された。地裁判決・高裁判決のいずれもシスオペとニフティサーブが「実質的な指揮監督関係」にあることから，使用者責任（民法715条）の問題として処理している（ゆえに，地裁判決は肯定，高裁判決は否定）。

44) 東京地判平成9年5月26日判時1610号22頁。

45) 東京高判平成13年9月5日判時1786号80頁。

46) 山下幸夫「サイバースペースにおける名誉毀損とプロバイダーの責任──ニフティ事件・控訴審判決の紹介と分析」NBL723号（2001年）36頁，西土彰一郎「パソコン通信上の名誉毀損とシスオペの削除義務──ニフティサーブ（現代思想フォーラム）事件」メディア判例百選（2005年）225頁。ただし，高裁判決は，「発言者の名誉毀損的発言について，違法性阻却を

認めるのではなく，社会的評価の低下それ自体を否定し」ている（鈴木秀美「インターネット社会のリスクと課題」長谷部恭男編『リスク学入門3　法律からみたリスク』〔岩波書店・2007年〕44頁）。

47) 東京地判平成13年8月27日判時1778号90頁。

48) 原告は，表現者の情報（氏名・住所）の開示も請求したが，（地裁判決は名誉毀損の成立を否定したため）認められなかった。なお，高裁判決（東京高判平成14年7月31日判例集未登載）も地裁判決と同様の判断を行っている。

49) 神戸地判平成11年6月23日判時1700号99頁。

50) 東京地判平成11年9月24日判時1707号139頁。

51) 小倉一志「インターネット上の名誉毀損」鈴木＝山田編・前掲注29）182頁。

52) 東京地判平成20年2月29日判時2009号151頁。

53) 東京高判平成21年1月30日判タ1309号91頁。

54) 最決平成22年3月15日刑集64巻2号1頁。

55) 最大判昭和44年6月25日刑集23巻7号975頁。

56) 小倉一志「インターネットの個人利用者による表現行為について名誉毀損罪の成否が争われた事例」商討62巻1号（2011年）246頁・255頁【本書201頁・206頁】。

57) 東京地判平成14年6月26日判時1810号78頁。

58) ただし，2003年（平成15年）1月以降の書き込みについては，IPアドレスの記録・保存が行われるようになった。この変更は，動物病院事件における運営者の敗訴が大きく影響しているとの指摘がある（鈴木・前掲注46）45頁）。

59) 高裁判決（東京高判平成14年12月25日判時1816号52頁）も地裁判決と同様の判断を行っており，最高裁決定（最決平成17年10月7日判例集未登載）により運営者の敗訴が確定している。なお，地裁判決・高裁判決の立場は，2ちゃんねる・女性麻雀士事件東京地裁判決（東京地判平成15年6月25日判時1869号54頁），2ちゃんねる・DHC事件東京地裁判決（東京地判平成15年7月17日判時1869号46頁）等に引き継がれている。

60) 東京地判平成21年1月21日判時2039号20頁。

61) 五十嵐清『人格権法概説』（有斐閣・2003年）14-16頁。

62) 高橋和之「インターネット上の名誉毀損と表現の自由」高橋ほか編・前掲注37）65頁・67-68頁。

63) 否定的な見解を示す判例としては，動物病院事件東京高裁判決・ラーメンフランチャイズ事件東京高裁判決及び最高裁決定がある。

64) 内田晴康・横山経通編『〔第4版〕インターネット法──ビジネス法務の指針』（商事法務・2003年）39頁〔横山執筆〕。

65) 松井茂記「インターネット上の表現行為の規制」高橋ほか編・前掲注37）46-47頁。

66) 小倉一志「プロバイダ責任制限法」鈴木＝山田編・前掲注29）184-185頁。

67) 植村武彦「選挙運動に関して最近問題となった事例について」選挙時報46巻1号（1997年）38頁，岡村久道＝近藤剛史『インターネットの法律実務〔新版〕』（新日本法規・2001年）303-304頁。

68) 東京高判平成17年12月22日判例集未登載（http://www.geocities.jp/netelec05/hanketsu1.html (last visited Feb. 1, 2012)）。更に，小倉一志「インターネットにおける選挙運動規制に関する一考察」札大21巻2号（2010年）119-121頁【本書168-169頁】。

69) 小倉・前掲注68) 105-106頁【本書152頁】。

70) 小倉一志「選挙運動のネット利用解禁」法教359号（2010年）3頁【本書153頁】。

71) 日本においても公選法改正案がようやく成立（2013年（平成25年）4月19日）し，第23回参議院議員通常選挙（同年7月21日）から，インターネットによる選挙運動が可能となった。

72) 代表例として，宮沢俊義『憲法Ⅱ〔新版〕』（有斐閣・1974年）375頁。更に，奥平康弘『なぜ「表現の自由」か』（東京大学出版会・1988年）154-155頁参照。

73) 最大判昭和30年3月30日刑集9巻3号635頁，最大判昭和30年4月6日刑集9巻3号639頁，最大判昭和39年11月18日刑集18巻9号561頁など。

74) 代表例として，芦部信喜『憲法学Ⅲ 人権各論(1)〔増補版〕』（有斐閣・2000年）472頁，野中俊彦ほか『憲法Ⅱ〔第5版〕』（有斐閣・2012年）28頁〔高見勝利執筆〕。

75) 奥平・前掲注72) 174-175頁。

76) 松井・前掲注65) 17頁。

77)「ネットに虚偽の企業情報」日本経済新聞2011年（平成23年）12月2日夕刊，「ネットに虚偽の企業業績の情報　風説の流布容疑で男逮捕」http://www.47news.jp/CN/201112/CN2011120201001628.html (last visited Feb. 1, 2012)

78) 松井・前掲注65) 35頁。

79) 憲裁決1992年2月25日89憲カ104（朴・前掲注28) 211頁参照）。

80) 朴・前掲注28) 221頁。黄性基（孟觀燮訳）「韓国公職選挙法上のインターネット選挙掲示板実名制に関する憲法的小考」立命309号（2006年）389頁も同旨。

81) 稲正樹ほか編『アジアの憲法入門』（日本評論社・2010年）49頁〔岡克彦執筆〕。

82) 更に，青少年保護法は，「わいせつ（淫乱）・暴力物が含まれる音声情報・映像情報・文字情報は，必ず青少年有害媒体物表示を行わなければならない」としている（7条）。朴・前掲注28) 218頁，尹龍澤＝姜京根編『現代の韓国法――その理論と動態』（有信堂・2004年）57頁〔姜京根執筆〕参照。

83) 白井京「韓国におけるインターネットへの法的規制――サイバー暴力と有害サイト規制」外法239号（2009年）99-100頁。

84) 2007年7月の法改正による（白井・前掲注83) 101-102頁）。

85) 公職選挙法8条の5第1項に規定がある（金泳坤＝湯淺墾道「韓国の公職選挙法におけるインターネット利用の規制に関する条項」九国17巻2号〔2010年〕49頁参照）。

86) 2004年3月の法改正による（白井京「韓国の公職選挙法におけるインターネット関連規定」外法227号〔2006年〕118頁，黄・前掲注80) 384-387頁）。

87) 匿名の書き込みに苦慮していた歌手ユニ，女優チョン・ダビンの2人が相次いで自殺した（2007年1月・2月）ことをきっかけに制度化された（白井・前掲注83) 102頁）が，「本人確認」の不要なツイッターやフェイスブックの登場により，廃止を含めた制度変更が検討されていた（「インターネット実名制，来年に廃止 悪質な書き込み対策は？」東亜日報2011年12月30日）。

88) アメリカの判例では，匿名ビラの配布を禁止した州法を違憲としたTalley v. California, 362 U.S. 60 (1960) や職業的募金勧誘集団に対する規制の一環として，一定のディスクロージャーを要求した州の規制を違憲としたRiley v. National Federation of the Build of North Carolina, 487 U.S. 781 (1988) などにおいて用いられている。

89) 黄・前掲注80) 388頁，更に，韓・前掲注28) 349-350頁。

90）その後，憲法裁判所が，通信網利用促進及び情報保護法44条の5は過剰禁止原則に反し，
違憲であるとする決定（2012年8月23日）を下したため（「インターネット実名制に憲法裁
判所が『違憲』」中央日報2012年8月23日，「インターネット実名制が廃止へ，憲法裁判所が
違憲決定」東亜日報2012年8月24日），公職選挙法・青少年保護法などの改正も検討されて
いるようである（「インターネット実名制度が違憲，今後は？」http://world.kbs.co.kr/
japanese/program/program_aunt_detail.htm?No=425 (last visited Sep. 4, 2012)）。
91）白井・前掲注86）115頁。
92）電子メールを送信する場合には，そのメールが選挙運動情報であること・候補者の電話番
号・受信拒否の方法を明記しなければならない，受信拒否の意思表示がなされた場合には送
信を中止しなければならない，受信拒否の意思表示をした者に（受信により生じる）金銭的
費用を負担させないようにしなければならない，メールアドレスを自動的に生成するプログ
ラムを使用して電子メールを送信してはならない，などの規制がある（82条の5）。金＝湯
淺・前掲注85）82－83頁参照。
93）ツイッター・フェイスブック・ブログ等については，（脱法的方法による文書・図画の配布・
掲示等を禁止する93条1項により）選挙日の180日前から選挙日までの利用ができないとさ
れていたが，憲法裁判所による限定違憲決定（2011年12月29日）により，利用が解禁された
（「韓国，ネット上・SNSでの選挙運動禁止は違憲」中央日報2011年12月30日）。
94）本稿の前半部分は，父・忠一の看病のため，北海道大学病院（第1外科）の病室に泊まり込
みながら執筆したものである（2012年（平成24年）2月5日死去）。私の人生をこれまで支え
続けてくれた父に心から感謝したい。

＊注6に掲げたように，本稿は，日韓比較憲法研究会における報告段階の状況を基に作成して
いる。その後，日本・韓国のいずれにおいても様々な状況の変化が見られるが，本文の修正
はあえて行わなかった（最近の韓国の状況については，優れた邦語文献が著されているので，
そちらを参照されたい）。
　研究会での報告・執筆段階では邦語文献が乏しく，作業に難渋したことが思い出される。
本稿が，当時の両国の状況を再確認する「よすが」となれば，幸いである。

Ⅳ　条例によるインターネットの「有害」情報規制

1　はじめに

　2007年（平成19年）7月3日、「有害情報から子どもを守るための検討会」を内閣府に設置することを（当時の）高市早苗内閣府特命担当相が記者会見の席上、明らかにした[1]。この「検討会」は、条例レベルで従来から行われてきた「有害」情報に対する規制の法律レベルへの引き上げ、更には、インターネットカフェに対する法規制を検討するものとして新聞等では大きく報道された。しかし、同年12月25日に公表された「中間取りまとめ——有害情報から子どもを守るために」[2]では、前者につき、フィルタリングソフトウェア及びプロバイダによるフィルタリングサービスの導入促進、後者については、日本複合カフェ協会に加盟せず（加盟店では、入店時の年齢確認、子どもの利用時間の制限[3]等を自主的に行っている）、自主規制を行わない悪質な店舗に対する行政機関の立入検査・警察による指導取締りの強化がうたわれているのみで、法規制をも念頭に入れていた当初の予定からは大きく後退した形になっている[4]。

　その一方で、自民党は、一旦諦めたはずの「青少年社会環境対策基本法案」[5]の流れをくむ「青少年健全成長阻害図書類規制法案」[6]の準備を進めており、また、ネットカフェ事業者に対して、利用者が未成年である場合、フィルタリング機能を導入したパソコンの利用を義務づける法案を議員立法で国会に提出する予定であるという[7]。本稿は、インターネット上の表現に影響を与えるおそれのある法案に対する憲法学的分析を行う準備作業の1つとして、現在行われている条例による「有害」情報規制の現状を明らかにすることを目的とする（なお、本稿は2008年（平成20年）4月1日現在の状況を基に作成しているが、その後、〔本文に掲げた〕条文の改正があった条例については、その点に関する情報も付記した〔条文の改正については、内容の実質的変更を伴うものと、単なる表現方法の変更にすぎない

ものとの両方があるが，ここでは両者を区別せず，いずれも「改正」として扱っている。また，（本文に掲げた）条文を改正せず，新たな条文の追加を行っている条例については，「追加」の情報を示してある］）。

2 条例による規制の大まかな流れ（時系列）

条例によるインターネット規制を初めて行ったのは福岡県である[8]。1997年（平成9年）7月の福岡県青少年健全育成条例の改正により，（何人も）インターネット・パソコン通信・その他の電気通信回線設備を用いて提供される有害な通信番組の「全部又は一部を青少年に見せ，聞かせ，又は読ませないように努めなければならない」（11条2項）とするとともに，プロバイダ等の「通信番組の提供の媒介に係るもの」に対して，「青少年の健全な成長を阻害しないようにするための遵守すべき基準」についての協定・規約の締結・設定を行うよう努力義務を課した（15条4号[9]）。

この福岡県条例に追随する都道府県は現れず，その多くは，規制の対象となる図書類にコンピュータプログラム・CD-ROM等の記録媒体を含める改正のみを行ったところが大半であったが，2001年（平成13年）12月の鳥取県青少年健全育成条例の改正（2002年（平成14年）4月施行），2003年（平成15年）3月の奈良県青少年の健全育成に関する条例（2003年（平成15年）4月施行）及び大阪府青少年健全育成条例の改正（2003年（平成15年）7月施行）を皮切りに，有害情報を遮断する努力義務，更には（有害情報を遮断するために用いられる）フィルタリングソフトウェアを用いることを努力義務等として課す都道府県が急増している。

3 条例による規制の分析（地域別）

それでは，どの都道府県の条例において，どのような規制がなされているのかを確認していきたい。ここでは，努力義務が課される「対象」と努力義務の「内容」を縦横の軸とし，更に前者を「プロバイダ」「インターネット端末の貸付・頒布・販売者」「保護者・学校関係者・その他の青少年の育成に携わる者」「その他」，後者を「有害情報の遮断」「遮断方法・（フィルタリング）ソフトウェア

IV 条例によるインターネットの「有害」情報規制 53

の情報提供・周知」「（フィルタリング）ソフトウェアの利用」「その他」に分けて分析する[10]。また，「都道府県」が行うものとされる措置を定めている条例についても合わせて見る。

3.1　北海道地方
①北海道青少年健全育成条例30条（2007年（平成19年）4月1日施行・2014年（平成26年）4月1日改正前）

対象者＼努力義務	有害情報の遮断	遮断方法・ソフトウェアの情報提供・周知	ソフトウェアの利用	そ　の　他
プロバイダ		①3項		
インターネット端末の貸付・頒布・販売者		①3項	①2項（インターネットカフェ等）	
保護者・学校関係者・その他の青少年の育成に携わる者	①1項			
そ　の　他				
都道府県（知事）				

3.2　東北地方
①青森県青少年健全育成条例21条の2（2007年（平成19年）4月1日施行）
②秋田県青少年の健全育成と環境浄化に関する条例8条の2（2007年（平成19年）4月1日施行・2009年（平成21年）5月29日改正前）
③岩手県青少年のための環境浄化に関する条例19条の2（2007年（平成19年）10月1日施行）
④宮城県青少年健全育成条例16条（2005年（平成17年）4月1日施行・2015年（平成27年）10月1日改正前）
⑤福島県青少年健全育成条例30条の2（2007年（平成19年）7月1日施行）
＊山形県→規制なし[11]（山形県青少年健全育成条例11条の4・2009年（平成21年）4月1日施行）

対象者＼努力義務	有害情報の遮断	遮断方法・ソフトウェアの情報提供・周知	ソフトウェアの利用	その　他
プロバイダ		①3項,②2項,③3項,④3項,⑤3項		
インターネット端末の貸付・頒布・販売者		①3項,②2項,④4項,④3項,⑤4項		
保護者・学校関係者・その他の青少年の育成に携わる者	①1項,③1項,⑤1項			
その　他	④1項（何人も）		①2項（公衆の利用に供する者），②1項（何人も），②2項（公衆の利用に供する者），④2項（一般の利用に供する者），⑤2項（公衆の利用に供する者）	
都道府県（知事）				

3.3 関東地方

①茨城県青少年のための環境整備条例21条の3（2007年（平成19年）7月1日施行・2010年（平成22年）4月1日全部改正前・〔その後〕茨城県青少年の健全育成等に関する条例39条）

②栃木県青少年健全育成条例33条（2007年（平成19年）4月1日施行・2012年（平成24年）10月1日改正前）

③群馬県青少年健全育成条例28条（2007年（平成19年）10月1日施行・2012年（平成24年）1月1日改正前）

④埼玉県青少年健全育成条例21条の3（2005年（平成17年）2月1日施行・2010年（平成22年）10月1日改正前）

⑤東京都青少年の健全な育成に関する条例18条の7〜9（2005年（平成17年）4月1日施行・2011年（平成23年）4月1日改正前）

⑥神奈川県青少年保護育成条例23条の2（2005年（平成17年）10月1日施行・2011年（平成23年）4月1日改正前）

＊千葉県→規制なし（千葉県青少年健全育成条例23条の5～11・2012年（平成24年）7月1日施行）

対象者＼努力義務	有害情報の遮断	遮断方法・ソフトウェアの情報提供・周知	ソフトウェアの利用	その他
プロバイダ		①2項, ②2項	③2項, ⑤18条の7第1項（ソフトウェアを利用したサービスの開発も）	⑤18条の7第2項（インターネット事業者→青少年の利用の有無を確認し, ソフトウェアを利用したサービスの告知・勧奨及びその利用を契約内容の標準とする）
インターネット端末の貸付・頒布・販売者	③2項	①2項, ②2項	⑤18条の7第4項（インターネットカフェ等）, ⑥2項（インターネットカフェ等）	
保護者・学校関係者・その他の青少年の育成に携わる者	⑥1項（保護者）		①3項（保護者）, ⑤18条の8第1項（保護者）	②3項（保護者・青少年育成関係者→必要な教育）, ③3項（啓発・教育）, ⑤18条の8第2項（保護者・青少年育成関係者→教育）
そ の 他	②1項（一般の利用に供する事業者）, ②4項（何人も）, ④（保護者・青少年の利用に供する者）	⑤18条の7第3項（契約の媒介・取次業者→上記サービスの告知・勧奨を行う）	①1項（公衆又は青少年の利用に供する者）〔義務〕, ③1項（保護者・家族・公衆の利用に供する者）	
都 道 府 県（知事）				⑤18条の9（啓発・教育）, ⑥3項（保護者・インターネットカフェ等に必要な情報の提供）

3.4　甲信地方

①山梨県青少年保護育成のための環境浄化に関する条例7条の2（2007年（平成

19年）4月1日施行）

＊長野県→規制なし[12]

対象者 ＼ 努力義務	有害情報の遮断	遮断方法・ソフトウェアの情報提供・周知	ソフトウェアの利用	そ　の　他
プロバイダ		①3項		
インターネット端末の貸付・頒布・販売者		①3項		
保護者・学校関係者・その他の青少年の育成に携わる者	①1項			
そ　の　他			①2項（公衆の利用に供する者）	
都道府県（知事）				

3.5　北陸地方

①富山県青少年健全育成条例18条の3（2007年（平成19年）10月1日施行）

②いしかわ子ども総合条例34条（2007年（平成19年）4月1日施行・2010年（平成22年）1月1日改正前）

＊新潟県→規制なし（新潟県青少年健全育成条例13条の2・26条の2・26条の3・2012年（平成24年）4月1日施行）

＊福井県→規制なし（福井県青少年愛護条例43条の2・2008年（平成20年）7月1日施行）

対象者 ＼ 努力義務	有害情報の遮断	遮断方法・ソフトウェアの情報提供・周知	ソフトウェアの利用	そ　の　他
プロバイダ		①2項	②4項	②5項（インターネット事業者→青少年の利用の有無を確認し，ソフトウェアを利用したサービスの告知・勧奨及びその利用を契約内容の標準とする）

対象者	有害情報の遮断	遮断方法・ソフトウェアの情報提供・周知	ソフトウェアの利用	その他
インターネット端末の貸付・頒布・販売者		①2項		
保護者・学校関係者・その他の青少年の育成に携わる者	②2項		②3項（保護者）	②1項（啓発・教育）
そ　の　他	①3項（何人も）		①1項（公衆の利用に供する者），②6項（公衆の利用に供する者）	
都道府県（知事）				

3.6　東海地方

①静岡県青少年のための良好な環境整備に関する条例16条の3（2007年（平成19年）4月1日施行〔16条の4・2011年（平成23年）4月1日追加〕）

②愛知県青少年保護育成条例18条の2（2005年（平成17年）7月1日施行・2013年（平成25年）7月1日改正前）

③岐阜県青少年健全育成条例31条（2006年（平成18年）2月1日施行・2014年（平成26年）10月1日改正前）

④三重県青少年健全育成条例18条の6（2006年（平成18年）7月1日施行・2015年（平成27年）7月1日改正前）

努力義務／対象者	有害情報の遮断	遮断方法・ソフトウェアの情報提供・周知	ソフトウェアの利用	そ　の　他
プロバイダ		①3項，②2項，③3項，④3項		
インターネット端末の貸付・頒布・販売者		①3項，②2項，③3項，④3項		
保護者・学校関係者・その他の青少年の育成に携わる者	④1項		②1項	①1項（青少年の判断能力の育成），③1項（啓発・教育），④1項（啓発・教育）
そ　の　他			①2項（青少年の利用に供する者），②1項（青少年の利用に供する者），	

| | | | ③2項（公衆の利用に供する者），④2項（公衆の利用に供する者） | |
| 都道府県（知事） | | | | |

3.7　近畿地方

①京都府青少年の健全な育成に関する条例18条の3〜20条（2005年（平成17年）4月1日施行・2011年（平成23年）4月1日改正前）

②大阪府青少年健全育成条例10条9号・26条（2006年（平成18年）2月1日施行〔28条〜31条・2011年（平成23年）7月1日追加〕）

③兵庫県青少年愛護条例24条の2〜4（2006年（平成18年）4月1日施行・2009年（平成21年）5月1日・7月1日改正前）

④奈良県青少年の健全育成に関する条例19条の2（2003年（平成15年）4月1日施行・2013年（平成25年）10月1日改正前）

⑤和歌山県青少年健全育成条例21条の7（2005年（平成17年）1月1日施行・2012年（平成24年）7月1日改正前）

＊滋賀県→規制なし[13]（滋賀県青少年の健全育成に関する条例20条の2・2008年（平成20年）10月1日施行）

努力義務 / 対象者	有害情報の遮断	遮断方法・ソフトウェアの情報提供・周知	ソフトウェアの利用	そ の 他
プロバイダ	④1項	②26条2項，③24条の3第2項，⑤3項		
インターネット端末の貸付・頒布・販売者	④2項	①18条の3第3項，②26条2項，③24条の3第2項，⑤3項		②10条9号（インターネットカフェ等→自主規制の規約の設定）
保護者・学校関係者・その他の青少年の育成に携わる者	①18条の3第1項，③24条の2第1項，⑤1項		②26条3項（保護者）	②26条4項（保護者→判断能力を身につけさせる），③24条の2第2項（保護者→自ら及び青少年の理解を深める）

| その他 | ④3項（何人も） | | ①18条の3第2項（公衆の利用に供する者），②26条1項（施設の管理者・公衆の利用に供する者），③24条の3第1項（公衆の利用に供する者），⑤2項（公衆の利用に供する者） | ①19条（自主努力業者→相互協力・社会環境の整備） |
| 都道府県（知事） | | | | ①20条1項（自主的努力に関する基準の設定・公表），①20条2項（業者・業界団体・保護者・青少年育成関係者に対して指導・助言），②27条（必要な助言・方法の周知），③24条の4（啓発・教育） |

3.8　中国地方

①岡山県青少年健全育成条例25条・27条〜29条（2006年（平成18年）7月1日施行・2011年（平成23年）10月1日改正前・〔その後〕岡山県青少年によるインターネットの適切な利用の推進に関する条例）

②広島県青少年健全育成条例42条の2（2006年（平成18年）7月1日施行）

③島根県青少年の健全な育成に関する条例25条（2007年（平成19年）7月1日施行・2011年（平成23年）4月1日改正前）

④鳥取県青少年健全育成条例12条の2（2008年（平成20年）4月1日施行・2011年（平成23年）7月1日改正前）

⑤山口県青少年健全育成条例14条の2（2007年（平成19年）2月1日施行）

対象者＼努力義務	有害情報の遮断	遮断方法・ソフトウェアの情報提供・周知	ソフトウェアの利用	その他
プロバイダ		①25条3項，②3項，④4項，⑤2項		
インターネット端末の貸付・頒布・販売者		①25条3項，②3項，④4項，⑤2項		

保護者・学校関係者・その他の青少年の育成に携わる者	⑤1項（保護者）		②1項，④1項（保護者），④2項（学校・職場・青少年育成関係者）〔**義務**〕	①27条（保護者→教育・良好な生活環境の助長），①28条（学校長→指導の充実），①29条（関係職員→指導・助言）
そ　の　他	①25条1項（何人も），③（何人も），④6項（インターネットで情報を提供しようとする者）	④5項（携帯電話の販売・貸付業者→情報提供及びフィルタリングが有効なものを使わせる）	①25条2項（公衆の利用に供する者），②2項（公衆の利用に供する者），④3項（多数の利用に供する者→年齢確認も）〔**義務**〕，⑤3項（不特定かつ多数の利用に供する者）	④8項（「改善事項報告書」を提出した者→改善に必要な期間内に，必要な措置を講じること）
都道府県（知事）				④7項（3項の義務違反者に対する「改善事項報告書」の提出命令）

3.9　四国地方

①徳島県青少年健全育成条例15条の2（2006年（平成18年）10月1日施行・2008年（平成20年）5月1日改正前）

②香川県青少年保護育成条例17条の3（2005年（平成17年）7月1日施行・2012年（平成24年）4月1日改正前）

③愛媛県青少年保護条例5条の10（2006年（平成18年）1月1日施行）

＊高知県→規制なし（高知県青少年保護育成条例23条の3・2009年（平成21年）10月1日施行）

努力義務 対象者	有害情報の遮断	遮断方法・ソフトウェアの情報提供・周知	ソフトウェアの利用	そ　の　他
プロバイダ		①3項，②3項，③3項		
インターネット端末の貸付・頒布・販売者		①3項，②4項，③3項		
保護者・学校関係者・その他の青少年の育成に携わる者	①1項，②1項			

その他	③1項（何人も）		①2項（公衆の利用に供する者）,②2項（公衆の利用に供する者）,③2項（青少年の利用に供する者）	
都道府県（知事）				

3.10　九州地方

①福岡県青少年健全育成条例11条2項・14条の2・15条3号（1997年（平成9年）7月1日・2006年（平成18年）4月1日・2002年（平成14年）4月1日施行・〔14条の2につき〕2012年（平成24年）10月1日改正前）

②大分県青少年の健全な育成に関する条例22条（2005年（平成17年）7月1日施行・2013年（平成25年）7月1日改正前）

③長崎県少年保護育成条例4条の2（2007年（平成19年）4月1日施行〔4条の3・2012年（平成24年）3月1日追加〕）

④佐賀県青少年健全育成条例18条の4（2007年（平成19年）4月1日施行・2010年（平成22年）7月1日改正前）

⑤熊本県少年保護育成条例18条の2（2007年（平成19年）7月1日施行・2013年（平成25年）10月1日改正前）

⑥宮崎県における青少年の健全な育成に関する条例22条（2006年（平成18年）7月1日施行）

⑦鹿児島県青少年保護育成条例26条の2（2006年（平成18年）7月1日施行）

努力義務／対象者	有害情報の遮断	遮断方法・ソフトウェアの情報提供・周知	ソフトウェアの利用	その他
プロバイダ		②3項, ③2項（利用の推奨も）, ④3項（契約の媒介・取次・代理を行う者も）, ⑤3項, ⑦3項		①15条3号（自主規制の協定・規約の締結・設定）
インターネット端末の貸付・頒布・販売者		②4項, ③2項（利用の推奨も）, ⑤3項, ⑦3項		

対象者	有害情報の遮断	遮断方法・ソフトウェアの情報提供・周知	ソフトウェアの利用	その他
保護者・学校関係者・その他の青少年の育成に携わる者	①14条の2第2項(保護者),②1項,⑤1項		③1項(保護者),⑥(保護者)	
その　の　他	①11条2項(何人も),④1項(何人も),⑦1項(何人も)		①14条の2第1項(施設の管理者・公衆の利用に供する者),②2項(公衆の利用に供する者),③3項(公衆の利用に供する者),④2項(公衆の利用に供する者),⑤2項(公衆の利用に供する者),⑥(青少年の利用に供する者),⑦2項(青少年の利用に供する者)	
都道府県（知事）				①14条の2第3項(保護者・施設の管理者・公衆の利用に供する者へ情報提供)

3.11　沖縄地方

①沖縄県青少年保護育成条例18条の6（2006年（平成18年）7月1日施行・2014年（平成26年）7月1日改正前）

努力義務＼対象者	有害情報の遮断	遮断方法・ソフトウェアの情報提供・周知	ソフトウェアの利用	その他
プロバイダ		①3項		
インターネット端末の貸付・頒布・販売者		①3項		
保護者・学校関係者・その他の青少年の育成に携わる者				
その　の　他	①1項(何人も)		①2項（公衆の利用に供する者）	
都道府県（知事）				

IV　条例によるインターネットの「有害」情報規制　63

4　簡単な検討

　長野県を除く 46 都道府県で制定されている青少年条例を用いることによっ
て，（従来からの）「有害」図書類のみならずインターネット上の「有害」情報に
も規制の網が広がりつつある。2005 年（平成 17 年）には 13 都府県，2006 年（平
成 18 年）には 11 県が条例の改正を行っている[14]。更に，2007 年（平成 19 年）に
は 16 道県の改正条例が施行され，加速度的に規制が進んでいる。現在におい
ては，山形県・千葉県・長野県・新潟県・福井県・滋賀県・高知県の 7 県が規
制を課していないが，山形県・滋賀県ではすでに改正の準備作業が始まってお
り，その他の県も追随する可能性が高いと言える。

　現在制定されている 40 都道府県の条例を分析してみると，各条例で共通し
ている部分と特徴的な部分（独自色の強い部分）があることがわかる。前者の共
通部分としては，「有害情報の遮断」「遮断方法・（フィルタリング）ソフトウェア
の情報提供・周知」「（フィルタリング）ソフトウェアの利用」を努力義務として
規定する条例が多い。「有害情報の遮断」については，保護者・学校関係者・そ
の他の青少年の育成に携わる者を対象とする条例[15]が多いが，対象を「何人
も」とし[16]，より一般的な形で努力義務を課す条例もある。「遮断方法・ソフト
ウェアの情報提供・周知」の努力義務は，プロバイダや（パソコン・携帯電話など
の）インターネット端末の貸付・頒布・販売業者に課される[17]のが一般的傾向
である。「ソフトウェアの利用」の努力義務は，インターネットカフェ等の業者を
対象としたり[18]，より広く公衆や青少年の利用に供する者を対象とする条例[19]
もある。また，保護者に対して努力義務を課す条例[20]も見受けられる。

　後者の特徴的な（独自色の強い）努力義務を課す条例としては，「インターネッ
ト事業者のために利用者との契約の締結の媒介，取次ぎ又は代理」を業として
行う者に「ソフトウェアを利用したサービス」の存在を告知することを求める
佐賀県条例[21]，ソフトウェアの告知・推奨のみならずその利用を契約内容の標
準とする努力義務を課す東京都条例[22]・石川県条例[23]があり，携帯電話の販
売・貸付業者に対して，フィルタリング機能が有効なものを利用させる努力義務
を課す鳥取県条例[24]がある。更に，青少年の健全な成長を阻害することのな
いようにするため遵守すべき基準についての協定・規約の締結・設定をプロバ

イダに対して課す福岡県条例[25]，インターネットカフェ等に課す大阪府条例[26]
などもある。

　努力義務規定については，従来，労働立法の分野で多く見られたことから労
働法学において検討が行われてきた。その代表格である荒木尚志教授は，努力
義務規定を「当該立法の基本理念・目的を示し，その方向に沿った当事者の努
力を抽象的に促す趣旨の規定で，その性格上，具体的な履行を強行的に規制す
ることを想定していない」訓示的・抽象的努力義務と「努めるべき義務内容が
具体的特定的であり，強行的な義務規定ないし禁止規定によって規制すること
が可能であるにもかかわらず」，様々な理由から「努力義務を課すに留められた
規定である」具体的努力義務に区別した[27]上で，訓示的・抽象的努力義務は「そ
の性格上，具体的な法的効果は発生」しないが，具体的努力義務は行政指導の
根拠規定になるとともに，様々な行政措置[28]を通じて努力義務が担保される
仕組みになっていることを指摘される。

　本稿の検討対象である青少年条例の多くは，「プロバイダ」「インターネット
端末の貸付・頒布・販売者」「保護者・学校関係者・その他の青少年の育成に
携わる者」などの具体的な対象者に，「有害情報の遮断」「遮断方法・ソフトウ
ェアの情報提供・周知」「ソフトウェアの利用」といった具体的な努力義務を課
すものであることから，上記の分類では，具体的努力義務となる。しかし，努
力義務を担保する仕組みが規定されていない点では，訓示的・抽象的努力義務
に近いものといえよう。このような労働立法と「有害」情報規制を目的とした
青少年条例との差異は，表現の自由への「配慮」から生じていると考えられるが，
その「配慮」を没却し，労働立法との差異を無くしてしまうとすれば，表現の自
由に対する影響は甚大なものとなる。自主的努力に関する基準を知事が定め，
業者・保護者・青少年育成関係者に対して必要な指導・助言を行えるとする京
都府条例[29]，インターネットカフェ等に遵守すべき基準の設定を求め[30]，それ
に従わない場合には知事が指導・勧告を行える[31]とする大阪府条例にはその
兆候が見られる[32]。

　更に，茨城県条例と鳥取県条例（の一部）は義務規定となっている。茨城県条
例は，インターネット端末を「公衆又は青少年の利用に供する者」に対して，ソ
フトウェアの利用などによって「有害」情報を閲覧・視聴できないようにしな
ければならないとする[33]が，罰則規定など義務の履行を担保する仕組みがな

Ⅳ　条例によるインターネットの「有害」情報規制　65

いため，努力義務規定との差異はほとんどないといえる。しかし，鳥取県条例は他の条例にも見られる努力義務規定に加えて，不特定又は多数の利用に供する者に対してソフトウェアの利用と年齢確認の義務規定を置いている[34]。この義務に違反した場合には「改善事項報告書」の提出を知事が命令できることになっており[35]，同報告書を提出しない者，提出したが改善に必要な措置を講じない者[36]は50万円以下の罰金に処せられることになっている[37]（その他，学校・職場・青少年育成関係者にもソフトウェアの使用を義務づけている[38]が罰則規定はない）。

　労働立法の分野において，具体的努力義務は強行的義務規定・禁止規定への過渡的・規制猶予的性格を有するものと捉えられている。これらの条例が強行的義務規定・禁止規定への移行を示すものであるならば，表現の自由の観点から注視する必要があろう[39]。

1) 朝日新聞2007年（平成19年）7月3日夕刊〔東京本社〕。
2) http://www8.cao.go.jp/youth/suisin/yuugai/data/mamoru.pdf (last visited Apr. 1, 2008)
3) 青少年条例では，深夜に青少年を立ち入らせてはいけない場所の1つとしてインターネットカフェを規制している。例えば，北海道青少年健全育成条例37条1項2号は「設備を設けて，客に，書籍，雑誌その他の刊行物の閲覧又は端末機器の利用を行わせることを主として行う営業」を行う者に対して，「深夜において，当該営業の場所に青少年を立ち入らせてはならない」とする（ただし，罰則は，深夜の立ち入りを禁止する掲示をしなかったことに対してのみ科される）。
4) いわゆる「出会い系サイト」規制については異なった対応をしている。2008年（平成20年）2月29日に閣議決定され，衆議院に提出された「出会い系サイト規制法」改正案は，サイト事業を届出制にするとともに，サイト事業の停止・廃止を命じる権限を都道府県公安委員会に与え，これらに従わなかったサイト事業者には1年以下の懲役もしくは100万円以下の罰金を科すこと，サイト事業者及びプロバイダ・携帯電話会社等の「役務提供事業者」には（フィルタリング）ソフトウェアの利用・提供の努力義務を課すことなどを内容としている（朝日新聞2008年（平成20年）2月29日夕刊〔東京本社〕）。
5) 参議院自民党が2001年（平成13年）に提出を予定していた同法案（内容につき，小倉一志『サイバースペースと表現の自由』〔尚学社・2007年〕276-277頁）はマスメディア等からの批判により提出が見送られた。その後，紆余曲折を経て，同法案の内容を「青少年健全育成法案」と「青少年を取り巻く有害社会環境の適正化のための事業者等による自主規制に関する法律案」に分割し，総則的役割を果たす前者のみを議員立法の形で参議院に提出したが，審議未了のまま廃案となった（2004年（平成16年）6月16日）。
6) 自民党青少年特別委員会（高市早苗委員長）が，同法案の骨子案を了承している（2007年（平成19年）12月11日）。その内容は，青少年に著しく①性的感情を刺激するもの，②残虐性を

助長するもの，③自殺又は犯罪を誘発するもの，④心身の健康を害する行為を誘発するもの，に該当する書籍・雑誌・DVD等（指定図書類）の青少年に対する販売禁止・一般図書との分別陳列・包装を販売業者に義務づけるとともに，通信販売での購入の場合には，配達物への指定図書類であることの表示・購入者の年齢確認を義務づけるものである（http://www.jimin.jp/jimin/daily/07_12/11/191211c.shtml (last visited Apr. 1, 2008)）。現在の所，図書類に限った規制の準備が先行しているように思われるが，今後の動向を注意深く観察する必要がある。自民党総務委員会が法規制に慎重な立場（業界の自主規制を尊重する立場）をとっていることから，国会への提出には至っていないが，自民党青少年特別委員会はインターネット上の「有害」情報を規制する議員立法案も作成している（朝日新聞 2008 年（平成 20 年）3 月 22 日朝刊〔東京本社〕）。

7) http://www.jiji.com/jc/c?g=soc&k=2008022701036 (last visited Apr. 1, 2008)

8) 常本照樹「サイバースペースにおける表現の法的規制と私的コントロール」田村善之編『情報・秩序・ネットワーク』（北海道大学図書刊行会・1999 年）256 頁。

9) 現在は 15 条 3 号に規定されている。条文については，後掲注 25）参照。

10) 図内における「①X 項」の表記は，図上の①条例（某条）X 項に規定されていることを示している。また，後ろの括弧書きは補足説明である。分析に用いた条文は，各都道府県のウェブサイトに掲載されている例集を参照した。

11) ただし，山形県青少年問題協議会において山形県青少年保護条例の見直しが検討されている。同協議会（2008 年（平成 20 年）1 月 22 日）における知事のあいさつ（http://www.pref.yamagata.jp/governor/message/message02/message_2007/seishonen.html (last visited Apr. 1, 2008)）参照。

12) 長野県は 47 都道府県の中で唯一，青少年条例を制定していない。なお，長野市青少年保護育成条例 6 条 1 項は「何人も，図書類又は規則で定める方法により得た映像若しくは音声で，その内容の全部又は一部が著しく粗暴性若しくは残虐性を助長し，又ははなはだしく性的感情を刺激して青少年の健全な育成を阻害するおそれがあると認められるものについては，これを青少年に読ませ，見せ，聴かせないように努めなければならない」と規定した上で，「条例第 6 条第 1 項に規定する規則で定める方法は，インターネットその他これに類する方法とする」（長野市青少年保護育成条例施行規則 2 条）ことによってインターネットに対する規制を可能にしている。

13) ただし，滋賀県青少年の健全育成に関する条例の一部を改正する条例要綱（案）には，他の都道府県と同様の規制が盛り込まれている（http://www.pref.shiga.jp/public/em00/seishounen/index.html (last visited Apr. 1, 2008)）。

14) 前掲注 2）「中間取りまとめ——有害情報から子どもを守るために」。

15) 北海道青少年健全育成条例 30 条 1 項（2007 年（平成 19 年）4 月 1 日施行・2014 年（平成 26 年）4 月 1 日改正前）
　　「保護者，学校及び職場の関係者その他の青少年の育成に携わる者は，青少年がインターネットを利用するに当たっては，その利用により得られる情報のうちその内容が著しく粗暴性を助長し，性的感情を刺激し，又は道義心を傷つけるもの等であって，青少年の健全な育成を害するおそれがあると認められるもの（以下「有害情報」という。）を青少年に閲覧させ，又は視聴させないように努めなければならない。」

16) 宮城県青少年健全育成条例 16 条 1 項（2005 年（平成 17 年）4 月 1 日施行・2015 年（平成 27 年）

10月1日改正前）

「何人も，インターネットの利用によつて得られる情報であつて，その全部又は一部が著しく性的感情を刺激し，甚だしく残忍性を有し，又は著しく自殺若しくは犯罪を誘発し，青少年の健全な育成を阻害するおそれがあると認められるもの（以下「有害情報」という。）を青少年に閲覧させ，又は視聴させないように努めなければならない。」

17) 北海道青少年健全育成条例30条3項（2007年（平成19年）4月1日施行・2014年（平成26年）4月1日改正前）

「特定電気通信役務提供者（特定電気通信役務提供者の損害賠償責任の制限及び発信者情報の開示に関する法律（平成13年法律第137号）第2条第3号に規定する特定電気通信役務提供者をいう。）及び端末機器の販売又は貸付けを業とする者は，その事業活動を行うに当たっては，有害情報を青少年に閲覧させ，又は視聴させないよう，フィルタリングに関する情報その他の青少年が有害情報を閲覧し，又は視聴することを防止するために必要な情報の提供に努めなければならない。」

18) 北海道青少年健全育成条例30条2項（2007年（平成19年）4月1日施行・2014年（平成26年）4月1日改正前）

「インターネットを利用することができる機能を有する端末機器（以下「端末機器」という。）を一般に利用させるために設置する施設を経営する者は，端末機器を青少年の利用に供するに当たっては，フィルタリング（インターネットの利用により得られる情報について，一定の条件により受信するか否かを選択することができる仕組みをいう。以下同じ。）の機能を有するソフトウェアの活用その他の方法により，有害情報を青少年に閲覧させ，又は視聴させないように努めなければならない。」

19) 茨城県青少年のための環境整備条例21条の3第1項（2007年（平成19年）7月1日施行・2010年（平成22年）4月1日全面改正前・〔その後〕茨城県青少年の健全育成等に関する条例39条1項）

「インターネットを利用することができる端末設備（以下この条において単に「端末設備」という。）を公衆又は青少年の利用に供する者は，端末設備を青少年の利用に供するに当つては，フィルタリング（インターネットを利用して得られる情報について一定の条件により受信するかどうかを選択することができる仕組をいう。以下この条において同じ。）の機能を有するソフトウェアの活用その他の適切な方法により，インターネットの利用により得られる情報であつてその内容の全部又は一部が第8条第1項各号のいずれかに該当すると認められる情報（以下この条において「有害情報」という。）を青少年に閲覧させ，又は視聴させないようにしなければならない。」

20) 東京都青少年の健全な育成に関する条例18条の8第1項（2005年（平成17年）4月1日施行・2011年（平成23年）4月1日改正前）

「保護者は，青少年に有益なソフトウェアの利用により，青少年がインターネットを適正に利用できるように努めなければならない。」

21) 佐賀県青少年健全育成条例18条の4第3項（2007年（平成19年）4月1日施行・2010年（平成22年）7月1日改正前）

「プロバイダ（インターネットへの接続を可能とする電気通信役務（電気通信事業法第2条第3号に規定する電気通信役務をいう。以下同じ。）を提供する同条第5号に規定する電気通信事業者をいう。）又は当該プロバイダのために電気通信役務の提供を内容とする契約（以下

「役務提供契約」という。）の締結の媒介，取次ぎ若しくは代理を行う者は，役務提供契約を締結するに当つては，フィルタリングに係る情報その他必要な情報を提供するように努めなければならない。」

22）東京都青少年の健全な育成に関する条例18条の7第2項（2005年（平成17年）4月1日施行・2011年（平成23年）4月1日改正前）

「インターネット事業者は，利用者と契約を行う際には，青少年の利用の有無を確認し，利用者に青少年が含まれる場合には，青少年に有益なソフトウェアを利用したサービスを提供している旨を告知し，その利用を勧奨するものとし，及びこれを利用することが可能であることを標準的な契約内容とするように努めなければならない。」

23）いしかわ子ども総合条例34条5項（2007年（平成19年）4月1日施行）

「インターネット事業者は，その提供するサービスの内容について利用者と契約を締結する際には，青少年の利用が見込まれるかどうかを確認し，青少年の利用が見込まれる場合においては，フィルタリングサービスを提供する旨を告知し，フィルタリングサービスの利用を勧奨するとともに，フィルタリングサービスを利用することが可能であることを標準的な契約の内容とするよう努めるものとする。」

24）鳥取県青少年健全育成条例12条の2第5項（2008年（平成20年）4月1日施行・2014年（平成26年）10月1日改正前）

「携帯電話の販売又は貸付けを業とする者は，青少年に対し，インターネットを利用することができる携帯電話の販売又は貸付けをするに当たっては，フィルタリングの機能を有するソフトウェアに関する情報その他青少年がインターネットの利用により有害情報を閲覧し，又は視聴することを防止するために必要な情報を提供するよう努めるとともに，フィルタリングの機能が有効な状態のものを販売し，又は貸し付けるよう努めなければならない。」

25）福岡県青少年健全育成条例15条3号（2002年（平成14年）4月1日施行）

「次に掲げる者又はその組織する団体は，当該者がその営業に関し，青少年の健全な成長を阻害しないようにするための遵守すべき基準についての協定又は規約を締結し，又は設定するように努めなければならない。」

「通信番組の提供の媒介に係るものであって，規則で定めるものを業とする者」
福岡県青少年健全育成条例施行規則2条2項（2002年（平成14年）4月1日施行）

「条例第15条第3号に規定する規則で定める営業は，顧客との契約に基づきインターネット又はパソコン通信ネットワークとの接続サービスを提供する営業（その業務の全般について特別な法律の規定に基づく国の監督に服する日本電信電話株式会社その他の特殊会社が行うものを除く。）をいうものとする。」

26）大阪府青少年健全育成条例10条9号（2006年（平成18年）2月1日施行）

「次に掲げる者又はその組織する団体は，当該者がその営業に関し，青少年の健全な成長を阻害することのないようにするため遵守すべき基準についての協定又は規約（以下「自主規制の規約等」という。）を締結し，又は設定するよう努めなければならない。」

「図書類を閲覧し，若しくは視聴させること又はインターネットを利用することができる端末装置（以下「端末装置」という。）を設置して客の利用に供することを業とする者」

27）荒木尚志「労働立法における努力義務の機能——日本型ソフトロー・アプローチ？」『中嶋士元也先生還暦記念論集　労働関係法の現代的展開』（信山社・2004年）23-24頁。

28）「努力義務の具体的内容を指針等で示し，当事者にその履行を促し，助言・指導・勧告等の

Ⅳ　条例によるインターネットの「有害」情報規制　69

行政指導が行われる」（荒木・前掲注27）42頁）。更には，努力義務の履行のために，当事者に対して「計画作成命令，勧告，そして最終的には企業名公表」が予定されている例もある（同論文28頁）。「また，当該施策を誘導すべく給付金等による経済的インセンティブが用意されることも少なくない」（同論文42頁）。

29) 京都府青少年の健全な育成に関する条例20条1項・2項（2005年（平成17年）4月1日施行）

「知事は，第13条，第14条，第15条，第16条，第17条，第18条の2及び第18条の3に規定する自主的努力の円滑な推進を図るため，必要に応じ自主努力業者及びその団体，保護者並びに青少年育成関係者の意見を聴いて，自主的努力に関する基準を定め，これを公表するものとする。」

「知事は，第13条，第14条，第15条，第16条，第17条，第18条の2及び第18条の3に規定する自主的努力の実が上がるように，自主努力業者及びその団体，保護者並びに青少年育成関係者に対して必要な指導及び助言を行うことができる。」

30) 大阪府青少年健全育成条例11条1項（2006年（平成18年）2月1日施行）

「知事は，自主規制対象業者又はその組織する団体が自主規制の規約等を締結し，又は設定していない場合において，青少年の健全な育成上必要があると認めるときは，当該自主規制対象業者又はその組織する団体に対して，自主規制の規約等を締結し，又は設定するよう要請することができる。」

31) 大阪府青少年健全育成条例12条（2006年（平成18年）2月1日施行）

「知事は，自主規制対象業者が自主規制の規約等を遵守していないと認めるときは，当該自主規制対象業者又はその者が所属している団体に対して，自主規制の規約等を遵守するよう，又はこれを遵守すべきことを指導するよう勧告することができる。」

32) 福岡県青少年健全育成条例（15条3号）においてもプロバイダ等に対して遵守すべき基準の設定を求めているが，知事による指導・勧告等は規定されていない。

33) 条文については，前掲注19) 参照。

34) 鳥取県青少年健全育成条例12条の2第3項（2008年（平成20年）4月1日施行・2014年（平成26年）10月1日改正前）

「端末設備を不特定又は多数の者の利用（学校における教育目的での利用を除く。以下この項において同じ。）に供する者は，青少年の有害情報の閲覧又は視聴を防止するため，次の各号に掲げる場合の区分に応じ，当該各号に定める措置をとらなければならない。

(1)端末設備を不特定又は多数の者の利用に供する者が利用する者の年齢を確認できる場合　利用する者の年齢を確認するとともに，フィルタリングの機能を有するソフトウェアを活用した端末設備を青少年の利用に供すること。

(2)前号以外の場合　フィルタリングの機能を有するソフトウェアを活用した端末設備を不特定又は多数の者の利用に供すること。」

35) 鳥取県青少年健全育成条例12条の2第7項（2008年（平成20年）4月1日施行・2014年（平成26年）10月1日改正前）

「知事は，第3項の規定に違反している者があると認めるときは，その者に対し，次に掲げる事項（同項第2号に掲げる場合にあっては，第1号に掲げる事項を除く。）を記載した報告書（以下「改善事項報告書」という。）を提出するよう命ずることができる。この場合において，命令を受けた者は，当該命令を受けた日の翌日から起算して3月を超えない範囲内において第3号の期間を定め，かつ，当該命令を受けた日の翌日から起算して30日以内に改善事項報

告書を知事に提出しなければならない。

　　(1)年齢確認方法

　　(2)有害情報の閲覧又は視聴防止方法

　　(3)改善に要する期間及びその理由」

36) 鳥取県青少年健全育成条例12条の2第8項 (2008年 (平成20年) 4月1日施行・2014年 (平成26年) 10月1日改正前)

　　「前項の命令を受けた者は，同項の規定により改善事項報告書を知事に提出したときは，当該改善事項報告書に記載した改善に要する期間内に，当該改善に必要な措置を講じなければならない。」

37) 鳥取県青少年健全育成条例26条4項 (2008年 (平成20年) 4月1日施行・2014年 (平成26年) 10月1日改正前)

　　「次の各号のいずれかに該当する者は，50万円以下の罰金に処する。

　　(1)第12条の2第7項の規定による命令に違反し，同項後段に規定する期間内に改善事項報告書を提出しなかった者

　　(2)第12条の2第8項又は第17条第4項の規定に違反して必要な措置をとらなかった者」

38) 鳥取県青少年健全育成条例12条の2第2項 (2008年 (平成20年) 4月1日施行・2014年 (平成26年) 10月1日改正前)

　　「学校及び青少年が勤務する職場の関係者その他青少年の育成に携わる関係者及び関係団体は，青少年が有効にインターネットを利用するために，有害情報について，青少年に適切な判断能力を身に付けさせるよう努めるとともに，その青少年の利用に供する端末設備について，フィルタリングの機能を有するソフトウェアを活用し，青少年の有害情報の閲覧又は視聴を防止しなければならない。」

39) 本稿は，2008年度 (平成20年度) 札幌大学研究助成 (個人研究) による研究成果の一部である。本稿の分析基準時である2008年 (平成20年) 4月1日以降，都道府県のみならず，市レベルで規制を行う所も現れ (広島市青少年と電子メディアとの健全な関係づくりに関する条例 〔7月1日施行〕)，青少年が安全に安心してインターネットを利用できる環境の整備等に関する法律 (いわゆる，青少年インターネット環境整備法) も成立した (6月11日) が，それらを踏まえた分析については，別稿を期すことにしたい。

V 条例によるインターネットの「有害」情報規制 (続)

1 はじめに──本稿の目的

　かつて筆者は,「条例によるインターネットの『有害』情報規制」と題する小論 (以下, 前稿とする) を当時の勤務先の紀要 (札幌法学) にて公表したことがある[1]。前稿は, そのタイトルが示すとおり, 2008年 (平成20年) 4月1日段階における各都道府県の条例において課せられている, インターネット上の「有害」情報規制について, 若干の分析・検討を行うものであった。ここで, 簡単にその要旨を示すと次のとおりとなる。①わが国において条例によるインターネット規制を初めて行ったのは, 福岡県青少年健全育成条例が最初であること (1997年 (平成9年) 7月1日施行)[2]。②福岡県条例に追随する都道府県は当初現れず, その多くは, 規制の対象となる図書類にコンピュータプログラム・CD-ROM等の記録媒体を含める改正を行ったのみであったこと。しかし, ③鳥取県青少年健全育成条例の改正 (2002年 (平成14年) 4月1日施行), 奈良県青少年の健全育成に関する条例 (2003年 (平成15年) 4月1日施行) 及び大阪府青少年健全育成条例の改正 (2003年 (平成15年) 7月1日施行) を皮切りに, 有害情報を遮断する努力義務, 更には (有害情報を遮断するために用いられる) フィルタリングソフトウェアを用いることを努力義務等として課す都道府県が急増したこと。④当時の段階でも既に (山形県・千葉県・長野県・新潟県・福井県・滋賀県・高知県を除く) 40都道府県が規制を課していたこと。⑤都道府県の条例には, それぞれ共通している部分と特徴的な部分 (独自色の強い部分) があり, 特に後者については, 表現の自由の観点からの「注視」が必要とされること, 等である。

　その後, 法律レベルでは,「青少年が安全に安心してインターネットを利用できる環境の整備等に関する法律 (いわゆる, 青少年インターネット環境整備法)」[3] が成立 (2008年 (平成20年) 6月11日。2009年 (平成21年) 4月1日施行) したこともあり,

条例レベルにおいても，この点に関する「空白地」は極めて少なくなっている。また，条例による規制が始まってから一定程度，時間が経過し，当初の条文を改正（あるいは，新たな条文を追加）する都道府県も見られるようになっている。

　そこで本稿では，現段階（2016年（平成28年）4月1日）を基準点として，各都道府県における条例の分析・簡単な検討を再度，試みることにしたい。

2　条例による規制の分析

　それでは，現段階において，どの都道府県の条例が，どのような規制を課しているのかを確認していきたい。前稿では，努力義務が課される「対象」と努力義務の「内容」を縦横の軸とし，更に前者を「プロバイダ」「インターネット端末の貸付・頒布・販売者」「保護者・学校関係者・その他の青少年の育成に携わる者」「その他」，後者を「有害情報の遮断」「遮断方法・（フィルタリング）ソフトウェアの情報提供・周知」「（フィルタリング）ソフトウェアの利用」「その他」に分けて分析するとともに，「都道府県」が行うものとされる措置を定めている条例についても併せて見た。

　本稿においても，前稿（すなわち，2008年（平成20年）4月1日段階）との対比を明確にするために，分析基軸は前回同様とする。また，前稿での表記も【隅付き括弧】を付した上で，図内に残してある[4]（更に，前稿と比較して，新たな規制が追加（変更）されている点については，下線を付けた）。

2.1　北海道地方

①北海道青少年健全育成条例30条・30条の2（2014年（平成26年）4月1日施行[5]）

努力義務\\対象者	有害情報の遮断	遮断方法・ソフトウェアの情報提供・周知	ソフトウェアの利用	そ　の　他
プロバイダ		①30条3項 【①3項】		
インターネット端末の貸付・頒布・販売者		①30条3項 【①30条3項】	①30条2項 【①30条2項（インターネットカフェ等）】	

V　条例によるインターネットの「有害」情報規制（続）　73

対象者	有害情報の遮断	遮断方法・ソフトウェアの情報提供・周知	ソフトウェアの利用	その他
保護者・学校関係者・その他の青少年の育成に携わる者	①30条1項【①30条1項】			①30条の2第3項(保護者→フィルタリングサービスを利用しない場合,書面の提出)〔義務〕
その他		①30条の2第1項・2項(携帯電話インターネット接続役務提供事業者等→使用者が青少年であるかの確認・フィルタリングサービスの説明・書面の交付)〔義務〕		
都道府県(知事)				①30条の2第5項・6項(必要な措置の勧告・公表)

2.2　東北地方

①青森県青少年健全育成条例21条の2(2007年(平成19年)4月1日施行)

②秋田県青少年の健全育成と環境浄化に関する条例8条の2(2009年(平成21年)5月29日施行)

③岩手県青少年のための環境浄化に関する条例19条の2(2007年(平成19年)10月1日施行)

④宮城県青少年健全育成条例16条〜16条の4(2015年(平成27年)10月1日施行)

⑤福島県青少年健全育成条例30条の2(2007年(平成19年)7月1日施行)

⑥山形県青少年健全育成条例11条の4(2009年(平成21年)4月1日施行)

努力義務 / 対象者	有害情報の遮断	遮断方法・ソフトウェアの情報提供・周知	ソフトウェアの利用	その他
プロバイダ		①3項,②2項,③3項,④16条3項,⑤3項【①3項,②2項,③3項,④16条3項,⑤3項】		
インターネット端末の貸付・頒布・販売者		①3項,②2項,③4項,④16条3項,⑤4項【①3項,②2項,③4項,④16条3項,⑤4項】		

保護者・学校関係者・その他の青少年の育成に携わる者	①1項,③1項,⑤1項【①1項,③1項,⑤1項】			④16条の3第1項（保護者→フィルタリングサービスを利用しない場合,書面の提出）〔義務〕,⑥3項（教育・啓発）
その他	④16条1項（何人も）,⑥1項（何人も）【④16条1項（何人も）】	④16条の2第1項～4項（携帯電話インターネット接続役務提供事業者等→使用者が青少年であるかの確認・有害情報に接する機会が生じることの説明・書面の交付）〔義務〕	①2項（公衆の利用に供する者）,②1項（何人も）,③2項（公衆の利用に供する者）,④16条2項（一般の利用に供する者）,⑤2項（公衆の利用に供する者),⑥2項（公衆の利用に供する者）【①2項（公衆の利用に供する者）,②1項（何人も）,③2項（公衆の利用に供する者）,④16条2項（一般の利用に供する者）,⑤2項（公衆の利用に供する者)】	
都道府県（知事）				④16条の4第1項・2項（必要な措置の勧告・内容の公表）

2.3　関東地方

①茨城県青少年の健全育成等に関する条例[6]39条（2010年（平成22年）4月1日施行）

②栃木県青少年健全育成条例33条・33条の2（2012年（平成24年）10月1日施行）

③群馬県青少年健全育成条例28条～28条の4（2012年（平成24年）1月1日施行）

④埼玉県青少年健全育成条例21条の3・4（2013年（平成25年）10月1日施行）

⑤東京都青少年の健全な育成に関する条例18条の6の4・18条の7～8（2011年（平成23年）4月1日施行）

⑥神奈川県青少年保護育成条例35条～41条（2011年（平成23年）4月1日施行）

⑦千葉県青少年健全育成条例23条の5～11（2012年（平成24年）7月1日施行）

努力義務／対象者	有害情報の遮断	遮断方法・ソフトウェアの情報提供・周知	ソフトウェアの利用	その他
プロバイダ		①2項,②33条2項【①旧条例21条の3第2項,②33条2項】	⑤18条の7第3項(提供の告知も)【③28条2項,⑤18条の7第1項(ソフトウェアを利用したサービスの開発も)】	【⑤18条の7第2項(インターネット事業者→青少年の利用の有無を確認し,ソフトウェアを利用したサービスの告知・勧奨及びその利用を契約内容の標準とする)】
インターネット端末の貸付・頒布・販売者	【③28条2項】	①2項,②33条2項【①旧条例21条の3第2項,②33条2項】	⑤18条の7第5項(インターネットカフェ等),⑥35条2項(インターネットカフェ等),⑦23条の10(インターネットカフェ等)【⑤18条の7第4項(インターネットカフェ等),⑥23条の2第2項(インターネットカフェ等)】	
保護者・学校関係者・その他の青少年の育成に携わる者	⑥38条(保護者→インターネットの利用制限・監督する機能の活用),⑦23条の5(保護者→機器を適切に管理することにより)【⑥23条の2第1項(保護者)】		③28条3項(保護者),⑤18条の8第1項(保護者),⑥35条1項(保護者→インターネットを適切に利用する能力の習得も)【①旧条例21条の3第3項(保護者),⑤18条の8第1項(保護者)】	②33条3項(保護者→必要な教育・管理),②33条4項(青少年育成関係者→必要な教育),③28条4項(啓発・教育),③28条の2第2項(保護者→フィルタリングサービスを利用しない場合,書面の提出)〔**義務**〕,④21条の4第1項(保護者→フィルタリングサービスを利用しない場合,書面の提出)〔**義務**〕,④21条の4第6項(保護者→携帯電話インターネット事業者への協力),⑤18条の7の2第1項(保護者→フィルタリングサービスを利用しない場合,書面の提出)〔**義務**〕,⑥36条(保護者→フィルタリングサービスを利用しない場合,書面の提出)〔**義務**〕,⑦23条の6第4項(保護者→フィルタリングサービスを利用しない場合,

				書面の提出）〔**義務**〕 【②33条3項（保護者・青少年育成関係者→必要な教育），③28条3項（啓発・教育），⑤18条の8第2項（保護者・青少年育成関係者→教育）】
その他	②33条5項（何人も），④21条の3（保護者・青少年の利用に供する者） 【②33条1項（一般の利用に供する事業者），②33条4項（何人も），④21条の3（保護者・青少年の利用に供する者）】	③28条の2第1項（携帯電話インターネット事業者・媒介業者等→使用者が青少年であるかの確認・有害情報に接する機会が生じることの説明・説明書の交付）〔**義務**〕，④21条の4第2項（携帯電話インターネット事業者→有害情報に接する機会が生じることの説明・説明書の交付）〔**義務**〕，⑤18条の7の2第2項（携帯電話インターネット事業者→フィルタリングサービスの説明・説明書の交付）〔**義務**〕，⑥39条（携帯電話インターネット接続役務提供事業者等→有害情報に接する機会が生じること・利用の制限・監督を可能にする機能を書面により説明）〔**義務**〕，⑦23条の6（携帯電話インターネット接続役務提供事業者等→有害情報に接する機会が生じること・フィルタリングサービスの説明・書面の交付）〔**義務**〕 【⑤18条の7第3項（契約の媒介・取次業者→上記サービスの告知・勧奨を行う）】	①1項（公衆又は青少年の利用に供する者）〔**義務**〕，③28条2項（少年の利用に供する者） 【①旧条例21条の3第1項（公衆又は青少年の利用に供する者）〔**義務**〕，③28条1項（保護者・家族・公衆の利用に供する者）】	③28条の3（携帯電話インターネット事業者→媒介業者等に対する監督）〔**義務**〕，④21条の4第5項（携帯電話インターネット事業者→閲覧制限措置を円滑・適切に講じる），⑤18条の7第1項・2項（フィルタリングソフトウェア開発者・提供者・フィルタリング推進機関→性能及び利便性の向上），⑤18条の7第4項（携帯電話インターネット接続役務提供事業者→青少年の利用の有無の確認）
都道府県（知事）				③28条1項（啓発・知識の普及・必要な施策の推進），③28条の4第1項・

				3項（必要な措置の勧告・公表），③28条の4第2項（保護者→質問・資料の提示の要求），④21条の4第7項・9項（必要な措置の勧告・公表），④21条の4第8項（保護者→質問・資料の提示の要求），④21条の4第11項（啓発・情報提供），⑤18条の6の4（啓発・教育），⑤18条の7の2第4項～7項（必要な措置の勧告・公表・立入調査），⑥35条3項（保護者・インターネットカフェ等に必要な情報の提供），⑥40条（必要な措置の勧告・氏名又は名称・勧告内容の公表），⑦23条の7～9（必要な措置の勧告・公表・立入調査）【⑤18条の9（啓発・教育），⑥3項（保護者・インターネットカフェ等に必要な情報の提供）】

2.4 甲信地方

①山梨県青少年保護育成のための環境浄化に関する条例7条の2（2007年（平成19年）4月1日施行）

＊長野県→規制なし

努力 義務 対象者	有害情報 の遮断	遮断方法・ソフトウェア の情報提供・周知	ソフトウェア の利用	そ　の　他
プロバイダ		①3項 【①3項】		
インターネット端末の貸付・頒布・販売者		①3項 【①3項】		

保護者・学校関係者・その他の青少年の育成に携わる者	①1項【①1項】			
その他			①2項（公衆の利用に供する者）【①2項（公衆の利用に供する者）】	
都道府県（知事）				

2.5　北陸地方

①富山県青少年健全育成条例18条の3（2007年（平成19年）10月1日施行）

②いしかわ子ども総合条例34条・34条の2（2010年（平成22年）1月1日施行）

③新潟県青少年健全育成条例13条の2・26条の2・3（2012年（平成24年）4月1日施行）

④福井県青少年愛護条例43条の2（2008年（平成20年）7月1日施行）

努力義務＼対象者	有害情報の遮断	遮断方法・ソフトウェアの情報提供・周知	ソフトウェアの利用	そ　の　他
プロバイダ		①2項，④4項（利用の勧奨も）【①2項】	②34条4項（インターネット事業者）【②34条4項】	【②34条5項（インターネット事業者→青少年の利用の有無を確認し，ソフトウェアを利用したサービスの告知・勧奨及びその利用を契約内容の標準とする）】
インターネット端末の貸付・頒布・販売者		①2項【①2項】		④3項（青少年の利用の有無の確認）
保護者・学校関係者・その他の青少年の育成に携わる者	②34条2項（保護者・青少年育成関係者），③26条の2（保護者），		②34条3項（保護者），④1項（保護者）【②34条3項（保護者）】	②34条の2第2項（保護者→フィルタリングサービスを利用しない場合，書面の提出）〔義務〕，③26条の3第1項（保護者→フィルタリングサービスを利用しない場合，書面の提出）〔義務〕

対象者	有害情報の遮断	遮断方法・ソフトウェアの情報提供・周知	ソフトウェアの利用	その他
	④2項(学校関係者・青少年育成関係者)【②34条2項】			【②34条1項(啓発・教育)】
その他	①3項(何人も)【①3項(何人も)】	②34条の2第1項(携帯電話インターネット事業者→フィルタリングサービスの目的・内容を書面で説明)〔義務〕,③26条の3第2項(携帯電話インターネット接続役務提供事業者→有害情報に接する機会が生じることの説明・説明書の交付)〔義務〕	①1項(公衆の利用に供する者),②34条6項(公衆の利用に供する者),④5項(不特定又は多数の利用の供する者)【①1項(公衆の利用に供する者),②34条6項(公衆の利用に供する者)】	
都道府県(知事)				②34条1項(啓発・教育),②34条の2第4項～6項(報告の要求・必要な措置の勧告・公表),③13条の2(啓発・教育),③26条の3第4項～6項(報告の要求・必要な措置の勧告・公表)

2.6 東海地方

①静岡県青少年のための良好な環境整備に関する条例16条の3・4(2011年(平成23年)4月1日施行)

②愛知県青少年保護育成条例18条の2・3(2013年(平成25年)7月1日施行)

③岐阜県青少年健全育成条例31条～31条の5(2014年(平成26年)10月1日施行)

④三重県青少年健全育成条例18条の6～10(2015年(平成27年)7月1日施行)

対象者 努力義務	有害情報の遮断	遮断方法・ソフトウェアの情報提供・周知	ソフトウェアの利用	その他
プロバイダ		①16条の3第3項,②18条の2第2項,③31条3項,④18条の6第3項【①16条の3第3項,②		

		18条の2第2項, ③31条3項, ④18条の6第3項】		
インターネット端末の貸付・頒布・販売者		①16条の3第3項, ②18条の2第2項, ③31条3項, ④18条の6第3項【① 16条の3第3項, ②18条の2第2項, ③31条3項, ④18条の6第3項】		
保護者・学校関係者・その他の青少年の育成に携わる者	③31条1項（保護者・学校関係者・青少年育成関係者）, ④18条の6第1項【④18条の6第1項】		②18条の2第1項【②18条の2第1項】	①16条の3第1項（保護者・学校関係者→青少年の判断能力の育成）, ①16条の4第1項（保護者→フィルタリングサービス利用）, ①16条の4第2項（保護者→フィルタリングサービスを利用しない場合, 書面の提出）〔義務〕, ②18条の3第3項（保護者→フィルタリングサービスを利用しない場合, 書面の提出）〔義務〕, ③31条の3（保護者→フィルタリングサービスを利用しない場合, 書面の提出）〔義務〕, ④18条の8（保護者→フィルタリングサービスを利用しない場合, 書面の提出）〔義務〕【① 16条の3第1項（青少年の判断能力の育成）, ③31条1項（啓発・教育）, ④18条の6第1項（啓発・教育）】
その他		①16条の4第3項（携帯電話インターネット接続役務提供事業者等→フィルタリングサービスの説明・説明書の交付）〔義務〕, ②18条の3第1項・2項（携帯電話インターネット接続役務提供事業者等→使用者が青少年であるかの確認・フィルタリングサービスの説明・書面の交付）〔義務〕, ③31	①16条の3第2項（青少年の利用に供する者）, ②18条の2第1項（青少年の利用に供する者）, ③31条2項（公衆の利用に供する者）, ②18条の6第2項（公衆の利用に供する者）【①16条の3第2項（青少年の利用に供する者）, ②18条の2第1項（青少年の利用に供す	

V　条例によるインターネットの「有害」情報規制（続）　81

		条の2第1項〜3項（携帯電話インターネット接続役務提供事業者等→使用者が青少年であるかの確認・有害情報に接する機会が生じることの説明・書面の交付・フィルタリングサービスの説明・書面の交付）〔**義務**〕，④18条の7（携帯電話インターネット接続役務提供事業者等→使用者が青少年であるかの確認・フィルタリングサービスの説明・書面の交付）〔**義務**〕	る者），③31条2項（公衆の利用に供する者），④18条の6第2項（公衆の利用に供する者）】	
都道府県（知事）				①16条の4第5項〜7項（報告の要求・必要な措置の勧告・公表），②18条の3第5項・6項（規定遵守の勧告・内容の公表），③31条の4（必要な措置の勧告・公表），③31条の5第2項（啓発・情報提供），④18条の9（必要な措置の勧告・公表），④18条の10（啓発・情報提供）

2.7 近畿地方

①京都府青少年の健全な育成に関する条例18条の3〜20条（2011年（平成23年）4月1日施行）

②大阪府青少年健全育成条例10条9号・26条〜31条（2011年（平成23年）7月1日施行）

③兵庫県青少年愛護条例24条の2〜5（2011年（平成23年）1月1日施行）

④奈良県青少年の健全育成に関する条例19条の2・30条の2・3（2013年（平成25年）10月1日施行）

⑤和歌山県青少年健全育成条例21条の7〜10（2012年（平成24年）7月1日施行）

⑥滋賀県青少年の健全育成に関する条例20条の2（2008年（平成20年）10月1日施行）

対象者＼努力義務	有害情報の遮断	遮断方法・ソフトウェアの情報提供・周知	ソフトウェアの利用	その他
プロバイダ	④19条の2第1項【④19条の2第1項】	②26条2項, ③24条の3第4項,⑤21条の8第4項,⑥1項(インターネット接続サービス業者・媒介業者)【②26条2項, ③24条の3第2項,⑤21条の7第3項】		
インターネット端末の貸付・頒布・販売者	④19条の2第2項【④19条の2第2項】	①18条の3第3項, ②26条2項, ③24条の3第4項,⑤21条の8第4項【①18条の3第3項,②26条2項, ③24条の3第2項,⑤21条の7第3項】		②10条9号(インターネットカフェ等→自主規制の規約の設定)【②10条9号(インターネットカフェ等→自主規制の規約の設定)】
保護者・学校関係者・その他の青少年の育成に携わる者	①18条の3第1項,③24条の2第1項〔義務〕,⑤21条の7第1項【①18条の3第1項, ③24条の2第1項, ⑤21条の7第1項】		②26条3項(保護者)【②26条3項(保護者)】	①18条の3第2項(保護者→年齢に応じて適切に利用を管理),①18条の4第1項(保護者→フィルタリングサービスを利用しない場合,書面の提出)〔義務〕,②28条3項(保護者→フィルタリングサービスを利用しない場合,書面の提出)〔義務〕,③24条の2第2項(保護者→青少年の健全な判断能力の育成)〔義務〕,③24条の4第2項(保護者→フィルタリングサービスを利用しない場合,書面の提出)〔義務〕,④19条の2第3項(保護者→必要な教育・適切な管理),④30条の2第3項(保護者→フィルタリングサービスを利用しない場合,書面の提出)〔義務〕,⑤21条の7第2項(保護者→フィルタリングサービスを利用しない場合,

				書面の提出）〔**義務**〕，⑥3項（保護者→ソフトウェアの利用・判断能力の育成）【②26条4項（保護者→判断能力を身につけさせる），③24条の2第2項（保護者→自ら及び青少年の理解を深める）】
そ の 他	④19条の2第3項（何人も）【④19条の2第3項（何人も）】	①18条の4第2項（携帯電話インターネット事業者→有害情報に接する機会が生じることの説明・説明書の交付）〔**義務**〕，②28条1項・2項（携帯電話インターネット接続役務提供事業者→使用者が青少年であるかの確認・フィルタリングサービスの意義及び内容・利用しない場合の危険性の説明）〔**義務**〕，③24条の4第3項（携帯電話インターネット接続役務提供事業者→フィルタリングサービスの内容・説明書の交付）〔**義務**〕，④30条の2第1項・2項（携帯電話インターネット接続役務提供事業者・媒介業者等→使用者が青少年であるかの確認・有害情報に接する機会が生じること・犯罪被害を受けるおそれの説明・書面の交付）〔**義務**〕，⑤21条の9第1項・2項（携帯電話インターネット事業者→使用者が青少年であるかの確認・有害情報に接する機会が生じることの説明・説明書の交付）〔**義務**〕	①18条の5第1項（公衆の利用に供する者）〔**義務**〕，②26条1項（施設の管理者・公衆の利用に供する者），③24条の3第1項（公衆の利用に供する事業者）〔**義務**〕，⑤21条の8第1項（公衆の利用に供する者）〔**義務**〕，⑥2項（公衆の利用に供する者）【①18条の3第2項（公衆の利用に供する者），②26条1項（施設の管理者・公衆の利用に供する者），③24条の3第1項（公衆の利用に供する者），⑤21条の7第2項（公衆の利用に供する者）】	①19条（自主努力業者→相互協力・社会環境の整備）【①19条（自主努力業者→相互協力・社会環境の整備）】
都道府県（知事）				①18条の4第4項・18条の5第2項（必要な措置の勧告），①18条の4第5

				項（保護者→報告・資料の提供の要求），① 20 条 1 項（自主的努力に関する基準の設定・公表），① 20 条 2 項（業者・業界団体・保護者・青少年育成関係者に対して指導・助言），② 29 条・30 条（必要な措置の勧告・氏名又は名称・住所・勧告内容の公表・必要な調査），② 31 条（教育・啓発活動の推進），③ 24 条の 3 第 2 項・3 項（措置の勧告・公表），③ 24 条の 4 第 5 項～7 項（説明・資料の提出要求・必要な調査・必要な措置の勧告・公表），③ 24 条の 5（啓発・教育），④ 30 条の 3（必要な措置の勧告・質問・資料の提示の要求・公表），⑤ 21 条の 8 第 2 項・3 項・21 条の 9 第 4 項・5 項（必要な措置の勧告・公表）
				【① 20 条 1 項（自主的努力に関する基準の設定・公表），① 20 条 2 項（業者・業界団体・保護者・青少年育成関係者に対して指導・助言），② 27 条（必要な助言・方法の周知），③ 24 条の 4（啓発・教育）】

2.8 中国地方

①岡山県青少年によるインターネットの適切な利用の推進に関する条例[7]（2011 年（平成 23 年）10 月 1 日施行）

②広島県青少年健全育成条例 42 条の 2（2006 年（平成 18 年）7 月 1 日施行）

③島根県青少年の健全な育成に関する条例 25 条（2011 年（平成 23 年）4 月 1 日施行）

④鳥取県青少年健全育成条例12条の2・3（2014年（平成26年）10月1日施行）

⑤山口県青少年健全育成条例14条の2（2007年（平成19年）2月1日施行）

対象者＼努力義務	有害情報の遮断	遮断方法・ソフトウェアの情報提供・周知	ソフトウェアの利用	その　他
プロバイダ		①10条5項,②3項,④12条の2第4項,⑤2項【①旧青少年条例25条3項,②3項,④12条の2第4項,⑤2項】		
インターネット端末の貸付・頒布・販売者		①10条3項（フィルタリング機能装備の勧奨も),②3項,④12条の2第4項,⑤2項【①旧青少年条例25条3項,②3項,④12条の2第4項,⑤2項】		
保護者・学校関係者・その他の青少年の育成に携わる者	⑤1項（保護者)【⑤1項（保護者)】		①11条（保護者),②1項,④12条の2第1項（保護者→ペアレンタルコントロールを適切に行う),④12条の2第2項（学校・職場・青少年育成関係者)〔義務〕【②1項,④12条の2第1項（保護者),④12条の2第2項（学校・職場・青少年育成関係者)〔義務〕】	①13条（学校長→リテラシー救育の充実),④12条の3第3項（保護者→フィルタリングサービスを利用しない場合,書面の提出〔が可能〕)【①旧青少年条例27条（保護者→教育・良好な生活環境の助長),①旧青少年条例28条（学校長→指導の充実),①旧青少年条例29条（関係職員→指導・助言）】
その他	③1項（何人も)【①旧青少年条例25条1項（何人も),③（何人も),④12条の2第5項（インターネットで情報を提供しよ	①10条1項（携帯電話インターネット事業者等→有害情報に接する機会が生じることを書面により説明)〔義務〕,④12条の3第1項（ゲーム機販売業者→当該機器でインターネットの利用が可能なことを説明・書面の交付)〔義務〕,④12条の3第2項（携帯電話インターネット接続役務提供事業者→有害情報に接する機	①10条4項（公衆の利用に供する者),②2項（公衆の利用に供する者),③2項（公衆の利用に供する者),④12条の2第3項（不特定又は多数の利用に供する者→年齢確認も)〔義務〕,⑤3項（不特定かつ多数の利用に供する者）【①旧青少年条例25条2項（公衆の利用に	④12条の2第7項（「改善事項報告書」を提出した者→改善に必要な期間内に,必要な措置を講じること)【④12条の2第8項（「改善事項報告書」を提出した者→改善に必要な期間内に,必要な措置を講じること）】

うとする者）】	会が生じることの説明・書面の交付)〔**義務**〕【④12条の2第5項（携帯電話の販売・貸付業者→情報提供及びフィルタリングが有効なものを使わせる)】	供する者), ②2項（公衆の利用に供する者),④12条の2第3項（不特定又は多数の利用に供する者→年齢確認も)〔**義務**〕, ⑤3項（不特定かつ多数の利用に供する者)】	
都道府県 （知事）			①9条（知識の普及・情報及び学習の機会の提供), ①15条〜18条（指導・勧告・立入調査・公表),④12条の2第6項（3項の義務違反者に対する「改善事項報告書」の提出命令),④12条の3第5項・6項（必要な措置の勧告・公表) 【④12条の2第7項（3項の義務違反者に対する「改善事項報告書」の提出命令)】

2.9 四国地方

①徳島県青少年健全育成条例15条の2（2008年（平成20年）5月1日施行）

②香川県青少年保護育成条例17条の3〜5（2012年（平成24年）4月1日施行）

③愛媛県青少年保護条例5条の10（2006年（平成18年）1月1日施行）

④高知県青少年保護育成条例23条の3（2009年（平成21年）10月1日施行）

努力義務 対象者	有害情報の遮断	遮断方法・ソフトウェアの情報提供・周知	ソフトウェアの利用	そ の 他
プロバイダ		①3項,②17条の3第3項,③3項,④3項 【①3項,②17条の3第3項,③3項】		
インターネット端末の貸付・頒布・販売者		①3項,②17条の3第3項,③3項,④3項 【①3項,②17条の3第4項,③3項】		

V　条例によるインターネットの「有害」情報規制（続）　87

	有害情報の遮断	遮断方法・ソフトウェアの情報提供・周知	ソフトウェアの利用	その他
保護者・学校関係者・その他の青少年の育成に携わる者	①1項，②17条の3第1項【①1項，②17条の3第1項】			②17条の4第1項（保護者→フィルタリングサービスを利用しない場合，書面の提出）〔**義務**〕
その　他	③1項(何人も)，④1項（何人も）【③1項（何人も）】	②17条の4第2項・3項（携帯電話インターネット事業者等→使用者の年齢確認・有害情報に接する機会が生じることの説明・説明書の交付）〔**義務**〕	①2項（公衆の利用に供する者），②17条の3第2項（公衆の利用に供する者），③2項（青少年の利用に供する者），④2項（公衆の利用に供する者）【①2項（公衆の利用に供する者），②17条の3第2項（公衆の利用に供する者），③2項（青少年の利用に供する者）】	
都道府県（知事）				②17条の4（保護者→質問・資料の提示の要求），②17条の5（必要な措置の勧告・公表）

2.10　九州地方

①福岡県青少年健全育成条例11条2項・14条の2・15条3号・15条の2（2012年（平成24年）10月1日施行）

②大分県青少年の健全な育成に関する条例22条～22条の5（2013年（平成25年）7月1日施行）

③長崎県少年保護育成条例4条の2・3（2012年（平成24年）3月1日施行）

④佐賀県青少年健全育成条例18条の4～6（2013年（平成25年）4月1日施行）

⑤熊本県少年保護育成条例18条の2・3（2013年（平成25年）10月1日施行）

⑥宮崎県における青少年の健全な育成に関する条例22条（2006年（平成18年）7月1日施行）

⑦鹿児島県青少年保護育成条例26条の2（2006年（平成18年）7月1日施行）

努力義務対象者	有害情報の遮断	遮断方法・ソフトウェアの情報提供・周知	ソフトウェアの利用	その　他
プロバイダ		①14条の2第3項，②		①15条3号（自主規制の

		22条3項,③4条の2第2項（利用の推奨も）,⑤18条の2第4項,⑦3項【②22条3項,③4条の2第2項（利用の推奨も）,④18条の4第3項（契約の媒介・取次・代理を行う者も）,⑤18条の2第3項,⑦3項】		協定・規約の締結・設定）【①15条3号（自主規制の協定・規約の締結・設定）】
インターネット端末の貸付・頒布・販売者		①14条の2第3項,②22条3項,③4条の2第2項（利用の推奨も）,④18条の4第3項,⑤18条の2第4項,⑦3項【②22条4項,③4条の2第2項（利用の推奨も）,⑤18条の2第3項,⑦3項】	②22条の4（インターネットカフェ等）	
保護者・学校関係者・その他の青少年の育成に携わる者	【①14条の2第2項（保護者）,②22条1項,⑤18条の2第1項】		①14条の2第2項（保護者→青少年の判断能力の育成も）,②22条1項・2項（保護者→適切な利用の確保も）,③4条の2第1項（保護者）,④18条の4第1項（保護者）,⑤18条の2第1項（保護者）,⑤18条の2第2項（保護育成に携わる者）,⑥（保護者）【③4条の2第1項（保護者）,⑥（保護者）】	①15条の2第1項（保護者→フィルタリングサービスを利用しない場合,書面の提出）〔**義務**〕,②22条の2第2項（保護者→フィルタリングサービスを利用しない場合,書面の提出）〔**義務**〕,③4条の3第1項（保護者→フィルタリングサービスを利用しない場合,書面の提出）〔**義務**〕,④18条の4第5項（教育・啓発）,④18条の5第2項（保護者→フィルタリングサービスを利用しない場合,書面の提出）〔**義務**〕,⑤18条の3第3項（保護者→フィルタリングサービスを利用しない場合,書面の提出）〔**義務**〕
その他	①11条2項（何人も）,④18条の4第4項（保護者・公	①15条の2第2項（携帯電話インターネット接続役務提供事業者・媒介業者等→使用者が青少年であるかの確認・有害情報に接する機会が生じ	①14条の2第1項（施設の管理者・公衆の利用に供する者）,③4条の2第3項（公衆の利用に供する者）,④18条の4第2項（公衆の	

	衆の利用に供する者・インターネット接続役務提供事業者・インターネット端末の販売・貸付を業とする者以外)、⑦1項(何人も)【①11条2項(何人も)、④18条の4第1項(何人も)、⑦1項(何人も)】	ること・犯罪被害を受けるおそれの説明・書面の交付)〔**義務**〕、②22条の2第1項(携帯電話インターネット接続役務提供事業者→使用者が青少年であるかの確認・有害情報に接する機会が生じることの説明・説明書の交付)〔**義務**〕、③4条の3第2項(携帯電話インターネット接続役務提供事業者等→有害情報に接する機会が生じることの説明・説明書の交付)〔**義務**〕、④18条の4第3項(インターネット接続役務提供事業者)、④18条の5第1項(携帯電話インターネット接続役務提供事業者等→使用者が青少年であるかの確認・有害情報に接する機会が生じることの説明・書面の交付)〔**義務**〕、⑤18条の3第1項(携帯電話インターネット接続役務提供事業者→有害情報に接する機会が生じること・フィルタリングサービスの内容の説明・書面の交付)〔**義務**〕	利用に供する者)、⑤18条の2第3項(公衆の利用に供する者)、⑥(青少年の利用に供する者)、⑦2項(青少年の利用に供する者)【①14条の2第1項(施設の管理者・公衆の利用に供する者)、②22条2項(公衆の利用に供する者)、③4条の2第3項(公衆の利用に供する者)、④18条の4第2項(公衆の利用に供する者)、⑤18条の2第2項(公衆の利用に供する者)、⑥(青少年の利用に供する者)、⑦2項(青少年の利用に供する者)】	
都道府県(知事)				①14条の2第4項(必要な情報の提供その他措置)、①15条の2第4項・6項・8項(〔審議会の意見を聞いた上で〕必要な措置の勧告・氏名又は名称・住所・勧告内容の公表)、①15条の2第5項(保護者→質問・報告・資料の提供の要求)、②22条の3第1項・3項(必要な措置の勧告・住所・

| | | | | 氏名又は名称・勧告内容の公表), ②22条の3第2項(保護者→質問・報告・資料の提供の要求), ②22条の5(啓発・知識の普及), ③4条の3第4項・6項(必要な措置の勧告・公表), ③4条の3第5項(保護者→報告・資料の提示の要求), ④18条の6第1項・3項(必要な勧告・公表), ④18条の6第4項(保護者→質問・報告・資料の提供の要求), ⑤18条の3第5項・第6項(書面の交付・説明・書面の内容・電磁的記録の保存を適正に行うよう勧告・公表)【①14条の2第3項(保護者・施設の管理者・公衆の利用に供する者へ情報提供)】 |

2.11 沖縄地方

①沖縄県青少年保護育成条例18条の6～8(2014年(平成26年)7月1日施行)

努力義務／対象者	有害情報の遮断	遮断方法・ソフトウェアの情報提供・周知	ソフトウェアの利用	そ の 他
プロバイダ		①18条の6第3項【①18条の6第3項】		
インターネット端末の貸付・頒布・販売者		①18条の6第3項【①18条の6第3項】		
保護者・学校関係者・その他の青少年の育成に携わる者				①18条の7(保護者→必要な教育・適切な管理), ①18条の8第3項(保護者→フィルタリングサービスを利用しない場合, 書面の提出)〔**義務**〕

V 条例によるインターネットの「有害」情報規制(続)　91

その他	①18条の6第1項（何人も）【①18条の6第1項（何人も）】	①18条の8第1項・2項（携帯電話インターネット接続役務提供事業者等→使用者が青少年であるかの確認・フィルタリングサービスの内容説明・書面の交付）〔義務〕	①18条の6第2項（公衆の利用に供する者）【①18条の6第2項（公衆の利用に供する者）】	
都道府県（知事）				①18条の8第6項・7項（規定遵守の勧告・内容の公表）

3　簡単な検討

　青少年条例を用いたインターネット上の「有害」情報に対する「包囲網」は，既に完成しているように思われる。「青少年が安全に安心してインターネットを利用できる環境の整備等に関する法律（いわゆる，青少年インターネット環境整備法）」が成立した2008年（平成20年）には福井県・滋賀県，2009年（平成21年）には山形県・高知県，2012年（平成24年）には千葉県・新潟県が規制を行うことになり，青少年条例を有しない長野県を除く46都道府県が足並みを揃えることになった。また，長野県内でも，長野市青少年保護育成条例6条1項は「何人も，図書類又は規則で定める方法により得た映像若しくは音声で，その内容の全部又は一部が著しく粗暴性若しくは残虐性を助長し，又ははなはだしく性的感情を刺激して青少年の健全な育成を阻害するおそれがあると認められるものについては，これを青少年に読ませ，見せ，聴かせないように努めなければならない」と規定した上で，「条例第6条第1項に規定する規則で定める方法は，インターネットその他これに類する方法とする」（長野市青少年保護育成条例施行規則2条）ことによってインターネットに対する規制を可能にしている[8]ことから，他の都道府県との差異は余り大きくないともいえる。

　前稿段階と現段階での各条例（による規制）を対比すると，従来からの規制が継続している部分と新たな規制が追加された部分があることがわかる。前者（の規制）については，「有害情報の遮断」「遮断方法・（フィルタリング）ソフトウェアの情報提供・周知」「（フィルタリング）ソフトウェアの利用」を努力義務として規定する条例が多く見られる[9]（以下，これらの規制を「従来型の規制」と呼ぶ）。

「有害情報の遮断」については，保護者のほか，学校関係者・その他の青少年の育成に携わる者を対象とする条例が現段階でも多いが，対象を「何人も」とし，より一般的な形で努力義務を課す条例もある。「遮断方法・ソフトウェアの情報提供・周知」の努力義務は，プロバイダや（パソコン・携帯電話などの）インターネット端末の貸付・頒布・販売業者に課されるのが一般的傾向であり，「ソフトウェアの利用」の努力義務は，インターネットカフェ等の業者を対象としたり，より広く公衆や青少年の利用に供する者を対象としたり，保護者を対象とする条例が見られる点も前稿段階と変わりがないように思われる。

その一方で，後者（の規制）については，実質的な改正を行っていない12県（青森県・秋田県・岩手県・福島県・山梨県・富山県・広島県・山口県・徳島県・愛媛県・宮崎県・鹿児島県）を除くと，非常に似通った規制の追加が行われている。これらはいずれも，青少年インターネット環境整備法を補完ないし補強する規制と言えよう。青少年インターネット環境整備法（17条１項）により，携帯電話インターネット接続役務提供事業者には，利用者が青少年である場合，その青少年の保護者が（青少年有害情報）フィルタリングサービスを利用しない旨の申出をしない限り，当該フィルタリングサービスの利用を条件として，携帯電話インターネット接続役務を提供することが義務づけられた。改正（ないし，条文の追加）が行われた条例は，ここでの申出が認められる場合の限定を目的として，保護者・携帯電話インターネット接続役務提供事業者（更には，携帯電話インターネット接続役務の提供をする契約の締結の媒介・取次ぎ・代理を行う業者）に様々な義務を課し，その義務の履行を担保する手段を都道府県（知事）に与えるものである。

より具体的には，保護者に対して，「フィルタリングサービスを利用しない旨及びその理由を記載した書面」の提出を義務づける改正（ないし，条文の追加）[10]が行われており[11]，更に条例の一部には，申出を書面に限定するのみならず，申出が認められる理由をも限定する条例もある。例えば，「青少年が業務又は日常生活において青少年有害情報フィルタリングサービスを利用しないことがやむを得ないと認められる理由として規則で定めるもの」[12]・「青少年が就労しており，フィルタリングサービスを利用することで当該青少年の業務に著しい支障を生ずることその他の規則で定める理由」[13]としたり，更に詳細に，「(1)その青少年が就労しており，青少年有害情報フィルタリングサービスを利用す

Ｖ　条例によるインターネットの「有害」情報規制（続）　93

ることでその青少年の業務に著しい支障を生ずること。(2)その青少年が心身に障害を有し，又は疾病にかかつており，青少年有害情報フィルタリングサービスを利用することでその青少年の日常生活に著しい支障を生ずること。(3)当該保護者がその青少年の携帯電話インターネット接続役務の利用状況を適切に把握する等により，その青少年が青少年有害情報の閲覧をすることがないようにすること。(4)前3号に掲げるもののほか，青少年有害情報フィルタリングサービスを利用しないことがやむを得ないと知事が認める理由があること」と規定する条例もある[14]。

　携帯電話インターネット接続役務提供事業者等に対しては，携帯電話端末・PHS端末の使用者が青少年であるか否かの確認[15]・(青少年である場合) フィルタリングソフトウェア・フィルタリングサービスの (口頭による) 説明・説明事項を記載した書面の交付を義務づけるもの[16]が多い。また，携帯電話インターネット接続契約の相手方ないし利用者である青少年・保護者に対して，携帯電話端末・PHS端末の使用によって青少年有害情報に接する機会が生じること等も含めた説明・説明内容を記載した書面の交付を義務としている条例[17]もある。

　これらは，保護者・携帯電話インターネット接続役務提供事業者等に対する義務として規定されているため，その履行を担保する手段も併せて規定されている。都道府県 (知事) は，携帯電話インターネット接続役務提供事業者等が義務規定に違反していると認めた場合，必要な措置を講ずべきことを勧告でき，(その勧告に従わない場合には) 勧告の内容を公表できるとする条例[18]のほか，保護者に対して，質問・資料の提示の要求を可能とする条例[19]もある[20]。

　前稿段階以降において，新たに規制が追加された部分については，義務規定となっているものが多い (努力義務に留まっているものについては，「**2 条例による規制の分析**」の図中の説明を参照されたい)。法律の「後ろ盾」があることから，一定程度，実効性を持たせるような規制を加えても問題ない，という理解なのであろう。しかし，表現の自由に係わる事柄につき，法律よりも更に厳しい規制を条例によって行うことは謙抑的であるべきであるし，法律・条例が全幅の信頼を置いている (はずの) フィルタリングソフトウェア・フィルタリングサービスについても，表現の自由の観点から，様々な批判がなされている点については周知の通りである。

これに対して，従来型の規制（の部分）については，努力義務規定であるものが大半である（その例外としては，前稿段階より存続する茨城県条例[21]・鳥取県条例[22]，前稿段階以降の改正により〔努力義務規定から〕義務規定となった京都府条例[23]・兵庫県条例[24]・和歌山県条例[25]がある）。前稿において筆者は，労働法学における議論を用いながら，努力義務規定は，その性質上，「当該立法の基本理念・目的を示し，その方向に沿った当事者の努力を抽象的に促す趣旨の規定で，その性格上，具体的な履行を強行的に規制することを想定していない」訓示的・抽象的努力義務と「努めるべき義務内容が具体的特定的であり，強行的な義務規定ないし禁止規定によって規制することが可能であるにもかかわらず」，様々な理由から「努力義務を課すに留められた規定である」具体的努力義務の2つに大別され，後者の具体的努力義務は強行的義務規定・禁止規定への過渡的・規制猶予的性格を有するものと捉えられている[26]ことを紹介した[27]。前稿段階・現段階のいずれにおいても，努力義務規定である場合はもちろん，（文言上）義務規定と読める場合であっても，義務の履行を担保する仕組みがない場合には，両者の実質的な違いもないといえる。上記の茨城県条例がこれにあたる。その一方で，前稿段階より独自の仕組みを採用してきた鳥取県条例[28]のほか，携帯電話インターネット接続役務提供事業者等が義務規定に違反した場合に用いられる（知事が必要な措置を講ずるよう勧告する等の）仕組みを「青少年の利用に供する者」（京都府条例[29]）・「公衆の利用に供する（事業）者」（兵庫県条例[30]・和歌山県条例[31]）に対して，そのまま用いることとした条例も現れている。これらの条例については，運用の実態も含めた精査が必要となろう[32]。

1）小倉一志「条例によるインターネットの『有害』情報規制」札大19巻2号（2008年）35頁以下【本書52頁以下】。
2）同条例の改正により，（何人も）インターネット・パソコン通信・その他の電気通信回線設備を用いて提供される有害な通信番組の「全部又は一部を青少年に見せ，聞かせ，又は読ませないように努めなければならない」（11条2項）こととされ，プロバイダ等の「通信番組の提供の媒介に係るもの」に対しては，「青少年の健全な成長を阻害しないようにするための遵守すべき基準」についての協定・規約の締結・設定を行うよう努力義務が課された（15条4号。現在は3号に規定されている）。
3）同法については，鈴木秀美「インターネット上での青少年保護」松井茂記ほか編『インターネット法』（有斐閣・2015年）129頁以下，小倉一志「インターネットにおける『有害』情報規制の現状」憲法理論研究会編『憲法学の未来』（敬文堂・2010年）128頁以下【本書108頁以下】参照。

4) 図内における「①X項」の表記は，図上の①条例（某条）X項に規定されていることを示している。また，後ろの括弧書きは補足説明である。分析に用いた条文は，各都道府県のウェブサイトに掲載されている例規集を参照した。

5) 施行日については，図上に掲げた条文のうちで，最も新しい条文のものを示している。

6) 茨城県青少年のための環境整備条例（昭和37年茨城県条例第60号）が全部改正され，現行の条例となった（ただし，本稿に関連する条文については，旧条例21条の3第3項に対応する規定が盛り込まれなかったことを除けば，内容的な違いはない）。

7) 他の都道府県と同様，従来は青少年条例の中に規定が置かれていたが，現在は別の条例となっている。なお，現行の岡山県青少年健全育成条例25条は「青少年のインターネットの利用による有害情報の閲覧等の防止に関しては，岡山県青少年によるインターネットの適切な利用の推進に関する条例（平成二十三年岡山県条例第二十三号）の定めるところによる」と規定されている。

8) 長野県では，県の青少年条例が存在しないことから，市レベルの規制が行われている（小倉一志「マンガやアニメを規制していいの？」林誠司編『カリンと学ぶ法学入門』〔法律文化社・2015年〕81頁）。

9) 小倉・前掲注1）46-47頁【本書64頁】。

10) 北海道青少年健全育成条例30条の2第3項

「保護者は，青少年インターネット環境整備法第17条第1項ただし書の申出をするときは，携帯電話インターネット接続役務提供事業者に対し，当該保護者の氏名及び住所並びに青少年有害情報フィルタリングサービスを利用しない旨及びその理由を記載した書面を提出しなければならない。」

11) 提出された書面については，保存が義務づけられる。例として，北海道青少年健全育成条例30条の2第4項の条文を挙げる。

「携帯電話インターネット接続役務提供事業者は，前項の規定による書面の提出を受けて青少年有害情報フィルタリングサービスの利用を条件としない携帯電話インターネット接続契約を締結したときは，規則で定めるところにより，当該書面又は当該書面に記載された内容を記録した電磁的記録（電子的方式，磁気的方式その他人の知覚によっては認識することができない方式で作られる記録であって，電子計算機による情報処理の用に供されるものをいう。）を保存しなければならない。」

12) 神奈川県青少年保護育成条例36条

「保護者は，次に掲げる場合において，青少年インターネット環境整備法第17条第1項ただし書の規定により青少年有害情報フィルタリングサービスを利用しない旨の申出をするときは，青少年が業務又は日常生活において青少年有害情報フィルタリングサービスを利用しないことがやむを得ないと認められる理由として規則で定めるもの，当該保護者の氏名その他規則で定める事項を記載した書面を，携帯電話インターネット接続役務提供事業者（青少年インターネット環境整備法第2条第8項に規定する携帯電話インターネット接続役務提供事業者をいう。以下同じ。）に提出しなければならない。

(1)青少年を携帯電話端末又はPHS端末（以下「携帯電話端末等」という。）の使用者とする携帯電話インターネット接続役務（青少年インターネット環境整備法第2条第7項に規定する携帯電話インターネット接続役務をいう。以下同じ。）の提供を受ける契約（当該契約の内容を変更する契約を含む。以下「携帯電話インターネット接続契約」という。）

を保護者が締結するとき。

　⑵青少年が携帯電話インターネット接続契約を締結するとき。」

13）静岡県青少年のための良好な環境整備に関する条例16条の4第2項

　「保護者は，整備法第17条第1項ただし書の規定によりフィルタリングサービスを利用しない旨の申出をするときは，当該青少年が就労しており，フィルタリングサービスを利用することで当該青少年の業務に著しい支障を生ずることその他の規則で定める理由その他規則で定める事項を記載した書面を携帯電話インターネット接続役務提供事業者（整備法第2条第8項に規定する携帯電話インターネット接続役務提供事業者をいう。以下同じ。）に提出しなければならない。」

14）新潟県青少年健全育成条例26条の3第1項

　「保護者は，その監護する青少年が携帯電話インターネット接続役務（青少年インターネット環境整備法第2条第7項に規定する携帯電話インターネット接続役務をいう。以下同じ。）の提供を受ける契約（当該契約の内容を変更する契約を含む。以下同じ。）の当事者となる場合又は携帯電話端末若しくはPHS端末をその青少年に使用させるために携帯電話インターネット接続役務の提供を受ける契約を自ら締結する場合において，青少年インターネット環境整備法第17条第1項ただし書の規定により青少年有害情報フィルタリングサービス（青少年インターネット環境整備法第2条第10項に規定する青少年有害情報フィルタリングサービスをいう。以下同じ。）を利用しない旨の申出をするときは，次の各号のいずれかに該当することその他規則で定める事項を記載した書面を携帯電話インターネット接続役務提供事業者（青少年インターネット環境整備法第2条第8項に規定する携帯電話インターネット接続役務提供事業者をいう。以下同じ。）に提出しなければならない。

　⑴その青少年が就労しており，青少年有害情報フィルタリングサービスを利用することでその青少年の業務に著しい支障を生ずること。

　⑵その青少年が心身に障害を有し，又は疾病にかかつており，青少年有害情報フィルタリングサービスを利用することでその青少年の日常生活に著しい支障を生ずること。

　⑶当該保護者がその青少年の携帯電話インターネット接続役務の利用状況を適切に把握する等により，その青少年が青少年有害情報の閲覧をすることがないようにすること。

　⑷前3号に掲げるもののほか，青少年有害情報フィルタリングサービスを利用しないことがやむを得ないと知事が認める理由があること。」

京都府青少年の健全な育成に関する条例18条の4第1項

　「保護者は，青少年が安全に安心してインターネットを利用できる環境の整備等に関する法律（平成20年法律第79号。以下「整備法」という。）第17条第1項ただし書の規定による申出をするときは，必要的記載事項（次の各号のいずれかに該当すること及び申出者の氏名その他規則で定める事項をいう。第3項において同じ。）を記載した書面を携帯電話インターネット事業者（整備法第2条第8項に規定する携帯電話インターネット接続役務提供事業者をいう。以下同じ。）に提出しなければならない。

　⑴保護者がその保護する青少年の携帯電話インターネット接続役務（整備法第2条第7項に規定する携帯電話インターネット接続役務をいう。以下同じ。）の利用の状況を適切に把握する等により，当該青少年がインターネット上の有害情報を閲覧することがないようにすること。

　⑵就労している青少年が，フィルタリングサービス（整備法第2条第10項に規定する青少

年有害情報フィルタリングサービスをいう。以下同じ。）を利用した場合に当該青少年の就労に著しい支障を生じること。

(3)障害を有する又は疾病にかかっている青少年が，フィルタリングサービスを利用した場合に当該青少年の日常生活に著しい支障を生じること。

(4)前3号に掲げるもののほか，規則で定める正当な理由があること。」

15) 北海道青少年健全育成条例30条の2第1項

「携帯電話インターネット接続役務提供事業者及び携帯電話インターネット接続役務の提供をする契約（以下この条において「携帯電話インターネット接続契約」という。）の締結の媒介，取次ぎ又は代理を業として行う者（以下この条において「携帯電話インターネット接続役務提供事業者等」という。）は，携帯電話インターネット接続契約の締結又はその媒介，取次ぎ若しくは代理をするに当たっては，携帯電話インターネット接続契約に係る携帯電話端末又はPHS端末（次項において「携帯電話端末等」という。）の使用者が青少年であるかどうかを確認しなければならない。」

16) 北海道青少年健全育成条例30条の2第2項

「前項の場合において，携帯電話端末等の使用者が青少年であるときは，携帯電話インターネット接続役務提供事業者等は，携帯電話インターネット接続契約の相手方に対し，当該携帯電話インターネット接続役務提供事業者が提供することができる青少年有害情報フィルタリングソフトウェア及び青少年有害情報フィルタリングサービスの内容その他の規則で定める事項を説明し，並びに当該事項を記載した書面を交付しなければならない。」

17) 宮城県青少年健全育成条例16条の2

「携帯電話インターネット接続役務提供事業者等は，青少年を相手方とする携帯電話インターネット接続契約（当該青少年の保護者が青少年インターネット環境整備法第十七条第一項ただし書の申出をして当該契約の内容を変更するものを含む。以下この項において同じ。）又は青少年の保護者を相手方とし当該青少年を携帯電話端末等の使用者とする携帯電話インターネット接続契約の締結又はその媒介等をするに当たっては，当該青少年又はその保護者に対し，携帯電話インターネット接続役務の提供を受けることにより青少年が青少年有害情報を閲覧し，又は視聴する機会が生ずることその他規則で定める事項について説明するとともに，その内容を記載した書面を交付しなければならない。」

18) 北海道青少年健全育成条例30条の2第5項〜7項

（5項）「知事は，携帯電話インターネット接続役務提供事業者等が第1項，第2項又は前項の規定に違反していると認めるときは，当該携帯電話インターネット接続役務提供事業者等に対し，必要な措置を講ずべきことを勧告することができる。」

（6項）「知事は，前項の規定による勧告を受けた携帯電話インターネット接続役務提供事業者等が当該勧告に従わないときは，その旨及び当該勧告の内容を公表することができる。」

（7項）「知事は，前項の規定による公表をしようとするときは，あらかじめ，当該携帯電話インターネット接続役務提供事業者等に意見を述べる機会を与えなければならない。」

19) 群馬県青少年健全育成条例28条の4第2項

「知事は，前項の規定による勧告を行うために必要な限度において，フィルタリングサービスの利用を条件としないで携帯電話インターネット接続役務の提供を受けていると認められる青少年の保護者に対し，質問し，又は資料の提示その他の必要な協力を求めることができる。」

20）この他，立入調査等も可能である。例として，北海道青少年健全育成条例 53 条の条文を挙
げる。

「知事は，この条例実施のため必要があると認めるときは，当該職員をして，興行その他の
営業の場所に立ち入らせ，調査を行わせ，関係人から資料の提出を求めさせ，又は関係人に
対して質問させることができる。」

21）茨城県青少年の健全育成等に関する条例 39 条 1 項

「インターネットを利用することができる端末設備（以下この条において単に「端末設備」
という。）を公衆又は青少年の利用に供する者は，端末設備を青少年の利用に供するに当たっ
ては，フィルタリング（インターネットを利用して得られる情報について一定の条件により
受信するかどうかを選択することができる仕組みをいう。次項において同じ。）の機能を有
するソフトウェアの活用その他の適切な方法により，インターネットの利用により得られる
情報であってその内容の全部又は一部が第 15 条第 1 項各号のいずれかに該当すると認めら
れる情報（次項において「有害情報」という。）を青少年に閲覧させ，又は視聴させないよう
にしなければならない。」

22）鳥取県青少年健全育成条例 12 条の 2 第 2 項・3 項

（2 項）「学校及び青少年が勤務する職場の関係者その他青少年の育成に携わる関係者及び
関係団体は，青少年がインターネットを適切に活用する能力を習得するよう努めるとと
もに，インターネットに接続されている機器のうち青少年の利用に供するものについて
は，青少年有害情報フィルタリングソフトウェアを利用して，有害情報の閲覧又は視聴
を防止しなければならない。」

（3 項）「インターネットに接続する機能を有する機器を不特定又は多数の者の利用（学校
における教育目的での利用を除く。）に供する者は，次の各号に掲げる場合の区分に応じ，
当該各号に定める措置をとらなければならない。

(1)利用する者の年齢を確認できる場合　利用する者の年齢を確認するとともに，青少年
の利用に供する機器については，青少年有害情報フィルタリングソフトウェアを利用
して，有害情報の閲覧又は視聴を防止すること。

(2)前号以外の場合　利用に供する機器について，青少年有害情報フィルタリングソフト
ウェアを利用して，有害情報の閲覧又は視聴を防止すること。」

23）京都府青少年の健全な育成に関する条例 18 条の 5 第 1 項

「端末設備を公衆の利用に供する者は，当該端末設備を青少年の利用に供するに当たつて，
青少年が有害情報を閲覧し，又は視聴することがないよう，フィルタリングソフトウェア
（整備法第 2 条第 9 項に規定する青少年有害情報フィルタリングソフトウェアをいう。）の活
用その他適切な措置を講じなければならない。」

24）兵庫県青少年愛護条例 24 条の 2 第 1 項・2 項

（1 項）「保護者は，インターネットを利用することができる端末設備（以下「端末設備」と
いう。）を適切に管理することにより，青少年が端末設備を利用して有害情報（第 9 条第
1 項各号のいずれかに該当するため，青少年に閲覧させることがその健全な育成を阻害
すると認められる情報をいう。以下同じ。）を閲覧することがないようにしなければな
らない。」

（2 項）「保護者は，青少年によるインターネットの利用に伴う危険性，過度の利用による弊
害等について認識し，インターネットの利用に関する青少年の健全な判断能力の育成を

Ⅴ　条例によるインターネットの「有害」情報規制（続）　99

図らなければならない。」

25) 和歌山県青少年健全育成条例21条の8第1項
　　「端末設備を公衆の利用に供する者は，当該端末設備を青少年の利用に供するに当たって
は，有害情報を青少年が閲覧し，又は視聴することがないようフィルタリングの機能を有す
るソフトウェアの活用その他適切な措置を講じなければならない。ただし，青少年入場禁止
場所において端末設備を公衆の利用に供する場合は，この限りでない。」

26) 荒木尚志「労働立法における努力義務の機能——日本型ソフトロー・アプローチ?」『中嶋
士元也先生還暦記念論集　労働関係法の現代的展開』(信山社・2004年)23-24頁。

27) 小倉・前掲注1) 47-49頁【本書65-66頁以下】。

28) 鳥取県青少年健全育成条例は，他の条例にも見られる努力義務規定に加えて，不特定又は
多数の利用に供する者に対してソフトウェアの利用と年齢確認の義務規定を置いている (12
条の2第3項)。この義務に違反した場合には「改善事項報告書」の提出を知事が命令できる
ことになっており (12条の2第7項)，同報告書を提出しない者・提出したが改善に必要な措
置を講じない者 (12条の2第8項) は，50万円以下の罰金に処せられる (26条4項) ことにな
っている (小倉・前掲注1) 48頁【本書66頁】)。

29) 京都府青少年の健全な育成に関する条例18条の5第2項
　　「知事は，前項の規定に違反して端末設備が青少年の利用に供されているときは，当該端末
設備を公衆の利用に供する者に対し，期限を定めて，必要な措置を講じるよう勧告すること
ができる。」

30) 兵庫県青少年愛護条例24条の3第2項・3項
　　(2項)「知事は，端末設備を公衆の利用に供する事業者が前項の規定に違反していると認
めるときは，当該事業者に対し，前項の措置を講ずべきことを勧告することができる。」
　　(3項)「知事は，端末設備を公衆の利用に供する事業者が前項の規定による勧告に従わな
かったときは，その旨を公表することができる。」

31) 和歌山県青少年健全育成条例21条の8第2項・3項
　　(2項)「知事は，端末設備を公衆の利用に供する者が前項の規定に違反していると認める
ときは，当該端末設備を公衆の利用に供する者に対し，期限を定めて，必要な措置を講
ずるよう勧告することができる。」
　　(3項)「知事は，前項の規定による勧告を受けた者が正当な理由なく当該勧告に従わなか
ったときは，その旨を公表することができる。」

32) 本稿は，2016年度 (平成28年度) 文部科学省科学研究費補助金 (基盤研究 (C) (一般)・課
題番号26380025) による研究成果の一部である。

Ⅵ　インターネットにおける「有害」情報規制の現状

1　はじめに

　インターネットにおける「法」規制，なかでも「有害」情報規制は新しい局面に入ってきているように思われる。アメリカでも日本でも，「有害」情報規制につき，「命令－統制（command and control）」型の規制である従来型の「法」規制から，未成年（青少年）に対するフィルタリングソフトウェアの利用環境を醸成するための「法」規制への移行が見て取れるからである。

　元々，インターネットにおける「法」規制については，デビッド・ポスト（David Post）やデビッド・ジョンソン（David Johnson）によるセルフガバナンス（self-governance）の立場，つまり，国家による「法」規制に否定的な立場が有力であったが，現在では，「規制の妥当性は行為の影響力に基づく」との理解から，インターネット上の行為がリアルスペース（現実空間）の人間に影響を与える以上，国家による「法」規制は不可避であるとするローレンス・レッシグ（Lawrence Lessig）の立場が一般化しつつある。

　しかし，国家による「法」規制が不可避であるとしても，リアルスペースの場合と同様に扱って良いかについては理解が異なっていた。レッシグは，「『コード』は『法』である（Code is Law）」と言い，インターネット上の行動を規制する要素（regulator）の中では，「法」よりも「コード」が重要な役割を果たすことを指摘する一方で，立法者（特に，アメリカ連邦議会）は，従来型の「法」規制の立場から，通信品位法（CDA），子どもオンライン保護法（COPA），児童ポルノ防止法（CPPA）を制定したのである。

　本稿は，インターネットの「有害」情報規制に関する立法・判例について，ラフスケッチを試みるものである。ここでは，アメリカ及び日本における具体的な立法の中身とともに，従来型の「法」規制から環境醸成型の「法」規制への移行に影響を与えた（アメリカの）判例についても併せて検討することとしたい。

2 アメリカ

2.1 通信品位法 (Communications Decency Act; CDA)

アメリカでは，インターネットが普及する以前のパソコン通信の時代より，そこでの表現に既存の法律，例えば，わいせつな (obscene) 表現の州際間の伝送を規制する規定 (合衆国法典 18 編 1465 条) を適用してきた (判例も United States v. Thomas [1] でこの立場を承認している)。また，これらの法律をインターネットの場合に適用するのみならず，新たな法律も制定されてきた。その最初の法律が，(1996 年 2 月 8 日に成立した) 通信品位法 (CDA) である。CDA は，インターネットなどを用いて，わいせつな表現あるいは「下品な (indecent)」表現を受信者が 18 歳以下の未成年であることを知りながら送信した者 (合衆国法典 47 編 223 条(a)(1)(B))，「明らかに不快な (patently offensive)」表現を 18 歳以下の特定の者に送信したり (223 条(d)(1)(A))，18 歳以下の者がアクセスできるように陳列した者 (223 条(d)(1)(B)) を 2 年以下の禁固または罰金に処する (併科も可能) ことを内容とする。

このCDAについては，わいせつな表現に係わる部分以外の執行の差止めを求める訴訟が提起され，連邦地裁は第 1 修正に違反するとして暫定的差止命令を出した [2]。それに引き続き，連邦最高裁も同様の結論を示した [3]。その法廷意見は，連邦最高裁の 3 つの判例 (Ginsberg v. New York [4]，FCC v. Pacifica Foundation [5]，City of Renton v. Playtime Theaters [6]) を総合的に考慮すれば合憲であるとの政府の主張を斥けた上で，メディア特性分析 (medium-specific analysis) を用いることによって第 1 修正の保障の程度を確定している。インターネットは，電波メディアが有する 3 つの特性，つまり，①(メディアの) 稀少性，②(家庭への) 浸透性，③規制の歴史，を有しないがゆえに，条文の違憲審査にあたっては (プリントメディアと同様の) 厳格審査基準 (やむにやまれぬ〔政府〕利益〔compelling (governmental) interest〕に仕えるものであるか否か，最も制限的でない手段を用いて立法目的を達成するために精密に調整された〔narrowly tailored〕ものであるか否か，の 2 点から判断する基準) が適用されるとした。その結果，立法目的が未成年の保護という「やむにやまれぬ利益」であることは承認できるものの，達成手段については，(i)「下品な」表現と「明らかに不快な」表現に定義がなく，両者の関係

102

が不明確であること，(ii)（年齢確認がうまく機能しないインターネット上の「法」規制は）「下品な」表現に対して（事実上）全面的な規制を課すものとなることに着目し，条文が曖昧及び過度広汎であるとして違憲とした。

2.2　子どもオンライン保護法 (Child Online Protection Act; COPA)

　CDA連邦最高裁判決が下された直後，ホワイトハウスは従来型の「法」規制からフィルタリングソフトウェアを用いた規制へと方針を転換した。クリントン大統領（当時）は「信頼できる技術とレイティングシステムにより，子どもたちは確実に，サイバースペース上の赤線区域 (red light district) に立ち入れなくなるだろう」とのステートメントを出すとともに，コンピュータ産業界の人物や教員・保護者及び図書館司書の代表などと相次いで懇談し，理解を求めた。連邦議会にも，フィルタリングソフトウェアのユーザへの配布をプロバイダに求める法案，後で見るCIPAと同様にフィルタリングソフトウェアのインストールを補助金受給の条件とする法案（インターネット学校フィルタリング法案〔Internet School Filtering Act〕）なども提出された。しかし，ホワイトハウスの先の方針転換にもかかわらず，連邦議会が選択したのはCDAを手直しすることであった。

　このCOPAは，「CDAの息子 (son of CDA)」などと呼ばれたことからもわかるように，CDA連邦最高裁判決を踏まえて，①ウェブサイト上の表現に限定し（ゆえに，電子メールやニュースグループなどでの表現は除外される），②非営利目的のサイトは対象外とし，③（17歳以下の）「未成年に有害な」表現を規制対象とするとともに，定義規定を条文の中に設けている (Miller v. California[7] が示したわいせつ性の判断基準に「未成年にとって」を付加したもの)。これらの表現を行った者は，6か月以下の禁固または5万ドル以下の罰金に処する（併科も可能）こととされた（合衆国法典47編223条(a)(1)(e)）。

　COPAについても，わいせつな表現に係わる部分以外の執行の差止めを求める訴訟が提起され（1998年10月21日），恒久的な差止めを認めた連邦地裁[8]及び控訴裁判所[9]の判断が確定している（2009年1月21日）。訴訟提起から10年3か月の間に，最高裁判決2つを含む合計7つの判決が出されているが，いずれも条文の違憲審査にあたっては厳格審査基準が適用されること，また，立法目的は未成年の保護であり，それは「やむにやまれぬ利益」であるとする点は共通している。理解が異なるのは，違憲とするにあたって，「最も制限的でない手

段を用いて立法目的を達成するために精密に調整されたもの」ではないとする理由である。

この点については，(i)アメリカ国内の営利目的のサイトのみを規制対象としたCOPAでは未成年によるアクセスを制限することは不可能であり（アメリカ国外のサイトから，あるいはアメリカ国内であっても電子メールやニュースグループから入手が可能），フィルタリングソフトウェアの方が有効な規制手段であることを理由とする立場，(ii)「未成年に有害な」表現の判断に「その時代の共同体の基準（contemporary community standard)」が用いられている結果，（表現者が受信者を地理的にコントロールすることの出来ない）インターネット上では過度広汎性の問題が生じることを理由とする立場，(iii)(i)と(ii)の両方を理由とする立場（加えて，「未成年」「営利目的」の定義が甘いことも指摘する）に分かれているが，1度目の連邦最高裁（相対多数意見) [10] と 2度目の連邦最高裁（法廷意見) [11] は，(ii)「共同体の基準」を理由に違憲判断をすることに否定的である（1度目の連邦最高裁は「共同体の基準」のみを根拠に違憲性を導くことは出来ないとの理解から，それ以外の要素の判断を行わせるために原審に差戻している。2度目の連邦最高裁は，フィルタリングソフトウェアの有効性を根拠に2度目の控訴裁判所 [12] の結論を支持している）。

2.3　児童ポルノ防止法 (Child Pornography Prevention Act; CPPA)

更に，児童ポルノについては，生身の未成年を被写体としない表現である，コンピュータ・イメージによる児童ポルノの制作及び配布にまで規制対象を広げることなどを内容としたCPPAの規定（合衆国法典18編2256条(8)(B)&(D))の違憲性が争われた。連邦最高裁は，CPPAが表現内容規制であることから，その違憲審査にあたっては厳格審査基準が適用されるとした控訴裁判所判決 [13] を支持し，CPPAは，New York v. Ferber [14] やMiller v. Californiaが規制を認めた児童ポルノ・わいせつな表現を越えて，本来，第1修正の保障が及ぶ表現に対して規制を加えるものであることから，過度広汎な規制であり，第1修正に違反するとした [15]。

2.4　子どもインターネット保護法 (Children's Internet Protection Act; CIPA)

以上のような違憲判決の結果，連邦議会もフィルタリングソフトウェアを用いた規制へと立場を変えることになった。CIPAは，連邦のEレート・プログ

ラム（E-rate program）による接続料金の軽減，図書館サービス技術法（Library Service and Technology Act; LSTA）による補助金を受けるための条件として，公立図書館などが，わいせつな表現（利用者が未成年である場合には「未成年に有害な」ものも含む），児童ポルノをコンピュータ上で表示させないような技術的手段を講じることを要求するものである（合衆国法典20編9134条(f)(1)(A)&(B)と47編254条(h)(6)(B)&(C)）。なお，CIPAは，誠実な研究あるいは他の合法的な目的を有する成人の利用者に対して，技術的な保護手段を無効にすることができるとする，「無効化条項（Disabling Provision）」も規定している（20編9134条(f)(3)と47編254条(h)(6)(D)）。

CIPAについても訴訟が提起され，連邦地裁は，公立図書館のみならず，そこにおけるインターネットのアクセスも（公衆の表現活動のための使用を目的としたものであることから）指定的パブリックフォーラム（designated public forum）に該当し，厳格審査基準が適用されるとした。その上で，立法目的は「やむにやまれぬ利益」であるが，現在のフィルタリングソフトウェアは精度に問題があることから，立法目的を達成するために精密に調整されたものとは言えず，最も制限的な手段でもないとした[16]。これに対して，連邦最高裁は，①公立図書館におけるインターネットのアクセスはパブリックフォーラムには該当しないこと，②その利用の供与は，書籍の収集に類似することから図書館側に広い裁量が認められること，また，③連邦議会が受給条件の決定につき広い裁量を有していること，を理由として厳格な審査は要求されないとした。その上で，（未成年の保護は「やむにやまれぬ利益」であることを前提として），(i)ソフトウェアの精度の低さの問題は「無効化条項」の存在により治癒されること，(ii)公立図書館はポルノグラフィックな表現の収集に従来より制限的であること，また，(iii)連邦議会の判断にも合理性が認められること，を考慮すると，CIPAの規定は利用者の第1修正の権利を侵害したとは言えず，連邦議会が支出権限の行使にあたって，公立図書館に違憲な条件を課したものでもないと判断した[17]。

3　日本

3.1　従来型の「法」規制によるもの
日本でも，インターネットが普及する以前のパソコン通信の時代より，そこ

での表現に刑法などの既存の法律が適用されると考えられてきている。判例も，パソコン通信上の表現がわいせつ物公然陳列罪にあたるとした判決[18]以降，この立場を承認している。また，それに加えて，（1999年（平成11年）4月1日施行の）改正風営適正化法，（1999年（平成11年）11月1日施行の）児童ポルノ法などによる個別の立法による規制も行われてきた。

　（前者の）改正風営適正化法は，有料のアダルトサイト（「専ら，性的好奇心をそそるため性的な行為を表す場面又は衣服を脱いだ人の姿態の映像を見せる営業で，電気通信設備を用いてその客に当該映像を伝達する」ものを「映像送信型性風俗特殊営業」と定義する〔2条8項〕）を届出制とする（31条の7）とともに18歳未満の利用を禁止し（31条の8第2項），年齢確認義務を課している（31条の8第4項）。これらに違反した場合には公安委員会による「指示」（31条の9）や「措置命令」（31条の10）が行われ，「措置命令」に違反した場合には刑罰（1年以下の懲役又は100万円以下の罰金〔併科も可能〕）が科せられることになっている（50条7号）。また，この法律は「わいせつな映像」と「児童ポルノ映像」を有料のアダルトサイト運営者がアップロードしたことをプロバイダ等が知った場合には，当該送信を防止するために必要な措置を講じるよう，努力義務を課している（31条の8第5項）。

　（後者の）児童ポルノ法は，児童ポルノを「提供した者」あるいは「不特定若しくは多数の者に提供し，又は公然と陳列した者」に対して刑罰（前者の場合は3年以下の懲役又は300万円以下の罰金，後者の場合は5年以下の懲役又は500万円以下の罰金）を科すことになっており，この法律がインターネット上の表現にも適用されることは，「電気通信回線を用いた」「電磁的記録」の提供を規制対象に含めた（2004年（平成16年）7月8日施行の）改正法により明確になっている（7条）。

　しかし，このような立法措置によっても規制対象となる表現は「わいせつな表現」，有料アダルトサイトにおける「性的好奇心をそそるため性的な行為を表す場面又は衣服を脱いだ人の姿態の映像」「児童ポルノ」などに限定されており，なおかつ同様の表現は海外のサイトからも従来通り入手することができることから，青少年保護を理由に規制を推し進めようとする立場からは，まだ不十分であると考えられていた。

3.2　青少年保護条例

　この点について，都道府県は，青少年保護条例の改正により対応した。特に，

福岡県は（1997年（平成9年）7月1日施行の）改正条例により，（何人も）インターネット・パソコン通信・その他の電気通信回線設備を用いて提供される「有害」な通信番組の「全部又は一部を青少年に見せ，聞かせ，又は読ませないように努めなければならない」とするとともに（11条2項），プロバイダ等の「通信番組の提供の媒介に係わるもの」に対して，「青少年の健全な成長を阻害しないようにするための遵守すべき基準」についての協定・規約の策定を行うよう努力義務を課した（15条4項）。この福岡県条例に追随する所は，すぐには現れず，規制対象となる「不健全な」図書類に「コンピュータ用のプログラム又はデータを記録したシー・ディー・ロムその他の電磁的方法による記録媒体」を新たに含める改正を行った所が大半であったが，（2002年（平成14年）4月1日施行の）鳥取県条例の改正，（2003年（平成15年）4月1日施行の）奈良県条例の改正，（同年7月1日施行の）大阪府条例の改正を皮切りに，「有害」情報を遮断する努力義務，「有害」情報を遮断する方法を周知する努力義務，（「有害」情報を遮断するために用いられる）フィルタリングソフトウェアを使用する努力義務などを課す条例が急増している。

2008年（平成20年）4月1日の段階では，40都道府県がインターネット上の「有害」情報に規制を課しており，その後も，福井県[19]は2008年（平成20年）7月1日，滋賀県[20]は10月1日，山形県[21]は2009年（平成21年）4月1日，高知県[22]は10月1日施行の改正条例により規制を課すようになっている。現在（2009年（平成21年）10月），規制を課していない県は青少年保護条例自体を有しない長野県（ただし，長野県の場合は，長野市が条例により規制を課している）と千葉県・新潟県の3県のみとなっている。44都道府県の条例の多くは，「有害情報の遮断」「遮断方法・（フィルタリング）ソフトウェアの情報提供・周知」「（フィルタリング）ソフトウェアの利用」を努力義務として課すものである。「有害情報の遮断」の努力義務については，保護者・学校関係者・その他の青少年の育成に携わる者を対象とする条例（北海道[23]など）が多いが，対象を「何人も」とし，より一般的な形で努力義務を課す条例（宮城県[24]など）もある。「遮断方法・（フィルタリング）ソフトウェアの情報提供・周知」の努力義務は，プロバイダや（パソコン・携帯電話などの）インターネット端末の貸付・頒布・販売業者に課されるのが一般的傾向である（北海道[25]など）。「（フィルタリング）ソフトウェアの利用」の努力義務は，インターネットカフェ等の業者を対象としたり（北海道[26]など），より広

く公衆や青少年の利用に供する者を対象とする条例（茨城県[27]など）もある。また，保護者に対して努力義務を課す条例（東京都[28]など）も見受けられる。

これらの青少年保護条例の改正は，コンピュータや携帯電話・PHSを通じてインターネットから容易に「有害」情報を入手できるようになっていることに加えて，「出会い系サイト」が青少年の売春などの犯罪の温床と見なされていることや，「学校裏サイト」「プロフ（自己紹介サイト）」などにおける「ネットいじめ」の結果として生じた中高生の不登校や自傷行為・自殺企画，（表現者に対する）報復などが社会問題化したことに起因するものと考えられる。

3.3　青少年インターネット環境整備法

この点は，保護者に対して「インターネットにおいて青少年有害情報が多く流通していること」を認識すること，「インターネットの利用が不適切に行われた場合には，青少年の売春，犯罪の被害，いじめ等様々な問題が生じることを特に留意する」こととする青少年インターネット環境整備法6条からもわかるように，都道府県のみならず，政府・与党も同様の問題意識を有していたといえる。

自民党青少年特別委員会で取りまとめられた当初の案（高市私案）は，内閣府に「青少年健全育成推進委員会」を設置し，規制対象となる「有害」情報の細かい定義・規則等を策定するとともに，「有害」情報を含むサイトの閲覧制限を目的として，インターネットに係わる様々な事業者のみならず，（表現者を含む）サイト管理者に対しても，罰則つきの義務を課すこととする規制色の強いものであった。しかし，自民党総務委員会は業界の自主規制を尊重する立場を取り，法規制に慎重であったことから，大幅な妥協，つまり規制色が大幅に薄められた上で立法化された。

この（2009年（平成21年）4月1日施行の）青少年インターネット環境整備法は，インターネット上の「有害」情報をフィルタリングソフトウェア（2条9項）・フィルタリングサービス（2条10項）を用いて閲覧の制限が可能になるよう，インターネットに係わる様々な事業者等に対して，（罰則のない）義務もしくは努力義務を課す所に最大の特徴をもつものである。例えば，①プロバイダには（利用者からの求めに応じて）フィルタリングソフトウェア・フィルタリングサービスを提供する義務（18条），②携帯電話・PHS会社には（利用者が18歳未満の青少年である場合）フィルタリングサービスを提供する義務（保護者の申出によって解

除することも可能）（17条），③コンピュータなどのインターネット接続が可能な機器のメーカにはフィルタリングソフトウェア・フィルタリングサービスの利用を容易にする措置を講じる義務（19条），④「有害」情報の発信が行われた（あるいは，自ら行おうとする）サーバの管理者には青少年が閲覧できないように措置を講じる努力義務（21条），⑤フィルタリングソフトウェアの開発事業者には（閲覧制限を行う必要のない情報について）制限を可能な限り少なくすること，青少年の発達段階・利用者の選択に応じて制限の設定をきめ細かく行えるようにすることの努力義務（20条）を課すことになった。なお，フィルタリングの対象となる「有害」情報の範囲を確定する作業は，登録制の「フィルタリング推進機関」が担うことになった（24条）。

　その他，フィルタリングソフトウェアについては，青少年インターネット環境整備法に先行した（2008年（平成20年）12月1日施行の）インターネット異性紹介事業を利用して児童を誘引する行為の規制等に関する法律の一部を改正する法律（いわゆる，改正出会い系サイト規制法）においても，サイト事業者及びプロバイダ・携帯電話会社等の「役務提供事業者」にフィルタリングソフトウェアの利用・提供の努力義務が課されている（3条2項）。

4　まとめに代えて

　以上の検討からも明らかとなったように，アメリカにおいても，日本においても，特定の表現を行った者に（事後的に）刑罰を科すという従来型の「法」規制から，フィルタリングソフトウェアがインストールされている環境を「法」によって醸成することによって，同様の目的を達成しようとする規制へと移行していることが見て取れる。厳密には，アメリカの場合は，「補助金」という経済的誘因を用いて，フィルタリングソフトウェアをインストールさせ・使用させるのに対して，日本の場合は，フィルタリングソフトウェアに関する「努力義務」を様々な事業者等に課すことによって，自主規制を枠づける点で両者は異なるが，大まかにはそのように評価できよう。

　このフィルタリングソフトウェアを用いた規制は，刑罰を用いた規制よりも緩やかな規制であると一般的には考えられる傾向にあるが，環境醸成型の「法」規制においてフィルタリングソフトウェアが規制の実際を担うのであれば，

「法」と同じく，あるいは，それ以上に，フィルタリングソフトウェアないし「コード」についての理論的検討が重要な意味を持つように思われる。本稿では，紙幅の関係から問題点の指摘に止め，具体的な検討は別稿を期すこととしたい。

参考文献

鈴木秀美「情報ネットワークの自由と規制」伊藤守ほか編『情報秩序の構築』（早稲田大学出版部・2004年）1頁以下。

永井善之「インターネット上の青少年に有害な表現の法的規制について」情報ネットワーク4巻1号（2005年）17頁以下。

福島力洋「表現の自由とインターネット」渡辺武達＝松井茂記編『メディアの法理と社会的責任』（ミネルヴァ書房・2004年）104頁以下。

松井茂記『インターネットの憲法学〔新版〕』（岩波書店・2014年）。

三島聡『性表現の刑事規制――アメリカ合衆国における規制の歴史的考察』（有斐閣・2008年）。

森脇敦史「図書館に対するフィルタリングの義務づけと今後のインターネット上における表現規制の態様――CDA, COPA, CIPAの事例から」阪法53巻3・4号（2003年）393頁以下。

山口いつ子「ユビキタス時代における『サイバー法』概念の展開――表現の自由の価値意識から」ダニエル・フット＝長谷部恭男編『メディアと制度』（東京大学出版会・2005年）113頁以下。

小倉一志『サイバースペースと表現の自由』（尚学社・2007年）。

小倉一志「条例によるインターネットの『有害』情報規制」札大19巻2号（2008年）35頁以下【本書52頁以下】。

1) Unites States v. Thomas, 74 F. 3d 701 (6th Cir. 1996), *cert. denied,* 519 U.S. 820 (1996).

2) ACLU v. Reno, 929 F. Supp. 824 (E.D. Pa. 1996).

3) Reno v. ACLU, 521 U.S. 844 (1997).

4) Ginsberg v. New York, 390 U.S. 629 (1968).

5) FCC v. Pacifica Foundation, 438 U.S. 726 (1978).

6) City of Renton v. Playtime Theaters, 475 U.S. 41 (1986).

7) Miller v. California, 413 U.S. 15 (1973).

8) ACLU v. Gonzales, 478 F. Supp. 2d 775 (E.D. Pa. 2007).

9) ACLU v. Mukasey, 534 F. 3d 181 (3rd Cir. 2008), *cert. denied,* 555 U.S. 1137 (2009).

10) Ashcroft v. ACLU, 535 U.S. 564 (2002).

11) Ashcroft v. ACLU, 542 U.S. 656 (2004).

12) ACLU v. Ashcroft, 322 F. 3d 240 (3rd Cir. 2003).

13) The Free Speech Coalition v. Reno, 198 F. 3d 1083 (9th Cir. 1999).

14) New York v. Ferber, 458 U.S. 474 (1982).

15) Ashcroft v. The Free Speech Coalition, 535 U.S. 234 (2002).

16) ALA v. United States, 201 F. Supp. 2d 401 (E.D. Pa. 2002).

17) United States v. ALA, 539 U.S. 194 (2003).

18) P-STATION事件横浜地裁川崎支部判決（横浜地川崎支判平成7年7月14日判例集未登載）。

最高裁レベルでは，京都アルファネット事件最高裁決定（最決平成 13 年 7 月 16 日判時 1762
号 150 頁）がある。

19）福井県青少年愛護条例 43 条の 2。

20）滋賀県青少年の健全育成に関する条例 20 条の 2。

21）山形県青少年健全育成条例 11 条の 4。

22）高知県青少年保護育成条例 23 条の 3。

23）北海道青少年健全育成条例 30 条 1 項。

24）宮城県青少年健全育成条例 16 条 1 項。

25）北海道青少年健全育成条例 30 条 3 項。

26）北海道青少年健全育成条例 30 条 2 項。

27）茨城県青少年のための環境整備条例 21 条の 3 第 1 項。

28）東京都青少年の健全な育成に関する条例 18 条の 8。

＊ 本稿は，2009 年（平成 21 年）10 月 10 日に行われた憲法理論研究会における研究報告（テーマ：
　インターネットにおける「有害」情報規制の現状と理論）の前半部分を圧縮したものである。
　拙い報告であったにもかかわらず，ご出席いただいた先生方にお礼を申し上げたい。後半部
　分については，さしあたり，拙稿「コード」駒村圭吾・鈴木秀美編『表現の自由Ⅰ——状況へ』
　（尚学社）（2009 年（平成 21 年）4 月 1 日脱稿）【本書 3 頁以下】がある。併せてご参照いただけ
　れば幸いである。

Ⅶ　サイバースペースに対する表現内容規制立法と
その違憲審査基準
——アメリカにおけるアダルトコンテンツ規制を素材として——

1　はじめに

　コンピュータは元来，データ処理をその主たる役割としてきた機器であるが，現在では，高性能化・小型化が進み，様々な用途で利用されるようになっている。その中でも，憲法学の観点からは，コンピュータがコミュニケーション・ツールとしての役割を果たすようになってきている点が特に注目を集めている。エンドポイントにあるコンピュータが（プロバイダ等を「仲立ち」とした上で）電話回線や専用線等を通じてサイバースペースに接続されるようになった結果として，文字・画像・音声・動画などの表現（情報）をエンドポイント間で自由にやり取りすることが可能となっており，このことは，エンドポイントにいる人々に対して，表現（情報）の自由な送受信を許すことを意味しているからである。
　コンピュータ（ないしサイバースペース[1]）が新しいメディアとして機能しているのであれば，表現の自由からの検討も当然必要となる。本稿では，Communications Decency Act（以下，CDAとする）を中心とするアメリカの表現内容規制立法の動向，サイバースペースに適用される違憲審査基準及びその背後にあるメディア特性分析（medium-specific analysis）等の理論について検討する。

2　アメリカにおける表現内容規制立法

　Clinton大統領は 1996 年 2 月 8 日，1996 年通信法の署名を行った。同法の一部には後にCDAと呼ばれる，未成年者に対してコンピュータ・ネットワークを介して故意に，わいせつな（obscene），下品な（indecent），明らかに不快な（patently offensive) 通信を作成し送信することを禁じる条項（第5編第502条）が含まれており，これにより，それまで迷惑電話規制のために置かれていた 47 U.S.C. 223 が修正され，その中に組み込まれることになった[2]。**2** では，（CDAがその中心となるが）アメリカにおける表現内容規制立法に対する司法判断，連邦議会及び州議会の動きについて検討する[3]。

2.1 CDAに対する司法判断の内容

(1) ペンシルベニア東部地区連邦地裁決定

Clinton大統領が 1996 年通信法に署名してすぐに，American Civil Liberties Union（以下，ACLUとする）等は，ペンシルベニア東部地区連邦地裁に対してCDAの執行差止を求める訴訟を提起した[4]。その中で原告のACLUは，下品及び明らかに不快なマテリアルの送信を行った者を罰するCDAの規定は違憲であると主張したが，Buckwalter裁判官はこのACLUの主張を容れ，CDAの規定の執行を一時的に差し止める一方的緊急差止命令を出した。これにより，3 人の合議体からなる決定が出されるまでの間，CDAの執行は差し止められることになった。その後，通信法 561 条(a)の規定により 3 人の裁判官による審理が始められ，ペンシルベニア東部地区連邦地裁は 6 月 12 日，暫定的差止命令を出す決定を下した[5]。この決定では，3 人ともCDAの規定を（文面上）違憲とすることに賛成したのであるが，その理由付けはそれぞれ異なるものであった。

まず，Sloviter裁判長（の個別意見）は，このCDAがわいせつなマテリアルのみならず，憲法上保障されているはずの下品なマテリアルあるいは明らかに不快なマテリアルに対してまでも表現内容規制を行うものであることに着目するとともに，メディア特性分析を採用した上で[6]，このような法律の違憲審査基準としては，厳格審査基準が適用されるとした所に特徴がある[7]。この基準により，SloviterはCDAの立法目的と規制手段を検討した結果，政府がオンライン上のある種のマテリアルから未成年者を守らなければならないという，やむにやまれぬ利益があることは認められるが，違憲審査基準の 2 番目の点，すなわち，とられている手段がその立法目的を達成するために精密に調整されたものであるという点は満たしておらず，ゆえに違憲であると判断している[8]。また（政府は，CDAが合憲である根拠の 1 つとして防御条項の存在[9]を挙げていたが），Sloviterはこのような防御条項に従うことは技術上不可能であり，たとえ可能

であっても非営利の個人や団体にとって大きな経済的負担となるのは明らかであり，防御条項の存在をもって合憲とすることはできないとして，政府の主張を斥けている[10]。

　Buckwalter裁判官（の個別意見）は，「下品」「明らかに不快」の用語の曖昧さについて検討し，その結果，CDAの規定は曖昧なものであり，第1修正及び第5修正に違反するものであると判断している。Buckwalterによれば，この規定はインターネットのユーザに対して，どのような表現が罰せられるかの基準を明確に与えておらず，ユーザに萎縮的効果を与えるがために第1修正違反であり，また第5修正が要求している所の明確性の要件も欠いているので，第5修正にも違反するものである。Buckwalterは先ほど見たSloviterと同様に，違憲の結論を導いているのであるが，Sloviterが厳格審査基準を適用した上で条文を違憲としているのと比べるとBuckwalterの立場は異なっている。Buckwalterは，インターネット上の表現に対してどのような違憲審査基準が適用されるのかを明確にしないまま[11]，違憲の結論を導いているからである。この点についてある論者は，Denver判決[12]における連邦最高裁・相対多数意見との類似点を指摘し，Sloviter個別意見は，Denver判決を先取りするものであったと述べている。なぜなら，Buckwalterは，「インターネット上の規制は法律の条文が明確であり，かつ，そのような規制がコミュニケーション手段としてのインターネットの特性に対してセンシティブなものでなければ規制が許される」と判示しているからであるという[13]。

　そして，3人の裁判官の中で，最も独自の判断を行っているのがDalzell裁判官（の個別意見）である。まず，Dalzellは，Pacifica判決[14]における下品の定義に対する判断があらゆるメディアに適用可能なものであり，CDAの223条(d)の規定は，議会によるPacifica判決の立法化であると見る。このようなDalzellの立場からすれば，他の2人のそれとは異なり[15]，法文が曖昧であり違憲であるという立場は支持できないことになる。その一方でDalzellは，連邦最高裁の判例となっているメディア特性分析とは異なった形でインターネットの性質を分析した上で，CDAは違憲であり，第1修正は連邦議会に対してインターネット上の憲法上保護された言論を規制する権限を否定していると解する[16]。すなわち，Dalzellは，他のメディアと比較してインターネットには，①それに参加する障壁が他のメディアに比べて非常に低いこと，②その障壁が話し手及び

114

聞き手の両方にとって同等なものであること，③これらの低い参入障壁の結果
として，驚くほどの多様な内容がインターネット上で入手できること，④イン
ターネットはそのメディアにおいて発言を希望する全ての者に対して発言の機
会を与え，またその発言者の関係は対等なものであることの4つの特徴が認め
られるが故に，連邦議会はインターネット上の下品な表現を規制することは許
されないと判断したのである[17]。このDalzellの判断の背景には，インターネ
ットは最も手厚い第1修正の保障が与えられなければならない民主主義を促進
する手段であり，もし規制が行われるとすれば，（インターネットを含む）情報ス
ーパーハイウェイの利用及び発展に必ず支障が生じるとの判断があったのであ
ろう[18]。

　最終的に，3人とも違憲判断の手法は上述のように異なるものであったが，
CDAの条項が違憲であるという結論においては同意見であり，暫定的差止命
令が出されることになったのである。

(2)　ニューヨーク南部地区連邦地裁決定

　ACLU等が訴訟を提起してから1週間後，日刊のインターネット新聞，
American Reporterの編集長であったJoe Sheaも同様に，ニューヨーク南部地
区連邦地裁に出訴した。原告であるSheaは223条が曖昧かつ過度広汎であり，
ゆえに違憲であると主張していたのであるが，その決定は1996年7月29日に
出され[19]，インターネット上の「下品な」あるいは「明らかに不快な」マテリア
ルを表示することの禁止は違憲であるといえるほど過度広汎な規制であるとさ
れた[20]。この決定ではまた，これらの通信を刑罰によって禁止することは必然
的に大人間の憲法上保護された表現を脅かすことにほかならず，これらのマテ
リアルを提供した者が防御条項を援用しようとしても，その機能不全のために
援用することが事実上不可能となっている点も指摘している[21]。違憲審査基
準については，この223条が表現内容規制であることを認めた上で，厳格審査
基準が妥当するとした。そこで裁判所は，政府が有害なマテリアルから未成年
者を保護するという，やむにやまれぬ利益を持つものであることは認めたが，
政府によって用いられている手段は，その立法目的を達成するのに精密に調整
されたものであるとはいえないとした[22]。これにより，ニューヨーク南部地区
連邦地裁はCDAを違憲であるとし，原告の求めに応じて暫定的差止命令を出
すに至ったのである。

Ⅶ　サイバースペースに対する表現内容規制立法とその違憲審査基準　　115

(3) 連邦最高裁判決

政府による跳躍上告の後，CDAについて審理を行ってきた連邦最高裁は，1997年6月26日，本件の原審であるペンシルベニア東部地区連邦地裁決定における（Sloviter個別意見の）リーズニングに従う形で，CDAを違憲とする判断を下した[23]。この連邦最高裁判決は，違憲審査基準として厳格審査基準を採用し，インターネットにおける表現に対して最も手厚い保障を与えることになった。この厳格審査基準の採用は7人の裁判官によって支持され，この7人からなる法廷意見は，CDAが有害なマテリアルから子どもを守るという政府利益を持つものであることは認めるものの，その規制は憲法上保護された表現に対して非常に過重な負担を課すものであり，「インターネット社会の大部分を焼き尽くしてしまう恐れがある」と判断したのである[24]。

a　メディア特性分析

法廷意見は，政府がその上告趣意書において，CDAは連邦最高裁の3つの判例を総合的に考慮すれば合憲であることは明らかであると主張したことを斥けた[25]後で，政府が新しいマスコミュニケーション手段を規制しようとする際の判断手法として用いられる，メディア特性分析を用いて判断している。これにより，今まで第1修正による表現の自由がより低い程度でしか保障されてこなかった電波メディアとの対比において，インターネットの保障範囲が決定されることになったのである。そこで，法廷意見は，メディア特性分析を行うにあたって電波メディアが有している特性として，①（メディアの）稀少性，②（家庭への）浸透性，③規制の歴史の3つをあげた上で，この特性をインターネットも有するかどうかで判断しようとしている。まず第1の稀少性についてであるが，この稀少性は電波メディアについてのみ認められるものであって，「インターネットはかなりの程度において無制限なメディアであり，低コストで（表現活動を）行うことができる」ことからして，このような特性を有するものではないと判断した[26]。第2の浸透性については，インターネットとSable判決で問題となった電話との類似性を指摘した上で[27]，「インターネットのユーザが偶然に問題となるようなマテリアルに遭遇することはめったになく，またテレビやラジオのようなメディアとは異なり，ただダイヤルを回すこと以上の，より積極的な一連の動作が要求される」ので，浸透性の要件も満たさないとする[28]。そして，第3の規制の歴史についても連邦最高裁は，「非常に民主的なフォーラ

ムであるインターネットは，電波メディアに対して課せられてきた政府による監督，規制に服してきていない」と述べている[29]。

これにより，インターネットは電波メディアが有してきたとされる，稀少性，浸透性，規制の歴史という3つの特性のいずれをも有しないために，電波メディアと同様に低いレベルでの第1修正の保障で十分であるとする政府の立場は支持できないと判示したのである。

b　厳格審査基準

以上のような理由により，連邦最高裁は，連邦地裁と同様に厳格審査基準を採用するに至った。この基準は，CDAがやむにやまれぬ政府利益に仕えるものであるかどうか，そして，最も制限的でない手段を用いて立法目的を達成するために精密に調整されたものであるかどうかの2つの点から判断するものであるが，最終的に連邦最高裁は，CDAの立法目的の部分については承認したものの，その達成手段については，条文の曖昧性及び過度広汎性からみても精密に調整されたものであるとはいえず，ゆえに違憲であると判断したのである[30]。

2.2　CDA以外の手段による表現内容規制

⑴　CDA違憲判決後の連邦議会の動き

2.1で見たように，連邦最高裁はCDAを違憲と判断したのであるが，違憲判決直後には，Clinton大統領のステートメントが出され，CDAが違憲となった後のClinton政権の方針が示された。これにより，今までの法律による源泉規制に代わって，Clinton政権は表現の自由という憲法上の価値と両立する形で（子どもにとって）不適切なマテリアルから子どもを守るためにブロッキングソフトウェアないしレイティングシステムを採用するという，蛇口規制[31]へと方針を転換することになった[32]。

a　Internet School Filtering Act

このような背景からまず最初に有力な法案となったのが，Internet School Filtering Act (S. 1619, 105th Cong.)（下院では，Safe School Internet Act (H.R. 3177, 105th Cong.)，Bob Franks下院議員による提出）である[33]。この法案はJohn McCain上院議員によるものであり，端的にいえば，ブロッキングソフトウェアを義務教育学校や公立図書館のコンピュータにインストールすることを条件として，インターネットへの接続費用等について政府が補助金を支出するというも

のである。この法案は，Clinton 政権が違憲判決後に表明した新しい政策に，よりマッチしたものであり，成立の可能性が高い法案であると見られていた。しかし，両院の委員会は通過しているものの，現在（1999 年 5 月）に至っても成立の目処は立っていない。

b Child Online Protection Act

このような連邦議会の閉塞状態の間隙を縫って登場したのが，先に違憲とされた CDA と同様に源泉規制の立場に立つ，Child Online Protection Act（以下，COPA とする）であった[34]。この法案は 1934 年通信法を改正することによって，ウェブ上の未成年者にとって有害であると考えられるマテリアルの営利的配布を禁止することにより，子どもを保護しようとするものであったが，同法案は，上院では Daniel Coats 上院議員により（S. 1482, 105th Cong.），下院にあっては Michael Oxley 下院議員により（H.R. 3783, 105th Cong.）提出された。COPA は，CDA II の別名を持つ所からもわかるように，CDA 違憲判決の結果をふまえ，①インターネット上の通信の中でもウェブ上での表現行為に限定し，さらに非営利の（特に，個人が運営しているような）サイトは規制の対象外とし，②下品な，明らかに不快なマテリアル等の規制に代わり，（17 才以下の）未成年者にとって有害なマテリアルを規制対象とするとともに，③条文の中に何が未成年者にとって有害であるかの定義規定を設け，FCC に対して，その具体例をインターネット上で告知することを命じること等の手直しを図ったものである。

この法案については大統領の署名後，直ちに訴訟が提起され，1998 年 11 月 20 日には，一方的緊急差止命令がペンシルベニア東部地区連邦地裁で下された[35]。この命令の中で，COPA が表現内容規制を行うものであり，違憲審査にあっては，先の連邦最高裁判決と同様に厳格審査基準が適用されるべきであるとしている点が特に注目される[36]。なお，この一方的緊急差止命令の効力は，両当事者の合意により 1999 年 2 月 1 日まで延長され，1 月 20 日から暫定的差止命令についての口頭弁論が開かれた[37]。

(2) 各州議会の動き

a 州法による規制

連邦レベルでの規制をめぐる議論が盛んになり始めたのと併行して，州レベルにおいても，表現内容規制を目的とした法案が提出されることになった。少なくとも 1998 年 7 月の段階で，12 の州において法案が成立し，11 の州で法案

が提出されている。その内容は，①アダルトコンテンツ（未成年者にとって有害なマテリアル等）の送信を規制する州法，②（問題となるマテリアルの）ブロッキングに関する州法，③既存のチャイルドポルノ規制をサイバースペースにも拡張して適用する州法，④その他の州法の4つに分類することができよう[38]。

b　州法等に対する司法判断の内容

CDA，COPAといった連邦法による規制が，表現の自由に対して重大な問題を生じさせているのと同様に，州法等による規制も活発化しており，それに対する訴訟も提起され始めている。ここでは，州法等による表現内容規制に対する，3つの司法判断を見ることにする[39]。

(a)　ALA v. Pataki　　1997年6月20日，ニューヨーク南部地区連邦地裁は，先のCDAと類似した内容を持つニューヨーク州刑法の修正部分に対して，違憲であるとした上で暫定的差止命令を出す決定を下した[40]。裁判で争われたのは，1996年7月にニューヨーク州議会において可決されたSenate Bill 210により修正されたニューヨーク州刑法235.21であり，同条において，①実際のあるいは擬似の裸体，性的行為あるいはサドマゾヒスティックな虐待が，その全部又は一部において描写されていることを知りつつコンピュータを用いて送信した者，②未成年者にとって有害なマテリアルをコンピュータを用いて送信した者等を新しく処罰の対象とすることになったのである[41]。原告であるAmerican Library Association等は，同条が州際通商条項及び第1修正に違反するとして出訴したのであるが[42]，この決定は，(i)同条は他の州の市民における行為に対しても（ニューヨーク州という規制領域を超えて）適用されること，(ii)同条から得られる利益は州際通商に課される負担にてらしてさほど重要ではないこと，(iii)サイバースペースの規制は州法による規制になじまないこと[43]の3つの理由を提示し，州際通商条項に違反するとしたのである。

(b)　Urofsky v. Allen　　バージニア州議会は，1996年3月に州法を修正し，「情報インフラストラクチャーに対する州公務員によるアクセスの制限」という項目をバージニア州法2.1-804以下に追加した。この規定の追加により，州公務員に対する州の所有するコンピュータまたはリースしたコンピュータでの明らかに性的なマテリアルへのアクセスが制限されることになった。これに対して，バージニア州の大学教員6名が，同規定の違憲性を争ったのが本件である[44]。バージニア東部地区連邦地裁アレクサンドリア支部は，1998年2月26日に出

された略式命令において，公務員の表現内容規制立法に対する違憲審査基準としては，Pickering v. Board of Education [45] 及びU.S. v. National Treasury Employees Union (NTEU) [46] において連邦最高裁が示した法理が妥当するとした。Pickering判決は，「公的問題についてコメントを行うという市民としての公務員の利益と公務員による公的サービスの効率性を促進するという使用者側の利益の双方を裁判所は考慮して判断しなければならない」ことを，NTEU判決は，「政府による規制の正当化にはそれ相応に強度な立証が要求される」ことを判示していたのであるが，これらを本件にあてはめた場合，規制の対象となる明らかに性的なマテリアルには，大学における性的なテーマについての研究，議論という憲法上重要な価値を持つものが含まれるが，その一方で被告が主張した，①（自由なアクセスを認めることによる）職務の効率性の低下及び，②（性的表現が引き金になっての）対立した労働環境の発生の2つについては立証が不十分であり認められないので，これにより当該規定は違憲であるとの判断が下されたのである [47]。

(c)　Mainstream Loudoun v. Board of Trustees of the Loudoun County Library　公立図書館におけるフィルタリングについても司法判断が下されている。争われたのは，1997年10月20日にLoudoun郡図書館委員会が採択した規則である「インターネット上の性的問題に対処するための方針」であり，この中において，①チャイルドポルノ及びわいせつなマテリアルをブロックするため，②バージニア州法及びその判例によって定められた，少年/少女にとって有害であると思われるマテリアルをブロックするために，全ての図書館内のコンピュータに対して市販のブロッキングソフトウェアをインストールすることが規定されることになったのである。これに対して原告であるMainstream Loudounは，この規則は憲法上保障されている表現へのアクセスを過度に制限しており第1修正に反するものであるとして争い，バージニア東部地区連邦地裁アレクサンドリア支部は，1998年4月30日，原告の主張を全面的に認める判断を下した [48]。ここでの判断は，問題となっている規則を厳格審査基準によって審査し，違憲であると判示したものである。また，このケースに関しては，1998年11月23日に略式命令が下されており [49]，4月の判決と比べて，より緻密な憲法判断を行っている点が注目される。この略式命令は適用されるべき違憲審査基準が厳格審査基準であることを再確認した上で，その根拠をパブリックフォーラ

ム理論に求めている。先例としてKreimer v. Bureau of Police [50] をあげ，公立図書館は指定的パブリックフォーラムであり，そこにおける表現内容規制にあっては，厳格審査基準によって判断されなければならないとするものであった[51]。

2.3 小括

2では，Reno判決を初めとする一連の判決が，サイバースペースに対する価値を高く評価し，そこに厳格な審査基準を適用することで強度な保障を与えてきている点を指摘した。サイバースペースに対する規制を考える際には，これらのスタンスを十分理解しておく必要がある。そうでなければ，初めに源泉規制ありきの議論に傾き，サイバースペースのアーキテクチャ全体に大きなダメージを与える恐れがあるからである。

引き続いて，3では，まず，アメリカの裁判所におけるこのような姿勢の背後にある理論である，メディア特性分析について検討を行う。次いで，この法理に対して再検討を行おうとする動きが判例，学説上において現れつつある点を指摘する。

3 サイバースペースの性質と違憲審査基準

3.1 既存メディアにおけるメディア特性分析

アメリカの連邦最高裁は，新しいメディアが裁判の俎上に載せられる度に，そのメディアと既存のメディアとの性質上の違いを検討する中で，新しい判断枠組みを形成してきたといえる。いうなれば，連邦最高裁は，急速に進歩しつつある新しいメディアに対応した第1修正の保障を与えるために，「メディア特性分析」の手法を採用し，その中から，プリントメディア[52]とは異なる媒体を用いた電波メディア，電話，ケーブルテレビ，更には，インターネットの保障の程度を確定してきているのである[53]。

(1) 電波メディア

今日のサイバースペースと同様，（ラジオ，テレビの）電波メディアの表現が，どの程度まで保障されるかについて，連邦最高裁は頭を悩ませてきた。この問題を正面から扱った有名な判決としては，Pacifica判決がある。連邦最高裁は，

Ⅶ　サイバースペースに対する表現内容規制立法とその違憲審査基準　121

わいせつな表現と下品な表現との区別をおこなった後で[54]，電波メディアも既存のプリントメディアと同様の手厚い保障が与えられるかどうかについて，判断を行った。この裁判の中でFederal Communications Commissionは，「放送メディアは，プリントメディアよりも低い程度の保障で十分」であり，「わいせつな表現よりも不快ではないものの，依然として，明らかに不快である下品な表現は，それがラジオやテレビの放送による場合，憲法上の保護を受けない」と主張し，それが，連邦最高裁に受け容れられることになったのである。連邦最高裁は，問題となっている法律（18 U.S.C. 1464）が，わいせつな内容の放送だけではなく，下品な内容の放送をも禁止していることを認めた上で[55]，「その放送内容が，憲法上の意味においてわいせつではないとしても，その放送が，子どもが聞いていそうな時間に行われたのであれば，その下品な放送は罰せられるべきである」と判示した。これにより連邦最高裁は，「ラジオやテレビのメディアには，プリントメディアのような以前から検討されてきたメディアよりも低い保障しか与えられない」との立場を鮮明にしたのである。この電波メディアの保障の程度がプリントメディアと比べて低いものとされている理由を，連邦最高裁は，電波メディアの性質や特徴に求めている点については留意する必要があろう。連邦最高裁は，電波メディアとプリントメディアを比較し，2つの点で異なるとする。それは，①電波メディアの浸透性・普及性と，②子どもによるアクセスの容易さである。つまり，連邦最高裁の表現によるならば，「テレビやラジオがすべてのアメリカ人の生活の中で非常に普及しており，また，幼くてまだ文字の読めない子どもであっても，容易にアクセスすることができること」を理由として，プリントメディアでは許されないような規制であっても，電波メディアについては許されるとしたのである[56]。

(2) 電話（による有料テレホンサービス）

アメリカでは，有料テレホンサービスが，テレビショッピング，座席予約などの双方向テレホンサービスに利用されており，市民に大きな利便を与えている。しかし，その反面，ポルノ番組も多く存在しており，特に，サービスが開始された当初は，青少年への影響が懸念されたのであった[57]。そこで連邦議会は，1988年4月に，わいせつな州際営利的電話サービスばかりでなく，下品なものも全面的に禁止することを目的とした法律を成立させた。この法律の合憲性が争われたSable判決において連邦最高裁は，電話による下品な番組の送信は，

そのような表現に対する規制が最も抑制的である場合にのみ禁止できるとした上で，営利を目的とした下品な電話サービスを禁止した連邦法を違憲とした。電話によるテレホンサービスの性質について判決は，Pacifica判決との対比の中から導きだしている。「電話によるテレホンサービスは，ラジオやテレビほど浸透しているものではなく，子どもにとってアクセスが容易であるという訳ではない」「また，電話によるテレホンサービスにおいては，『捕らわれの聴衆』の問題はまず生じえず，テレホンサービスを聞くためには，積極的な行為が必要とされるので，アクセスが容易であるとはいえない」と認定した[58]。これにより連邦最高裁は，電話によるテレホンサービスをプリントメディアに類するものと判断し，電話に対して厳格審査基準を採用した。

その上で連邦最高裁は，電話によるテレホンサービスを受ける人物の年齢を考慮することなく，下品なメッセージについても全面的に禁止されてしまう点に着目し，政府には，未成年者を保護するというやむにやまれぬ利益があるものの，当該法律はその目的を達成するために精密に調整されたものではないので，法律は過度に広汎であり無効であると判断したのである[59]。

(3) ケーブルテレビ

a （連邦裁判所）下級審の判断

電話によるテレホンサービスの次に，裁判の俎上に載せられたのがケーブルテレビである。（連邦裁判所）下級審及び連邦最高裁は，このケーブルテレビに対してもメディア特性分析を適用することで問題に対処しようとしてきたのである。

まず，下級審における対応であるが，下級審レベルにおいては，ケーブルテレビをプリントメディアに類するものと捉え，そこに第1修正の手厚い保障を与えてきている。下級審の判決では，電波メディアに対する表現内容規制の基礎となる理由を，①（電波の）物理的不足と，②放送の浸透性の2つに求めた上で，①の理由は，「事実上，ケーブルテレビのチャンネルは無制限」なので該当せず，また，②の理由は，「（テレビとは違って）ユーザによる積極的な行為が要求されるとともに，番組内容に対する事前の告知がある」ので，子どもによるアクセスを防ぐことが容易に可能であり，ゆえにテレビなどと比べて浸透性はかなり低いと判断し，ケーブルテレビにはプリントメディアと同様の保障が及ばなければならないとするのである[60]。

b Turner判決

下級審レベルでは，一貫してケーブルテレビをプリントメディアに近いものと考え，電波メディアに対する保障よりも手厚い保障を与えてきたが，連邦最高裁においても同様に，メディア特性分析の手法がとられている。Turner Broadcasting System, Inc. v. FCC [61] では，Cable Television Consumer Protection and Competition Act of 1992 の4条，5条に規定されたマストキャリー規則の合憲性が争われた。このマストキャリー規則とは，地上波のテレビ放送の再送信を義務づけた規則のことである [62]。この規則は，ケーブルテレビ局の番組編集権を不当に干渉するものであり，第1修正にてらし違憲であるとの主張に対して，判断を行ったのがTurner判決であった。この判決の中で，連邦最高裁は，下級審が示してきた判断枠組みを認め，「ケーブルテレビにはプリントメディアと同等ないしそれに近い，憲法上の保障が与えられるべきである」としている [63]。つまり，Turner判決においても連邦最高裁は，そのコミュニケーション媒体の特有な性質にてらして第1修正による保障の程度を確定するという，メディア特性分析の採用を明らかにしているのである [64]。

以上，判例の流れを追いながら，その中で，どのようにメディア特性分析が適用されてきたかを見たが，今まで見た判決から考えると，連邦最高裁の頭の中では，伝統的なプリントメディアと「特殊な」電波メディアを対等な形で両極に置いて判断するのではなく，電波メディアの及ぶ射程を，かなり限定的に解していることがわかるであろう。

3.2 実際の適用における問題点

3.1では，新しいメディアにおける第1修正の保障の範囲を考える場合，その新しいメディアの性質が，新聞や雑誌に代表されるプリントメディアに類するものであるのか，それともテレビやラジオに代表される電波メディアに類するものと見るのかによって，保障の範囲を確定していることを見た。次にここでは，そのメディア特性分析が必ずしも磐石な判断手法ではなく，それに反する判決も出てきている点を指摘する。

(1) Denver判決

その代表例は，Denver判決 [65] である。この判決において連邦最高裁は，ケーブルテレビにおける表現内容規制が問題となったにもかかわらず，メディア

特性分析の判断手法を回避し，厳格審査基準の適用を行わなかったのである。

　　a　問題となった条文

　Denver判決において連邦最高裁は，ケーブルテレビを規制する連邦法の3つの規定の合憲性を審査している。Cable Television Consumer Protection and Competition Act of 1992 の 10条(a)は，リーストアクセスチャンネル[66]における明らかに不快な番組若しくは下品な番組を禁止する権限をケーブルテレビ事業者に与えており，10条(b)は，明らかに不快な番組若しくは下品な番組を放映するケーブルテレビ事業者に対して，それらのチャンネルを別のチャンネルにするとともに，ケーブルテレビのユーザが書面によって要求するまでは見られないように（スクランブルをかけて）ブロックする権限を，10条(c)は，パブリックアクセスチャンネル[67]における明らかに不快な番組若しくは下品な番組を禁止する権限をケーブルテレビ事業者に与えている。

　　b　連邦最高裁・相対多数意見

　連邦最高裁は 10条(a)のみを合憲とし，10条(b)及び 10条(c)を違憲とする判断を下した。この判決では（裁判官達の）意見が細かく分かれたために多数意見が構成されず，連邦最高裁の立場が今一つ明確にならなかったのであるが，その中で重要な意見をみることにする。

　10条(a)のみを合憲とし，10条(b)と 10条(c)を違憲とした相対多数意見は，Breyer裁判官によって書かれたものであるが，この意見は，今まで形成されてきた，メディア特性分析とは異なる判断手法 (close judicial scrutiny)[68] を用いている点で注目される。この判断手法は，端的にいえば，「関連する利益にてらして，当該法律が表現に対して不必要に大きな制約を課するものではなく，また，非常に重要な問題に対処するものであること」を（政府側が）立証できなければ違憲になるというものである[69]。相対多数意見はまず，10条(a)は，明らかに不快な番組若しくは下品な番組に対する権限や編集の自由をケーブルテレビ事業者に再び付与しただけであり，そこに政府による規制は存在せず，第1修正には反しないとした。次に，10条(b)は厳しすぎ，また表現の自由に対して負担を課しすぎているとして違憲と判断した。この条項は，ユーザの状況を考慮することなく，明らかに不快な番組若しくは下品な番組を1つのチャンネルにまとめ，スクランブル化することをケーブルテレビ事業者に対して要求するものであるが，この条項のために，リーストアクセスチャンネルで放送されている

明らかに不快な番組若しくは下品な番組を見たいとケーブルテレビ事業者に書面で申請したユーザは，スクランブルが解除され，番組を視聴できるようになるまでに 30 日ほど待たされていたのである。Breyer はこの点をとらえて，この（30 日という）待ち時間は，V-chip のような他の技術の有用性を考えると極めて制限的であるとし，ゆえに違憲であると判断したのである。更に，相対多数意見は，パブリックアクセスチャンネルにおける明らかに不快な番組若しくは下品な番組を禁止する権限をケーブルテレビ事業者に与えている 10 条(c)についても，違憲と判断した。Breyer は，明らかに不快な番組若しくは下品な番組が，このチャンネルで問題になっているという立証は不十分であり，また，自治体がパブリックアクセスチャンネルにおける表現内容を（明らかに不快な番組若しくは下品なものでなくても）とにかく規制しようとしている傾向を考えると，この条項は合憲とはできないとしたのである[70]。

c 一部同意・一部反対意見

Denver 判決における Kennedy 裁判官の一部同意・一部反対意見は，他の裁判官とは異なった判断手法を用いている。Kennedy は，パブリックアクセスチャンネルを（指定的）パブリックフォーラムと，リーストアクセスチャンネルをコモンキャリア[71] と見ている点に特徴がある[72]。そして，Kennedy は，Denver 判決で問題となったケーブルテレビの明らかに不快な番組若しくは下品な番組に対する表現内容規制には，厳格審査基準が用いられるべきであり，ゆえに本件で問題となった 10 条(a)〜(c)は，いずれも違憲であると判断したのである。Kennedy が初めてパブリックフォーラム理論を判決の中で採用したのは，1992 年の International Society for Krishna Consciousness, Inc. v. Lee[73] であるが，この判決で Kennedy は，「パブリックフォーラム理論は，道路，歩道，公園以外についても適用が考えられるべきである。適切な状況の下で，私はパブリックフォーラム理論を他の場所にも適用すべきであると考える。その場合，そこが長い歴史において言論が認められてきた，という要件は必要とはされない。つまり，もし問題となっている場所の客観的，物理的特徴及び事実上の公的アクセスとその使用において，表現活動が適切であり，かつ，これらの使用と両立しうるならば，その場所はパブリックフォーラムと認められる」と述べ[74]，積極的にパブリックフォーラム理論を活用する姿勢を示したのである[75]。Denver 判決における Kennedy の一部同意・一部反対意見も，この判決の延長

線上で考えられうるだろう。

　以上，簡単にDenver判決の内容を見てみたが，ここで留意すべきなのは，今までPacifica判決以降採用されてきたはずのメディア特性分析が影をひそめている点である[76]。その理由については定かではないが，このような判決の揺れを見ると，「メディア特性分析は，あまり賢明でない判断手法であり，最終的に（プリントメディアに近いか電波メディアに近いかの）アナロジーを行うことは意味をなさなくなるであろう」との指摘も首肯しうるものがある[77]。

(2)　メディア特性分析への懐疑

　メディア特性分析に対して批判的な見方をする見解が，最近，徐々にではあるが出されてきている。その嚆矢となったのは1994年3月に出された，ハーバード・ローレビューにおけるノートである[78]。このノートにおいて，論者はメディア特性分析を批判し，（メディアの）技術的特性が第1修正の下での保障の程度を左右する決定的要因となるべきではないと主張する[79]。政治的言論は，それが新聞に印刷されたものであろうとテレビの画面にテレテキストとして表示されたものであろうと，コンピュータ・ネットワークを通じてダウンロードされたものであろうと，あるいは電話線を使ってファックス送信されたものであろうと政治的言論であることに変わりがないがゆえに[80]，連邦最高裁は，表現を伝えるメディアに焦点を当てるのではなく，第1修正の基礎をなす価値に対して焦点を当てなければならないとする。この見解は，伝統的な枠組みに対抗して，新しいメディアの規制を考える際には，第1修正の根底にある価値にまで踏み込んで考察する必要性を述べている点が注目される。また，判決では，ペンシルベニア東部地区連邦地裁決定における個別意見の中で，Dalzellがインターネットに対して強度の（プリントメディアと比較して，少なくとも同レベルの）保障を与えるべき根拠として，インターネットが持つ4つの特徴を挙げている点に注目すべきである。Dalzellはメディア特性分析だけではなく，インターネットが有する「民主化」効果や思想の自由市場[81]における「多様性」の実現という，より実質的な尺度で第1修正の保障範囲を確定しようとしている[82]。更に，わが国においても，技術特性面での類似性を重視するという既存のメディア特性分析を維持するならば，今後のインターネットの技術革新により，厳格性を緩和された違憲審査基準が適用される，すなわち，Pacifica判決で示されたような第1修正の保障しか与えられなくなる恐れがあることを指摘する論者も

Ⅶ　サイバースペースに対する表現内容規制立法とその違憲審査基準　　127

現れている[83]。私は，この指摘は重要であると考える。ここにおいてもインターネットの発展（及び，発展可能性）が，既存のメディア特性分析という理論に対して再考を迫っているのである。現在のアメリカ社会は，まだ，連邦最高裁におけるReno判決の勝利の余韻が残っていて，インターネット理論の再構成が活発に行われている状態であるとは必ずしもいえない。しかしながら，連邦議会・州議会では新しい立法に向けての動きを活発化させてきており，サイバースペースにおける表現の自由を守ろうとする側も，理論「再」武装が必要な時期に来ているように思われるのである。

3.3 メディア特性分析への対案

(1) パブリックフォーラム理論のアナロジー

以上のような背景により，アメリカにおいて，メディア特性分析を見直す動きが出てきている。これらの議論は，メディア特性分析に取って代わるものとして主張されているものである。

a パブリックフォーラム理論

パブリックフォーラム理論のアナロジーとは要するに，パブリックフォーラムをめぐって形成されてきた法理をサイバースペースにも拡張して適用できるか，という問題である。この議論は，Reno判決における連邦最高裁の口頭弁論[84]においても取り上げられ，また，それを契機としていくつかの論文において議論されている論点でもある[85]。ここではまず，アメリカにおけるパブリックフォーラムがいかなる意味を有するものであるのか，という所から論を進める。

連邦最高裁は，公的場所における表現の連邦ないしは州による規制を判断するにあたって，3類型の基準を提示してきている。この基準は，Perry Education Association v. Perry Local Educators' Association[86] において，初めて明確に示されたものである。この判決では，表現活動の行われる公的場所を類型的に分類すると，伝統的パブリックフォーラム，指定的パブリックフォーラム，ノンパブリックフォーラムの3つに分けられるとしている。まず，第1の領域である，伝統的パブリックフォーラムとは，表現目的が，道路，歩道，公園のように，伝統的に大衆に対して開かれている場所のことであり，また，政府が大衆に対してアクセスを許し，かつ，それを集会や討論専用にすると決めた場所もこの領域に含まれる。この領域においては，表現活動の全面禁止は許されず，

表現内容規制を行う際には，「その表現内容規制が，やむにやまれぬ政府利益を達成するものであり，かつ，その目的を達成するための必要不可欠の制限であること」を政府が証明しなければならない。また，規制が内容中立規制である場合には，その規制が，合理的な時・場所・方法の規制でなければならない。ここでは，「重要な政府利益を達成するために精密に調整されたものであり，かつ，十分代替的な表現伝達経路を残していること」が必要とされる。第2の領域は，指定的パブリックフォーラムである。政府が表現活動の場所として，大衆の利用に供してきた公的場所がこれにあたる。この領域では，政府がこれらの場所の公的機能を維持し続ける限りにおいて，第1の領域である伝統的パブリックフォーラムで用いられてきた違憲審査基準が適用されることになる。第3の領域は，ノンパブリックフォーラムである。大衆の利用に供しておらず，かつ，その機能が意見の表明と関連性がないとされる公的場所が，これにあたる。ここでは，合理的な時・場所・方法の規制が許されるのに加えて，表現内容が合理的で内容中立的である限りにおいて，その場所の本来の意図された目的のために政府がこれらの場所を保有し，大衆のアクセスを拒否することが許されるのである。

　以上が，アメリカのパブリックフォーラム理論の概要である。次に，このパブリックフォーラム理論がサイバースペースにあてはまるかどうかを見ていくが，ここで留意しておきたいことがある。それは連邦最高裁が，ある場所をパブリックフォーラムであると認めるためには2つの要件が必要であると判示している点である。つまり，①特定の場所が，長い歴史において公的討論の場であったこと，②政府が表現活動のために，その場所を大衆に対して使用させていることである。実は，この2つの要件が，パブリックフォーラムであるかどうかのメルクマールになっているのである[87]。

　b　サイバースペースへの適用可能性

　この2つの要件を厳格に解した場合，少なくとも，サイバースペース全体がパブリックフォーラムであると考えることはできそうにない。まず，1番目の要件から見ていくと，サイバースペースは，それほど長い歴史を有している訳ではなく，その前身となるコンピュータ・ネットワークの時代をカウントしても，たかだか30年ほどの歴史しか有していない[88]。それゆえ，長い歴史において公的討論の場であった，との1番目の要件は，クリアーできないように思わ

Ⅶ　サイバースペースに対する表現内容規制立法とその違憲審査基準　129

れる。そして，2番目の要件は，パブリックフォーラム理論が，本来は公共的場所との関連で論じられてきたことの裏返しでもある。この要件を厳格に適用するならば，たとえ歴史的にインターネットが一政府機関のプロジェクトとして始められたものであっても，現在は，民間企業，インターネットサービスプロバイダ，私立大学等の非政府機関がかなりのウエイトを占めており，また，インターネットのバックボーンさえも民間に移管されていることから私的な性質が強いといわざるをえず，ゆえに，この要件も満たさないと思われる[89]。

これに対し，ある論者達は，会社が所有するカンパニータウンの街路での（エホバの証人の信者による）宗教文書の配付を規制したケースについて，連邦最高裁が，「会社が町を統治しているので，土地の所有者である会社は政府と同じ立場であり，それゆえに，会社は特定の見解の表明を禁止することはできない」とした，Marsh v. Alabama[90] を援用し，公的機能を持つ私人に対しても第1修正が適用されると主張する[91]。彼らはこの判決に依拠して，私人に対してもパブリックフォーラム理論を適用しようとしているのである。実際，私有地であるショッピングセンターについて，パブリックフォーラム理論が適用されたケース[92] もあるのであり，彼らの主張にも首肯しうる点がある。ただ，結論としては後述の理由により，否定的に解されるべきであろう。

また，これと合わせて，政府が私的組織と同一視されるほど，それら組織とのかかわり合いが生じている場合には，当該組織に対しても第1修正が適用されるとした判例が，根拠とされることもある。例えば，州の駐車場施設の中で場所を借りて営業していたレストランが，黒人に対して料理の提供を拒否した，Burton v. Wilminton Parking Authority[93] において，連邦最高裁は，「差別はレストランによって行われたものであるが，州がレストランに便宜を提供していたという点で，州にも関係があるのであり，州が差別行為を促進したとも考えられる」と述べて，ステイトアクションの適用を認めた。この判例を根拠として，私人に対してもパブリックフォーラム理論が適用されるべきだと主張するが，しかし，Burton判決以降，この判例の及ぶ射程は狭められており[94]，その適用は難しいように思われる。

(2)　ビレッジグリーンのアナロジー

次に紹介するのは，インターネットは（自分の）思想を表明し，かつ，その聞き手を納得させるための新しい「ビレッジグリーン（Village Green）」であるとい

う，Klineの主張である[95]。ビレッジグリーン[96]とは，伝統的に，あらゆる表現者が多様な意見を述べることができる街角や公園のような，ユニバーサルアクセスが許された，村の中心にある集会場であるが，インターネットがそのユーザに対してアクセスと表現の強力な機会を与えている点で，伝統的なビレッジグリーンと同視できると主張する。つまり，Klineは，インターネットが持つ双方向性と公開性を考えると既存のメディアの法理を類推適用することはできないとし，メディア特性分析の手法を否定した上で，アナロジーとして用いるのに最も適しているのがビレッジグリーンであるとするのである。ビレッジグリーンは，村人が自分達の関心事について意見を交換するために集まって，相互に意見を述べあう場所として機能してきたのであるが，この点は，サイバースペースと性質が非常に似ているといえる。また，わいせつな表現は，ビレッジグリーンにおいても第1修正の保障を受けず，そのような言論は禁止され，場合によっては起訴されることになるが，下品な表現，不快な表現は憲法上の保護を受けるものである。そのような表現を見たり聞いたりしたくない大人は目を背けたり，場合によってはビレッジグリーンから立ち去るであろうし，子どもにそのような表現を触れさせたくない親は，ビレッジグリーンで子どもを監督するであろう。これと同じことがサイバースペース上においてもあてはまる。子ども達のパソコン操作を監視し，サイバースペース上で入手可能なアダルトコンテンツに対してアクセスをブロックする責任を負っているのも親であるというのである[97]。

このビレッジグリーンのアナロジーは，既存のパブリックフォーラム理論が有しているとされた要件，すなわち，①その特定の場所において，公的討論の場であったという長い歴史が存在すること，②政府が表現活動のために，その場所を大衆に対して使用させていることの2要件を考慮せずに，既存のパブリックフォーラム理論のアナロジーと同じ効果をもたらすことができる点で，興味深い主張である。しかしながら，このビレッジグリーンのアナロジーも，パブリックフォーラム理論のアナロジーと同様に支持できない。その理由は，これらの理論が持つ効果にある。ビレッジグリーンのアナロジーにしてもパブリックフォーラム理論のアナロジーにしても，（理由付けはどうあれ）最終的には，伝統的ないし指定的パブリックフォーラムと同様の効果を生じさせることを狙っている訳であるが，これらのアナロジーには，次の2つの保障効果があるか

らである。まず第1に，公共的場所へのアクセスの保障であり，第2に，（アクセスが認められた場合の）公共的場所における表現内容の保障である。翻って考えてみると，サイバースペースに対して，パブリックフォーラム理論のアナロジーないしビレッジグリーンのアナロジーの適用を主張する論者は，それらの理論が持つ効果の第2の点，すなわち，公共的場所（であると彼らが主張するサイバースペース）における表現内容の保障についてのみ考えを巡らしていたのであって，第1の点である，公共的場所へのアクセスの保障について，何らの回答も用意していないのではないか。サイバースペースに対して，伝統的ないし指定的パブリックフォーラムが与える効果と同じものを与えることになれば，一面においては，サイバースペースにおける表現が厚く保障されることになり，論者はその目的を達することが可能となるが，他面では，アクセスを希望するあらゆる人にアクセスを認めなければならない結果となり，特に，利用料の支払いを含む会員規約の承諾を条件としてアクセスを認めている，商用オンラインサービス，インターネットサービスプロバイダにおいては，不都合な結果が生じることになる[98]。この点を考慮してもやはり，以上のような議論には疑問があると思われるのである。

(3) Tribeの見解及びそれに対する評価

次に，上述のパブリックフォーラム的なアプローチとは全く違う手法を展開している，Tribeの見解をみることにする。Tribeは，今まで連邦最高裁が異なったメディアにおける表現内容規制について，メディア特性分析を適用することでその解決を計ってきたことを批判し，どのような通信手段を用いた表現であっても，同等にそれらを「思想の自由市場」に出した上で，その内容の優劣を判断すべきであると主張する。この，いわゆる「市場分析（marketplace analysis)」の下では，わいせつな表現やチャイルドポルノのように，既に第1修正による保障が及ばないとされている表現を除くすべての表現形態が，その伝達するメディアいかんにかかわらず，第1修正の手厚い保障を受けることになる。つまり，表現内容の合憲性は，いずれの媒体を通して表現されたかではなく，その表現がその性質上合憲であるのか，言い換えるならば，その表現内容があらゆる通信手段において許されるものであるのかどうかによって，判断されるべきであるというのである。

更に，Tribeの考えを敷衍すれば次のようになる。Tribeはまず，Maryland

v. Craig [99] を例に，新しいメディアないし技術が判決にインパクトを与えている点を指摘した上で，「憲法起草者は実にすぐれて賢かったのであり，彼らは我々に対して，実に驚くような条文あるいは枠組みを与えてくれているのであって，これらの憲法原理は，すべての時，すべての技術的問題に対しても適用可能」であるとする一般論を提示する。その上で，この一般論は，第5修正等の刑事手続が問題となる場合にのみ限られるのではなく，電波メディアを初めとする，新しいメディアにおける第1修正の問題等についても適用されるべきだと主張する。このようなスタンスから見れば，Red Lion 判決 [100] で示された電波の稀少性を根拠として（放送の）免許制を正当化するだけではなく，いわゆる公平原則のような形で政府による表現内容規制をも認めるという連邦最高裁の判示は，怪しげなロジックであり，また，Pacifica 判決で問題となったような「下品な」表現内容規制についても，「第1修正に対する十分な感性を考慮せずになされた規制」であると解されるのである [101]。

　現在，メディア特性分析への対案として議論されているもののほとんどが，パブリックフォーラム理論へのアナロジーないしその変形であることを考えると，Tribe の主張は異彩を放つものである。Tribe の主張の要点は，メディアの相違は第1修正の保障の範囲の広狭に影響を及ぼさないということであり，それは丁度，Red Lion 判決において連邦最高裁が，「新しいメディアの特性の相違は，それに適用される第1修正の相違を正当化する」と述べた立場の正反対に位置するものである。

　Tribe の見解を評価する前に，まず，先のメディア特性分析について，次の2点を指摘しておくことにする。第1に，メディア特性分析は，事実上，電波メディアに対して他のメディアとは異なる規制を課すことを正当化する論理として機能してきたが [102]，電波メディアにおいて表現内容規制が問題となる場合であっても，「下品な」放送を規制する場合と，かつてのように公平原則に則って放送内容の規制を行う場合とでは，その規制根拠が異なる点である。すなわち，前者の規制根拠としては，電波メディアの浸透性・普及性と，その結果である子どもによるアクセスの容易さにあり，後者のそれは，電波有限論にある。そして第2に，なぜ Pacifica 判決において裁判所は，昼間の「下品な」放送に対する規制を容認したかといえば，それは電波メディアが他のメディアと比べて浸透性・普及性があり，当該番組を子どもから防ぐ手立てがなかったからであ

Ⅶ　サイバースペースに対する表現内容規制立法とその違憲審査基準　　133

るが[103]，この立場は，あくまでも既存の規制方法である源泉規制の枠組みのみを念頭において，規制を容認したものであると理解することができるという点である。

以上の点を考慮に入れた上で，もし，源泉規制ではなく蛇口規制が「技術上」可能であるとすればどうであろうか。私は，この場合，Pacifica判決の論理，延いては，メディア特性分析の再考が必要になると思う。今後は，蛇口規制も考慮した形での理論構成がなされなければならないのではないだろうか[104]。確かに，現段階では蛇口規制として利用されようとしている（あるいは利用されている）ブロッキングソフトウェア等にはそれぞれ固有の問題[105]があり，現段階では蛇口規制として利用するには好ましくないものであるかもしれないし，論者によっては，憲法上その使用が許されないと主張する者もある[106]。しかしながら，近い将来，技術革新とともに，この蛇口規制用の装置もソフィスティケートされることは間違いないのであって，憲法理論の中にこの蛇口規制のシステムが取り込まれるとすれば，政府の規制が認められる幅は狭められることになり（それに反比例して，送り手の表現の自由は手厚く保障される），結局の所，（第1修正の保障範囲を広く認める）プリントメディアと異ならなくなるものと思われる。このような条件をつけると，Tribeの見解も現実味を帯びたものであるといえるのではないだろうか。

3.4　小括

近年のデジタル化と呼ばれる技術革新は，情報量の増加だけではなく，蛇口規制をも現実のものとしつつある[107]。このデジタル化の波は，（Pacifica判決が前提としていた）地上波等にも及び，メディア特性分析自体が，「法の流れの遺失物として廃棄される」[108]ことになるだろう。このような理解に立てば，Tribe流のスタンスをとった上で，蛇口規制の憲法理論への「編入」を模索する道が，現段階では一番良い選択肢であるように思われる。

4　まとめに代えて

以上，サイバースペースに適用される違憲審査基準とその背後にある理論を中心に見てきたが，これらの動向は次の点で，わが国とは対照的であるといえ

る。まず，第1に，違憲審査基準の点である。アメリカの判決では先に見たように，メディア特性分析やパブリックフォーラム理論のアナロジーを用いた上で，厳格審査基準をサイバースペース上の表現内容規制の判断にあたって適用しているが，わが国では放送と通信の概念が，新しいメディアの出現によって曖昧になっている点をとらえて，「公然性を有する通信」といった概念を新たに創出し，そこに中間的な審査基準を適用しようという議論がなされている[109]。この「公然性を有する通信」概念に対する評価は別にしても，アメリカとは異なった方向に，わが国が進もうとしている点については注意しなければならない[110]。そして，第2に，アメリカでは，サイバースペースに対する表現内容規制立法が一度も効力を生じていない（裁判でその効力が差止められている）のに対して，わが国では，1999年（平成11年）4月から既に，風営法（風俗営業等の規制及び業務の適正化等に関する法律）に「接ぎ木」する形で，規制立法が施行されている点である[111]。今回の改正風営法は，商用サイトに絞って規制を行っている点で，アメリカのCOPAと類似するものであるといえるが，同法がサイバースペースに対して与える影響については，注意深い観察が必要である。

　子どもを保護するといった政府利益の実現や他人の権利の保護を考慮に入れながら，「思想の自由市場」に「出荷」される表現を極大化させるのが憲法学の仕事である。今後は，この見地から，サイバースペースのグランドデザインを考えていく必要があるだろう。

1)「サイバースペース」という用語は，コンピュータサイエンスの小説家William Gibsonによって考案され，初めて用いられたものであるといわれているが，Tribeはこの「サイバースペース」に対して，「無数のユーザ間あるいはユーザとコンピュータ間のリアルタイムないし時間の遅れを伴った双方向的な様々な形態により，通常の電話，ボイスメールや電子メール，画像データ等をやり取りしたり蔵置したりする――物理的な障壁や物理的な空間さえも持たない――場所」という定義を与えている（Laurence H. Tribe, *The Constitution in Cyberspace: Law and Liberty Beyond the Electronic Frontier, Address at the First Conference on Computers, Freedom & Privacy, available at* http://cpsr.org/cpsr/free_speech/tribe_constitution_cyberspace.txt (last visited May 22, 1999)）。
2) 223条(a)では，パソコン等の電気通信装置により，わいせつな (obscene)，あるいは下品な (indecent) 情報を，①故意に，いやがらせ，脅迫の目的で作成し送信した者及び②受信者が18才未満であることを知りながら作成し送信した者（受信者からの要求に応じたときでも処罰の対象となる）を，同条(d)では，インターネット等の双方向コンピュータサービスにより，「その時代の共同体の基準 (contemporary community standard)」にてらし，明らかに不快

Ⅶ　サイバースペースに対する表現内容規制立法とその違憲審査基準　135

な（patently offensive）情報を，①18才未満の者に送信し又は②18才未満の者に入手が可能な方法で表示した者を処罰の対象としている（郵政省郵政研究所編『1996年米国電気通信法の解説——21世紀情報革命への挑戦』〔商事法務研究会・1997年〕65-66頁）。

3) CDAに対する連邦地裁，連邦最高裁の判断を紹介・検討した（邦文の）文献としては，山口いつ子「サイバースペースにおける表現の自由・再論」東京大学社会情報研究所紀要53号（1997年）33頁以下，同「コンピュータ・ネットワーク上の表現の自由」『ジュリスト増刊変革期のメディア』（有斐閣・1997年）163頁以下，渥美東洋「アメリカ合衆国のインターネットへの下品な伝達をする行為を規律する法律を第1，第5修正に違反する，違憲であると判示したフィラデルフィア地方裁判所と控訴裁判所の合同判決について」判タ923号（1997年）76頁以下，松井茂記＝福島力洋「〔資料〕レノ対アメリカ自由人権協会事件合衆国最高裁判所判決」阪法48巻4号（1998年）147頁以下，常本照樹「サイバースペースにおける表現の法的規制と私的コントロール」田村善之編『情報・秩序・ネットワーク』（北海道大学図書刊行会・1999年）255頁以下，浜田良樹「アメリカ通信品位法（CDA）とコンテンツ規制」藤原宏高編『サイバースペースと法規制——ネットワークはどこまで自由か』（日本経済新聞社・1997年）45頁以下，内藤順也「インターネットと表現の自由——インターネットにおけるポルノ的表現を規制するCommunications Decency Act（通信品位法）を違憲とした米国連邦裁判所下級審決定」際商24巻8号（1996年）798頁以下，棚橋元「コンピュータ・ネットワークにおける法律問題と現状での対応策(4)——米国における裁判例・事例の検討」NBL619号（1997年）53頁以下，岡村久道＝近藤剛史『インターネットの法律実務』（新日本法規・1997年）221頁以下，平野晋＝牧野和夫『判例 国際インターネット法——サイバースペースにおける法律常識』（プロスパー企画・1998年）107頁以下，ジョナサン・ローズナー（銀座第一法律事務所訳）『サイバーロー——インターネットの法律』（中央経済社・1999年）145頁以下などがあり，サイバースペース上の表現の自由の問題を原理的に考察した文献としては，高橋和之「インターネットと表現の自由」ジュリ1117号（1997年）26頁以下，同「『インターネット法制』の現況と将来像」ジュリ1150号（1999年）76頁以下，山口いつ子「サイバースペースにおける表現の自由」東京大学社会情報研究所紀要51号（1996年）15頁以下，白田秀彰「情報テクノロジーの発展と法的課題」堀部政男編『情報公開・プライバシーの比較法』（日本評論社・1996年）377頁以下，大沢秀介「インターネットと表現の自由」法教194号（1996年）81頁以下，松井茂記「インターネット上の表現行為と表現の自由」高橋和之ほか編『インターネットと法〔第4版〕』（有斐閣・2010年）15頁以下，立山紘毅「インターネットを見極める——効用と反効用」インターネット弁護士協議会編著＝村井純『インターネット法学案内』（日本評論社・1998年）31頁以下，福島力洋「インターネットと表現の自由」阪法48巻4号（1998年）57頁以下などがあげられる（更に，小倉一志『サイバースペースと表現の自由』〔尚学社・2007年〕96-107頁参照）。

4) これと同時にカリフォルニアでは，American Library Associationを代表とした訴訟も提起されたが，両者はまもなく併合審理されることになった。

5) ACLU v. Reno, 929 F. Supp. 824 (E.D. Pa. 1996).

6) Sloviterは，Sable Communications of California, Inc. v. FCC, 492 U.S. 115 (1989) で問題となった電話とのアナロジーで考えている。この立場は，（Reno判決）連邦最高裁・法廷意見にも引き継がれている考え方である。

7) 929 F. Supp. at 855. これに対して，政府はその準備書面において，インターネットの表現内

容規制の違憲審査にあっては，電波メディアと同じように緩やかな基準が適用されるべきであると主張していた。

8) *Id.* at 853.

9) 223条は，インターネットサービスプロバイダ（(e)(1)），善意の雇用主（(e)(4)）及び未成年者による不快なマテリアルへのアクセスを制限するために，「合理的，効果的，そして適切な措置」を誠実に取った個人（(e)(5)）に対しては（刑事訴追に対する）防御となることを認めている。

10) 929 F. Supp. at 856-857.

11) ただし，FCC v. Pacifica Foundation, 438 U.S. 726 (1978) の本ケースへの適用は明示的に否定している。

12) Denver Area Educational Telecommunication Consortium, Inc. v. FCC, 518 U.S. 727 (1996).

13) Robert Kline, *Freedom of Speech on the Electronic Village Green: Applying the First Amendment Lessons of Cable Television to the Internet,* 6 CORNELL J. L. & PUB. POL'Y 23, 51 (1996).

14) FCC v. Pacifica Foundation, 438 U.S. 726 (1978).

15) Sloviterの判断枠組みは，あくまでも厳格審査基準を用いた上で，その基準を満たさないがゆえに違憲であるとするものであったが，それと同時に，違憲といえるほど漠然としており，また過度広汎であることも認めている（929 F. Supp. at 855）。

16) *Id.* at 872.

17) *Id.* at 877.

18) *Id.* at 881.

19) Shea v. Reno, 930 F. Supp. 916 (S.D.N.Y. 1996), *aff'd,* 521 U.S. 1113 (1997).

20) この決定は，Sheaのもう1つの主張であった，223条は曖昧であるがゆえに無効であるとの主張は明示的に否定している。本決定はこの点について，「この条項によって規制されるマテリアルの定義は非常にありふれたものであり，テレビ，ラジオ，ケーブルテレビ，商用電話サービスの一連の判例においても，曖昧であるとの主張は裁判所において繰り返し否定されてきた」と述べている（930 F. Supp. at 923）。下品なマテリアルについては，FCCによる規則等により定められてきた定義が暗黙のうちにこの223条に盛り込まれたと考えれば問題はない，というのが本決定の立場である（*Id.* at 936）。

21) *Id.* at 948.

22) *Id.* at 941-950.

23) Reno v. ACLU, 521 U.S. 844 (1997).

24) 521 U.S. at 882. アメリカでは民主主義プロセス論を逆手にとって，表現の自由と民主主義プロセスとの結びつきを強調し，公的言論あるいは政治的言論に対して高い価値を見出す一方で，その他の民主主義プロセスと直接かかわりのない言論に対しては，より低い価値しか認められないとする（極端な場合には，その価値を否定する）立場もある。連邦最高裁では，Stevens裁判官がこの立場を支持しており，過去の判決において，Stevensは自分の立場を鮮明にしてきている（例えば，Young v. American Mini Theatres, Inc., 427 U.S. 50, 70-71 (1976)）のであるが，今回，StevensはReno判決において法廷意見を執筆している。それは，なぜか。この点について，KendeはStevensがインターネットという新しいメディアを称賛

したからであると分析するが（Mark S. Kende, *The Supreme Court's Approach to the First Amendment in Cyberspace: Free Speech as Technology's Hand-Maiden*, 14 CONST. COMMENT. 465, 476 (1997)），サイバースペースにおけるアダルトコンテンツ規制がサイバースペースの将来のアーキテクチャを大きく左右する可能性が高く，場合によっては，Stevensが重視する公的言論，政治的言論にまで影響を与えてしまう恐れがあることを懸念した結果であると考えれば，Stevensの（リアルスペース上の問題である）以前の立場と今回の法廷意見を整合的に理解することができるのではないだろうか。

25) Stephen C. Jacques, *Reno v. ACLU: Insulating the Internet, the First Amendment, and the Marketplace of Ideas*, 46 AM. U.L. REV. 1945, 1979 (1997). 政府側はGinsberg v. New York, 390 U.S. 629 (1968), FCC v. Pacifica Foundation, 438 U.S. 726 (1978), City of Renton v. Playtime Theaters, Inc., 475 U.S. 41 (1986) の3つの判決の存在を合憲であることの理由としていた訳であるが，法廷意見は以下のような理由で，それぞれの判決が示した法理が，今回の判決には適用できないとしている。

　①Ginsberg判決との違い　　この判決で争われた，17才以下の未成年者にとってわいせつとされるマテリアルの販売を禁じるニューヨーク州法は，CDAと次の点で異なる。(i)ニューヨーク州法では，親が子どもに対してそのような雑誌を買い与えることが明示的に認められていたが，CDAにはそのようなオプションは存在していないこと，(ii)ニューヨーク州法の適用範囲は商取引に限定されているものの，CDAにはそのような限定がないこと，(iii)ニューヨーク州法では，不快なマテリアルであるためには，未成年者にとって完全に社会的重要性を欠いているものといえなければならないが，CDAには「下品」ないし「明らかに不快」の用語がどのように解釈されなければならないかについての定義が与えられていないこと，(iv)ニューヨーク州法は17才以下の者を未成年者と定義しているが，CDAは18才以下の者を適用範囲としていること（521 U.S. at 865-866）。

　②Pacifica判決との違い　　法廷意見は，ラジオによる下品な放送の規制を承認したPacifica判決と次の点で異なるとしている。(i)Pacifica判決が認めた表現内容規制は，下品な内容が放送で流される限りにおいて課されるものであるのに対して，CDAはそのような内容の送信をあらゆる時あらゆる方法で禁じることになること，(ii)Pacifica判決（のケース）では公式な処罰は科されなかったのであるが，CDAは刑事罰を科すものであること，(iii)電波メディアに対しては長い間，制限された形での保障が与えられてきたのであるが，インターネットにはそのような規制の歴史はなく，また電波メディアに対して規制を正当化してきた電波メディアが持つ性質と類似する性質をインターネットは持っていないこと（*Id.* at 867）。

　③Renton判決との違い　　Renton判決で問題となったゾーニング条例は，成人映画館の2次的な影響に焦点を合わせた時・場所・方法の規制であるが，CDAはより高い違憲審査基準が求められる，全面的な表現内容規制であること（*Id.* at 867-868）。

26) *Id.* at 870.

27) *Id.* at 869-870.

28) *Id.* at 854.

29) *Id.* at 868-869. この規制の歴史が存在する事実をもって，電波メディアの規制を正当化する根拠とすることについては批判がある（例えば，Jonathan D. Wallace, *Extinguishing the CDA Fire: The Supreme Court's Masterful Reno v. ACLU Opinion*, *available at* http://www.spectacle.org/cda/cdanl.html (last visited May 22, 2015)）。

30) Jacques, *supra* note 25, 1978-1984. なお，O'Connor裁判官の一部同意・一部反対意見（Rehnquist首席裁判官が同意）については，小倉・前掲注3）99－100頁参照。

31) 源泉規制，蛇口規制の用語は，浜田・前掲注3）79頁において用いられたものだが，本稿では，源泉規制＝法規制，蛇口規制＝ユーザコントロールの意味で使っている。

32) ただし，わいせつなマテリアルやチャイルドポルノ等については，現行法においても規制可能であることを再確認している。

33) この他にも，ブロッキングソフトウェアに関する2つの法案（Zoe Lofgren下院議員によるInternet Freedom and Children Protection Act (H.R. 774, 105th Cong.), Joseph M. McDade下院議員によるFamily-Friendly Internet Access Act (H.R. 1180, 105th Cong.)）が下院において提出されているが，これらはいずれもインターネットサービスプロバイダがそのユーザに対して，子どもにとって不適切なマテリアルに対するアクセスを制限するために，ブロッキングソフトウェアを配付することを求める法案であった。現在，一部のサービスプロバイダが自発的にユーザに対して配付を行っており，これらの法案については憲法上の問題はないものの，果たして適切な立法であるのかについては議論がある。

34) COPAに触れた（邦文の）文献としては，立山紘毅「インターネットにおける経済的自由権と精神的自由権——アメリカにおける問題状況を契機として」ジュリ1150号（1999年）86頁以下，真嶋理恵子「サイバーポルノ判断の米国連邦最高裁法理の問題点——通信品位法違憲判決後も残る『コミュニティ・スタンダード』」ジュリ1159号（1999年）98頁以下などがある（更に，小倉・前掲注3）111－117頁参照）。

35) ACLU v. Reno, Civ. No. 98-5591 (E.D. Pa. 1998).

36) ただし，本文では，原告側が防御条項の援用の難しさを立証しており，またCOPAに防御条項がなければ，文面上，大人に対して保障されている表現を規制していることは明らかであるので，（請求の）実体についての立証可能性が証明されたと述べているにすぎない。なお，政府側はその準備書面において，COPAの違憲審査にあっては，営利的言論に適用される，より低い違憲審査基準で審査されるべきであると主張していた。

37) 最終的に連邦地裁は2月1日，暫定的差止命令を出すに至ったが，本件においても，その判断にあたって厳格審査基準が用いられている。CDAに対する判断と同様に，立法目的は認められるがその達成手段が問題であるというのが，本決定の立場である（ACLU v. Reno, Civ. No. 98-5591 (E.D. Pa. 1999)）。

38) 内容については紙幅の関係上，省略する。

39) 本文で扱ったものの他にも，①裸体，性的行為を含むマテリアルの送信を禁止したニューメキシコ州法については1998年4月22日に（ACLU v. Johnson, Civ. No. 98-474LH/DJS (D.N.M. 1998)），②サイバースペース上での匿名ないしハンドルネームの使用や商標権を持つサイトへの不正なリンクを張る行為等を禁じたジョージア州法に対しては1997年6月20日に（ACLU of Georgia v. Miler, 977 F. Supp. 1228 (N.D. Ga. 1997)）暫定的差止命令が出されている。

40) 969 F. Supp. 160 (S.D.N.Y. 1997).

41) 同条の適用対象については，（COPAのように）商用サイトに限定されてはおらず，非商用の個人のサイトも適用の対象となる。

42) 原告による第1修正違反の主張に対して決定は，同条が州際通商条項に違反していることが明白であるので，それだけで暫定的差止命令を出すことが可能であり，第1修正について

は判断する必要がないとした。

43）「最悪の場合には，インターネットの発達を完全に阻害してしまう恐れのある，一貫性のない（州による）法律からユーザを保護するために，インターネットは連邦の領域として区別されなければならない」（969 F. Supp. at 169）。

44）995 F. Supp. 634 (E.D. Va. 1998).

45）391 U.S. 563 (1968).

46）513 U.S. 454 (1995).

47）これに対して，1999年2月10日，第4控訴裁判所は，連邦地裁の判断手法を当該表現が「公的関心事（matters of public concern）」にあたる場合にのみ適用されるものであると射程を限定した上で，規制を是認した（Urofsky v. Gilmore, Civ. No. 98-1481 (4th Cir. 1999)）。

48）2 F. Supp. 2d 783 (E.D. Va. 1998).

49）Civ. No. 97-2049-A (E.D. Va. 1998).

50）958 F. 2d 1242 (3rd Cir. 1992).

51）また最近では，ニュースグループの利用を制限する大学規則に対する司法判断も下されている（Loving v. Boren, 956 F. Supp. 953 (W.D. Okla.), *aff'd*, 133 F.3d 771 (10th Cir. 1998)）。University of Oklahomaは，alt.sexのニュースカテゴリーに属するニュースグループを制限することを目的として新しい利用規則を定め，ニュースサーバを新設し，特別の許可を受けていない教員，学生はBサーバ（このサーバは初めからalt.sexのニュースカテゴリーが取り除かれている）を利用することとし，①18才以上であり，かつ，②教育及び研究の目的上，alt.sexのニュースカテゴリーへのアクセスが必要であることを書面で申請した者に対しては，（以前通りの）Aサーバの利用を認めることにした。これに対して，同大学でジャーナリズム論を教えているBill Lovingが，(i)このような規制は検閲の一形態に他ならないこと，(ii)表現に対する事前規制であることを理由に訴訟を提起したが，判決はUniversity of Oklahomaが私立大学である故をもって，「大学がその財産の管理，処分を行う権利を持つのと同様に，この種の利用を制限する権利を持つ」とし，原告の主張を斥けている。私立大学におけるニュースグループの制限は複数の大学で行われているようであり，他にはCarnegie Mellon Universityのケースなどが有名である（Jeffrey E. Faucette, *The Freedom of Speech at the Risk in Cyberspace: Obscenity Doctrine and a Frightened University's Censorship of Sex on the Internet*, 44 DUKE L.J. 1155 (1995)）。

52）メディアに対する第1修正の保障を考える上での理念型が，プリントメディアにあることには異論がないであろう。このプリントメディアを通して行われる表現は，歴史的に，最も手厚い保障がなされてきたのであり，連邦最高裁は，このプリントメディアによるデモクラシーへの効果を最重視していたのである。そのため，プリントメディアにおいては，ごくわずかな例外を除いて，表現内容に対する規制を認めてきていない。

53）Fred H. Cate, *The First Amendment and the National Information Infrastructure*, 30 WAKE FOREST L. REV. 1, 3 (1995). なお，メディア特性分析の起源は，Kovacs v. Cooper, 336 U.S. 77, 97 (1949)のJackson裁判官同意意見に求められるという（929 F. Supp. at 873）。

54）Pacifica判決以前において，わいせつな表現と下品な表現との区別は行われていなかった（JOHN E. NOWAK & RONALD D. ROTUNDA, CONSTITUTIONAL LAW 1196 (5th ed. 1995)）。

55）立法府はわいせつと下品を同義と解しており，ゆえに連邦法は，Millerテストでパスしえなかった内容のみを禁止しているとのPacifica Foundationの主張に対して，連邦最高裁は，法

文が "obscene, indecent, or profane" となっている点を強調し，この 3 つの言葉はそれぞれ別の意味に解されなければならないとした（438 U.S. at 739-740）。

56) *Id.* at 748-749. 更に連邦最高裁は，「雑誌や本に書いてあるダーティワードは，小学 1 年生には理解できない。しかし，テレビやラジオの番組で同じ言葉が使われるのであれば，子どもは容易に理解し，彼らのボキャブラリーの中にそのダーティワードが取り込まれるであろう」とも述べている。

57) 堀部政男「マルチメディア時代の放送の自由・通信の自由」根岸毅＝堀部政男編『放送・通信新時代の制度デザイン――各国の理念と実態』（日本評論社・1994 年）33 頁。

58) 492 U.S. at 127-128.

59) *Id.* at 128. なお，連邦最高裁は，「クレジットカード，アクセスコード若しくはスクランブルなどを用いて，より制限的でない規制によって未成年者を保護することも可能である」とも述べている。連邦議会は判決後，リバースブロッキング（ポルノ電話サービスの利用を文書で申し込んだ者以外には，アクセスを不可能とするシステム）を採用した法改正を行っている。この規定については合憲判断（Information Providers' Coalition for Defense of the First Amendment v. FCC, 928 F.2d 866 (9th Cir. 1991)）が下されている（堀部・前掲注 57）34 頁）。

60) *E.g.,* Cruz v. Ferre, 755 F. d 1415 (11th Cir. 1985), Home Box Office, Inc. v. FCC, 567 F.2d 9 (D.C. Cir. 1977), Community Television of Utah, Inc. v. Wilkinson, 611 F. Supp. 1099 (D. Utah 1985).

61) 512 U.S. 622 (1994).

62) もしケーブルテレビが（地上波の）テレビ放送の番組を再送信しないと，テレビ放送は視聴者を失い，視聴者はテレビ放送の番組を見られなくなるおそれがあると考えて，FCC は，テレビ放送の再送信をケーブルテレビに義務づけたのである（松井茂記「アメリカにおけるケーブル・テレビと表現の自由」桑原昌宏＝名和小太郎編『ニューメディアと放送・通信法』〔総合労働研究所・1993 年〕170－171 頁）。

63) 512 U.S. at 639.

64) この判決については，違憲審査基準が厳格審査基準ではなく，中間的審査基準を採用したことが殊に強調されることがあるが，これは連邦最高裁が，マストキャリー規則を内容中立規制と捉えた上で，中間的審査基準を適用したことによるものである。Turner Broadcasting System, Inc. v. FCC, 520 U.S. 180 (1997) においても，同様の判断手法により合憲とされている。学説の中には，このマストキャリー規則を表現内容規制的に解する（なぜなら，Turner 判決をプリントメディア型の規制と電波メディア型の規制の中間にケーブルテレビの規制が来るものと解しているから）立場もある（大沢・前掲注 3）87－88 頁）。確かに，既存の（1 チャンネルしかない）テレビ，ラジオや（紙面の限られている）新聞のような感覚でマストキャリー規則を捉えるならば，それは確かに表現内容規制と評価されるであろう。しかし，ケーブルテレビ事業者は，現在，1 社で数多くのチャンネルを保有していることを重視すべきである。そうであるならば，「表現内容に向けられていない規制」と認められるための 3 基準，すなわち，①表現内容に中立的であること，②重要な政府利益を促進すること，③そのような利益達成に必要な限度に限られていること，代替的な表現媒体が十分残されていることの 3 つもクリアーできるように思われるのである。本稿では，Jacques のように，マストキャリー規則を内容中立規制と捉える立場に立っておきたいと思う（Jacques, *supra* note 25, at

1963)。NowakとRotundaも同様に理解している（NOWAK & ROTUNDA, *supra* note 54, at 1037-1038）。

65) 518 U.S. 727 (1996).

66) 有料の貸しチャンネルのことである（菅谷実『アメリカのメディア産業政策――通信と放送の融合』〔中央経済社・1997年〕83頁）。

67) このチャンネルは，ケーブルテレビ事業者が無料で提供するスタジオで制作された，市民の自主番組を放送する専用チャンネルである。チャンネルでの放送と一定時間のスタジオの使用は無料であるが，その他の番組製作費は情報提供者の負担となる（菅谷・前掲注66）82頁）。

68) Kendeはこの判断手法を "wait and see" approachとも呼んでいる（Kende, *supra* note 24, at 466）。

69) 518 U.S. at 743. このBreyerの判断手法については，基準が曖昧であるがゆえに，判断が場当たり的になるのではないかとの懸念も出されている。Kendeによれば，これは「Redup時代」への回帰であるという。このRedup v. New York, 386 U.S. 767 (1967) において連邦最高裁は，わいせつであるかどうかを判断する場合，わいせつの基準を定める必要はなく，(Stewart裁判官がJacobellis v. Ohio, 378 U.S. 184, 197 (1964) における同意意見で提示したような)「見ればわかる（I know it when I see it）」式で裁判官の主観により判断すれば十分であると判示したのであるが，Breyerの判断手法と「Redup時代」の判断手法は，不気味なほど似ているとKendeは指摘している（Kende, *Id.* at 469-470）。また，Thomas裁判官はメディア特性分析を支持する立場から，Breyerの相対多数意見を批判している（518 U.S. at 812-819）。

70) Kende, *Id.* at 467-468.

71) リーストアクセスチャンネルをコモンキャリアと捉えると，ケーブルテレビ事業者は，「他人の表現を伝達するだけであって，自らは表現活動を営まない」ものとされるので，この点に関して，ケーブルテレビ事業者において第1修正が問題となることはないと思われる。

72) Kennedyは，リーストアクセスチャンネルをコモンキャリアと捉えた後で，更に，「コモンキャリアは，パブリックフォーラムと機能的に同等である」と述べることによって（518 U.S. at 800），コモンキャリアにおける表現内容規制についても厳格審査基準が適用されるとする。しかしながら，コモンキャリアと捉えるならば，前掲注71）のような結論が導かれるのが普通であるように思われる。

73) 505 U.S. 672 (1992).

74) また，Kennedyは，パブリックフォーラムと認められる場所は，私人が所有権等の権利を持つ場所であっても構わないとしている（518 U.S. at 791-792）。

75) Kline, *supra* note 13, at 56-57. Kennedyのこのような立場に立って，インターネットの構造，公的アクセス及び，参加の程度を考慮すると，インターネットがパブリックフォーラムと認められるための要件を満たしているはずであったが，Kennedyは，インターネットに対してパブリックフォーラム理論を適用しなかった。その理由は定かではないが，①パブリックフォーラム理論を用いてもメディア特性分析を用いても，適用される違憲審査基準は厳格審査基準であり，結論に違いは生じなかったこと，②ケーブルテレビにおける内容中立規制が問題となったTurner判決における法廷意見をKennedyは書いており，そのTurner判決との整合性を考えて，パブリックフォーラム理論をとらなかった等の理由が考えられるのでは

ないだろうか。

76) 不思議なのは，Denver判決の翌年には，ケーブルテレビにおける内容中立規制が問題とな
ったケースにおいて，1994年のTurner判決を再確認する判決が出されており（Turner
Broadcasting System, Inc. v. FCC, 520 U.S. 180 (1997)），Reno判決においてもメディア特性
分析の手法がとられているという点である。このDenver判決とReno判決を整合的に理解
しようとの試みがKendeにより行われている。Kendeによれば，Denver判決とReno判決を
調和的に理解するには，3つの道があるという。まず第1の道は，Denver判決とReno判決
の間に，裁判官達が地裁判決におけるインターネットの運用やその社会的価値についての詳
細な事実認定を見て，自分達の意見を変えてしまった，と理解する立場である。この立場が，
一番可能性が高いように思われるが，Reno判決のどこにもDenver判決が誤りであった，と
の記述はないのではっきりしない。第2の道は，判決の事案が違うと理解する立場である。
Denver判決（10条(a)）では，非常に強い制約を受けてきたケーブルテレビ事業者に対して
その規制を緩めて，（表現の自由の一部をなす）番組の編集権を再付与する法律の合憲性が争
われた訳であるが，これに対してReno判決では，インターネットの表現内容規制が問題とな
ったからである。そして第3の道は，インターネットの素晴らしさを連邦最高裁が認め，イ
ンターネットを特別扱いした，というものである。表現の自由を守るために，プリントメデ
ィアのようなメディアに対する規制を限定した，以前の連邦最高裁判決（例えば，Miami
Herald Publishing Co. v. Tornillo, 418 U.S. 241 (1974)）とは違って，Reno判決において，連
邦最高裁はインターネットというメディアを守るために，表現の自由の原理を用いたとする
ものである（Kende, *supra* note 24, at 474-476）。Kendeが主張している根拠は，いずれも決
定打を欠くものであるように思われる。この点については，もう少し判例の蓄積を待つ必要
があるだろう。

77) Jacques, *supra* note 25, at 1963.

78) Note, *The Message in the Medium: The First Amendment on the Information Superhigh-
way*, 107 HARV. L. REV. 1062 (1994).

79) その根拠の1つとして論者は，アナロジーを行う際の基準の曖昧さを指摘しており，その
例として，Telecommunications Research & Action Center v. FCC, 801 F.2d 501 (D.C. Cir.
1986), *cert. denied*, 482 U.S. 919 (1987) の判決を挙げている。この判決は，テレテキストを
（放送用の周波数帯を使っているという技術的見地から）放送とのアナロジーで考えること
が可能であるとした上で，電波メディアに対して憲法上許されている規制はテレテキストに
も適用されると判示したものであるが，論者によると，テレテキストは印刷物の代わりに，
テレビの画面に文字が映し出されているという点を除けば，プリントメディアが果たしてい
る役割とその機能は同じであると考えられるのであって，このような（判決と論者の主張の）
相違を生じさせる原因は，アナロジーを行う際の基準が曖昧であるからに他ならないと見て
いるのである（Note, *Id.* at 1063）。

80) また，（電波メディアにおいて認められてきた規制を批判した上で）インターネット等の新
しいメディアによる通信技術の一極化が，①電波メディア型の規制の放棄と，②伝統的な第
1修正の実現を促進するための触媒となるものであることを指摘するものとして，Thomas
G. Krattenmaker & L. A. Powe, Jr., *Converging First Amendment Principles for Converg-
ing Communication Media*, 104 YALE L.J. 1719, 1720 (1995) がある。

81) この「思想の自由市場」は，John MiltonのAreopagitica (1644) にまで遡ることができる考

え方であり，その後，John Locke や John Stuart Mill らによって発展させられた（Stanley Inger, *The Marketplace of Ideas: A Legitimizing Myth*, 1984 DUKE L. J. 1, 35-37 (1984)）。

82）山口・前掲注3）「サイバースペースにおける表現の自由・再論」39–41頁。

83）山口・前掲注3）「コンピュータ・ネットワーク上の表現の自由」164–165頁。更に，メディア特性分析の判定基準（メディアの稀少性，家庭への浸透性，子どものアクセスの容易さ）についても，再検討がなされなければならないだろう。なぜなら，これらの基準はあくまでも，電波メディアを中心とするメディアを判断する際に形成されてきた基準であるというだけであり，（仮に，今までこの基準が妥当していたとしても）将来の新しいメディアが，この基準で正しく判定可能であるという保障は全くないからである。例えば Kline も，インターネットが今までのメディアと異なる点として，①双方向性をもつこと，②非常に開かれたメディアであることをあげ，既存の判断基準は適用できないと主張している。

84）ここで，O'Connor と Kennedy が，パブリックフォーラム理論の適用可能性について，政府側代理人である Seth P. Waxman に問いかけている。

85）州レベルの判決では，インターネット（特に，大学のサーバ）が指定的パブリックフォーラムにあたるとして，厳格審査基準を適用したケースもあるようである。1997年2月，California State University, Northridge の学生であった原告 Chris Landers が，Cathie Wright上院議員を批判するサイトを一方的に，通告もなく大学側によって削除されたケース（Landers v. Trustees of California State University System）において，Los Angeles Superior Court は州立大学の行為を厳格審査基準により判断し（判決では，サーバが州のものであり，教員や学生の利用に供している点を重視している），大学の利用規則を，やむにやまれぬ州の利益を達成するために精密に調整されたものではないがゆえに違憲であるとした上で，暫定的差止命令を出している（Mary Minow, *Filters and the Public Library: A Legal and Policy Analysis, available at* http://www.firstmonday.dk/issues/issue2_12/minow/index.html (last visited May 22, 1999)）。

86）460 U.S. 37 (1983).

87）パブリックフォーラムとパブリックスペースを概念上区別して，パブリックスペースとは「大衆が比較的自由に出入りでき，相互作用を及ぼすことのできる空間」であり，パブリックスペースがパブリックフォーラムとなるためには，パブリックスペースが伝統的に表現活動に対して開かれていることが必要だとする立場もある（Note, *supra* note 78, at 1094）。

88）白田・前掲注3）423–425頁。

89）アメリカでは，市立のBBSが設置されている自治体もある。例えば，サンタモニカ市では，Santa Monica Public Electronic Network と呼ばれるBBSが設置されており，そのBBSのフォーラムの内容は，宗教や性の問題から菜食主義者の食事に至るまで，多種多様である。また，BBSのユーザは，市の職員や議員に対して質問状を送信することも可能であり，その回答は即日になされるという。このBBSへのアクセスは誰にでも認められており，BBSの設置者であるサンタモニカ市は，ユーザの発言内容に対して規制をかけることはしていないようである（Michael L. Taviss, *Dueling Forums: The Public Forum Doctrine's Failure to Protect the Electronic Forum*, 60 U. CIN. L. REV. 757, 763 (1992)）。このようなBBSであれば，2番目の要件は満たしているといえるであろう。しかしながら，このようなBBSにおいても，1番目の要件はクリアーできないように思われるので，既存のメルクマールで判断することを前提とすれば，パブリックフォーラムであると認めることは難しいように思われる。ただ，アメ

144

リカにおいては,「サイバースペースが,その誕生の時からパブリックフォーラムたる性質を有していたこと」を根拠として,これらの要件を緩めようとする立場も見受けられるのであり（例えば,Anne Wells Branscomb, *Anonymity, Autonomy, and Accountability*, 104 YALE L.J. 1639, 1650 (1995)),このような立場に立った場合には,違った判断がなされるであろう。

90) 326 U.S. 501 (1946).

91) Edward J. Naughton, *Is Cyberspace A Public Forum? Computer Bulletin Boards, Free Speech, and State Action*, 81 GEO. L.J. 409 (1992).

92) 例えば,Prune-Yard Shopping Center v. Robins, 447 U.S. 74, 87 (1980) において連邦最高裁は,ショッピングセンターの性質に着目し,そこは個人的な使用に限られた場所ではなく,大衆に開かれた場所であると認定している。

93) 365 U.S. 715 (1961).

94) Burton判決以降においては,州とその問題となっている私人の行為とのかかわり合いが,直接的かつ浸透的でなければならないとしている。その例としては,州から免許を得て営業していた私人が経営する酒場における人種差別が問題となったケース（Moose Lodge No. 107 v. Irvis, 407 U.S. 163 (1972)) や放送局が反戦を主張したCMスポットの放送をその内容のゆえに拒否したケース（Columbia Broadcasting System v. Democratic National Committee, 412 U.S. 92 (1973)) 等があげられるが,ここでは,連邦・州の免許を得ているとか,規制に服しているというだけで,私人の行為がステイトアクションになるとは認められないとされているのである。

95) Kline, *supra* note 13, at 58-60. なお,Klineの主張は,ペンシルベニア東部地区連邦地裁決定における,Dalzellの個別意見をヒントにしているようである。

96)「イギリスの村の中心にある草地の共有地」を指す（Longman Dictionary of Contemporary English, 2013 (3th ed. 1995))。

97) このビレッジグリーンと見立てたサイバースペース上の表現内容規制については,厳格審査基準で判断されることになるが,これに加えて,内容中立規制,すなわち,時・場所・方法の規制も許されるとしている。

98) しかしながら,最近,情報アクセスと情報発信の手段を確保することはサイバースペースの基本的人権ともいうべきものであり,単に,ユーザとインターネットサービスプロバイダないし商用オンラインサービスとの契約関係であると割り切ることはできないとの指摘もされ始めている点には,留意する必要がある（町村泰貴「インターネット上の紛争とその解決」法時69巻7号〔1997年〕18頁)。

99) 497 U.S. 836 (1990).

100) Red Lion Broadcasting Co. v. FCC, 395 U.S. 367 (1969).

101) Tribe, *supra* note 1. また,Tribeは,「憲法規範は,単なる技術変革で変更されるべきものではない」と述べてから,憲法は,「技術特性を重視せずに」解釈されなければならないということを担保するために,「言論,出版,請願及び集会に対する憲法上の保障,不合理な捜索,逮捕,法のデュープロセスによらない生命,自由,財産の剥奪に対する憲法上の保障は,その情報内容が作られ,蓄えられ,変更され,送信され,管理される技術的手段にかかわらず,最大限保障されるものと解釈されなければならない」という新しい修正条項をも提案している（また同時に,もしこのような修正条項が受け容れられない場合には,解釈によって同様の効果を導き出すべきであるとしている)。

102) Krattenmaker & Powe, *supra* note 80, at 1740.

103) この点は，Pacifica判決でPowell裁判官が強調している所である。「放送時間の大部分は大人だけではなく，（親の監視を受けていない）子どもも受け手になる可能性があるが，送り手は子どもに聞かせずに，聞きたがっている大人にだけ聞かせることはできない」（438 U.S. at 758-759）。

104) このような主張を意識的に行う論者はまだ現れていないが，例えば，Dobeusは，電話に対して，より手厚い第1修正の保障が与えられる大きな理由として，ユーザコントロールの手段が存在することを挙げており（James V. Dobeus, *Rating Internet Content and the Spectre of Government Regulation*, 16 J. MARSHALL J. COMPUTER & INFO. L. 625, 640-642 (1998)），また別の論者は，ケーブルテレビに手厚い保障が及ぶ理由として，LockboxやParental Keyによるユーザコントロールを可能にする技術の存在を指摘している（Note, *supra* note 78, at 1079-1080）。

105) ブロッキングソフトウェアについては，①キーワードブロッキングは，問題となる言葉のチェックが文脈を考慮せずに機械的に行われるために，本来ブロックされるはずのないページまでブロックされるケースがあること，②サイトブロッキングについては，人手によってチェックが行われるために，すべてのページをチェックすることができないこと，③ブロックする基準が業者によって異なり，更に，これらの判定は一民間企業にすぎない各社が「一方的に」行っていること，④問題のないページがブロックされた場合，サイトの作者が法的に争うことが難しいこと（私人間の争いになるから）が，その問題点として指摘されている。これに対して，レイティングに対してもLessigにより，国家レベルで（特に，Lessigは情報規制に熱心な中国，シンガポールにおいて，国家による検閲の代用品として用いられることを危惧している），会社レベルで，あるいは，公立図書館や学校レベルで「悪用」される恐れがあることを挙げて，レイティングも問題であると指摘しているが（Lawrence Lessig, *The CDA was bad — but PICS may be worse, available at* http://www.wired.com/wired/5.07/cyber_rights. html (visited May 22, 1999), Lawrence Lessig, *Law of the Horse, available at* http://stlr.stanford.edu/STLR/Working_Papers/97_Lessig_1/index.html (visited May 22, 1999)），私自身としては，運用次第でLessigが挙げているような問題は防げるのではないかと考えている（レイティングは，あくまでも未成年者の保護と見たくない者の保護のためにだけ利用されるべきであり，このような利用に限定されるようなシステムの構築は可能であろう）。なお，レイティングについては，White Houseも支持を表明している。

106) ブロッキングソフトウェアに対して批判的なスタンスを取る論者の代表格としては，Lessigがあげられるが，この他にも，CDAを争ったACLU（のスタッフ）等も，これらのソフトウェアによるブロッキングには批判的なスタンスをとっている（ACLUの主張については，*Censorship in a Box: Why Blocking Software is Wrong for Public Libraries, available at* http://www.aclu.org /issues/cyber/box.html (visited May 22, 1999) を参照のこと。ただし，一連の裁判でACLUとコンビを組んだElectric Frontier Foundation等とは，評価にかなりの温度差がある点については注意されたい）。一方，彼らと対照的なスタンスをとる代表格としては，Volokhがあげられる（Eugene Volokh, *Freedom of Speech in Cyberspace from the Listener's Perspective: Private Speech Restrictions, Libel, State Action, Harassment, and Sex, available at* http://www2.law.ucla.edu/volokh/listener.htm (visited May 22, 2015)）。

107) 例えば，CSデジタル放送では，Parental Lock（チューナーに暗証番号を入力しないと視聴

できないようにする装置）等の技術により，蛇口規制を行うことが可能となった結果として，地上波では認められないはずの「下品な」番組の放送を主たる目的とした業者に対しても，郵政省は委託放送事業者の認定を行ってきている（服部孝章「Vチップと表現の自由」法時70巻11号〔1998年〕35頁）。

108）LAURENCE H. TRIBE, AMERICAN CONSTITUTIONAL LAW 67-68 (1979 Supplement).

109）堀部政男「わいせつ画像の発信とインターネット規制」法教187号（1996年）105頁。21世紀に向けた通信・放送の融合に関する懇談会「情報環境の変化と通信・放送の融合　背景と論点 —— 社会経済の構造変化と情報通信産業の展望」（http://www.mpt.go.jp:80/policyreports/japanese/group/tsusin/kankyou/index.html (last visited May 22, 1999)）.

110）立山・前掲注3）36頁以下，牧野二郎「『公然たる通信』概念とその効用に対する批判」（http://www.asahi-net.or.jp/~VR5J-MKN/tuusingainen.htm (last visited May 22, 2015)）.

111）山口いつ子「風営法改正と青少年保護——インターネット上の表現に対する規制を中心として」法時70巻11号（1998年）41頁以下。

Ⅷ　政治過程におけるインターネットの利用
——わが国の過去・現在・近未来——

1　はじめに

　わが国において初めて，民間企業であるインターネットイニシアチブ（IIJ）がインターネット接続サービスを開始（1993年（平成5年）11月）してから，20年が経過しようとしている。2003年（平成15年）までの前半の10年間は，前年比10パーセント以上のインターネット利用者数の伸びが見られ，加速度的に普及していったことから，この時期をわが国における（インターネット普及の）「成長期」と呼ぶことができる。これに対して，後半の10年間は，前年比一桁台へと（利用者数の伸びは）鈍化したが，ブロードバンドへの移行が進み[1]，2011年（平成23年）末現在の利用者数は9610万人・人口普及率は79.1%に達している[2]。また，インターネットに接続できる情報通信機器も多様化しており，（従来からの）パソコンに加えて，携帯電話・スマートフォン・タブレット型端末・家庭用ゲーム機・テレビなどによるアクセスも可能となっていることから，現在をわが国における（インターネット普及の）「成熟期」と呼ぶことができる。

　本稿は，政治過程におけるインターネット（ないしICT[3]）の利用につき，わが国の過去・現在の状況分析を通じて，近未来の（あるべき姿の）示唆を得ようとするものである。改めて指摘するまでもなく，インターネットは，「様々な情報を誰もが低コストで送受信できる」という特質を持つメディアであり，そこでの情報は送り手・受け手の「双方向」となるとともに，「効率的・効果的」な伝達が可能となっている[4]。そのため，インターネット（ないしICT）を政治過程に用いた場合には，選挙運動（ないし政治活動）の活性化・有権者の政治的関心の向上・投票率の向上に役立つとともに，選挙に関わる様々なコストの低減も可能となることから，その活用が叫ばれてきた。

この点につき，諸外国に目を転じると，アメリカでは，1992 年大統領予備選挙[5] においてインターネットを利用する候補者が現れ，1996 年大統領選挙・連邦議会（上院・下院）議員選挙以降においては，主要な選挙運動の手段（の 1 つ）として認識されるに至っている[6,7]（アメリカ以外の先進国においても，時期は若干遅れたものの，選挙運動の手段として定着している）。また，1990 年代からカリフォルニア州（の一部）などで直接記録（DRE; Direct Recording Electronic）式電子投票機の使用により，第 1 段階の電子投票が実施されており[8]，2000 年のアリゾナ州民主党大統領予備選挙では，パソコンを用いたインターネット投票である，第 3 段階の電子投票が実施された[9,10]（アメリカ以外の先進国においても，第 1 段階の電子投票を採用する国が見られる[11]。第 3 段階の電子投票を採用している国は，現在の所，エストニアだけである[12]）。

なお，政治過程におけるインターネット（ないし ICT）の利用と言った場合には，今挙げた，選挙運動の場面・電子投票の場面に限られず，インターネットを用いた（クレジットカード決裁による）小口の政治献金[13]・異なる選挙区に住む有権者同士が，投票方向（投票先）を約束し合うことによって票をやり取りする「ボート・トレーディング（vote-trading）」ないし「ボート・ペアリング（vote-pairing）」[14] なども検討対象となりうる[15] が，本稿では前二者に限定することにしたい。

2 選挙運動

2.1 自治省（現・総務省）の立場

わが国において，選挙運動（ないし政治活動）の場面でインターネット利用の動きが見られたのは，1995 年（平成 7 年）頃のことである。同年の第 13 回北海道知事選挙（4 月 9 日）・第 17 回参議院議員通常選挙（7 月 23 日）において，候補者・政党が選挙運動に利用しようとしたことが当時の新聞記事から確認できる[16]。特に，政党のウェブサイト（ホームページ）では，党首や党の政策の紹介・活動報告のみならず，公認候補者の写真・プロフィール，政党の選挙ポスターや党首の遊説の様子などを積極的に掲載する所も現れた。

これに対して，当時の自治省（行政局選挙部選挙課）は，「インターネットを含め，パソコン通信でのポスターの掲示や投票依頼は違法」である[17]，「選挙期間中

に情報を不特定多数の人に流すのは，決められた文書しか使えないと定めた公職選挙法に違反する疑いがある」[18] などとして，利用の自粛を求めるとともに，新党さきがけにより提出された質問状（回答願）に対する回答の形で見解を示した（1996年（平成8年）10月28日）[19, 20]。

　この質問状の内容は，(1)公職選挙法 142条・143条などによる文書図画の頒布・掲示の制限が「金のかからない選挙の実現」を目的としたものであり，「極めて低廉な費用で開設・維持できる」インターネットのウェブサイトも当該規定に該当するとすれば，憲法 21条に違反すること，(2)インターネットのウェブサイトは，電子的データとして「サーバー上に保持されるものであり，通常の『文書図画』とは異な」ること，(3)通常のビラ・ポスターの場合と異なり，相手方からアクセスして利用するものであり，候補者が積極的に頒布・掲示をするものではないことを指摘するとともに，①規制の合憲性，②文書図画の解釈，③頒布・掲示の解釈，④(候補者・政党によるウェブサイトが)選挙運動に該当する一般的事例などを尋ねるものであった。

　これらの点につき，自治省は次のように回答している。まず，①については，「公職選挙法 142条の合憲性については，昭和39年11月18日最高裁判所判決[21] 等により，同法143条の合憲性については，昭和30年4月6日最高裁判所判決[22] 等により，それぞれ確認されて」いると（のみ）答えている（文書図画の頒布・掲示の規制目的などについて答えることはなかった）。②については，「公職選挙法の『文書図画』とは，文字若しくはこれに代わるべき符合又は象形を用いて物体の上に多少永続的に記載された意識の表示をいい，スライド，映画，ネオンサイン等もすべて含まれ」ることから，「パソコンのディスプレーに表示された文字等」も該当する。③については，「公職選挙法の『頒布』とは，不特定又は多数人に文書図画を配布すること」（「文書図画を置き，自由に持ち帰らせることを期待するような相手方の行為を伴う方法による場合」も同様に解される），「『掲示』とは，文書図画を一定の場所に掲げ，人に見えるようにすること」を言うことから，「パソコンのディスプレーに表示された文字等を一定の場所に掲げ，人に見えるようにすることは『掲示』に，不特定又は多数の」「利用を期待してインターネットのホームページを開設することは『頒布』に」該当する。そして，④については，「明確な投票依頼の文言がある場合はもちろん，選挙に立候補する旨，選挙区，選挙の公約等特定の選挙と結びつく記述をした場合においては，選挙運動

と認定されるおそれが強」く，また，「選挙と結びつく記述がない場合においても，選挙期間中に新たに候補者の氏名を表示する場合には，公職選挙法146条又は201条の13」の規制を受けるとした[23]。

以上のように，自治省の回答は，質問状で指摘された公職選挙法の規制目的・インターネットの特質を全く考慮することなく，(従来からの) リアルスペースの場合と同様にインターネットの場合も対処しようとするものであった[24]。そのため，(国政選挙・地方選挙を問わず) すべての選挙において，選挙期日の公示・告示に伴う「ウェブサイトの一時閉鎖」「内容の差し替え」「更新の停止」などの自主規制が常態化することになった[25]。

なお，判例 (東京高判平成17年12月22日・最決平成19年2月16日[26]) も，自治省の回答と同様の思考様式をとっている。

2.2 総務省での検討

インターネットによる選挙運動を事実上不可能にする自治省の回答は，様々な方面から批判を浴びることになったが，(その後の) 総務省でも「IT時代の選挙運動に関する研究会」(蒲島郁夫座長) において，「インターネットを用いた選挙運動の可能性と問題点及び公職選挙法に規定される選挙運動手段」の見直すべき点の調査・研究が行われていた。

同研究会の報告書 (2002年(平成14年) 8月7日)[27] は，「開かれたネットワークの下で，時間的にも地理的にも制約がなく，比較的安価に情報を発信・受信し得る」特質を持つインターネットの選挙運動での利用を認めることにより「候補者情報の充実，政治参加の促進，有権者と候補者の直接対話の実現，金のかからない選挙の実現」などの効果が期待できる[28] として，公選法改正に向けた提言を行っている (これに対して，リアルスペースにおける規制は従来どおりとする)。具体的には，①ウェブサイトによる選挙運動についてのみ認めること (迷惑メール・なりすまし，更には，(メールアドレスの購入・大量発信により) 金のかかる選挙につながりやすいなどの弊害のため，電子メールについては認めない)，②すべての選挙について認めるとともに，(リアルスペースにおける枚数制限のような) 量的制限は設けないこと，③候補者・政党のみならず第三者にも認めること，④第三者による書き込みを可能にする仕組みを導入すること (誹謗中傷などの書き込みへの対応はウェブサイトの開設者が行う)，⑤候補者・出納責任者と意思を通じて支出

されたウェブサイトの経費は選挙費用に算入すること，⑥（誹謗中傷・なりすましの対策として）ウェブサイトの開設者に（氏名・住所ではなく[29]）メールアドレスの表示を義務づけること，⑦選挙管理委員会は候補者・政党ウェブサイトのURLの周知を図り（なりすましを防止するとともに）有権者の便宜を計ることなどが示されていた[30]。

　これらの提言は，インターネットの利用解禁を主張する側から一定の評価を受けたが，大沢秀介教授からは，①の点につき，電話とメールの技術的性質の相違が無くなりつつあると考えられ，（報告書にあるように，その相違が残存しているとしても）「有権者と候補者の意思疎通や候補者情報の充実などを期待するのであれば，メールを選挙運動手段として認めない理由は乏しい」こと，⑤の点につき，「選挙運動を野放しにした場合の弊害として予想される財力による選挙のゆがみを抑え，選挙の公正を実現する規制理由が，安易に開設・維持できるホームページにまで及ぶかはかなり疑問である」こと[31]が指摘され，報告書の提言以上の利用解禁が志向されていたと言える。しかし，この報告書の提言によって，公選法改正に向けた気運が高まったとは言えず，学説からの指摘も，活かされる機会を失ってしまったように思われる。

2.3　政党・国会の動き

(1)　自公政権時代

　次に，政党・国会におけるインターネットの利用解禁に向けた動きにつき，(a)自公政権時代・(b)民主党政権時代，そして(c)再度の自公政権時代（現在）の3つに時期を区分して見ることにする。民主党は，この問題について，従来より最も熱心に取り組んできており，第142回国会に「公職選挙法の一部を改正する法律案」（衆法43：1998年（平成10年）6月17日）[32]を提出して以降，第151回国会（衆法25号：2001年（平成13年）5月18日）[33]，第159回国会（衆法32号：2004年（平成16年）4月13日）[34]，第164回国会（衆法40号：2006年（平成18年）6月13日）[35]において同様の改正案を提出していた。また，マニフェスト（政権公約）においても，第20回参議院議員通常選挙（2004年（平成16年）7月11日）に際して，「ホームページや電子メールを利用したインターネット選挙運動の解禁」を盛り込み[36]，第44回衆議院議員総選挙（2005年（平成17年）9月11日）では「ケータイ，ブログなどを利用した」選挙運動も解禁する[37]としていた[38]。

これに対して，自民党では，誹謗中傷・なりすましの問題以上に，「IT選挙の解禁が無党派層の政治参加を促すことから民主党に有利との見方があり」[39]，否定的な意見が国会議員の多数を占めていたが，「インターネットを利用した選挙運動に関するワーキンググループ」(世耕弘成座長)の最終報告案(2006年(平成18年)5月30日[40]：この「最終報告案」は，自民党選挙制度調査会(鳩山邦夫会長)の公選法改正案要綱(2010年(平成22年)4月14日)・公選法改正案([第174回国会]衆法18号：4月28日)[41]として結実した)をきっかけに肯定的な意見が増え始めたことから，第21回参議院議員通常選挙(2007年(平成19年)7月29日)に合わせてインターネットの利用が解禁されるのではないかとの憶測も流れた[42]。しかし，安倍晋三首相が，その他の政治課題(政治資金規正法改正・マニフェストの配布拡大など)を優先する方針をとったため[43]，先送りとなってしまった。

(2) 民主党政権時代

民主党は，従来から公選法改正案の提出やマニフェストへの記載により，インターネットの利用解禁に向けた動きを見せていたことに加えて，第45回衆議院議員総選挙(2009年(平成21年)8月30日)のマニフェストにおいても，「誹謗中傷の抑制策，『なりすまし』への罰則などを講じつつ，インターネット選挙活動を解禁する」と掲げていた(唯一の政党であった)ことから，総選挙における大勝により，インターネットの利用解禁が早期に実現するかに思われた。

民主党は，政権交代後の早い段階から，公選法改正のための作業に着手し，選挙期間中のウェブサイト・ブログの更新(選挙の当日も閲覧可能とする)，(事前に登録もしくは同意した)有権者への電子メールの送信・ツイッターへの投稿を解禁するとともに，メールアドレスの表示を義務づけることなどを内容とする公選法改正案の素案を「インターネット選挙運動解禁研究会」(田嶋要会長)でまとめた(2010年(平成22年)4月15日)上で，与野党協議を開始した(4月16日)。そこでは，各党間で意見の一致が見られる部分を優先して第22回参議院議員通常選挙(7月11日)から解禁するとの共通認識に立って，候補者・政党によるウェブサイト・ブログに対象を限定する[44]ことで最終合意に至った(5月26日)[45]。その後は，衆議院もしくは参議院の「政治倫理の確立及び公職選挙法改正(選挙制度)に関する特別委員会」の委員長提案として提出され，短期間のうちに全会一致で成立する手筈となっていたが，鳩山由紀夫首相退陣のあおりを受け，再度の先送りとなってしまった[46,47]。

VIII 政治過程におけるインターネットの利用 153

また，菅直人首相に交代した後も，野党に対して協議の呼びかけが行われた[48]が，政局の混乱が続いたこともあり，みんなの党が「公職の選挙におけるインターネットの活用の促進を図るための公職選挙法の一部を改正する等の法律案」（〔第180回国会〕参法24号：2012年（平成24年）6月15日）[49]を提出したことを除けば[50]，目立った進展は見られなかった。

　ただし，この時期（特に，与野党協議における最終合意〔2010年（平成22年）5月26日〕以降）には，候補者・政党が「政治活動」の一環と強弁し，いわば「なし崩し」的にウェブサイト・ブログの更新，メールマガジンの発行などを行う（これに対して，総務省は黙認する）傾向が強まり，事実上の解禁が進んだ。そのため，公選法が改正されないことに対する影響はそれほど大きくないとの意見もあった[51]が，特定の選挙において候補者名・政党名を挙げたり，具体的な投票要請を行ったりすることは，従来通り「選挙運動」として規制の対象となっていた[52]ことから，公選法改正の意義は依然として失われていなかったと言える。

　(3)　再度の自公政権時代（現在）

　再度の政権交代となった，第46回衆議院議員総選挙（2012年（平成24年）年12月16日）のマニフェストでは，民主党のみならず，自民党・公明党・日本維新の会・みんなの党・社民党もインターネットの利用解禁を掲げるに至った[53]。また，安倍首相自身も就任記者会見（12月26日）において，次回の（第23回）参議院議員通常選挙（2013年（平成25年）7月21日）に間に合うように解禁を実現したいとの意向を示した[54]。

　安倍首相による公選法改正作業の指示を受けた自民党では，ウェブサイト・ブログの更新のみならず，（事前に送信を求めた，あるいは送信に同意した）有権者への電子メールの送信・ツイッターへの投稿を（候補者・政党のみならず）第三者にも可能にするとともに，（インターネットの利用者を政党のウェブサイトへと導く）政党のバナー広告も認めるとする公選法改正案[55]を自民党選挙制度調査会（逢沢一郎会長）で了承した（2013年（平成25年）1月31日）[56]上で，与党協議に入った。そこでは，なりすまし・誹謗中傷対策が議論の焦点となり[57]，電子メールの送信者を候補者・政党に限定するとともに，第三者の電子メール送信，ウェブサイト等によるメールアドレスの虚偽表示，電子メールでの氏名・メールアドレスの虚偽表示・不表示に対しては，（2年以下の）禁錮・（50万円以下の）罰金・公民権停止を科すなどとした（2月13日午前）[58]。

その後の与野党協議では、全11党がインターネットの利用解禁に合意した（2月13日午後）が、電子メールの扱いについては、第三者にも解禁するか否かにつき意見の一致が見られなかった[59]ため、民主党・みんなの党は独自の法案を提出し（〔第183回国会〕衆法1号：3月1日）[60]、与党は日本維新の会と共同で法案を提出した（衆法3号：3月13日）[61]。

日本維新の会を含む与党案は、先に見た与党協議の結果を具体化したものといえる。これに対して、野党案は、電子メールの送信者を候補者・政党に限定することなく、第三者の利用を認めている点、電子メールの送信者にメールアドレスを通知した場合にメールを送信できるとしている点、バナー広告については、政党のみならず候補者についても認めている点に特徴があると言える。最終的には、衆議院政治倫理の確立及び公職選挙法改正に関する特別委員会において（野党案を自民党・公明党などの反対で否決した後で）与党案が可決（4月11日）・衆議院本会議において可決（4月12日）され、参議院政治倫理の確立及び選挙制度に関する特別委員会での可決（4月18日）・参議院本会議での可決（4月19日）により、成立した。

2.4 若干の検討

これまで見てきたように、わが国の「選挙運動におけるインターネットの利用」は、リアルスペース上の文書図画による選挙運動を規制してきた公職選挙法142条・143条などを無造作に適用することによって、その利用が阻まれてきたと言えるが、（その後の）総務省での検討や政党・国会の動きは、公職選挙法142条・143条などの合憲性を所与の前提として、これらの規定の例外を設けることによって、インターネットの利用を解禁しようとするものであった。

リアルスペース上の文書図画による選挙運動の規制には、①文書図画の頒布の規制、②掲示の規制、③頒布・掲示につき禁止を免れる行為の規制がある。より具体的には、①公職選挙法142条・142条の2が文書図画の頒布につき、法定された枚数の選挙運動用通常葉書と選挙運動用ビラ、国政に関するパンフレット・書籍しか使用できないとしており、②公職選挙法143条が文書図画の掲示につき、選挙事務所・個人演説会の会場・選挙カーでの使用など特定の場合を除いて禁止している。更には、③公職選挙法146条が頒布・掲示の禁止を免れる行為につき、いかなる名目であろうとも選挙運動期間中は「候補者の氏名

若しくはシンボル・マーク，政党その他の政治団体の名称又は公職の候補者を推薦し，支持し若しくは反対する者の名を表示する文書図画」の頒布・掲示を禁止している。

　リアルスペース上の文書図画の規制に関する伝統的な学説は，これらの規制を（「戸別訪問の禁止」と並んで）合憲と解していた。その代表格である宮沢俊義教授は，「選挙運動取締のための文書・図画の規正」は，「選挙運動を公平に，かつ実質的にすべての候補者に保障するために必要とされる制限であるから，憲法に反すると見るべきではない」[62]。判例は，「『選挙運動に不当な競争を招き，これがため，選挙の自由公正を害することを防ぐため必要かつ合理的なものであり，選挙の適正公平を確保するという公共の福祉のためやむを得ない措置』であるから，憲法第21条に違反しない，とする。選挙運動に関する文書図画の規制」も，「この理由で，憲法第21条に違反しない」[63]とされていた[64]。伝統的な学説は，「選挙の公正」を重要視する判例と同様の理解に立っていたと言える。

　これに対して，現在の学説は，国民主権原理・表現の自由の観点から「選挙の自由」を重要視しており，判例および伝統的な学説のように「『選挙の自由』を蹴散らす力をもつものとして」「選挙の公正」を位置づけるのではなく，「『選挙の自由』がまずあって，これをわきから制約するものとして，『選挙の公正』を確保する諸方策が承認されるにすぎない」（奥平康弘教授）と考えている[65]。また，違憲審査基準については，「選挙の自由」と「選挙の公正」のバランスの取り方に応じて，①より制限的でない他の選びうる手段（LRA）の基準のほか，②厳格審査基準，③厳格な合理性の基準が主張されている[66]。

　①LRAの基準を主張する学説としては，「『選挙運動に不当な競争を招く』という弊害とは具体的に何か，また，それを防止して選挙の自由と公正を確保する『より制限的でない他の選びうる手段』は何か，を検証することは，憲法の要請するところと考えられる」[67]とされる芦部信喜教授，文書図画の自由な頒布・掲示によりどのような弊害が生じるかを「具体的に立証し，それを防止する他の緩やかな手段がないかどうか，まずもって検討する必要があろう。また，それが憲法21条の保障する自由な政治活動であるとすれば，『選挙の公正』との調整も，必要最小限の規制しか許されないとの判断枠組のもとで，裁判所は当該規制について厳格な審査を行うべきである」る[68]とされる高見勝利教授が

あげられる。②厳格審査基準を主張する学説としては，「選挙に関わる政治的表現活動は，民主主義プロセスの中核を構成するものであり，これらの制約は選挙に関するがゆえになされているものである以上，表現内容に基づく制約を正当化するのに必要な厳格な基準を満たさない限りは，正当化しえない」。「現在課されているさまざまな制約は」「端的にすべて 21 条に反するものというべきである」[69]とされる松井茂記教授，③厳格な合理性の基準を主張する学説としては，「選挙の民意反映機能の確保，および経済力のある候補者の過大な宣伝力の発動の規制を目的として，選挙運動の自由に制限をほどこすことは許され，そこでは厳格な合理性の基準が適用されるべきであ」る[70]とされる内野正幸教授があげられる。

　以上のような現在の学説は，言うまでもなく，（従来からの）リアルスペース上の規制を念頭に構築されてきたものであるが，これらの理解は，インターネットの利用の解禁を考える際にも適用されるべきものである。今回の公選法改正案は，与党案・野党案のいずれであっても，誹謗中傷・なりすましが生じることを理由に比較的厳しい規制を行う（正確には，規制を継続する）ものであるが，例えば，通説的見解である LRA の基準によるとした場合，それは具体的な弊害とまで言えるものなのか，また仮に，具体的な弊害と言えるとしてもそこで用意されている規制は必要最小限のものに留まっているものなのかを検討する必要がある。従来から，公職選挙法は「包括的禁止・限定的解除」方式を採用しており，そこでは選挙運動のための競争ルールという意識が強く，表現の自由に対する配慮が希薄であったが，今回の法改正も同様であり，まだまだ不十分なものと評価せざるを得ないと言えよう。

3　電子投票

3.1　導入に向けた動き

　わが国で電子投票が最初に導入されたのは，（岡山県）新見市の市長選挙・市議会議員選挙（2002 年（平成 14 年）6 月 23 日）においてである[71]。それ以降，電子投票は，10 地方公共団体の地方選挙において，合計 23 回実施されている[72]。

　ここでの電子投票とは，「電子機器利用による選挙システム研究会」（田中宗孝座長）報告書（2002 年（平成 14 年）2 月 1 日）[73]の 3 分類[74]を用いると，すべて第 1

段階に位置づけられるものである。同研究会は、「選挙事務の特殊性をも考慮しつつ選挙事務の更なる効率化を図るため、電子機器を利用した選挙システム」の研究を行うべく設置された（1999年（平成11年）7月30日）ものであるが、報告書においては、（電子投票の実現形態に応じて）「選挙人が指定された投票所において電子投票機[75]を用いて投票する段階」である第1段階、「指定された投票所以外の投票所においても投票できる段階」である第2段階、「投票所での投票を義務づけず、個人の所有するコンピュータ端末を用いて投票する段階」である第3段階を区別した[76]上で、第1段階の電子投票を念頭に検討を行うものであった（報告書を取りまとめた田中宗孝教授は、「第1段階を出発点として第3段階を目指して進むべきであることを意味しているものではない」[77]とし、なかでも、第3段階の導入については特に消極的な立場を取っていた[78]ため、第3段階を電子投票の理想型と捉えられる松井茂記教授により、「投票だけをコンピューターを利用して実施しただけで電子民主主義と呼ぶにはあまりに情けない。電子投票というためにはオンラインでの投票を認めるべきである」[79]と批判された）。

　また、高度情報通信ネットワーク社会推進戦略本部（IT戦略本部：2000年（平成12年）7月7日設置）が発表した「e-Japan2002プログラム—平成14年度IT重点政策に関する基本方針」（2001年（平成13年）6月26日）[80]において、「地方選挙における電子投票（総務省）」の項目が初めて登場[81]し、「有権者の利便性の向上や開票の迅速化を図るため、地方公共団体の選挙における電子投票の試行を可能にするための取組を行う」ことになったほか、地方選挙において電子投票の実施を可能にする「地方公共団体の議会の議員及び長の選挙に係る電磁的記録式投票機を用いて行う投票方法等の特例に関する法律（いわゆる特例法）」[82]も施行（2002年（平成14年）2月1日）されたが、これも第1段階の電子投票のためのものであった。更に、その後の「e-Japan重点計画—2002」（2002年（平成14年）6月18日発表）[83]・「e-Japan重点計画—2003」（2003年（平成15年）8月8日発表）[84]・「e-Japan重点計画—2004」（2004年（平成16年）6月15日発表）[85, 86]にも（第1段階における電子投票の）実施のための支援・普及の促進が掲げられている[87]。

3.2　電子投票のメリットとデメリット・その後の動き

　第1段階における電子投票を実施するメリットとしては、（有権者の側には）①開票作業が迅速化することにより、速やかに投票結果を知ることができること、

②誤記等の記入ミスがなくなり，自らの意思を正確に示せること，③（電子投票機の設計により）障害を持つ有権者も自力での投票がしやすくなること[88]，（行政の側には）④（手作業による分類集計が不要となり）開票業務の長時間化の問題が解消すること，⑤人件費などの低減が期待できることなどが挙げられている[89]。しかしながら，最初の電子投票から10年を経た現在においても，普及の目処は立っていない。

現在指摘されているデメリット（阻害要因）としては，①電子投票機に対する信頼性の欠如，②実施コストが高いこと，③国政選挙に導入されていないことなどが挙げられているが，なかでも大きな問題を抱えているのが①である。電子投票機は機械であるが故に，様々なメリットを生み出してくれるが，それと同時にデメリット（故障・トラブル）も生じている[90, 91]。もっとも，その多くは予備機に切り替えるなどの対応で事なきを得ているが，（岐阜県）可児市のように，電子投票機の故障・トラブルから選挙自体が無効とされた深刻なケース（名古屋高判平成17年3月9日[92]・最決平成17年7月8日[93]）[94]もある[95]。

②も，地方公共団体にとって導入を躊躇させる（あるいは，撤退を決断させる）要因となってきた[96]。当初より，「地方選挙電磁的記録投票補助金」による支援が（特例法20条の規定に基づき）なされており，同補助金が2004年（平成16年）度をもって廃止された[97]後も，特別交付税措置の対象とされているが，地方公共団体の負担[98]は増加している[99]。また，地方公共団体からは③も指摘され，この点に対応すべく，国政選挙への導入が国会において検討された。具体的には，第166回国会（衆法47号：2007年（平成19年）6月12日）において国政選挙への電子投票を可能にする「地方公共団体の議会の議員及び長の選挙に係る電磁的記録式投票機を用いて行う投票方法等の特例に関する法律及び最高裁判所裁判官国民審査法の一部を改正する法律案（特例法改正案）」[100]が（自民党・公明党により）提出され[101]，衆議院で可決されたが，参議院の段階で民主党[102]が投票記録を紙に印字して保存する投票確認用監査証跡紙（VVPAT; Voter Verified Paper Audit Trail）の導入を主張したため，継続審議になった[103]。その後，特例法改正案は審査未了（廃案）となったため，自民党選挙制度調査会（村田吉隆会長）は，第45回衆議院議員総選挙（2009年（平成21年）8月30日）から電子投票を実施できるよう特例法改正案の再提出を検討したが，同党参議院側から電子投票機の信頼性を疑問視する声（①の指摘）が相次ぎ，結局，頓挫した[104]。

VIII　政治過程におけるインターネットの利用　　159

以上のように，電子投票のメリットよりもデメリットの方が強調され，また，デメリットを払拭できない状況が継続したため，国会議員の理解が得られないだけではなく，地方公共団体からも「そっぽを向かれ」てしまっている。新たに電子投票を導入したのは，（三重県）四日市市（2004年（平成16年）11月28日）が最後で，その2か月前には，（埼玉県）和光市で市長が提出した条例案が市議会で否決される（9月28日）ことも起きた。更に，（福井県）鯖江市（2004年（平成16年）9月2日）・（広島県）広島市（2006年（平成18年）3月28日）・（神奈川県）海老名市（2010年（平成22年）12月19日）が条例を廃止し，（岐阜県）可児市（2006年（平成18年）3月23日）・（宮城県）白石市（2010年（平成22年）9月17日）・（三重県）四日市市（2011年（平成23年）3月31日）・（福島県）大玉村（2011年（平成23年）6月20日）は電子投票を休止している[105]。

3.3　若干の検討

　わが国で導入が目指されてきた電子投票とは，（言うまでもなく）第1段階の電子投票であったが，ここでは，第2段階・第3段階の電子投票についても併せて指摘を行う。

　まず，第1段階の電子投票を（他の地方公共団体にも）普及させる[106]ためには，まずもって，電子投票機に対する信頼性を確保する（デメリットの①を払拭する）必要がある[107]。電子投票機の故障の発生を極小化するとともに，故障した場合の投票記録の喪失を極小化する[108]ことは当然として，従来の紙による投票とは異なり，電子投票は不可視的な形で票が作成・処理されるものであるため，投開票の過程が「ブラックボックス」となっている（有権者Aが候補者Xに投票したとして，Aの票がXの得票となっているか事後的に検証する手段がない）[109,110]ことへの対処が求められる。

　この点につき，湯淺墾道教授は，アメリカでは直接記録（DRE; Direct Recording Electronic）式電子投票機[111,112]に対して投票確認用監査証跡紙（VVPAT）の装備を義務づける州法が（2006年中間選挙以降も）増加しており，事後的に「得票の再計票（recount）」を行うことができない[113]直接記録式電子投票機の使用を断念する方向にあることを指摘[114]された上で，わが国でも「物理的証跡」を残す必要性を指摘されている[115,116]。また，先に述べた特例法改正案に対する民主党の主張も同旨のものと思われる[117]。

160

次に，第2段階の電子投票については，①同一選挙区内の任意の投票所での投票，②同一選挙における全選挙区内の任意の投票所での投票，③選挙の行われていない地域を含めた任意の投票所での投票が考えられる。この場合，投票可能な範囲が広がるに応じて，有権者の利便性も向上するが，それと同時に，選挙人名簿の情報・候補者情報などのネットワーク化[118]にかかるコスト・投票所との回線敷設のためのコストやセキュリティ対策にかかるコストも増大する（更に，第2段階の電子投票も電子投票機を用いるものであるため，第1段階のメリット・デメリットはここでもあてはまる）。ゆえに導入を検討するのであれば，狭いエリアから（①から）となる[119]が，この場合には，有権者の利便性の向上につながりにくいことになる。

　そして，第3段階の電子投票については，自宅等から個人所有のコンピュータによる投票が中心となるため，有権者が投票所に行く必要がなくなる（投票の容易性）ほか，第1段階等で挙げられていたメリットを有する。他方，導入に支障を来しうるデメリット（阻害要因）としては，①個人認証システムの構築[120]，②ネットワークのセキュリティの確保，③デジタルディバイド（情報格差）の解消[121]，④自由な意思による投票の確保[122]，⑤投票の秘密の確保[123]の問題が指摘されており，更には，第1段階等と同様に，⑥投開票の過程が「ブラックボックス」となっている点[124]もここに含まれよう。

　その中でも，これまで特に問題視されてきたのは（デメリットの）②④である。前者については，第3段階の電子投票の場合，オープンなネットワーク（すなわち，インターネット）を利用することになるため，「サーバコンピュータへ侵入することにより，あるいはウイルスにより，投票データ消去，改竄，システム障害」[125]が引き起こされる危険性への対処が問題となる[126, 127]。この点につき，必要とされるセキュリティの程度は，システム構築にかかるコストとのバランシングによって決まるとし，セキュリティの問題を相対化しようとする松本保美教授の主張[128]もあるが，金銭賠償・事後処罰により対処が可能である電子商取引の場合と同様に論ずることはできないであろう[129]。

　後者については，（従来型の）投票所による投票の場合，第三者の立ち会い（投票立会人の存在）により投票の自由が担保されるが，自宅等からの投票の場合，「有権者の意思が何らかの手段（買収，脅迫，圧力，監視など）によって制約される」[130]おそれがある。このおそれが払拭されない限り第3段階の電子投票は

VIII　政治過程におけるインターネットの利用　　161

導入されるべきではないという意見が多いように思われる[131]が，その一方で
松本教授は，「自分の意思を曲げて投票せざるをえない有権者の全有権者に対
する比率を分析」し，その「比率が誤差の範囲内にあり，全体としての意思に影
響しないとするならば，この問題は大きな問題では」ないとされる。しかしな
がら，「自分の意思を曲げて投票せざるをえない有権者」の数を割り出すことは
困難であり，また，その数の割り出しが可能であるとしても，「自由意思による
投票は民主主義の根幹」であるとの理解は，その数の極小化を要求しているは
ずである[132, 133]。このように考えると第3段階の電子投票の導入は，少なくと
も現段階においては難しいと言わざるを得ない。

4　まとめに代えて

　これまで本稿では，選挙運動の場面・電子投票の場面に限定してではあるが，
わが国の政治過程におけるインターネット（ないしICT）利用の過去・現在の状
況分析を行ってきた。ここでは（本稿の）結びに代えて，インターネット（ない
しICT）を用いた選挙運動・電子投票の（近未来の）あるべき姿について簡単な
指摘を行うことにしたい。

　まず，インターネットを用いた選挙運動については，（これまで）国会議員の
多く（なかでも，与党の議員・年配の議員）がその解禁に慎重であった訳であるが，
むしろ逆に，その規制（の存置）について慎重である必要がある。解禁に慎重な
国会議員（の側）からすれば，誹謗中傷[134]・なりすまし[135, 136]により自分が被
害を受けたときの対処に自信がない，あるいは，インターネットを活用する若
者層を取り込む自信がないなど，従来とは異なるスタイルの選挙運動となるお
それに対する不安が心理的なブレーキとなってきたように思われる。しかし，
選挙は，国民主権原理・代表民主制を具体化する制度であり，選挙運動を内包
する政治的表現は憲法が保障する表現の自由の中でも，その中核に位置づけら
れるものであることからすれば，選挙運動には競争ルールという側面があるに
しても，最大限の自由が保障されなければならない[137]。

　この点，アメリカをはじめとする先進国では，政治資金の支出方法・選挙運
動費用（の総額）の観点からの規制となっており[138]，インターネットによる選
挙運動自体には，原則的に規制がかけられていない[139]ことに注意を払うべき

であろう。他国との比較の観点からも，誹謗中傷・なりすましの存在が規制を正当化できるほどの具体的な害悪と言えるかについては疑問視せざるを得ない。また，（具体的害悪の問題をひとまず置くとしても）必要最小限の規制に留まらなければならないとの憲法上の要請は，インターネット利用の更なる自由化，刑罰や公民権停止などの処罰規定の更なる緩和を求めているはずである。今回の法改正（与党案）では，先に提出された野党案への配慮から，電子メール・バナー広告の解禁対象の拡大を参議院議員通常選挙以降に検討するとの附則が追加修正された[140]が，これらの検討に限ることなく，更なる解禁・更なる自由化に向けた検討・法改正が必要であろう。

　次に，電子投票についてであるが，投票方式をどのようなものとするかについては，憲法47条が「選挙の方法」を法律事項としていることから，立法裁量に委ねられる部分が大きいことになるが，少なくとも，「（有権者の）自由な意思による投票」[141]が「正確に選挙の結果に反映される」[142]方式ではなければならない。

　電子投票についても，選挙運動と同様に，国会議員の心理的なブレーキ（国会議員〔の側〕からすれば，有権者に自分の名前を覚えてもらって，投票用紙に「自書」[143]してもらうのが選挙運動〔ないし政治活動〕であるとの意識が強く，記号式・ディスプレーをタッチする方式への移行には心理的な抵抗があること）[144]の存在が指摘されており，そのことは，電子投票の導入・実施にマイナスの影響を与えていると思われるが，政府の更なる財政的支援と電子投票システムに関する技術の発達・選挙実務の工夫[145]により，第1段階・第2段階の電子投票は実現可能である。しかし，第3段階の電子投票については，「（有権者の）自由な意思による投票」の確保などクリアーしなければならない問題が残るであろう[146]。

　この点，アメリカでは電子投票の導入・実施を積極的に推し進めてきたにもかかわらず，マークシート投票用紙（に投票方向をマークし，それを光学スキャナで読み取る方式）による投票へ変更する所が増えており，その他の先進国でも第1段階の電子投票の実施は足踏み状態のようである。このような状況を考えると，わが国でも電子投票を推し進めるのではなく，開票業務の簡素化が可能となるマークシート投票用紙を採用する（わが国の「記号」式投票も所定欄に○を記入するもの〔公選法46条の2〕であるため，同様の処理が可能であろう[147]）のも現実的な選択なのかもしれない[148]。

Ⅷ　政治過程におけるインターネットの利用　　163

1) 2011年（平成23年）末現在，3657万契約・世帯普及率68.3％となっている（総務省「ブロードバンドサービス等契約数の推移（4半期）」http://www.soumu.go.jp/johotsusintokei/field/data/gt010103.xls (last visited Feb. 5, 2013)，総務省「ブロードバンドサービスに係る世帯普及率の全国順位」http://www.soumu.go.jp/soutsu/tohoku/hodo/h2404-06/images/0410a1006.pdf (last visited Feb. 5, 2013)）。

2) 総務省『平成24年度版　情報通信白書』（ぎょうせい・2012年）35頁。また，世帯主年齢別の利用率（2011年（平成23年）末現在）は，20歳代が99.5％，30歳代が99.0％，40歳代が98.2％，50歳代が94.7％となっている。60歳代以上の世帯は70.5％となっており（ただし，2009年（平成21年）末・2010年（平成22年）末の調査では，85.7％・86.6％となっていた），この点に課題は残る（総務省「平成23年通信利用動向調査（世帯編）」http://www.soumu.go.jp/johotsusintokei/statistics/pdf/HR201100_001.pdf (last visited Feb. 5, 2013)）。

3) ICT (Information and Communications Technology) は「情報通信技術」と訳され，オープンなネットワークであるインターネットがその代表格である（岩崎正洋『eデモクラシーと電子投票』〔日本経済評論社・2009年〕10頁）。

4) 小倉一志『サイバースペースと表現の自由』（尚学社・2007年）4頁。

5) アメリカにおいては，後に大統領となるビル・クリントン（Bill Clinton）の陣営などがニュースグループ・電子メールを1992年大統領予備選挙で利用したのが（大規模な利用の）最初と言われている（市村充章「衆議院総選挙とメディア革命——インターネットと選挙運動」立調197号〔1997年〕20頁，大田貴昭「情報社会と選挙運動の自由——インターネット選挙は民主主義の敵か」早公84号〔2007年〕44-45頁）。

6) 冨田圭一郎「アメリカにおける『選挙とインターネット』」レファ47巻7号（1997年）93頁，三輪和宏「諸外国のインターネット選挙運動」調査と情報518号（2006年）1頁。

7) インターネットを選挙運動の手段として巧みに利用し，支持拡大と政治資金の調達に成功した政治家として，バラク・オバマ（Barack Obama; 大統領）・ジェシ・ベンチュラ（Jesse Ventura; 元ミネソタ州知事）の例がよく挙げられる（松井茂記『インターネットの憲法学〔新版〕』〔岩波書店・2014年〕448-449頁，岩崎・前掲注3）188頁）。また，韓国の盧武鉉（元大統領）も別名「インターネット大統領」と呼ばれたことからも分かるように，インターネットにおける選挙運動を自分に有利な形で用いた政治家の1人と言えよう（三輪・前掲注6）6-7頁，金泳坤＝湯淺墾道「韓国の公職選挙法におけるインターネット利用の規制に関する条項」九国17巻2号〔2010年〕43頁）。

8) 湯淺墾道「アメリカにおける電子投票の近時の動向——AVVPATの導入を中心に」九国11巻1・2・3合併号（2005年）38頁。

9) 柳瀬昇「情報通信技術の発達と投票システム改革の可能性——2000年アリゾナ州民主党大統領予備選挙におけるインターネット投票をめぐる法的・政治的議論を通じて」法政論究61号（2004年）333-335頁，大田貴昭「インターネット投票と民主主義——政治的代表および政治的決定の質的変容をめぐって」早公82号（2006年）34-36頁。

10) なお，アメリカでは，1960年代から票の集計にコンピュータを用いることが行われてきた。パンチカードの集計機にコンピュータを接続して集計を行う方法や，マークシートを光学的に読み取ってコンピュータで集計する方法などが知られている（湯淺・前掲注8）32頁）。

164

11) ドイツでは 2005 年連邦議会議員総選挙で直接記録（DRE）式投票機が（一部で）導入され（ただし，連邦憲法裁判所が電子投票機の使用を違憲と判断したため，2009 年の総選挙は紙による投票で実施された），フランスでは 2007 年大統領選挙に用いられた。カナダではアルバータ・ケベック・オンタリオの州レベルで実施されている（山口和人「海外法律情報　ドイツ——連邦議会議員総選挙における電子投票装置の使用に違憲判決」ジュリ 1378 号〔2009 年〕167 頁，湯淺墾道「各国の電子投票制度」九国 14 巻 3 号〔2008 年〕41 頁・57-58 頁）。なお，アメリカでは，2004 年大統領選挙では有権者の 28.94%，2008 年大統領選挙では 32.63% の有権者が直接記録（DRE）式投票機で投票を行っている（これに対して，マークシート式による投票は，32.2%，56.17% である〔湯淺墾道「2008 年アメリカ大統領選挙と電子投票」九国 16 巻 1 号（2009 年）66 頁，同「電子投票法制の近時の動向」情報ネットワーク 10 巻（2011 年）139-140 頁〕）。

12) 湯淺墾道「第 3 段階の電子投票と法制度——エストニアの事例を中心に」情報ネットワーク 9 号 2 号（2010 年）67 頁以下，同・前掲注 11）「電子投票法制の近時の動向」140-143 頁。

13) わが国でも「楽天政治 LOVE JAPAN」（2009 年（平成 21 年）7 月 27 日開設：http://seiji.rakuten.co.jp (last visited Feb. 5, 2013)）・「Yahoo! みんなの政治」（2010 年（平成 22 年）6 月 14 日正式開始：http://seiji.yahoo.co.jp (last visited Feb. 5, 2013)）において，クレジットカード決裁による小口の政治献金が可能になっている。なお，1 度に献金可能な金額は，楽天が 1000 円～150 万円（ただし，クレジットカードの限度額まで）・Yahoo! が 500 円～5 万円である。

14) アメリカの大統領選挙では「勝者総取り（winner-take-all）」方式を採用しているため，2000 年の大統領選挙で接戦州（swing-state）となった所のラルフ・ネーダー（Ralph Nader; 緑の党）の支持者は，政党助成を受けられる要件である投票総数の 5% の要件を満たしつつ，ジョージ・W・ブッシュ（George W. Bush）の当選を阻止するために，アル・ゴア（Al Gore）が有利に選挙を進めている州の民主党支持者と票の交換を行った。また，イギリスにおいても 2005 年の総選挙の際に労働党支持者と自由民主党支持者の間で行われたという（湯淺墾道「アメリカにおけるインターネット上の選挙運動の一断面」九国 14 巻 1 号〔2007 年〕53-55 頁）。

「『ボート・トレーディング』は，合理的でいかにもネットらしい，1 つの有効なキャンペーン手法とも思える。しかし，特定の宗教団体や特別な意思を持った集団が作為的に動くと，投票行動の公平性を欠くキャンペーンとなる可能性も否定できない。それを懸念して，米国では一部でボート・トレーディングを規制する動きもある。これは，『言論・表現の自由』と『選挙の公正のための規制』のどちらを優先するかということでもあり，今のところ結論は出ていない」（三浦博史『ネット革命——日本の政治は劇的に変わる』〔PHP 研究所・2010 年〕220 頁）。

15) 従来は，選挙公報の（都道府県選挙管理委員会ウェブサイトにおける）掲載も不正アクセスによる改竄の可能性などを理由として行われてこなかったが，東日本大震災で被災した県の知事選挙や県議会議員選挙での選挙広報の掲載が例外的に行われたのに続いて，2012 年（平成 24 年）以降はすべての国政選挙で実施されることになった。なお，地方選挙でも各選挙管理委員会の判断で実施可能となっている（「社説：ネット選挙　『広報』だけでは不十分」北海道新聞 2012 年（平成 24 年）4 月 13 日）。

16) 北海道新聞 1995 年（平成 7 年）7 月 18 日夕刊。

17) それと同時に，電話による投票依頼は公職選挙法に違反しないことから，「文字や写真なし

で，音声だけならば違法とはならない」（北海道新聞・前掲注16））としていたため，島聡衆議院議員のように「画面は真っ白で声だけで選挙運動をする」候補者も現れた（北海道新聞2000年（平成12年）5月10日朝刊，朝日新聞2000年（平成12年）5月18日朝刊）。この点に関連して，衆議院政治倫理の確立及び公職選挙法改正に関する特別委員会（2000年（平成12年）4月13日）における同議員と保利耕輔国務大臣の質疑応答（http://kokkai.ndl.go.jp/ (last visited Feb. 5, 2013)），岡村久道『迷宮のインターネット事件』（日経BP社・2003年）428頁参照。

18）朝日新聞1996年（平成8年）4月12日朝刊〔大阪〕。

19）質問状及びそれに対する回答については，植村武彦「選挙運動に関して最近問題となった事例について」選挙時報46巻1号（1997年）35-39頁，岡村久道＝近藤剛史『〔新版〕インターネットの法律実務』（新日本法規・2001年）302-305頁にある。

20）更に，同課の安田充理事官は，読売新聞のインタビューに応えて，①「パソコン画面上で当選を目的とする内容は脱法的な文書図画の1つにあたると解釈せざるを得ない」こと，②「形式的には当選を目的とする直接的な内容でなくても，禁止規定を免れる意図があれば違反になる」こと，③政党のウェブサイトも候補者のウェブサイトと同様に考えられること，④外国のサーバに開設されたウェブサイトであっても「日本国内で見られることを前提に発信するとなれば，犯罪行為の結果発生地が日本だから国内法で処罰することになる」ことを述べていた（読売新聞1996年（平成8年）1月24日朝刊。更に，岡村＝近藤前掲注19）301-302頁参照）。

21）最大判昭和39年11月18日刑集18巻9号561頁・判時390号13頁。

　〔事実の概要〕第29回衆議院議員総選挙（1960年（昭和35年）11月20日）に際し，京都2区から立候補した新人の支持者であった被告人（2名）が，「同候補者の写真，経歴及同候補者を大なる政治家として大成させていただきたい旨の文言を載せた」文書を選挙運動期間前に郵送（頒布）し，期間中も，「同候補者の名義で今回同候補の出馬に当り，地元農業関係者の御支援を感謝し今後の御支援を賜りたい旨書いた」封書や「同候補者の氏名を表示し同候補者が今回府会議員を辞任したが今後ともよろしく御指導賜りたい旨の文言を印刷した」葉書を郵送（頒布）した行為が公職選挙法142条・146条に違反するとされた。

　〔判決要旨（法廷意見）〕「論旨引用の判例（昭和30年4月6日大法廷判決，刑集9巻4号819頁）は，公職選挙法146条の制限違反に関するものであつて，同法142条の制限が選挙運動期間中の行為に限り適用されるとの趣旨を判示したものではない。同法142条と146条とを対比すれば，後者の規定だけが『選挙運動期間中は』と明示しているのであるから，前者の場合は，選挙運動期間中に限らず，選挙運動期間前の行為についても，その制限の適用がある趣旨であることは，文理上も当然というべきであ」る。

　「憲法21条は，言論・出版その他表現の自由を絶対無制限に保障しているものではなく，その自由には公共の福祉のために必要かつ合理的な制限の存し得べきことは，つとに，当裁判所の判例とするところである（昭和25年9月27日大法廷判決，刑集4巻9号1799頁）。ところで，公職の選挙につき文書図画の無制限の頒布等を許容するときは，選挙運動に不当な競争を招き，これがため，選挙の自由公正を害し，その適正公平を保障しがたいこととなるので，かような弊害を防止するために必要かつ合理的と認められる範囲において，文書図画の頒布の制限禁止等の規制を加えることは，選挙の適正公平を確保するという公共の福祉のためのやむを得ない措置であるから，かような措置を認めた公職選挙法142条の規定を目し

て憲法21条に違反するものとはいえない。」

22) 最大判昭和30年4月6日刑集9巻4号819頁。

〔事実の概要〕室蘭市教育委員選挙（1952年（昭和27年）10月5日）の選挙運動期間中に、「小野をたたき落とせ」「候補小野に反対すること云々」などと記載したビラを同市内の路上にて頒布した被告人の行為が公職選挙法146条に違反するとされた（公職選挙法146条のほか、142条・143条が憲法21条に違反するとして上告）。

〔判決要旨（法廷意見）〕「憲法21条は言論出版等の自由を絶対無制限に保障しているものではなく、公共の福祉のため必要ある場合には、その時、所、方法等につき合理的制限のおのづから存するものであることは、当裁判所の判例とするところである（昭和25年9月27日大法廷判決参照）。そして、公職選挙法142条、143条、146条は、公職の選挙につき文書図画の無制限の頒布、掲示を認めるときは、選挙運動に不当の競争を招き、これが為、却つて選挙の自由公正を害し、その公明を保持し難い結果を来たすおそれがあると認めて、かかる弊害を防止する為、選挙運動期間中を限り、文書図画の頒布、掲示につき一定の規制をしたのであつて、この程度の規制は、公共の福祉のため、憲法上許された必要且つ合理的の制限と解することができる。」

23) その他、選挙運動と政治活動の差異については、「政治活動」とは「政治上の主義若しくは施策を推進し、支持し、若しくはこれに反対し、又は公職の候補者を推薦し、支持し、若しくはこれに反対することを目的として行う直接間接の一切の行為」、「選挙運動」とは「特定の公職の選挙につき、特定の立候補者又は立候補予定者に当選を得させるため投票を得又は得させる目的をもって、直接又は間接に必要かつ有利な周旋、勧誘その他諸般の行為」と解されているが、「公職選挙法にいう『政治活動』とは、上述の一般的抽象的意味での政治活動のうち」「選挙運動にわたる行為を除いた」ものを指すことから、「選挙運動にわたる政治活動は」「選挙運動としての規制を受けることとな」るとした。

24) また、ツイッターを利用した選挙運動が公職選挙法に違反するか否かを尋ねた藤末健三参議院議員の質問主意書に対する答弁書（2009年（平成21年）7月21日：http://www.sangiin.go.jp/japanese/joho1/kousei/syuisyo/171/meisai/m171234.htm (last visited Feb. 5, 2013)）も同様の立場である。

25) 諸外国に目を転じてみると、アメリカのみならず、イギリス・ドイツにおいてもインターネットを利用した選挙運動自体に規制は課されていない（インターネットを利用するにあたって、かかった経費を選挙運動費用の中に繰り入れなければならない等の規制はある）。フランスも同様に原則自由であるが、投票日前日（の0時）からの（ウェブサイトの）更新が禁止される点、投票日の3ヶ月前の月初めから、有料広告を用いた選挙運動が禁止される点に特徴がある（大田・前掲注5）49頁、村田尚紀「フランスにおける選挙報道の自由とインターネット」関法47巻4号〔1997年〕47頁、三輪・前掲注6）7-9頁、市民政調選挙制度検討プロジェクトチーム＝片木淳『公職選挙法の廃止──さあはじめよう市民の選挙運動』〔生活社・2009年〕17-18頁・96-99頁）。

韓国では、従来は個別に制定されてきた選挙関連の法律を統合した公職選挙法が1994年に制定され、その段階で既に、「自筆の書信、個人用コンピュータ又は電話による」選挙運動が許容されていた（白井京「韓国の公職選挙法におけるインターネット関連規定」外法227号〔2006年〕115頁）。その後、パソコン通信の使用を明確化する法改正（1997年）を経て、インターネットの使用を明確化する法改正（2004年）がなされている。これにより、選挙運動

を行うことができる者は，選挙運動期間中，ウェブサイト・掲示板・チャットルーム等に選挙運動のための内容の情報を掲示したり，電子メールで送信することが可能となっている（82条の4第1号）。一方，ツイッター・フェイスブック・ブログ等については，（脱法的方法による文書・図画の配布・掲示等を禁止する93条1項により）選挙日の180日前から選挙日までの利用ができないとされていたが，憲法裁判所による限定違憲決定（2011年12月29日）により，利用が解禁された（「韓国，ネット上・SNSでの選挙運動禁止は違憲」中央日報2011年12月30日）。

　なお，韓国では，「実名確認」の制度が導入されているが，学説からは，「名誉毀損法理や公職選挙法251条の候補者誹謗罪によっても充分に規制できる」（黄性基〔孟觀愛訳〕「韓国公職選挙法上のインターネット選挙掲示板実名制に関する憲法的小考」立命309号〔2006年〕388頁，更に，韓永學『韓国の言論法』〔日本評論社・2010年〕349-350頁参照）との指摘が以前よりなされており，憲法裁判所が，通信網利用促進及び情報保護法44条の5は過剰禁止原則に反し，違憲であるとする決定（2012年8月23日）を下した（「インターネット実名制に憲法裁判所が『違憲』」中央日報2012年8月23日，「インターネット実名制が廃止へ，憲法裁判所が違憲決定」東亜日報2012年8月24日）ことも相まって，公職選挙法の改正も検討されているようである（「インターネット実名制度が違憲，今後は？」http://world.kbs.co.kr/japanese/program/program_aunt_detail.htm?No=425 (last visited Feb. 5, 2013)）。

26）いずれも判例集未登載であるが，「05年衆院選比例北関東ブロック選挙無効訴訟実行委員会」ウェブサイトに掲載されている（http://www.geocities.jp/netelec05/index.html (last visited Feb. 5, 2013)）。

　〔事実の概要〕原告は，第44回衆議院議員総選挙（2005年（平成17年）9月11日）における北関東選挙区（比例代表選出）の有権者である。本件選挙につき，「総務省は，選挙運動としてホームページ及び電子メール（以下，一括して「ホームページ等」ともいう。）を利用することは違法である」との見解を示したが，原告は，「ホームページ等は，公選法142条，143条，146条にいう『文書図画』にはあたら」ず，「ホームページの掲載や電子メールの配信は同法143条1項，146条1項の『掲示』や『頒布』にはあたらないから，ホームページ等で選挙運動をすることは公選法に違反」するものではない（仮に，ホームページ等が「文書図画」にあたるとすると，「憲法15条1項，21条1項，47条に違反し，無効である」）と主張し，「上記各選挙の規定の違反は，選挙の規定に異動を及ぼす虞がある」ことから，本件選挙の無効を求めた。

　〔判決要旨（東京高裁）〕公選法142条・143条の規定によれば，「ビラ，はがき等の紙に記録されたものに限って『文書図画』としているのでないことは明らかであり，かつ，」「アドバルーン，ネオン・サイン，電光による表示，スライドその他の方法による映写類の類をも禁止していることからして，コンピューター等のディスプレイに表現されたものであっても，」「『文書図画』に該当することは明らかである。そうすると，ホームページ等は上記『文書図画』に該当する。

　次に，公選法142条にいう『頒布』とは，選挙運動のために使用する法定外文書図画を不特定又は多数のものに配布する目的でその内の一人以上の者に配布することをいう（最高裁判所昭和51年3月11日第1小法廷決定・刑集30巻2号102頁）。ホームページを開設することは，インターネットを通じて不特定多数の者がホームページにアクセスすることを期待し，不特定多数の者に対してホームページの画像を到達させることを目的とするものであるから，

現実にインターネットを通じて画像が送信されれば，これが，上記『頒布』に該当することは明らかである。また，電子メールを送信することが『頒布』にあたることは当然である。」

「原告は，ホームページ等が『文書図画』に該当するとすると，公選法142条，143条，146条は，憲法15条，21条，47条に違反する旨主張するが，採用しない。」「憲法47条は，『選挙区，投票の方法その他両議院の議員の選挙に関する事項は，法律でこれを定める。』と規定するところ，憲法が選挙区その他選挙に関する事項については特に自ら規定せず，法律で定めることとしたのは，選挙に関する事項の決定は原則として立法府である国会の裁量的権限に委ねているからであると解せられる（最高裁判所昭和39年2月5日大法廷判決・民集18巻2号270頁）。そして，選挙運動において無制限の自由を認めた場合には，選挙の公正がゆがめられるおそれが生じることはいうまでもないから，選挙運動に一定の制限をすることに合理性があることは明らかである。したがって，立法府である国会の裁量的権限を考慮してもなお不合理であると考えられるような制限でなければ，立法府が選挙に関する事項の一内容として選挙運動の一部を制限する立法をすることは憲法47条に違反するものではない。また，公選法による文書頒布の規制は憲法15条，21条に違反するものではない（最高裁判所平成14年9月9日第1小法廷判決・判例タイムス1104号145頁）。

したがって，ホームページ等を利用する選挙運動を許容するか否かはまさしく立法政策に委ねられているというべきである。」

〔決定要旨（最高裁）〕上告理由の「その実質は事実誤認若しくは単なる法令違反を主張するもの又はその前提を欠くものである」り，民訴法312条1項・2項の事由に該当しない。また，上告受理申立ての理由は，「民訴法318条1項により受理すべきものとは認められない」。

27）報告書については，「IT時代の選挙運動に関する研究会──報告書」選挙時報51巻10号（2002年）34頁以下にある。更に，同報告書に関して，大沢秀介「インターネットで選挙運動？──インターネットと表現の自由の原理」法教274号（2003年）77頁（赤坂正浩ほか『ファーストステップ憲法』〔有斐閣・2005年〕所収91−93頁〔大沢執筆〕），杉原泰雄編『〔新版〕体系憲法事典』（青林書院・2008年）620−621頁〔糠塚康江執筆〕，原昌史「IT時代の選挙運動に関する研究会報告書について(1)」選挙55巻10号（2002年）22頁以下，同「IT時代の選挙運動に関する研究会報告書について(2)・完」選挙55巻11号（2002年）6頁以下，岡村・前掲注17）431−433頁。

28）前掲注27）「報告書」34頁。

29）氏名・住所の表示を義務づけなかった理由として，報告書は，「ビラ・ポスターのように氏名や住所を表示させると，インターネット上の情報が常に悪用されるおそれがあることから，氏名等の悪用をおそれてホームページによる選挙運動を差し控えることも考えられ，そのような動きがでれば有権者の政治参加を促すためにインターネットを選挙運動に導入するという目的が達成されないことになりかねない」ことを挙げている（前掲注27）「報告書」52頁）。

30）前掲注27）「報告書」46−47頁・55頁。

31）大沢・前掲注27）77頁（赤坂ほか・前掲注27）所収92−93頁〔大沢執筆〕）。更に，杉原編・前掲注27）620頁〔糠塚執筆〕参照。

32）次の条文の追加などを内容とする（http://www.shugiin.go.jp/itdb_gian.nsf/html/gian/honbun/houan/g14201043.htm (last visited Feb. 5, 2013)）。

142条の2（コンピューター相互間の通信による文書図画の頒布）「前条の規定にかかわらず，選挙運動のために使用する文書図画は，電気通信回線を通じ文書図画を不特定又は多数の者

VIII　政治過程におけるインターネットの利用　　169

のアクセスに応じて送信しコンピューターの映像面に表示させるプログラムを用いて，頒布することができる。ただし，コンピューターの蓄積領域であつて個々の利用者に対応して電気通信回線を通じた利用者への通信を利用者に代わって受け取り，保管しておくための部分に送信し，記録させる方法による頒布については，この限りでない。」

33）次の条文の追加などを内容とする（http://www.shugiin.go.jp/itdb_gian.nsf/html/gian/honbun/houan/g15101025.htm (last visited Feb. 5, 2013)）。

142条の2（インターネット等による文書図画の頒布）「前条の規定にかかわらず，選挙運動のために使用する文書図画は，電子情報処理組織を使用する方法のうち次の各号のいずれかに該当するものにより，頒布することができる。

一 当該文書図画を頒布しようとする者の使用に係る電子計算機と受信者の使用に係る電子計算機とを接続する電気通信回線を通じて送信し，当該文書図画を当該受信者の使用に係る電子計算機の映像面に表示させる方法

二 当該文書図画を頒布しようとする者の使用に係る電子計算機に備えられたファイルに記録された事項を電気通信回線を通じ他人のアクセスに応じて送信し，当該文書図画を当該他人の使用に係る電子計算機の映像面に表示させる方法」

34）第151回国会に提出された法律案とほぼ同様の内容である（http://www.shugiin.go.jp/itdb_gian.nsf/html/gian/honbun/houan/g15901032.htm (last visited Feb. 5, 2013)）。

35）次の条文の追加などを内容とする（http://www.shugiin.go.jp/itdb_gian.nsf/html/gian/honbun/houan/g16401040.htm (last visited Feb. 5, 2013)）。

142条の3（インターネット等を用いる方法による文書図画の頒布）「第百四十二条の規定にかかわらず，選挙運動のために使用する文書図画は，インターネット等を用いる方法（当該文書図画を頒布しようとする者の使用に係る電子計算機と受信者の使用に係る電子計算機とを接続する電気通信回線を通じて送信し，当該文書図画を当該受信者の使用に係る電子計算機の映像面に表示させる方法をいう。以下同じ。）により，頒布することができる。

2 選挙運動のために使用する文書図画であつてインターネット等を用いる方法のうち自動公衆送信装置（著作権法（昭和四十五年法律第四十八号）第二条第一項第九号の五イに規定する自動公衆送信装置であつて公衆の用に供されている電気通信回線に接続しているものをいう。以下同じ。）の公衆送信用記録媒体（同号イに規定する公衆送信用記録媒体をいう。）に記録する方法により頒布されるものは，第百二十九条の規定にかかわらず，選挙の当日においても頒布することができる。」

142条の4（ホームページによる情報の提供を行う者によるインターネット等を用いた文書図画の頒布）「ホームページによる情報の提供（自動公衆送信装置を用いる方法により不特定又は多数の者に情報を伝達する役務の提供をいう。以下同じ。）を行う者は，インターネット等を用いる方法のうち当該ホームページによる情報の提供に係る自動公衆送信装置を用いる方法によりその選挙運動のために使用する文書図画を頒布しようとするときは，当該文書図画にその者の氏名又は名称及び電子メールアドレス（電子メール（特定の者に対し通信文その他の情報をその使用する通信端末機器（入出力装置を含む。）の映像面に表示されるようにすることにより伝達するための電気通信（電気通信事業法（昭和五十九年法律第八十六号）第二条第一号に規定する電気通信をいう。）であつて，総務省令で定める通信方式を用いるものをいう。以下同じ。）の利用者を識別するための文字，番号，記号その他の符号をいう。以下同じ。）を記載しなければならない。」

142条の5（電子メールを利用した文書図画の頒布）「インターネット等を用いる方法のうち電子メールを用いる方法により選挙運動のために使用する文書図画を頒布しようとする者（以下「選挙運動用電子メール送信者」という。）は，当該文書図画に次に掲げる事項が正しく表示されるようにしなければならない。

　　一　選挙運動に用いられる電子メール（以下「選挙運動用電子メール」という。）である旨
　　二　当該選挙運動用電子メール送信者の氏名又は名称
　　三　次項の通知を受けるための当該選挙運動用電子メール送信者の電子メールアドレス
　　四　電子メールその他の適宜の方法により次項の通知を前号の電子メールアドレスあてに行うことができる旨
　　2　選挙運動用電子メール送信者は，その送信をした選挙運動用電子メールの受信をした者であつて，総務省令で定めるところにより選挙運動用電子メールの送信をしないように求める旨を当該選挙運動用電子メール送信者に対して通知したものに対し，これに反して，選挙運動用電子メールの送信をしてはならない。」

36) http://archive.dpj.or.jp/policy/manifesto/images/Manifesto_2004.pdf (last visited Feb. 5, 2013)

37) http://archive.dpj.or.jp/policy/manifesto/images/Manifesto_2005.pdf (last visited Feb. 5, 2013)

38) ただし，第21回参議院議員通常選挙（2007年（平成19年）7月29日）のマニフェスト（http://archive.dpj.or.jp/policy/manifesto/images/Manifesto_2007.pdf (last visited Feb. 5, 2013)）・第22回参議院議員通常選挙（2010年（平成22年）7月11日）のマニフェスト（http://archive.dpj.or.jp/special/manifesto2010/data/manifesto2010.pdf (last visited Feb. 5, 2013)）には盛り込まれていない。

39) 北海道新聞2005年（平成17年）11月21日朝刊。

40) 同報告案は，①インターネットを利用した政治活動をウェブサイト（ブログ・掲示板などを含む）についてのみ認め（メール・メルマガなどは認めない），②すべての選挙について認めるとともに，③量的制限は設けないこと，④候補者・政党のみならず第三者にも認めること，⑤ウェブサイト作成・運営経費は選挙費用に算入すること。また，誹謗中傷・なりすましの対策として，⑥ウェブサイトの開設者にメールアドレスの表示を義務づけること，⑦氏名等の虚偽表示罪（公選法235条の5）を改正し，インターネットによる通信も含めること，⑧選挙の自由妨害罪（公選法225条）を改正し，ウェブサイトの改ざんやサーバダウンなどの行為も含めることにしていた（http://www.kuniomi.gr.jp/chikudo/news/2006/n_180530.html (last visited Feb. 5, 2013)）。

41) 次の条文の追加などを内容とする（http://www.shugiin.go.jp/itdb_gian.nsf/html/gian/honbun/houan/g17401018.htm (last visited Feb. 5, 2013)）。

　　142条の3（インターネット等を利用する方法による文書図画の頒布）「第百四十二条の規定にかかわらず，選挙運動のために使用する文書図画は，インターネット等を利用する方法（電気通信（電気通信事業法（昭和五十九年法律第八十六号）第二条第一号に規定する電気通信をいう。以下同じ。）の送信（公衆によって直接受信されることを目的とする電気通信の送信を除く。）により，文書図画をその受信をする者が使用する通信端末機器（入出力装置を含む。以下同じ。）の映像面に表示させる方法をいう。以下同じ。）により，頒布することができる。

2 選挙運動のために使用する文書図画であつてウェブサイト等を利用する方法（インターネット等を利用する方法のうち電子メール（特定電子メールの送信の適正化等に関する法律（平成十四年法律第二十六号）第二条第一号に規定する電子メールをいう。以下同じ。）を利用する方法を除いたものをいう。以下同じ。）により選挙の期日の前日までに頒布されたものは，第百二十九条の規定にかかわらず，選挙の当日においても，その受信をする者が使用する通信端末機器の映像面に表示させることができる状態に置いたままにすることができる。」

142条の4（ウェブサイト等を利用する方法により文書図画を頒布する者の表示義務）「ウェブサイト等を利用する方法によりその者の行う選挙運動のために使用する文書図画を頒布する者は，その者の電子メールアドレス（特定電子メールの送信の適正化等に関する法律第二条第三号に規定する電子メールアドレスをいう。以下同じ。）が，当該文書図画に係る電気通信の受信をする者が使用する通信端末機器の映像面に正しく表示されるようにしなければならない。」

142条の5（選挙運動用電子メールの送信の制限）「電子メールを利用する方法によりその者の行う選挙運動のために使用する文書図画を頒布する者（以下「選挙運動用電子メール送信者」という。）は，次に掲げる者以外の者に対し，選挙運動のために使用する文書図画を頒布するために用いられる電子メール（以下「選挙運動用電子メール」という。）の送信をしてはならない。

一 あらかじめ，選挙運動用電子メールの送信をするように求める旨又は送信をすることに同意する旨を選挙運動用電子メール送信者に対し通知した者

二 前号に掲げるもののほか，選挙運動用電子メール送信者に係る政治活動のために用いられる電子メール（以下「政治活動用電子メール」という。）の送信をするように求める旨又は送信をすることに同意する旨を選挙運動用電子メール送信者に対し通知した者（その通知をした後，当該政治活動用電子メールの送信をしないように求める電子メールアドレスを明らかにして，当該政治活動用電子メールの送信をしないように求める旨を選挙運動用電子メール送信者に対し通知した者を除く。）

三 前二号に掲げるもののほか，書面による方法により自己の電子メールアドレスを選挙運動用電子メール送信者に対し通知した者

2 選挙運動用電子メール送信者は，次の各号に掲げる区分に応じ，それぞれ当該各号に定める事実を証する記録を保存しなければならない。

一 前項第一号の規定による通知を受けた場合 選挙運動用電子メールの送信をするように求めがあつたこと又は送信をすることに同意があつたこと。

二 前項第二号の規定による通知を受けた場合 政治活動用電子メールの送信をするように求めがあつたこと又は送信をすることに同意があつたこと。

三 前項第三号の規定による通知を受けた場合 書面による方法により電子メールアドレスの通知があつたこと。

3 選挙運動用電子メール送信者は，第一項各号に掲げる者から，選挙運動用電子メールの送信をしないように求める電子メールアドレスを明らかにして，電子メールの送信その他の方法により選挙運動用電子メールの送信をしないように求める旨の通知を受けたときは，当該選挙運動用電子メールの送信をしてはならない。」

142条の6（選挙運動用電子メール送信者の表示義務）「選挙運動用電子メール送信者は，選

挙運動用電子メールの送信に当たっては，当該選挙運動用電子メールにより頒布される文書
図画に次に掲げる事項を正しく表示しなければならない。

　　一　選挙運動用電子メールである旨

　　二　当該選挙運動用電子メール送信者の氏名又は名称

　　三　前条第三項の通知を，当該選挙運動用電子メール送信者に対し行うことができる旨

　　四　電子メールの送信その他のインターネット等を利用する方法により前条第三項の通知
を行う際に必要となる電子メールアドレスその他の通知先」

　附則４条（公職の候補者等に係る特例）「前条第二項の場合のほか，特定電気通信役務提供
者は，特定電気通信による情報（選挙運動のために使用し，又は当選を得させないための活
動に使用する文書図画であって選挙運動の期間中に頒布されたものに係る情報に限る。以下
この条において同じ。）の送信を防止する措置を講じた場合において，当該措置により送信を
防止された情報の発信者に生じた損害については，当該措置が当該情報の不特定の者に対す
る送信を防止するために必要な限度において行われたものである場合であって，次の各号の
いずれかに該当するときは，賠償の責めに任じない。

　　一　特定電気通信による情報の流通によって自己の名誉を侵害されたとする公職の候補者
等（公職の候補者又は候補者届出政党（公職選挙法（昭和二十五年法律第百号）第八十六条第
一項又は第八項の規定による届出をした政党その他の政治団体をいう。）若しくは衆議院名
簿届出政党等（同法第八十六条の二第一項の規定による届出をした政党その他の政治団体を
いう。）若しくは参議院名簿届出政党等（同法第八十六条の三第一項の規定による届出をした
政党その他の政治団体をいう。）をいう。以下同じ。）から，当該名誉を侵害したとする情報
（以下「名誉侵害情報」という。），名誉が侵害された旨及び名誉が侵害されたとする理由（以
下「名誉侵害情報等」という。）を示して当該特定電気通信役務提供者に対し名誉侵害情報の
送信を防止する措置（以下「名誉侵害情報送信防止措置」という。）を講ずるよう申出があっ
た場合に，当該特定電気通信役務提供者が，当該名誉侵害情報の発信者に対し当該名誉侵害
情報等を示して当該名誉侵害情報送信防止措置を講ずることに同意するかどうかを照会した
場合において，当該発信者が当該照会を受けた日から二日を経過しても当該発信者から当該
名誉侵害情報送信防止措置を講ずることに同意しない旨の申出がなかったとき。

　　二　特定電気通信による情報の流通によって自己の名誉を侵害されたとする公職の候補者
等から，名誉侵害情報等及び名誉侵害情報の発信者の電子メールアドレスが公職選挙法第百
四十二条の四又は第百四十二条の七第一項の規定に違反して表示されていない旨を示して当
該特定電気通信役務提供者に対し名誉侵害情報送信防止措置を講ずるよう申出があった場合
であって，当該情報の発信者の電子メールアドレスが当該情報に係る特定電気通信の受信を
する者が使用する通信端末機器（入出力装置を含む。）の映像面に正しく表示されていないと
き。」

42）朝日新聞 2005 年（平成 17 年）12 月 31 日朝刊〔東京本社〕，北海道新聞・前掲注 39）。

43）北海道新聞 2007 年（平成 19 年）7 月 22 日朝刊。

44）衆議院（比例代表選出）議員の選挙においては，政党のビラ以外のものを頒布できない（公
　選法 142 条 4 項）ため，小選挙区と重複立候補しない候補者のウェブサイト・ブログが問題
　となったが，政党の選挙運動とみなすことで解禁の対象に含めることになった。

45）「選挙，ツイッターは自粛　ネット利用解禁へ改正案」朝日新聞 2010 年（平成 22 年）5 月 27
　日朝刊。また，今回の合意では，インターネット上の広告についても，新聞・テレビの広告

と同様に扱うものとされ，「候補者本人になりすますなど候補者名を偽って使った場合，禁固2年以下，罰金30万円以下，公民権停止の罰則を科す」ものとされた（「ネット選挙解禁与野党正式合意」北海道新聞2010年（平成22年）5月27日朝刊）。

46) 菅首相は，就任当初，2週間程度の会期延長を行う意向を示していたことから，そこで公選法改正案が成立する可能性も残されていた。しかし，会期延長に応じて，第22回参議院議員通常選挙の日程もずれ込んでしまうため，当初の予定通りに閉会することになった。

47) なお，自民党は民主党に先んじて，第174回国会に（先述の）公選法改正案（前掲注41)）を提出していた。自民党の改正案は，民主党の素案と同様に解禁の対象を広くとるものであったが，継続審議となった後，第181回国会の閉会（2012年（平成24年）11月16日）により審査未了（廃案）となった。

48)「統一選からのネット選挙解禁目指す　民主が各党と協議へ」asahi.com 2010年（平成22年）11月15日。

49) 次の条文の追加などを内容とする（http://www.sangiin.go.jp/japanese/joho1/kousei/gian/182/pdf/t071820011820.pdf (last visited Feb. 5, 2013)）。

1条（公職選挙法の一部改正）「公職選挙法（昭和二十五年法律第百号）の一部を次のように改正する。」

142条の3（ウェブサイト等を利用する方法による文書図画の頒布）「第百四十二条第一項及び第四項の規定にかかわらず，何人も，ウェブサイト等を利用する方法（電気通信（電気通信事業法（昭和五十九年法律第八十六号）第二条第一号に規定する電気通信をいう。以下この条において同じ。）の送信（公衆によって直接受信されることを目的とする電気通信の送信を除く。）により文書図画をその受信をする者が使用する通信端末機器（入出力装置を含む。以下この条において同じ。）の映像面に表示されるようにする方法（以下「インターネット等を利用する方法」という。）のうち，電子メール（特定電子メールの送信の適正化等に関する法律（平成十四年法律第二十六号）第二条第一号に規定する電子メールをいう。以下同じ。）を利用する方法を除いたものをいう。以下同じ。）により，文書図画を，選挙運動のために頒布することができる。

2　前項の規定により文書図画を選挙運動のために頒布する者が，選挙の期日の前日までに，文書図画をその文書図画に係る電気通信の受信をする者が使用する通信端末機器の映像面に表示させることができる状態に置いたときは，当該文書図画は，第百二十九条の規定にかかわらず，選挙の当日においても，その状態に置いたままにすることができる。

3　第一項の規定により文書図画を選挙運動のために頒布する者は，その頒布に当たっては，その者の電子メールアドレス（電子メールの利用者を識別するための文字，番号，記号その他の符号をいう。次条において同じ。）又はウェブサイト等を利用する方法によりその者に連絡をする際に必要となる情報として政令で定めるものが，当該文書図画に係る電気通信の受信をする者が使用する通信端末機器の映像面に正しく表示されるようにしなければならない。」

142条の4（電子メールを利用する方法による文書図画の頒布）「第百四十二条第一項及び第四項の規定にかかわらず，何人も，自らに対して自己の電子メールアドレスを通知した者に対し，電子メールを利用する方法（当該電子メールアドレスをその宛先として送信をすることによるものに限る。）により，文書図画を，選挙運動のために頒布することができる。ただし，その者から，電子メールの送信その他の方法により，当該電子メールアドレスをその

宛先とする選挙運動用電子メール（文書図画を選挙運動のために頒布するために用いられる電子メールをいう。次項において同じ。）の送信をしないように求める旨の通知を受けたときは，この限りでない。

2　前項の規定により文書図画を選挙運動のために頒布する者は，選挙運動用電子メールの送信に当たっては，当該文書図画に次に掲げる事項が正しく表示されるようにしなければならない。

一　自己の氏名又は名称

二　当該選挙運動用電子メールの受信をした者が電子メールの送信その他のインターネット等を利用する方法により前項ただし書の通知を行う際にその宛先となる電子メールアドレス又はこれに類する情報として政令で定めるもの」

2条（インターネットを利用する投票方法に関する検討）「政府は，情報化社会の一層の進展に鑑み，選挙人の利便の向上及びこれによる投票率の上昇並びに開票事務等の効率化及び迅速化を図るため公職の選挙に係るインターネットを利用する投票方法を導入するかどうかの判断に資するよう，当該投票方法を導入するとした場合に次に掲げる条件を満たすために講ぜられるべき技術上及び制度上の措置について，この法律の施行後一年以内に，検討を加え，その結果をインターネットの利用その他適切な方法により公表しなければならない。

一　投票の秘密が侵されないこと。

二　選挙人が一の選挙において二以上の投票を行うことを防止できること。

三　選挙人が使用する通信端末機器（入出力装置を含む。）の操作により公職の候補者（衆議院比例代表選出議員の選挙にあっては衆議院名簿届出政党等（公職選挙法第八十六条の二第一項の規定による届出をした政党その他の政治団体をいう。），参議院比例代表選出議員の選挙にあっては公職の候補者たる参議院名簿登載者（同法第八十六条の三第一項の参議院名簿登載者をいう。）又は参議院名簿届出政党等（同項の規定による届出をした政党その他の政治団体をいう。）。第七号において同じ。）のいずれを選択したかを，投票の管理を行う機関に対して送信し，当該機関の電磁的記録媒体（電子的方式，磁気的方式その他人の知覚によっては認識することができない方式で作られる記録であって電子計算機による情報処理の用に供されるものに係る記録媒体をいう。）に記録することが正確かつ確実にできること。

四　投票をしようとする選挙人が本人であるかどうかの確認をすることができること及び当該確認に係る個人情報の保護のためのその適正な取扱いが確保されること。

五　自宅その他の投票立会人のいない場所において選挙人がその自由な意思によって投票をする環境が確保されること。

六　投票に係る情報システムについて，不正アクセス行為（不正アクセス行為の禁止等に関する法律（平成十一年法律第百二十八号）第二条第四項に規定する不正アクセス行為をいう。）からの防御その他その安全が確保されること。

七　事故が発生した場合において，選挙人が公職の候補者のいずれを選択したかの記録が保護されること及び投票に係る情報システムが保全されること。

八　その他選挙の公正かつ適正な執行を害しないこと。

2　前項の検討の結果が公表された場合において，必要があると認められるときは，所要の措置が講ぜられるものとする。」

附則4条（公職の候補者等に係る特例）「前条第二項の場合のほか，特定電気通信役務提供者は，特定電気通信による情報（選挙運動の期間中に選挙運動又は当選を得させないための

活動のために頒布された文書図画に係る情報に限る。以下この条において同じ。）の送信を
防止する措置を講じた場合において，当該措置により送信を防止された情報の発信者に生じ
た損害については，当該措置が当該情報の不特定の者に対する送信を防止するために必要な
限度において行われたものである場合であって，次の各号のいずれかに該当するときは，賠
償の責めに任じない。

　　一　特定電気通信による情報の流通によって自己の名誉を侵害されたとする公職の候補者
等（公職の候補者又は候補者届出政党（公職選挙法（昭和二十五年法律第百号）第八十六条第
一項又は第八項の規定による届出をした政党その他の政治団体をいう。）若しくは衆議院名
簿届出政党等（同法第八十六条の二第一項の規定による届出をした政党その他の政治団体を
いう。）若しくは参議院名簿届出政党等（同法第八十六条の三第一項の規定による届出をした
政党その他の政治団体をいう。）をいう。以下同じ。）から，当該名誉を侵害したとする情報
（以下「名誉侵害情報」という。），名誉が侵害された旨及び名誉が侵害されたとする理由（以
下「名誉侵害情報等」という。）を示して当該特定電気通信役務提供者に対し名誉侵害情報の
送信を防止する措置（以下「名誉侵害情報送信防止措置」という。）を講ずるよう申出があっ
た場合に，当該特定電気通信役務提供者が，当該名誉侵害情報の発信者に対し当該名誉侵害
情報等を示して当該名誉侵害情報送信防止措置を講ずることに同意するかどうかを照会した
場合において，当該発信者が当該照会を受けた日から二日を経過しても当該発信者から当該
名誉侵害情報送信防止措置を講ずることに同意しない旨の申出がなかったとき。

　　二　特定電気通信による情報の流通によって自己の名誉を侵害されたとする公職の候補者
等から，名誉侵害情報等及び公職選挙法第百四十二条の三第三項の規定に違反して同項に規
定する事項が表示されていない旨を示して当該特定電気通信役務提供者に対し名誉侵害情報
送信防止措置を講ずるよう申出があった場合であって，同項に規定する事項が当該情報に係
る特定電気通信の受信をする者が使用する通信端末機器（入出力装置を含む。）の映像面に正
しく表示されていないとき。」

　　なお，みんなの党は，第182回国会（参法1号：2012年（平成24年）12月27日）においても，
同一内容の法案を提出している（http://www.sangiin.go.jp/japanese/joho1/kousei/
gian/180/pdf/t071800241800.pdf (last visited Feb. 5, 2013))。

50）民主党（2006年）・自民党（2010年）・みんなの党（2012年）が提出した公選法改正案で大
きく異なるのは，電子メールについての対応である（いずれも候補者・政党・第三者に利用
を認めるとしているが，民主党・みんなの党はオプト・アウト〔opt-out〕方式，自民党はオプ
ト・イン〔opt-in〕方式としている点で異なる）。それ以外については，「誹謗中傷や『なりす
まし』を防止するために氏名あるいは電子メールアドレスを正しく表示することとし，違反
した者に対しては罰則を科すとしていたり，選挙期日はウェブサイトの更新はできないが閲
覧は」可能としている点，更には，インターネットの利用解禁の目的（の1つ）は，「お金のか
からない選挙」の実現にあり，「候補者のウェブサイトの構築や更新などに関わる費用は選挙
運動費用に算入する」点なども共通している（ネット選挙研究会編『公職選挙法に基づくイ
ンターネット選挙要覧』〔国政情報センター・2012年〕161頁）。

51）ただし，各党とも「政治活動」と主張していたこともあり，「特定候補者名や具体的な投票
要請」は注意深く避けていた（朝日新聞2009年（平成21年）9月1日朝刊〔東京本社〕）。

52）最近の例としては，社民党の福島瑞穂党首が，第18回東京都知事選挙（2012年（平成24年）
年12月16日）・第46回衆議院議員総選挙（2012年（平成24年）年12月16日）に関して「脱

原発統一候補宇都宮けんじさんをみんなの力で都知事選で，当選させよう！」「社民党は，杉並から立候補した山本太郎さんについて支持を正式決定」とつぶやいたが，その後，公職選挙法に抵触するとの指摘を受けて削除したケースがあげられる。

53) マニフェストにおける各党の記述は次のようになっていた。「(民主党) インターネット選挙運動の解禁をすすめる」http://www.dpj.or.jp/global/downloads/manifesto2012.pdf (last visited Feb. 5, 2013)，「(自由民主党) ネット選挙の解禁：Facebook，Twitter，ブログなどの普及に鑑み，有権者への候補者情報の提供，国民の政治への参加意識向上等を図るため，インターネット等を利用した選挙運動を解禁します」http://jimin.ncss.nifty.com/pdf/j_file2012.pdf (last visited Feb. 5, 2013)，「(公明党) インターネットを使った選挙運動の解禁を実現します」http://www.komei.or.jp/policy/various_policies/pdf/manifesto2012.pdf (last visited Feb. 5, 2013)，「(日本維新の会) ネットを利用した選挙活動の解禁」http://j-ishin.jp/about/statue.html (last visited Feb. 5, 2013)，「(みんなの党) 多様な民意を政治に反映させるため，インターネット選挙を解禁：①選挙期間中でもインターネット (フェイスブックやツイッター等) を使った選挙運動が，候補者本人や政党，第三者でもできるよう法律を改正。候補者本人の有料広告は，法定選挙費用内で可能とする。②個人認証の精緻化や秘密投票の確保がなされるようになった将来には，パソコンやスマートフォンを使ったインターネット投票を実現し，その技術を世界へと売り込む」http://www.your-party.jp/file/agenda201212.pdf (last visited Feb. 5, 2013)，「(社民党) 戸別訪問の解禁，立会演説会の開催，FAXやメール，インターネットを利用した選挙活動の解禁など，政党や政治家の情報を入手する機会の拡大や有権者との対話を重視する観点から選挙運動に対する規制のあり方を見直します」http://www5.sdp.or.jp/policy/policy/election/images/manifesutopdf2.pdf (last visited Feb. 5, 2013)。なお，日本共産党・国民新党はマニフェストに掲げなかったが，2010 年 (平成 22 年) の与野党協議においては他党とともに賛成の立場をとっていた。

54) 安倍首相は，ニコニコ動画の七尾功氏の質問 (「総理として，公職選挙法改正について改めてお聞かせください。来年夏の参院選で実施できるスピード感で，インターネットを利用した選挙活動の解禁を目指すのかどうか。目指すとすれば，その意義についてもぜひ教えてください」) に対して，次のように答えている。「結論から言えば，来年の参議院選挙までの解禁を目指していきたいと思います。意義については，今の選挙法自体がポジティブリストになっているわけでありまして，この法律ができたのは随分昔の話なのですね。そして今，インターネットを多くの人たちが活用しています。少数の人にとどまっているのであれば，これはやはり問題があるのだろうと思いますが，今や相当多くの方々が活用しているわけでありますし，さらにIT戦略会議を活性化させて，担当大臣を置いて，このITにおいても，日本がIT国家としてさらに成長していくように努力をしていきたいと思います。そして，それと同時に，今，選挙において，インターネットを使わないということは，私はむしろ不自然なのだろうと考えています。むしろ自分の考えを多くの方たちに知ってもらう上においては，予算もかからないわけでありますし，効果的でもあるわけでありますし，そして多くの人たちが同じ土俵で戦うことにもなれるわけでありまして，特定の候補者がこれを使うことによってほかの候補者が不利にならないということにならなければいけない。ただ同時に，その中においてルールをどう設定していこうかということも当然考えていく必要はあるのだろうと思います」(「安倍内閣総理大臣就任記者会見」http://www.kantei.go.jp/jp/96_abe/statement/2012/1226kaiken.html (last visited Feb. 5, 2013))。

Ⅷ　政治過程におけるインターネットの利用　　177

55) 同改正案では，この他，名誉毀損に該当するような書き込みは，プロバイダが早期に削除できるようにすること，電子メールには送信者のメールアドレスの表示を義務づけること，バナー広告も政党の場合に限って認めることが盛り込まれている（「ネット選挙　各党協議へ──自民『全面解禁案』を了承」北海道新聞2013年（平成25年）2月1日朝刊）。

56) 元々，自民党内部にもウェブサイト・ブログに解禁対象を限定すべきだとの意見が根強くあった（「ネット選挙　全面的解禁──自民が改正案」北海道新聞2013年（平成25年）1月31日朝刊）。

57) 「公明党が成り済ましや誹謗中傷の激化に強い懸念を示した」（「候補者偽装は公民権停止──ネット選挙　与党案判明」北海道新聞2013年（平成25年）2月11日朝刊）。

58) 北海道新聞・前掲注57）。更に与党は，虚偽記載があった場合，プロバイダが発信者に連絡を取り，反応がなければ2日後に削除できるようにすることも検討していた（「ネット選挙運動解禁へ　若者支持層の発掘期待──批難合戦と化す懸念も」北海道新聞2013年（平成25年）2月14日朝刊）。

59) 与党側は，メールについて，「夏の参院選の次の国政選挙までに必要な措置を講じる」ことを与党案の附則に盛り込む妥協案を示したが，民主党・みんなの党は納得しなかった（「ネット選挙　メール全面解禁を──民主・みんなが法改正案」北海道新聞2013年（平成25年）3月2日朝刊）。

60) 次の条文の追加などを内容とする（特徴的な部分のみ抜粋：http://www.shugiin.go.jp/itdb_gian.nsf/html/gian/honbun/houan/g18301001.htm (last visited Mar. 4, 2013)）。

142条の3（ウェブサイト等を利用する方法による文書図画の頒布）「4　ウェブサイト等を利用する方法により選挙運動のために使用する文書図画を頒布する者は，その者の氏名又は名称が，当該文書図画に係る電気通信の受信をする者が使用する通信端末機器の映像面に正しく表示されるように努めなければならない。」

142条の4（電子メールを利用する方法による文書図画の頒布）「第百四十二条第一項及び第四項の規定にかかわらず，何人も，電子メールを利用する方法により，選挙運動のために使用する文書図画を頒布することができる。

2　前項の規定により選挙運動のために使用する文書図画を頒布するために用いられる電子メール（以下「選挙運動用電子メール」という。）の送信をする者（その送信をしようとする者を含むものとする。以下「選挙運動用電子メール送信者」という。）は，当該選挙運動用電子メール送信者に対しその電子メールアドレスを自ら通知した者に対し，当該選挙運動用電子メール送信者に対し自ら通知した電子メールアドレスに送信をする選挙運動用電子メールでなければ，送信をすることができない。

3　選挙運動用電子メール送信者は，前項の電子メールアドレスを自ら通知した者から，選挙運動用電子メールの送信をしないように求める電子メールアドレスを明らかにして電子メールの送信その他の方法により当該電子メールアドレスに選挙運動用電子メールの送信をしないように求める旨の通知を受けたときは，当該電子メールアドレスに選挙運動用電子メールの送信をしてはならない。」

142条の6（インターネット等を利用する方法による候補者の氏名等を表示した有料広告の禁止等）「4　前二項の規定にかかわらず，次の各号に掲げる選挙においては，それぞれ当該各号に定める政党その他の政治団体は，選挙運動の期間中において，広告（第一項及び第百五十二条第一項の広告を除くものとする。次項において同じ。）であつて，当該広告に係る電

気通信の受信をする者が使用する通信端末機器の映像面にウェブサイト等を利用する方法により頒布される当該政党その他の政治団体が行う選挙運動のために使用する文書図画を表示させることができる機能を有するものを，有料で，インターネット等を利用する方法により頒布する文書図画に掲載させることができる。」

「5　第二項及び第三項の規定にかかわらず，公職の候補者は，選挙運動の期間中において，広告であつて，当該広告に係る電気通信の受信をする者が使用する通信端末機器の映像面にウェブサイト等を利用する方法により頒布される当該公職の候補者が行う選挙運動のために使用する文書図画を表示させることができる機能を有するものを，有料で，インターネット等を利用する方法により頒布する文書図画に掲載させることができる。」

61)　次の条文の追加などを内容とする（http://www.shugiin.go.jp/itdb_gian.nsf/html/gian/honbun/houan/g18301003.htm (last visited Apr. 1, 2013)）。

142条の3（ウェブサイト等を利用する方法による文書図画の頒布）「第百四十二条第一項及び第四項の規定にかかわらず，選挙運動のために使用する文書図画は，ウェブサイト等を利用する方法（インターネット等を利用する方法（電気通信（電気通信事業法（昭和五十九年法律第八十六号）第二条第一号に規定する電気通信をいう。以下同じ。）の送信（公衆によつて直接受信されることを目的とする電気通信の送信を除く。）により，文書図画をその受信をする者が使用する通信端末機器（入出力装置を含む。以下同じ。）の映像面に表示させる方法をいう。以下同じ。）のうち電子メール（特定電子メールの送信の適正化等に関する法律（平成十四年法律第二十六号）第二条第一号に規定する電子メールをいう。以下同じ。）を利用する方法を除いたものをいう。以下同じ。）により，頒布することができる。

2　選挙運動のために使用する文書図画であつてウェブサイト等を利用する方法により選挙の期日の前日までに頒布されたものは，第百二十九条の規定にかかわらず，選挙の当日においても，その受信をする者が使用する通信端末機器の映像面に表示させることができる状態に置いたままにすることができる。

3　ウェブサイト等を利用する方法により選挙運動のために使用する文書図画を頒布する者は，その者の電子メールアドレス（特定電子メールの送信の適正化等に関する法律第二条第三号に規定する電子メールアドレスをいう。以下同じ。）その他のインターネット等を利用する方法によりその者に連絡をする際に必要となる情報（以下「電子メールアドレス等」という。）が，当該文書図画に係る電気通信の受信をする者が使用する通信端末機器の映像面に正しく表示されるようにしなければならない。」

142条の4（電子メールを利用する方法による文書図画の頒布）「第百四十二条第一項及び第四項の規定にかかわらず，次の各号に掲げる選挙においては，それぞれ当該各号に定めるものは，電子メールを利用する方法により，選挙運動のために使用する文書図画を頒布することができる。

一　衆議院（小選挙区選出）議員の選挙　公職の候補者及び候補者届出政党

二　衆議院（比例代表選出）議員の選挙　衆議院名簿届出政党等

三　参議院（比例代表選出）議員の選挙　参議院名簿届出政党等及び公職の候補者たる参議院名簿登載者

四　参議院（選挙区選出）議員の選挙　公職の候補者及び第二百一条の六第三項（第二百一条の七第二項において準用する場合を含む。）の確認書の交付を受けた政党その他の政治団体（第八十六条の四第三項（同条第五項においてその例によることとされる場合を含む。）

Ⅷ　政治過程におけるインターネットの利用　　179

の規定により当該公職の候補者が所属するものとして記載されたものに限る。)

　五　都道府県又は指定都市の議会の議員の選挙　公職の候補者及び第二百一条の八第二項（同条第三項において準用する場合を含む。）において準用する第二百一条の六第三項の確認書の交付を受けた政党その他の政治団体

　六　都道府県知事又は市長の選挙　公職の候補者及び第二百一条の九第三項の確認書の交付を受けた政党その他の政治団体

　七　前各号に掲げる選挙以外の選挙　公職の候補者

2　前項の規定により選挙運動のために使用する文書図画を頒布するために用いられる電子メール（以下「選挙運動用電子メール」という。）の送信をする者（その送信をしようとする者を含むものとする。以下「選挙運動用電子メール送信者」という。）は，次の各号に掲げる者に対し，かつ，当該各号に定める電子メールアドレスに送信をする選挙運動用電子メールでなければ，送信をすることができない。

　一　あらかじめ，選挙運動用電子メールの送信をするように求める旨又は送信をすることに同意する旨を選挙運動用電子メール送信者に対し通知した者（その電子メールアドレスを当該選挙運動用電子メール送信者に対し自ら通知した者に限る。）　当該選挙運動用電子メール送信者に対し自ら通知した電子メールアドレス

　二　前号に掲げる者のほか，選挙運動用電子メール送信者の政治活動のために用いられる電子メール（以下「政治活動用電子メール」という。）を継続的に受信している者（その電子メールアドレスを当該選挙運動用電子メール送信者に対し自ら通知した者に限り，かつ，その通知をした後，その自ら通知した全ての電子メールアドレスを明らかにしてこれらに当該政治活動用電子メールの送信をしないように求める旨を当該選挙運動用電子メール送信者に対し通知した者を除く。）であつて，あらかじめ，当該選挙運動用電子メール送信者から選挙運動用電子メールの送信をする旨の通知を受けたもののうち，当該通知に対しその受信している政治活動用電子メールに係る自ら通知した全ての電子メールアドレスを明らかにしてこれらに当該選挙運動用電子メールの送信をしないように求める旨の通知をしなかつたもの　当該選挙運動用電子メールの送信をする旨の通知に対し，当該選挙運動用電子メールの送信をしないように求める旨の通知をした電子メールアドレス以外の当該政治活動用電子メールに係る自ら通知した電子メールアドレス

3　選挙運動用電子メール送信者は，次の各号に掲げる場合に応じ，それぞれ当該各号に定める事実を証する記録を保存しなければならない。

　一　前項第一号に掲げる者に対し選挙運動用電子メールの送信をする場合　同号に掲げる者がその電子メールアドレスを当該選挙運動用電子メール送信者に対し自ら通知したこと及びその者から選挙運動用電子メールの送信をするように求めがあつたこと又は送信をすることに同意があつたこと。

　二　前項第二号に掲げる者に対し選挙運動用電子メールの送信をする場合　同号に掲げる者がその電子メールアドレスを当該選挙運動用電子メール送信者に対し自ら通知したこと，当該選挙運動用電子メール送信者が当該電子メールアドレスに継続的に政治活動用電子メールの送信をしていること及び当該選挙運動用電子メール送信者が同号に掲げる者に対し選挙運動用電子メールの送信をする旨の通知をしたこと。

4　選挙運動用電子メール送信者は，第二項各号に掲げる者から，選挙運動用電子メールの送信をしないように求める電子メールアドレスを明らかにして電子メールの送信その他の方

法により当該電子メールアドレスに選挙運動用電子メールの送信をしないように求める旨の通知を受けたときは，当該電子メールアドレスに選挙運動用電子メールの送信をしてはならない。

　5　選挙運動用電子メール送信者は，選挙運動用電子メールの送信に当たつては，当該選挙運動用電子メールを利用する方法により頒布される文書図画に次に掲げる事項を正しく表示しなければならない。

　　一　選挙運動用電子メールである旨

　　二　当該選挙運動用電子メール送信者の氏名又は名称

　　三　当該選挙運動用電子メール送信者に対し，前項の通知を行うことができる旨

　　四　電子メールの送信その他のインターネット等を利用する方法により前項の通知を行う際に必要となる電子メールアドレスその他の通知先」

　142条の5（インターネット等を利用する方法により当選を得させないための活動に使用する文書図画を頒布する者の表示義務）「選挙の期日の公示又は告示の日からその選挙の当日までの間に，ウェブサイト等を利用する方法により当選を得させないための活動に使用する文書図画を頒布する者は，その者の電子メールアドレス等が，当該文書図画に係る電気通信の受信をする者が使用する通信端末機器の映像面に正しく表示されるようにしなければならない。

　2　選挙の期日の公示又は告示の日からその選挙の当日までの間に，電子メールを利用する方法により当選を得させないための活動に使用する文書図画を頒布する者は，当該文書図画にその者の電子メールアドレス及び氏名又は名称を正しく表示しなければならない。」

　142条の6（インターネット等を利用する方法による候補者の氏名等を表示した有料広告の禁止等）「何人も，その者の行う選挙運動のための公職の候補者の氏名若しくは政党その他の政治団体の名称又はこれらのものが類推されるような事項を表示した広告を，有料で，インターネット等を利用する方法により頒布される文書図画に掲載させることができない。

　2　何人も，選挙運動の期間中は，前項の禁止を免れる行為として，公職の候補者の氏名若しくは政党その他の政治団体の名称又はこれらのものが類推されるような事項を表示した広告を，有料で，インターネット等を利用する方法により頒布される文書図画に掲載させることができない。

　3　何人も，選挙運動の期間中は，公職の候補者の氏名若しくは政党その他の政治団体の名称又はこれらのものが類推されるような事項が表示されていない広告であつて，当該広告に係る電気通信の受信をする者が使用する通信端末機器の映像面にウェブサイト等を利用する方法により頒布される選挙運動のために使用する文書図画を表示させることができる機能を有するものを，有料で，インターネット等を利用する方法により頒布される文書図画に掲載させることができない。

　4　前二項の規定にかかわらず，次の各号に掲げる選挙においては，それぞれ当該各号に定める政党その他の政治団体は，選挙運動の期間中において，広告（第一項及び第百五十二条第一項の広告を除くものとする。）であつて，当該広告に係る電気通信の受信をする者が使用する通信端末機器の映像面にウェブサイト等を利用する方法により頒布される当該政党その他の政治団体が行う選挙運動のために使用する文書図画を表示させることができる機能を有するものを，有料で，インターネット等を利用する方法により頒布する文書図画に掲載させることができる。

一　衆議院議員の選挙　候補者届出政党及び衆議院名簿届出政党等

　二　参議院議員の選挙　参議院名簿届出政党等及び第二百一条の六第三項（第二百一条の七第二項において準用する場合を含む。）の確認書の交付を受けた政党その他の政治団体

　三　都道府県又は指定都市の議会の議員の選挙　第二百一条の八第二項（同条第三項において準用する場合を含む。）において準用する第二百一条の六第三項の確認書の交付を受けた政党その他の政治団体

　四　都道府県知事又は市長の選挙　第二百一条の九第三項の確認書の交付を受けた政党その他の政治団体」

　附則6条（公職の候補者等に係る特例）「前条第二項の場合のほか，特定電気通信役務提供者は，特定電気通信による情報（選挙運動の期間中に頒布された文書図画に係る情報に限る。以下この条において同じ。）の送信を防止する措置を講じた場合において，当該措置により送信を防止された情報の発信者に生じた損害については，当該措置が当該情報の不特定の者に対する送信を防止するために必要な限度において行われたものである場合であって，次の各号のいずれかに該当するときは，賠償の責めに任じない。

　一　特定電気通信による情報であって，選挙運動のために使用し，又は当選を得させないための活動に使用する文書図画（以下「特定文書図画」という。）に係るものの流通によって自己の名誉を侵害されたとする公職の候補者等（公職の候補者又は候補者届出政党（公職選挙法（昭和二十五年法律第百号）第八十六条第一項又は第八項の規定による届出をした政党その他の政治団体をいう。）若しくは衆議院名簿届出政党等（同法第八十六条の二第一項の規定による届出をした政党その他の政治団体をいう。）若しくは参議院名簿届出政党等（同法第八十六条の三第一項の規定による届出をした政党その他の政治団体をいう。）をいう。以下同じ。）から，当該名誉を侵害したとする情報（以下「名誉侵害情報」という。），名誉が侵害された旨，名誉が侵害されたとする理由及び当該名誉侵害情報が特定文書図画に係るものである旨（以下「名誉侵害情報等」という。）を示して当該特定電気通信役務提供者に対し名誉侵害情報の送信を防止する措置（以下「名誉侵害情報送信防止措置」という。）を講ずるよう申出があった場合に，当該特定電気通信役務提供者が，当該名誉侵害情報の発信者に対し当該名誉侵害情報等を示して当該名誉侵害情報送信防止措置を講ずることに同意するかどうかを照会した場合において，当該発信者が当該照会を受けた日から二日を経過しても当該発信者から当該名誉侵害情報送信防止措置を講ずることに同意しない旨の申出がなかったとき。

　二　特定電気通信による情報であって，特定文書図画に係るものの流通によって自己の名誉を侵害されたとする公職の候補者等から，名誉侵害情報等及び名誉侵害情報の発信者の電子メールアドレス等（公職選挙法第百四十二条の三第三項に規定する電子メールアドレス等をいう。以下同じ。）が同項又は同法第百四十二条の五第一項の規定に違反して表示されていない旨を示して当該特定電気通信役務提供者に対し名誉侵害情報送信防止措置を講ずるよう申出があった場合であって，当該情報の発信者の電子メールアドレス等が当該情報に係る特定電気通信の受信をする者が使用する通信端末機器（入出力装置を含む。）の映像面に正しく表示されていないとき。」

62) 宮沢俊義『憲法II〔初版〕』（有斐閣・1959年）365頁。

63) 宮沢俊義『憲法II〔新版〕』（有斐閣・1974年）375頁。この点につき，奥平康弘『なぜ「表現の自由」か』（東京大学出版会・1988年）154－155頁参照。

64) また，野村敬造教授は，「貧者が選挙権を与えられるのみでなく，積極的に候補者となった

場合，金権候補者と同一条件において選挙運動を行うことを保障するものであり，いわば普通選挙・平等選挙のコロラリーである。これらの制限は——形式的見地からは制限であるとしても——表現の自由の行使を円滑にし，その効果を逆に増進させ，実質において表現の自由を保障するものであ」るとされていた（野村敬造「選挙に関する憲法上の原則」清宮四郎＝佐藤功編『憲法講座3 国会・内閣』〔有斐閣・1964年〕142頁）。

65）奥平・前掲注63）174－175頁。

66）その一方で，判例は，合理的関連性の基準を用いている。

67）芦部信喜『憲法学Ⅲ 人権各論(1)〔増補版〕』（有斐閣・2000年）472頁。

68）野中俊彦ほか『憲法Ⅱ〔第5版〕』（有斐閣・2012年）28頁〔高見勝利執筆〕。更に，LRAの基準・「より制限的でない手段」を主張するものとして，佐藤幸治『憲法〔第3版〕』（青林書院・1995年）123頁，同『日本国憲法論』（成文堂・2011年）414頁，渋谷秀樹『憲法〔第2版〕』（有斐閣・2013年）387頁がある。

69）松井茂記『日本国憲法〔第3版〕』（有斐閣・2007年）460頁。また，松井教授は，「とりわけ，公職選挙法の文書配布制約規定は，インターネットにも適用されると解されており，選挙期間中候補者はウェブページも更新できない状況に置かれている。このようなインターネットによる情報発信を制約すべき理由はない」とされる（同頁注11）。

70）内野正幸『憲法解釈の論点〔第4版〕』（日本評論社・2005年）80頁。

71）わが国の電子投票は，銀行・郵便局等のATMと同様に，タッチパネル方式のディスプレーを指ないしタッチペンで触れて操作するものである。現在の公職選挙法46条は，「自書式」を原則とし，例外として，条例によって地方選挙を「記号式」とすることを可能にしている（公職選挙法46条の2）が，電子投票については，後述の特例法（3条・5条の規定）に基づき，条例（例えば，「新見市議会の議員及び新見市長の選挙における電磁的記録投票機による投票に関する条例」〔2002年（平成14年）3月25日〕）によって地方選挙での実施を可能にしている。

　新見市の電子投票については，岩崎正洋『電子投票』（日本経済評論社・2004年）53頁以下，岩崎・前掲注3）119頁以下，出口和宏『『岡山県新見市における電子投票の実施について』の概要」選挙時報52巻5・6号（2003年）1頁以下，村田拓司「これからどうなる，日本の電子投票のアクセシビリティー——全国初・新見市の電子投票に着目して」ジュリ1242号（2003年）2頁以下，田中宗孝「電子投票システム導入の意義と課題——今後は地方選挙での実績の積み重ね」議会政治研究64号（2002年）50頁以下，森源二「地方選挙における電子投票について——岡山県新見市で全国初の電子投票の実施」議会政治研究64号（2002年）57頁以下，吉田彰「初の電子投票条例を制定した新見市議会」議会政治研究64号（2002年）68頁以下，中島学「新見市における電子投票の概要について」選挙55巻10号（2002年）4頁参照。

72）総務省「電子投票の実施状況」http://www.soumu.go.jp/senkyo/senkyo_s/news/touhyou/denjiteki/denjiteki03.html (last visited Feb. 5, 2013)，電子投票普及協業組合「電子投票実施『及び故障／障害』記録」http://evs-j.com/domestic_implementation_records (last visited Feb. 5, 2013)。

73）報告書については，「電子機器利用による選挙システム研究会報告書(1)」選挙時報51巻4号（2002年）33頁以下，「電子機器利用による選挙システム研究会報告書(2)」選挙時報51巻5号（2002年）29頁以下，「電子機器利用による選挙システム研究会報告書(3)」選挙時報51巻6号（2002年）32頁以下にある。

74）ここでの3分類は，2000年のアメリカ大統領選挙前における各種報告書（典型例として，ホ

ワイトハウスの求めに応じて，全米科学財団が作成した報告書がある）の影響を強く受けたものであるとの指摘がある（湯淺・前掲注8）24頁，湯淺墾道「各国の電子投票制度」九国14巻3号〔2008年〕25頁）。

75) わが国で採用されてきた電子投票機には，スタンド・アローン方式・クライアント・サーバ（サーバ・クライアント）方式の2種類がある。わが国では前者の方式が一般的で，投票方向を記録した記録媒体（CFなど）が電子投票機の数に応じて作成される（正本・複本の2つ）ことから，その分，集計に手間がかるというデメリットがあるが，故障・トラブルが発生しても，予備機に切り替えることによって被害を最小限に食い止めることができるというメリットがある。後者の方式は，1つの投票所に1つの（投票）サーバ機が設置され，そこに投票方向の記録が集められるものである。この方式のメリットは，1つの投票所の記録が最初から（正本・複本の2つの記録媒体〔MOなど〕に）まとめられていることから，集計がより容易になることである。デメリットしては，サーバ機に故障・トラブルが発生した場合には，その投票所での投票自体が難しくなってしまう点があげられる。クライアント・サーバ方式での電子投票は2度しか行われていないが，その2回が（選挙が無効とされた）可児市議会議員選挙，（選挙管理委員会に異議申出・審査申立がなされた）海老名市長選挙・市議会議員選挙であり，この方式のデメリットが際立ってしまった。

76) 前掲注73）「電子機器利用による選挙システム研究会報告書(1)」36頁。

77) 田中宗孝「選挙制度入門講座(12)」選挙58巻12号（2005年）6頁。

78) 田中・前掲注71）55－56頁，田中・前掲注77）8頁。なお，田中教授は第2段階の導入につき，選挙人名簿・候補者情報・投票情報それぞれのネットワーク化・ネットワークのセキュリティ確保が必要であり，コストの問題を含めて解決しなければならない問題があるが，比較的低コストで実現可能な，同一市町村内の投票所を対象とするものから順次試みられてよいとされる。

79) 松井・前掲注7）475頁。

80) http://www.kantei.go.jp/jp/singi/it2/dai1/1siryou05_2.html (last visited Feb. 5, 2013)

81) 2005年（平成17年）までに「世界最先端のIT国家となることを目指す」とした，「e-Japan戦略」（2001年（平成13年）1月22日決定）には，「電子政府の実現」の項目があるものの，電子投票制度に関する記述は見られない（岩崎・前掲注3）77頁）。

82) 特例法については，平川薫「地方選挙に電子投票を導入」時の法令1666号（2002年）29頁以下，同「地方公共団体の議会の議員及び長の選挙に係る電磁的記録式投票機を用いて行う投票方法等の特例に関する法律の概要について」Valiant 227号（2002年）9頁以下，同「地方公共団体の議会の議員及び長の選挙に係る電磁的記録式投票機を用いて行う投票方法等の特例に関する法律」ジュリ1219号（2002年）81頁以下参照。

83) 「地方選挙における電磁的記録式投票の普及及び促進：2002年度から，地方公共団体の議会の議員及び長の選挙における電磁的記録式投票の実施について支援を行うことにより，その普及を図る。（総務省）」http://www.kantei.go.jp/jp/singi/it2/kettei/020618honbun.html (last visited Feb. 5, 2013)

84) 「地方選挙における電子投票の普及促進（総務省）：地方公共団体の議会の議員及び長の選挙における電磁的記録式投票（電子投票）について，2003年度以降も，実施しようとする地方公共団体に対する支援を引き続き行うことにより，その一層の普及を図る。」http://www.kantei.go.jp/jp/singi/it2/kettei/030808honbun.pdf (last visited Feb. 5, 2013)

85)「地方選挙における電子投票の普及促進（総務省）：地方公共団体の議会の議員及び長の選挙における電磁的記録式投票（電子投票）について，2004年度以降も，実施しようとする地方公共団体に対する支援を引き続き行うことにより，その一層の普及を図る。」http://www.kantei.go.jp/jp/singi/it2/kettei/040615honbun.pdf (last visited Feb. 5, 2013)

86) 2005年（平成17年）以降の施策では，「地方選挙における電子投票の普及促進」という項目はなくなった（岩崎・前掲注3）84頁）。

87) 岩崎・前掲注71）8−9頁，同・前掲注3）80−84頁。

88) 特例法は，障害者に対する代理投票（7条1項・2項）・電子投票機の操作についての補助（7条3項・4項）を定めているのみであり，条例レベルでアクセシビリティ（音声案内と専用キーボードによる操作など）に対する配慮がなされている（村田・前掲注71）3頁，佐藤孝治「検証・全国初の電子投票——障害者の選挙参加容易に」毎日新聞2002年（平成14年）7月17日朝刊）。

89) 吉田圭二「電子投票の現状と課題」選挙61巻11号10−11頁，前掲注73）「電子機器利用による選挙システム研究会報告書(1)」41−42頁，田中・前掲注71）53頁。

90) 例えば，「午前7時の投票開始後，投票管理者（職員）が投票カード発券機の立ち上げを終えないうちに発券しようとしたため，投票カード発券機1台が使用できなくなった」「投票機が投票カードを読み取れない障害が起きた」（新見市の場合：岩崎・前掲注71）61−62頁），「投票結果を記録する記録媒体（コンパクトフラッシュ）」2つのうち，「原本には記録されたが，複写には記録されないというエラー」が生じた（広島市安芸区の場合：同87頁），「投票機の異常を示す赤ランプが点灯し，投票機が投票を受け付けなくなった」「開票時の票数の食い違いも明らかになった」（可児市の場合：同139頁・142頁），「電子投票機とサーバーとの間の通信トラブルが発生した」「電子投票機が投票カードを読み込めなくなるトラブルも発生した」（海老名市の場合：同170−171頁）などである。

91) デメリットの①を解消すべく，総務省は「電子投票システム調査検討会」（片木淳座長）を設置し（2005年（平成17年）11月14日），「電子投票システムの信頼性向上に向けた方策の基本的方向」という報告書（http://warp.ndl.go.jp/info:ndljp/pid/286922/www.soumu.go.jp/menu_news/s-news/2006/pdf/060426_1_2.pdf (last visited Feb. 5, 2013)）をまとめた（2006年（平成18年）3月）。この報告書では，電子投票システムの技術的条件の見直しと技術的条件の適合確認を第三者による認証制度として実施すべきことが謳われており，これを受けて，総務省は，技術的条件の見直しを行うとともに「電子投票システムの技術的条件に係る適合確認実施要綱」（http://warp.ndl.go.jp/info:ndljp/pid/283520/www.soumu.go.jp/s-news/2006/pdf/061219_7_bt2.pdf (last visited Feb. 5, 2013)）を定めた（2006年（平成18年）12月18日）。「従来，技術的条件への適合確認は，ベンダー（事業者）による自己検査や，実施自治体への納入時に選挙管理委員会の立会いによって行われる検査だけであった」が，「検査に必要な設備及び技術を有する民間調査機関に委託して適合確認を実施すること」になった（岩崎・前掲注3）113−116頁，吉田・前掲注89）15頁）。

92) 名古屋地判平成17年3月9日判時1914号54頁。判例評釈として，太田幸夫「可児市議会議員選挙無効訴訟判決——電子投票による市議会議員選挙が無効とされた事例」判タ1245号（2007年）285頁がある。

93) 最決平成17年7月8日判自276号35頁。判例評釈として，柳瀬昇「地方選挙における電子投票をめぐる訴訟——岐阜県可児市電子投票無効訴訟判例評釈」選挙研究24巻2号（2009年）

74頁，諸岡慎介「いわゆる電子投票機を用いて行う投票により実施された市議会議員選挙の無効原因」行政関係判例解説（平成17年）16頁がある。

94）〔事実の概要〕可児市議会議員選挙（2003年（平成15年）7月20日）が，特例法の規定に基づき，電子投票機（ただし，不在者投票・仮投票については，従来通りの「自書式」）により実施された。本件選挙は，午前7時より投票が開始されたが，午前8時半頃から午前9時半頃にかけて，投票機のサーバの過熱が原因とみられる異常が（最短の投票所で9分間・最長の投票所で1時間23分間：全29投票所の合計では15時間33分間）発生した。これらの時間においては，電子投票機が完全に停止した（1分間～4分間）ほか，投票機の動作が不安定となり，投票の記録に失敗したり，遅延したりした。また，これらの時間に投票所に来て待たされた有権者の中には，投票せずに帰った者もいた。

このような状況が発生したため，今回の選挙で落選した者を含む有権者15名は，本件選挙に不服があるとして，可児市選挙管理委員会に異議を申し出たが，異議申出の理由がないとして棄却する旨の決定がされた（2003年（平成15年）8月4日）。更に，原告らは，岐阜県選挙管理委員会（本件被告）に審査申立を行ったが，選挙の結果に異動を及ぼす虞があるとは認められないとして棄却する旨の裁決がされた。そのため，（有権者15名のうち2名を選定当事者として）本件裁決の取消しと，本件選挙の無効を求めて提訴した。

〔判決要旨（名古屋高裁）〕

(1)特例法4条1項が定める条件の具備について

(a)本件投票機に異常が発生したため，「投票の記録の遅延が発生し，最後まで投票できたことが選挙人並びに投票管理者，投票立会人及び投票事務従事者の誰にも認識できないという出来事が起こり，確認できるだけでも9人の選挙人に対し，結果として二重投票をさせることになった」。また，「619回余分に投票を記録した」ため，本件投票機は，一時的とはいえ，特例法4条1項1号（「選挙人が1の選挙において2以上の投票を行うことを防止できるものであること」）が定める条件を具備していない状態にあったと認められる。

(b)本件投票機に異常が発生したため，「全29投票所において，最後まで投票できなかった投票カードが13枚発生し，また，投票の記録の失敗が97件発生した。」更に，「一時的とはいえ，MOに記録された合計516個の投票の記録を削除した。」したがって，本件投票機は，一時的とはいえ，特例法4条1項4号（「電磁的記録式投票機の操作により公職の候補者のいずれを選択したかを電磁的記録媒体に確実に記録することができるものであること」）が定める条件を具備していない状態にあったと認められる。

(c)本件投票機に異常が発生したため，「一時的とはいえ，MOに記録された合計516個の投票の記録を削除した。」したがって，本件投票機は，一時的とはいえ，特例法4条1項5号（「予想される事故に対して，電磁的記録式投票機の操作により公職の候補者のいずれを選択したかを記録した電磁的記録媒体の記録を保護するために必要な措置が講じられているものであること」）が定める条件を具備していない状態にあったと認められる。

(d)「選挙は，選挙人が自らの意思で公職の候補者を選択することが重要であって，選挙人が投票したという認識がないのに投票が完了していたということや，選挙人が投票したと認識した投票記録以外の投票記録が採用されるということ，あるいは，合理的な時間内に投票が終了し，選挙人が投票機の異常等により投票を断念することがないようにするため必要な性能等が備えられていないことは，選挙の公正かつ適正な執行を妨げるものというべきである。」上記事実認定によると，本件投票機は，一時的とはいえ，特例法4条1項8号（「選挙の

公正かつ適正な執行を害しないものであること」）が定める条件を具備していない状態にあったと認められる。

(2)可児市選挙管理委員会の選挙管理上の過誤について

(a)投票カードは，投票用紙に替わるものであるから，「その管理及び送付については特に慎重に扱うことが求められ」るのであって，「可児市選管が投票カードの受渡し等に関する記録を作成しなかったことは，選挙管理上の過誤に該当する」。

(b)「投票の完了が確認できない投票カード」「を所持している選挙人に対し新たな投票カードを交付することは，その場の状況を考慮すると，必ずしも違法なものということはできない」が，「その場で投票の完了を確認することが可能な投票カードもあったのであるから，そのような確認をすることなく，投票カードを新たに発行することは，選挙管理上の過誤に該当する」。また，「投票カードを再交付する場合には，投票用紙の再交付に準じて，投票録にその経緯等を記載し，不正投票等が生じないようにするのが相当であったにもかかわらず，本件選挙においては，投票カードを再交付した経緯等について」記載していなかった。

(c)本件投票機に異常が発生した場合には，「投票管理者らは投票機の異常を短時間で解消し，投票機が正常に作動するようにするとともに，待機中の選挙人に対し，復旧に要する時間（待機時間）について情報を提供する等，投票に支障が生じないようにするため所要の措置をとるのが相当である」が，このような措置がとられなかったことは，管理上の過誤に該当する。

(3)選挙の結果に異動を及ぼす虞について

「本件選挙の最下位当選者の得票総数は1361票，次点者の得票総数は1326票であり，その差は35票である。」そして，「各投票所において本件選挙の結果に異動を及ぼす虞があると認められる票」は27票であることから，「投票をせずに帰った受付前の待機者のうち，再度投票（所）を訪れず，投票をしなかった者の票が，8票以上あれば，本件選挙の結果に異動を及ぼすことになる。」「投票をせずに帰ったと認められる多くの選挙人のうち，再度投票所を訪れ，投票を済ませた者も相当数いたと推認できる」が，「投票を済ませずに帰った選挙人の数は多数に上るのであって，選挙人の仕事や余暇の都合等により再度投票所を訪れて投票を済ませる時間が取れないということは十分あり得るところであるから，なお無視しえない数の多数の選挙人が，再度投票所を訪れることができず，投票をしなかったということも，これまた優に推認できる」。

したがって，「投票をせずに帰り，再度投票所を訪れることができなかったため，投票をしなかったと推測ないし認定できる選挙人9名を含む多数の者が，本件投票機に異常が発生したことにより，投票を断念せざるを得なかったと認められる。」

「以上のとおり，本件投票機が特例付4条1項1号，4号，5号及び8号の条件を一時的に具備していない状態にあったこと，及び可児市選管の選挙管理上の過誤により，最下位当選者の得票総数と次点者の得票総数が逆転する虞があり，本件選挙の結果に異動を及ぼす虞があると認められる。」「したがって，本件選挙は無効である。」

〔決定要旨（最高裁）〕上告理由の「その実質は事実誤認又は単なる法令違反を主張するものであ」り，民訴法312条1項，2項の事由に該当しない。また，上告受理申立ての理由は，「民訴法318条1項により受理すべきものとは認められない」。

95）その他，選挙結果に不服があるとして，選挙管理委員会に異議申出・審査申立が行われたケースとしては，海老名市長選挙・市議会議員選挙（2003年（平成15年）11月9日）に対す

VIII　政治過程におけるインターネットの利用　　187

るもの（いずれも棄却）と白石市長選挙（2004年（平成16年）10月31日）に対するもの（いずれも棄却）がある。なお，前者については東京高等裁判所に選挙無効訴訟が提起され，市議会議員選挙（2004年（平成16年）7月21日）・市長選挙（8月17日）の両方につき棄却の判断がなされている（岩崎・前掲注3）85-86頁）。

96) 電子投票機を購入する場合には1台あたり約100万円，レンタルする場合でも約10万円かかる。1度の選挙で必要となる電子投票機の数は，地方公共団体により異なるが，町村では数十台，市であれば数百台から千台以上が必要になる（「〈もっと知りたい〉電子投票」北海道新聞2008年（平成20年）1月12日夕刊）。

97) 地方6団体が提言した「国庫補助負担金等に関する改革案」（2004年（平成16年）8月24日）において，税源移譲すべき国庫補助負担金の1つとして挙げられていたことから，廃止された（吉田・前掲注89）15頁，宮川隆義「電子投票制——導入に向けた早期決着望む」朝日新聞2005年（平成17年）9月2日朝刊，岩崎・前掲注3）101頁）。

98) 例えば，四日市市（人口約30万人：2004年（平成16年））の場合，電子投票にかかった費用の総額が約4950万円。国から約2分の1の補助金を受け，人件費・印刷経費などで約600万円の節減があっても，「自書式」よりも2060万円程度多くかかり（http://www5.city.yokkaichi.mie.jp/secure/39184/4-3.pdf (last visited Feb. 5, 2013)），白石市（人口約14万人：2010年（平成22年））の場合は，「機器のリース代や人件費などで計約2180万円。国から1147万円の交付税措置があり，開票時間短縮で人件費など約100万円の節減も見込まれるが」，「自書式」よりも1000万円程度多くかかる（「白石市電子投票休止へ」http://mytown.asahi.com/miyagi/news.php?k_id=04000001009080004 (last visited Feb. 5, 2013)）とされていた。

　なお，現在の特別交付税の算定額は，投票所経費と開票所経費の合計である。「投票所数に対して，規模に応じて4段階に分けられた投票所単価をかけた金額が投票所経費となる。投票所単価は，1投票所あたりの選挙時選挙人名簿登録者数が，1500人未満で29万円，1500人以上3000人未満で40万円，3000人以上4500人未満で57万円，4500人以上で74万円となっている。」「開票所経費は，開票所数に開票所単価をかけたものである。開票所単価は，一律45万円である」（岩崎・前掲注3）101頁）。

99) 海老名市（人口約12000人）の場合，電子投票導入時（2003年（平成15年））には約1100万円で済んだものが，約4000万円かかる（2010年（平成22年））としている。コストが上昇した理由の1つとして，当初より電子投票機事業に参入していた4社のうち，富士通・NTT東日本・東芝の3社が撤退し，現在は，電子投票普及協業組合（EVS）の独占状態となっていることが指摘されている（「海老名市が電子投票"完全撤退"，県内初の導入も……新規参入なくコスト増／神奈川」http://news.kanaloco.jp/localnews/article/1011140027/ (last visited Feb. 5, 2013)）。

100) http://www.shugiin.go.jp/itdb_gian.nsf/html/gian/honbun/houan/g16601047.htm (last visited Feb. 5, 2013)

101) 「国政選挙も電子投票に——自公法案提出へ」北海道新聞2007年（平成19年）6月1日朝刊。

102) 民主党は電子投票につきマニフェストに掲げたことはない。ただし，「民主党政策集INDEX2009」（http://archive.dpj.or.jp/policy/manifesto/seisaku2009/img/INDEX2009.pdf (last visited Feb. 5, 2013)）には，「地方選挙においてのみ実施可能となっているタッチパネルの電子投票機等を用いて投票する電子投票制度を，国政選挙にも導入することを目指しま

す。」「電子投票には選挙事務の効率化，選挙結果の公表の迅速化といったメリットがある一方で，投票データの改ざんや機器の不具合への懸念も示されています。そのため，導入に際しては，不正・事故防止のための措置を設けることを選挙管理委員会等に義務付けるなど必要な対策を合わせて講じます」との記述がある。

103)「国政選挙に電子投票」北海道新聞 2008 年 (平成 20 年) 4 月 10 日朝刊，北海道新聞・前掲注 96)。

104) 湯淺・前掲注 11)「電子投票法制の近時の動向」145 頁，「電子投票導入 参院に反対論」北海道新聞 2009 年 (平成 21 年) 2 月 13 日朝刊。

105) 現在も電子投票を実施しているのは，(岡山県) 新見市・(青森県) 六戸町・(京都府) 京都市 (上京区・東山区のみ) である。

106)「先進国で電子投票の導入が停滞しているのに対して，インド，ブラジル，フィリピンなどの多くの人口を抱える国々で電子投票が導入されるようになっている」ことにつき，湯淺墾道教授は，「発展途上国においてはもともと選挙管理自体に多くの問題がありそれが電子投票の導入によって解消される面が多いのに対して，先進国では相当程度に公正な選挙管理が行われているので電子投票を導入してもさらに選挙管理の精度を上げることは難しく，障害が発生したりするとかえって有権者からの信頼感を損なうというのが一因」と分析されている (湯淺・前掲注 11)「電子投票法制の近時の動向」135 頁・148 頁)。

107) デメリットの②③への対処は，政策的な問題に過ぎないと思われる。

108) 従来の技術状況を前提にすると，クライアント・サーバ方式を否定すべきかについては一先ず置くとしても，故障・トラブルが発生したとしても「被害を最小限度に抑えることができる」(岩崎・前掲注 3)103 頁，更に，清水大資「電子投票導入上の諸課題(4)──東京都電子投票制度検討研究会における議論から」選挙時報 51 巻 11 号〔2002 年〕40-41 頁参照) スタンド・アローン方式が好ましいと言えよう。

109) 湯淺・前掲注 8)50 頁。

110)「2004 年の米大統領選挙で，初めてタッチパネル方式が導入された州では，選挙前から『手作業による確認作業ができない』と地元議員が訴訟を起こしたり，選挙管理責任者が手元に具体的な投票の証拠が残らないと不安を訴えたりしたのだった。この大統領選後も，タッチパネル方式での電子投票を導入した全米各地で，機器に重大な欠陥があって，不正が行われたのではないかという疑念が噴出した。中には，タッチパネルを納入した会社がブッシュ支持の後援会を運営していたため，タッチパネルには，最初からブッシュに有利な設定が施されていたのではないかという疑いが出てきて，訴訟沙汰にまで発展している」(三浦・前掲注14)216-217 頁)。

「韓国では，選挙における電子機器の使用は不正操作を招きやすいという印象を持っている人も多く，たとえば 1992 年の大統領選挙では金大中候補が落選したが，このときに票の集計をコンピュータで行ったため，金大中候補の支持者からはコンピュータで不正集計を行ったと批難されたという」(湯淺墾道「韓国の電子投票」九州国際大学社会文化研究所紀要 59 号〔2006 年〕92 頁，注 22)。

111) 1990 年代からカリフォルニア州 (の一部) などで使用が始まった。なお，直接記録 (DRE) 式電子投票機とは，「『機械式または電子光学的装置により示され投票者が作動させることができる投票の表示を記録するものであって，データをコンピュータ・プログラムにより処理し，投票データおよび投票用紙の画像を内部のメモリ装置に記録するもの』であり，『ハード

コピー形式による投票データの一覧表を作成するか，リムーバブル・メモリ装置に保存するもの』のことをいい，『有権者がその選択をタッチスクリーン，プッシュボタンその他の手段を用いて直接電子的保存媒体に入力し，投票用紙がないもの』」と定義されている（湯淺・前掲注8）38－39頁）。

112）2000年大統領選挙の混乱の原因が旧式の投票機（特に，パンチカード式）にあったことから，連邦議会も投票機を刷新するための補助金を州に交付することなどを定めたHelp America Vote Act of 2002（HAVA）を制定し，電子投票機への移行が更に進むかに思われた。しかし，投票確認用監査証跡紙（VVPAT）の装備にはコストがかさみ，また，（直接記録〔DRE〕式電子投票機のソースコードがインターネット上に流失した結果）ソースコードに重大な脆弱性の存在が明らかになったため，電子投票機自体が信頼を失うことになった。2008年大統領選挙では，登録済み有権者数の56.17%がマークシート投票用紙（に投票方向をマークし，それを光学スキャナで読み取る方式）による投票が一番多く，次いで，電子投票機による投票が（登録済み有権者数の）32.63%となっている（湯淺・前掲注11）「電子投票法制の近時の動向」140頁，更に，HAVAにつき，梅田久枝「2002年アメリカ投票支援法の実施状況——電子投票制度導入問題を中心に」外法231号（2007年）152頁以下参照）。

113）例えば，2006年11月に実施された（連邦）下院議員選挙フロリダ州第13選挙区において，直接記録（DRE）式電子投票機による投票が行われた結果，24万票のうち，2万1千票の白票が発生した。ここでの「再計票」では，他の方式による投票のように1票ずつ点検することは不可能であった（湯淺・前掲注11）「2008年アメリカ大統領選挙と電子投票」110－111頁）。

114）湯淺・前掲注11）「2008年アメリカ大統領選挙と電子投票」92－97頁。

115）「現在用いられている直接記録式電子投票機による投票記録は，その特性上，事後の正確な検証が困難である。選挙の公正の確保，選挙権の行使の実効的保障という観点からは，検証可能な物理的監査証跡の導入も検討すべきである」（湯淺墾道「電子投票の諸問題」判タ1169号〔2005年〕118頁）。更に，同「アメリカの電子投票におけるVVPATの現状と課題」情報ネットワーク6巻（2007年）179頁，同・前掲注8）51頁。

116）この点につき，湯淺教授は，「わが国の電子投票機のログは選挙人が投票機を操作した履歴を残すのみであって誰に投票したのかの情報は記録されておらず，そのログの一部が滅失する事例があるなど，有権者の投票の検証には役立っていない」ことから，「物理的証跡」を残す必要があるとされる（湯淺・前掲注115）「電子投票の諸問題」124頁）。その一方で，可児市電子投票選挙無効訴訟名古屋高裁判決のように，「ログには投票結果（投票した候補者名）は含まれて」いないが，「カード番号で追跡すれば，投票カード発行時間，投票時間及び投票データを特定することが可能」（ただし，投票データは暗号化されている）（判時1914号71頁）であれば，「ログを保存することで足るという考え方」もできるのかもしれない。

117）ドイツ連邦憲法裁判所では，選挙人の票が電子的記憶装置にのみ記録され，「投じられた票が歪曲されることなく投票装置によって記録されたかどうかを検証することができな」い投票装置の使用は，基本法（20条1項・2項と関連して38条）より導かれる選挙の公開の原則に違反すると判断しており（2009年3月3日），同年9月の総選挙は，電子投票装置を用いずに，従来からの方式で実施された（山口・前掲注11）167頁）。

118）セキュリティの観点から，クローズドなネットワーク（具体的には，総合行政ネットワーク〔LGWAN〕など）の使用を想定しているようである（前掲注73）「電子機器利用による選挙システム研究会報告書(1)」36頁）。

119)「東京都電子投票制度検討研究会」(橋本剛座長) 報告書 (2002年 (平成14年) 3月) では,「二重投票防止の観点からのシステムの安全面や, 費用面での検証が必要であるが, 投票可能な投票所の拡大の範囲を同一区市町村内に限定すれば, すでに投票管理システムの導入が進んでいることでもあり, 実務面での条件は整備されつつある」(同36頁: http://www.senkyo. metro.tokyo.jp/topics/20020416.pdf (last visited Feb. 5, 2013)) となっており, 田中教授も「第2段階については, 技術面及び選挙管理の実務面において可能な範囲から, 段階的な実施が試みられてよい」とされる (田中・前掲注77) 8頁)。

120)アリゾナ州民主党大統領予備選挙 (2000年3月) のように, 郵送されたインターネット投票用の個人識別番号 (PIN; personal identification number) とともに, 事前登録した本人確認のための質問 (生年月日や社会保障番号など) をウェブサイトで入力する方式の場合,「なりすまし投票 (詐偽投票)」が生じるおそれがある (郵送ではなく, 電子メールでの通知であれば, その危険性は更に増大する〔柳瀬・前掲注9) 333-334頁・342頁〕)。この点につき, 第3段階の電子投票を世界で唯一実施しているエストニアでは,「ICチップ付きIDカード (身分証明書)」(このIDカードにより電子署名を行うことが可能) が使用されており (湯淺・前掲注12) 71-72頁, 湯淺・前掲注11)「電子投票法制の近時の動向」141頁), バイオメトリクス情報 (掌の静脈パターンなど) を事前に登録した「ICチップ付き選挙人カード」が本人確認には有用であるとの指摘もある (水野正「電子投票とバイオメトリクス認証」日法71巻3号〔2006年〕85頁)。

121)多くの国民がコンピュータを所有し, インターネット環境の下にあるといっても, すべての有権者が自宅等からコンピュータにより投票できる状況には程遠いように思われる。エストニアにおいても「投票所における紙の投票用紙による投票」はそのまま存置されている (湯淺・前掲注12) 74頁)。

122)エストニアにおいても, インターネットによる投票は「強要や買収が行われる蓋然性が高」いと考えられてきた。しかし, 最高裁判所は,「仮に選挙人が何者かに強要されて電子投票を行わなければならなかったとしても, その選挙人は電子投票または紙の投票によって再度投票し強要された投票を変更することが可能であるから, 投票の自由を絶対的に侵されるということはない」と判示し, 再投票の制度を (投票に対する) 強要・買収の蓋然性を低下させる「安全弁」とみなしている (湯淺・前掲注12) 80-81頁)。松本保美教授も「携帯電話やPHSから投票ができるようになると, 有権者はいつでもどこからでも投票できるので, このような投票 (自分の意思に基づかない投票を指す―筆者) が発生する可能性はかなり低くなります。この場合, システム的には投票の変更ややり直しを認める工夫が必要になるでしょうが, 技術的には問題ありません」と主張され, 同様の理解に立たれている (松本保美『理論とテクノロジーに裏付けられた新しい選挙制度』〔木鐸社・2003年〕171頁, 注11)。

123)エストニアにおける「二重封筒」方式が, ここでの問題を対処する参考になるように思われる。この方式は,「投票方向は『内側の封筒』データとして暗号化し, さらに,『外側の封筒』に入れて電子署名するという技術的方式によって, 誰が投票したのかについて把握できるようにする一方で, 選挙人の投票方向が秘密になるように配慮するものである」(湯淺・前掲注12) 70頁)。また, コンピュータに投票方向を含むデータが残っている場合, それが外部に漏れることも考えられるが, それを避けるには, 当該データをソフトウェアによって自動的に消去する方法もあるように思われる (松本・前掲注122) 131頁)。

124)投開票の過程をソフト・ハードの両面で公開した場合には, その公開した情報から脆弱性

Ⅷ 政治過程におけるインターネットの利用 191

を突かれるおそれがある。しかし，そのことを理由として公開しないのであれば，投開票の過程は「ブラックボックス」の状態のままである。結局の所は，第三者機関による検査・認証制度の導入が，現実的な対処方法となるように思われる。

125) 水野・前掲注120) 98頁。

126) 「個人のインターネット端末が利用されれば，それが『トロイの木馬』やコンピュータウイルス等の不正プログラムに罹患していたために，選挙人の意思どおりに正しく投票できなかったり，あるいは，投票システム全体に悪影響が及ぶ危険性もある。」「電子ネットワークの機能を麻痺させることを目的に，サーバーに対して処理能力を超える多数の要求を行うという，いわゆる『DoS（Denial of Service）攻撃』を受ける危険性もある」（柳瀬・前掲注9) 343頁）。

127) 更に，岩崎・前掲注3) 95頁，前掲注73)「電子機器利用による選挙システム研究会報告書(1)」39-40頁も同様の立場に立つ。

128) 「投票内容の秘密が守られ，集計結果が不正に変更されないシステムであることに越したことはありませんが，これはコンピュータ化された投票システムを実現するための費用とこのシステムのもつ信頼性とのバランスの問題です。いずれにしても，ここで論じている問題は専用回線にしたからと言って完全に防げる問題ではありません。結局，この問題は社会がどの程度のセキュリティでよしとするかにかかっていると言えましょう」（松本・前掲注122) 115-116頁）。

129) 選挙権とは，「国民主権を宣言する憲法の下において」「最も重要な基本的権利の1」つである（最大判昭和30年2月9日刑集9巻2号217頁），「国民の国政への参加の機会を保障する基本的権利として，議会制民主主義の根幹をなすものであ」る（最大判昭和51年4月14日民集30巻3号223頁）とした判例の文言を想起すべきである。

130) 田中・前掲注77) 8頁。

131) 「選挙制度上，これ（買収，脅迫などによって有権者の意思が制約されることを指す―筆者）を防止する方策を講じることはおそらく不可能であろう。人気投票や世論調査ならばともかくとして，公職者の選挙である以上，この問題が解決されない限り，第3段階が実現されることはあってはならないと考える」（田中・前掲注77) 8頁）。更に，岩崎・前掲注3) 95-96頁，水野・前掲注120) 99-100頁，柳瀬・前掲注9) 345頁。

132) わが国では，郵便による投票が，重度身体障害者・戦傷病者及び要介護者（公選法49条2項）や国外にいる日本国民（公選法49条の2）に認められている。これらの郵便投票は自宅等において投票が可能になるという意味で，第3段階の電子投票と同様に，個人の認証（デメリットの①）や自由な意思による投票（デメリットの④）が問題となる。しかしながら，郵便投票制度は「やむにやまれぬ」事情を持ち，数的にも少数の有権者に対して選挙権の行使を実効化するものとして正当化できるだろう。

133) これに対してアメリカでは，連邦レベルの選挙（大統領・上院議員・下院議員などの選挙）であっても，選挙制度の策定・投票方法の決定・選挙の執行は原則，州の権限と考えられている。そのため，身体的理由等により投票所へ行くことができない有権者のみならず，それ以外の有権者に対しても広く郵便投票を認めている州もある。その中でも，オレゴン州は原則として，すべての選挙を郵便投票で行っており，本人確認は有権者登録を行った時のサインとの照合によるという。このような場合には，個人認証（デメリットの①）・自由意思による投票（デメリットの④）の問題などは，経費節減の目的の下，緩やかに解されることになるのであろう。

134) 政治家に対する誹謗中傷の例としては，（埼玉県）行田市長に対して「横田，逮捕だ」「ポーカーフェイスの悪代官」などと 2 ちゃんねるに書き込まれ，その家族や支援者にまで中傷が及んだために，それを理由として市長選挙への出馬を取りやめたケースがあげられる（「ネット選挙　解禁へ機運」朝日新聞 2007 年（平成 19 年）4 月 24 日朝刊〔東京本社〕）。家族や支援者への中傷は別としても，市長本人に対する中傷は政治家自身が引き受けるべき問題であると思われる。また，最近では，衆議院議員総選挙の期間中，2 ちゃんねるやツイッターに「東京電力福島第 1 原発事故後にミネラルウォーターを買い占めた」ことを書き込まれた民主党前職の候補者（兵庫1区）が告訴状を提出したケースもある（「公選法違反：『衆院選中に中傷』井戸元議員が告訴　ネット，氏名不詳で／兵庫」http://mainichi.jp/area/hyogo/news/20130208ddlk28040356000c.html (last visited Mar. 4, 2013)）が，このような書き込みが選挙結果に影響を与える（無視できない）と思ったのであれば，候補者自身がきちんと釈明すべきであったであろう。

135) ツイッターによるなりすまし（偽アカウント）が問題となったケースとしては，鳩山由紀夫首相（当時）の偽物（@nihonwokaeyou）や，菅直人首相（当時）の就任時に現れた偽物（@kann_naoto, @kannaoto など）があるが，単なる愉快犯にすぎないと言えよう（いずれも偽物であることがすぐに判明した）。イギリスではリアルスペース上での文書図画の発行に関して発行者・印刷者の氏名・住所の記載を義務づけている（吉田善明『政治改革の憲法問題』〔岩波書店・1994 年〕118 頁）が，インターネットについては明文の規定がないことから，なりすまし行為が発生する可能性があるとの指摘が当初よりなされていた（湯淺墾道「アメリカにおけるインターネット選挙運動の規制」九国 17 巻 1 号〔2010 年〕110 - 111 頁）。しかし，現在でもこの点に関する規制は行われていないようである。なりすまし・怪文書の類はリアルスペース上の選挙運動でも行われうるものであり，単なる害悪発生の「おそれ」から規制を行うのは疑問である。

136) なりすましの問題については，政党・議員・候補者のウェブサイトやメールが本物であることを技術的に認証するサービスが始まっており（IT メディアエンタープライズ「GMO，『ネット選挙』解禁に向けたなりすまし防止サービスを発表」http://www.itmedia.co.jp/enterprise/articles/1302/27/news110.html (last visited Mar. 4, 2013)），フェイスブックやツイッターでも「認証済みアカウント（verified account）」の制度が導入され，技術による対処が可能となりつつある。

137) 「『国民主権』原理のもとにおける選挙は，主権者である国民と代表者とを結びつける手段として，きわめて重要なものである。だから，この選挙の過程において，国民の意思が自由に表明できるものでなければならない。表現の自由一般が民主政の基礎をなすものとして重要な意義を有することは，すでに述べたが，国民が具体的に代表者を選ぶ選挙の過程においてこそ，民主政の基礎としての表現の自由の重要性は，より強調されなければならない（浦部法穂『憲法学教室〔第 3 版〕』〔日本評論社・2016 年〕551 - 552 頁）。

138) アメリカでは，候補者・政党の選挙運動に対しては政治資金の支出規制が行われる。インターネットを利用した「政治広告」についても連邦選挙運動法の適用対象となり，「候補者は，これらの有料広告について，選挙運動法の規定にしたがっていわゆるハードマネーで支払うか，2000 ドル以内の個人献金の中から支払うようにしなければならない」（湯淺・前掲注135）78 - 80 頁）。その一方で，第三者が費用を負担せずに「候補者や政党を応援するメッセージをホームページ，ブログ，ソーシャル・ネットワークサービス等に掲載する」ことは自

由である。しかし，費用を負担する場合には「政治広告」を行ったものとされ，連邦選挙運動法が適用される。「本選挙等の 60 日間又は予備選挙等の 30 日間」企業・労働組合等の資金による選挙運動は禁止され，それ以外の第三者であっても，年間 1 万ドルを超える費用を負担した者は，支出した金額・氏名等の届出が必要になる（湯淺・前掲注 135）81 - 82 頁）。

139）アメリカ・イギリス・ドイツでは，インターネットを利用した選挙運動に対する規制は課されていない（インターネットを利用するにあたって，かかった経費を選挙運動費用の中に繰り入れなければならない等の規制はある）。フランスも同様に原則自由であるが，投票日前日（の 0 時）からの（ウェブサイトの）更新が禁止される点，投票日の 3 か月前の月初めから，有料広告を用いた選挙運動が禁止される点に特徴がある（大田・前掲注 5）49 頁，村田・前掲注 25）47 頁，三輪・前掲注 6）7 - 9 頁，市民政調選挙制度検討プロジェクトチーム＝片木・前掲注 25）17 - 18 頁・96 - 99 頁）。

140）具体的には次のような条文が追加修正された（http://www.shugiin.go.jp/itdb_gian.nsf/html/gian/honbun/syuuseian/13_5312.htm (last visited May 1, 2013)）。

　　「附則第五条を次のように改める。」

　　附則 5 条（検討）「公職の候補者及び政党その他の政治団体以外の者が行う電子メール（新法第百四十二条の三第一項に規定する電子メールをいう。）を利用する方法による選挙運動については，次回の国政選挙（施行日以後初めてその期日を公示される衆議院議員の総選挙又は参議院議員の通常選挙のうちその期日が早いものをいう。以下同じ。）後，その実施状況の検討を踏まえ，次々回の国政選挙（次回の国政選挙後初めてその期日を公示される衆議院議員の総選挙又は参議院議員の通常選挙のうちその期日の公示の日が早いものをいう。）における解禁について適切な措置が講ぜられるものとする。

　　2　新法第百四十二条の六第四項に定める有料広告の特例については，公職の候補者にもこれを認めることについて検討が加えられ，その結果に基づいて必要な措置が講ぜられるものとする。」

141）近代選挙法の原則の 1 つである秘密投票（制）は，「有権者の自由な意思に基づく投票を確保する」ことを目的とし，「誰に投票したのかを明らかにする公開投票制のもとでは，社会的に弱い立場にある者が投票の前と後を通じて他からの脅威を受け自由な意思の表明ができなくなるという経験に基づき，現在どこの国の選挙法においても採用されている」原則である（伊藤正己『憲法〔第 3 版〕』〔弘文堂・1995 年〕117 頁，佐藤・前掲注 68）『憲法〔第 3 版〕』112 頁）。日本国憲法では 15 条 4 項に規定されている。

142）この点につき，湯淺墾道教授は，「選挙の公正の重要性はいまさら論ずるまでもない。『普通選挙の原則を実効的に確保し，選挙権の行使までを保障するという問題次元で議論』するという観点からは，有権者の投票を公正に選挙の結果に反映する制度を確立することは自明の理として要請される。逆に，有権者の投票が公正に選挙の結果に反映されない選挙制度を採用することは，許容されない」（湯淺・前掲注 115）「電子投票の諸問題」123 頁）とされる。また，「選挙とは選挙人の自由な意思の反映によって選挙の結果が得られることとなるわけであるので，選挙人の自由な意思をどのように保障していくのか，その意思が選挙結果に的確かつ適正に反映されることをどう保障していくかが重要なことになる」との指摘もある（東尾正＝石川善朗『公職選挙法』〔ぎょうせい・1992 年〕2 頁）。

143）自書式投票制は 2003 年にフィリピンが廃止したため，世界で実施しているのはわが国だけになった（宮川・前掲注 97））。1889 年（明治 22 年）の衆議院議員選挙法では「自書式」か

つ「記名式（有権者の氏名・住所を記載の上，押印する方式）」が採用されたが，1900 年（明治 33 年）の法改正により「無記名式」に変更され，現在と同様の方式となった。この方式は，「国民が単一の言語を使用しているという事情や国民の高い識字率に支えられて定着したもの」であると言われている（田中・前掲注71）50 頁）。

144) 1994 年（平成 6 年）に施行された公選法改正法は，衆議院の選挙制度を中選挙区制から小選挙区比例代表並立制へと改めたが，それと同時に小選挙区の投票方法を「記号式」に変更するものであった。しかし，翌年には，自民党の主張により，「記号式」の投票は 1 度も実施されないまま「自書式」に戻されたのであるが，この点につき，田中宗孝教授は，「政治家の『自書式投票』への愛着とその廃止に対する抵抗感には相当強いものがあるのではないかという印象を残した」とされている（田中・前掲注71）51 頁，更に，岩崎・前掲注3）122 頁参照）。

145) 例えば，総務省は，電子投票を行う上でのノウハウを集約した「電子投票導入の手引き」（http://www.soumu.go.jp/senkyo/senkyo_s/news/touhyou/denjiteki/denjiteki02.html (last visited Mar. 4, 2013)）の作成によって，地方公共団体の負担軽減・トラブルの回避を図っている。

146) 第 3 段階の電子投票が実現した場合には，数年に 1 度の選挙だけではなく，日々生じる政治的イシューにつき毎日のように有権者が賛成・反対の意思表示を行う（このような状況は daily voting と呼ばれる）ことも極端な例ではあるが可能となる（大田・前掲注9）47 頁）。従来は，第3段階の電子投票（の実現）の先には電子的な直接民主主義（の実現）がある（湯淺・前掲注8）24 頁）と考えられ，そのことへの期待が高まっていたが，最近では，熟議・討議（deliberative）民主主義の観点から，電子投票ないし電子的な直接民主主義について消極的な評価もなされるようになっている。つまり，電子投票ないし電子的な直接民主主義が可能になると，熟議・討議が不十分なままに安易な形での意思決定が行われるようになり，そのような状況の創出は好ましくないとの主張がなされているのである（柳瀬・前掲注9）346－347 頁，大田・前掲注9）55－56 頁）。

147) 前掲注73）「電子機器利用による選挙システム研究会報告書(3)」39 頁。

148) 本稿は，全国憲法研究会・春期研究集会予備研究会（2013 年（平成 25 年）3 月 30 日）及び春期研究集会（5 月 11 日）の報告のために用意したものである。拙い報告であったにもかかわらず，ご出席いただいた先生方にお礼を申し上げたい。

IX インターネットの個人利用者による表現行為について 名誉毀損罪の成否が争われた事例

——いわゆる,ラーメンフランチャイズ事件判決——

東京地判平成 20 年 2 月 29 日判時 2009 号 151 頁（東京地裁平 16 刑(わ)5630 号）

東京高判平成 21 年 1 月 30 日判タ 1309 号 91 頁（東京高裁平 20(う)1067 号）

最決平成 22 年 3 月 15 日判時 2075 号 160 頁（最高裁平 21(あ)360 号）

〔事実〕

被告人 Y は，パソコン通信（ニフティサーブ）において，日本丁原軍の関係者とその思想を批判する者との間の「批判の応酬」的な書き込み（1997 年（平成 9 年）8 月頃には，既に始まっていた）を見るなどして，日本丁原軍やその主宰者である D の思想や活動に興味を持つようになった。その後，（ぷららネットワークスのサーバを用いて）開設していた Y のウェブサイト（ホームページ）である「毒電波 Radio」内に「丁原軍観察会」と題するコンテンツを追加し，日本丁原軍に関連する情報の掲載を始めた（1999 年（平成 11 年）8 月頃）。

また，インターネット掲示板「2 ちゃんねる」内に（D の長男である B，娘婿である C が代表取締役を務める株式会社甲野食品〔後の，乙山株式会社〕が直営ないしフランチャイズ展開している）「ラーメン甲野を誹謗中傷するスレッド」が立ち，そこには，「加盟店を開店した後に自宅を無理矢理担保に入れさせられた，甲野食品の本部のスーパーバイザーによる加盟店に対する指導が杜撰である，客から教えられてインターネットで2チャンネルという掲示板を見ると，右翼というよりカルト団体といった方がふさわしい日本丁原軍という団体が甲野食品の母体で，ラーメン店の売上げが日本丁原軍の活動資金になっている，というような趣旨の情報が流れていることが分かった，そこで，このことが自分の店が赤字続きの原因かと思って，甲野食品の本部に問い合わせてみると，甲野食品から解除通知書が送りつけられ，日本丁原軍の教祖である D から抗議の電話が入り，甲野食品の社長，副社長らが本部から釈明をしに来た」こと，「中木戸店のオーナーが全財産を叩いて店を開業したのに，開店後に至ってオーナーの自宅を強引に抵当に入れさせられたりした」ことなどの書き込みが行われた（2000 年（平成 12 年）7 月頃）[1]。

196

その書き込みを見て，Yは「ラーメン甲野」の実態を知るとともに，中木戸店の元店長とのメールのやり取りから（同年7月上旬），「実際に，乙山社が展開するフランチャイズチェーンシステムを信用し，加盟店を開業するために多額の投資をしたにもかかわらず，結局財産を失うという被害に遭った人が存在する，という問題意識を強く持つとともに，一般人が丁原軍やその関連企業に知らず知らずのうちに関わってしまうことの危険性を感じ」，日本丁原軍に対する批判を本格化させていった[2]。

これに対して，日本丁原軍の中佐であり，（Dが設立者となっている）丙田大学の教授を名乗る人物を始めとして，日本丁原軍の関係者と思しき複数の人物から，批判を止めるよう警告するメールが届くようになった（2000年（平成12年）9月下旬以降）。また，Yの開設していた「毒電波Radio」の掲示板には，Yに対する下品な書き込みや殺人予告を思わせる書き込み[3]などがされる一方で，日本丁原軍のウェブサイトの掲示板には，Yの情報を求める懸賞広告が出された（2001年（平成13年）7月）。

Yは，これらの書き込みに対抗するとともに，「日本丁原軍観察会　逝き逝きて丁原軍」のトップページに，「インチキFC甲野粉砕！」，「貴方が『甲野』で食事をすると，飲食代の4〜5％がカルト集団の収入になります」などと記載した文章を，また，同ウェブサイトの甲野食品の会社説明会の広告を利用したページの下段に「おいおい，まともな企業のふりしてんじゃねえよ。この手の就職情報誌には，給料のサバ読みはよくあることですが，ここまで実態とかけ離れているのも珍しい。教祖が宗教法人のブローカーをやっていた右翼系カルト『丁原軍』が母体だということも，FC店を開くときに，自宅を無理矢理担保に入れられるなんてことも，……この広告には全く書かれず，『店が持てる，店長になれる』と調子のいいことばかり」などとする文章を（2002年（平成14年）10月18日頃から11月12日頃にかけて）掲載した[4]。

本件訴訟では，これらの文章を掲載した行為（＝本件表現行為）に対する名誉毀損罪成立の可否が争われた。なお，Yが「毒電波Radio」のウェブサイトを閉鎖した（2002年（平成14年）11月20日）ことにより，これらの文章はインターネット上に存在しなくなった[5]。

〔判旨〕
東京地判平成20年2月29日

本件地裁判決は，本件表現行為に対する名誉毀損罪（刑法230条）の構成要件該当性を肯定した上で，刑法230条の2第1項の適用の可否を検討する。

①「乙山社について，日本丁原軍との関係性を取り上げたり，その文脈の中で，同社のフランチャイズ事業のあり方について言及したりすることは，同社の経済的活動の内容や規模，影響力等にも照らすと，一般公衆の利害に関係し，公共的な利益の確保に役立つものとみられるから，被告人が本件表現行為において摘示した事項は，『公共の利害に関する事実』に係わるものというべきである」[6]。②「刑法230条の2の規定は，人格権と

しての個人の名誉の保護と，憲法21条による正当な言論の保障の調和を図った趣旨のものであり，表現の自由は，いわゆる知る権利の保障を含み，情報や思想の自由な流通を要請するものであると解されるところ，刑法230条の2第1項にいう『その目的が専ら公益を図ることにあった』という意味について，公益を図ること以外の目的が併存することをおよそ許さない趣旨に解するとすれば，情報や思想の自由な流通を期し難いことが明らかであるから，表現に及んだ主たる目的が公益を図ることにあると認定できるのであれば，それをもって十分であると解すべきである」。Yのウェブサイトは，「興味本位で日本丁原軍に関する問題を扱っているかのような印象を与える揶揄的なあるいは冷笑的な表現」や「乙山社の営業活動を妨害するかのような攻撃的な表現」が一部に用いられているが，「本件表現行為の主たる目的は公益を図ることにあったと認めることができる」7)。
③「摘示された事実のうち重要な事実について真実であることの証明が得られたときには，それに付随する一部の事実の真実性の証明が得られなくても，全体として摘示された事実の証明がなされたものと解するのが相当」8)である。本件事実関係からは，「乙山社が日本丁原軍と実在的一体性を有すると認められないことはもちろん，加盟店から乙山社への資金の流れにも，乙山社から日本丁原軍への資金の流れにも取り立てて問題視すべき点はなく，同社が日本丁原軍といわばフロント企業のような緊密な関係にあると認めることもできない」。「そうすると，被告人が本件表現行為において摘示した事実の重要部分が真実であるとの証明があったとみることはでき」ない9)。

以上の①〜③から，「本件に刑法230条の2第1項を適用すべきであるとの」主張は採用できない。また，④「夕刊和歌山時事」事件最高裁判決10)は，「名誉毀損罪の構成要件に該当する表現行為が，公共の利害に関する事実に係るものについて公益を図る目的でなされたときには，摘示した事実が真実であることの証明ができなかった場合であっても，行為者がその事実を真実であると誤信し，その誤信したことについて，確実な資料，根拠に照らし相当な理由があるときは，犯罪の故意がなく，名誉毀損の罪は成立しない」としているが，本件についてみると，Yが当時収集していた「資料のなかには，確度の疑わしいものや，一方的な立場からなされたものが相当数含まれている上，これらの資料を総合したとしても」，本件表現行為によって摘示した「事実を推論するには少なからず飛躍があ」る。「したがって，被告人が本件表現行為において摘示した事実が真実であると誤信したことについて，確実な資料，根拠に照らして相当な理由があったとはみられず，従来の基準によった場合には，故意がないとして無罪となることもない」11)。

しかしながら，⑤「本件のようなインターネット上の表現行為について従来の基準をそのまま適用すべきかどうかは，改めて検討を要するところである」。

「インターネットの利用者は相互に情報の発受信に関して対等の地位に立ち言論を応酬し合える点において，これまでの情報媒体とは著しく異なった特徴をもっている」。「したがって，インターネット上での表現行為の被害者は，名誉毀損的表現行為を知り得

る状況にあれば，インターネットを利用できる環境と能力がある限り，容易に加害者に対して反論することができる。インターネット上の名誉毀損的表現は，これまでの情報媒体による場合に比べ，その影響力が大きくなりがちであるが，インターネットを使ったその反論も同程度に影響力を行使できるのである。そうであるとすれば，加害者からの一方的な名誉毀損的表現に対して被害者に常に反論を期待することはもちろん相当とはいえないものの，被害者が，自ら進んで加害者からの名誉毀損的表現を誘発する情報をインターネット上で先に発信したとか，加害者の名誉毀損的表現がなされた前後の経緯に照らして，加害者の当該表現に対する被害者による情報発信を期待してもおかしくないとかいうような特段の事情があるときには，被害者による反論を要求しても不当とはいえないと思われる。そして，このような特段の事情が認められるときには，被害者が実際に反論したかどうかは問わずに，そのような反論の可能性があることをもって加害者の名誉毀損罪の成立を妨げる前提状況とすることが許されるものと考えられる」[12]。

　更に，「インターネットを利用する個人利用者に対し，これまでのマスコミなどに対するような高い取材能力や綿密な情報収集，分析活動が期待できないことは，インターネットの利用者一般が知悉しているところであって」，「個人利用者がインターネット上で発信した情報の信頼性は一般的に低いものと受け止められているものと思われる」[13]。

　「上述したインターネットの特性に加え，インターネット上の発信情報の信頼性に対するこのような一般的な受け取られ方にもかんがみると」，「加害者が，摘示した事実が真実でないことを知りながら発信したか，あるいは，インターネットの個人利用者に対して要求される水準を満たす調査を行わず真実かどうか確かめないで発信したといえるときにはじめて同罪に問擬するのが相当と考える。」[14]「このような基準に基づいて，本件表現行為について再度検討する」と，「被告人に対して名誉毀損の罪責は問い得ない」[15]。

東京高判平成 21 年 1 月 30 日

　本件高裁判決は，「目的の公益性」（上記・地裁判決②）・「事実の真実性」（上記・地裁判決③）・「誤信についての相当の理由」（上記・地裁判決④）につき，地裁判決の判断を是認できるとしたが[16]，地裁判決が定立した新たな基準（上記・地裁判決⑤）については，従来の基準を緩める根拠として示した 2 つの点（被害者の反論可能性・インターネット上の情報の信頼性の低さ）を，次のように判断した。

　(a)「被害者の反論可能性」に関して　「被害者が反論をするためには，被害者自身が自己の名誉を毀損する内容の表現が存在することを知る必要がある。しかし，インターネット上のすべての情報を知ることはおよそ不可能であって，自己の名誉を毀損する内容の表現が存在することを知らない被害者に対しては，反論を要求すること自体そもそも不可能である。また，反論可能な被害者においても，現実に反論をするまでは名誉を毀損する内容の表現がインターネット上に放置された状態が続くことになる。加えて，

被害者が反論をするに際しては，反論を加える対象となる表現を何らかの形で示すことが必要と考えられるところ，このことは，被害者の名誉を毀損する内容の表現の存在を知らない第三者に対しそのような表現が存在することを自ら公表して知らしめることを要求するのに等しい。そのため，被害者の中には，更なる社会的評価の低下を恐れてやむなく反論を差し控える者が生じることもあり得ると思われる。」「さらに，被害者の名誉を毀損する内容の表現をするに当たっては，加害者が常に自らの身分を特定し得るに足りる事項を明らかにするとは限らないのであり，このような匿名又はこれに類するものによる表現に対しては，有効かつ適切な反論をすることは困難な事態が生じることも予想される。そして，被害者が反論をしたとしても，これを被害者の名誉を毀損する内容の表現を閲覧した第三者が閲覧するとは限らないばかりか，その可能性が高いということもできない。加えて，被害者の反論に対し，加害者が再反論を加えることにより，被害者の名誉が一層毀損され，時にはそれがエスカレートしていくことも容易に予想される」。

「したがって，最高裁大法廷判決が判示している基準を緩和しようとするのは，被害者保護に欠け，相当でないといわざるを得ない」[17]。

(b)「インターネット上の情報の信頼性の低さ」に関して　「インターネット上の情報の中には，信頼性が低いと見られるものが多数存在することは否定できない」が，「インターネット上で個人利用者が発信する情報だからといって，必ずしも信頼性が低いとは限らない」。「もとより，インターネット上の情報を閲覧する者としても，個人利用者の発信する情報は一律に信頼性が低いという前提で閲覧するわけではない。」「また，全体的には信頼性が低いものと受け止められる情報であっても，それを閲覧する者としては，全く根も葉もない情報であると認識するとは限らないのであり，むしろその情報の中にも幾分かの真実が含まれているのではないかと考えるのが通常であ」る。

「したがって，インターネットを使った個人利用者による情報に限って最高裁大法廷判決が判示している基準を緩和する考え方には賛同できない」[18]。

以上のことから，「個人利用者によるインターネット上での表現行為について名誉毀損罪の成否に関する独自の基準を定立し，これに基づき被告人に名誉毀損罪は成立しないとした原判決は，刑法230条の2第1項の解釈・運用を誤ったものといわざるを得ない」[19]。

最決平成22年3月15日

本件最高裁決定は，弁護人の上告趣意が「刑訴法405条の適法な上告理由に当たらない」とした上で，「インターネットの個人利用者による表現行為と名誉毀損罪の成否について，職権で」次のように判示した。

「個人利用者がインターネット上に掲載したものであるからといって，おしなべて，閲覧者において信頼性の低い情報として受け取るとは限らないのであって，相当の理由の

存否を判断するに際し，これを一律に，個人が他の表現手段を利用した場合と区別して考えるべき根拠はない。そして，インターネット上に載せた情報は，不特定多数のインターネット利用者が瞬時に閲覧可能であり，これによる名誉毀損の被害は時として深刻なものとなり得ること，一度損なわれた名誉の回復は容易ではなく，インターネット上での反論によって十分にその回復が図られる保証があるわけでもないことなどを考慮すると，インターネットの個人利用者による表現行為の場合においても，他の場合と同様に，行為者が摘示した事実を真実であると誤信したことについて，確実な資料，根拠に照らして相当の理由があると認められるときに限り，名誉毀損罪は成立しないものと解するのが相当であって，より緩やかな要件で同罪の成立を否定すべきものとは解されない（最高裁昭和44年6月25日大法廷判決・刑集23巻7号975頁参照）」。

「これを本件についてみると」，Yが収集した「資料の中には一方的立場から作成されたにすぎないものもあること，フランチャイズシステムについて記載された資料に対する被告人の理解が不正確であったこと，被告人が乙山株式会社の関係者に事実関係を確認することも一切なかったことなどの事情が認められるというのである。以上の事実関係の下においては，被告人が摘示した事実を真実であると誤信したことについて，確実な資料，根拠に照らして相当の理由があるとはいえないから，これと同旨の原判断は正当である。」[20]

〔検討〕

本件[21]は，インターネットの個人利用者における表現行為につき，名誉毀損罪の成否が問題となった事例であるが，第1審の地裁判決は，被告人であるインターネットの個人利用者を無罪とした初めてのケース[22]であったことから，多くのメディアにも取り上げられ注目を集めた[23]。

また，法理論上の問題としては，インターネットの特徴（被害者の反論可能性・インターネット上の情報の信頼性の低さ）に着目して，「夕刊和歌山時事」事件最高裁判決が示した「相当の理由」ないし「相当性の基準」とは異なる，より緩やかで表現保護的な基準（以下，「新基準」とする）を本件地裁判決が採用した[24]こともあり，多くの判例評釈・判例の紹介がなされている[25]。その後の高裁判決・最高裁決定は，従来の基準，すなわち「相当の理由」ないし「相当性の基準」を適用することによって名誉毀損罪の成立を認めたものであるが，同様である[26, 27]。

ただし，これらの判例評釈・判例の紹介の多くは（特に，本件地裁判決・高裁判決については）刑法学者・検察官等による，刑事法的観点からの検討が主流であったように思われるので，本稿では憲法的観点から若干の検討を試みてみたい。

1 名誉毀損（罪）と表現の自由

1.1 刑法230条・230条の2

　表現の自由は憲法21条により保障された権利であるが，人の名誉も古くから法的保護の対象とされてきており，現在では，憲法13条における人格権の1つである名誉権として，憲法上の権利であるということができる。そのため，両者の憲法上の権利を調整する必要が生じる。戦前から[28]，刑法230条は，「公然と事実を摘示し人の名誉[29]を毀損した者は，その事実の有無にかかわらず」処罰されるとしてきたが，戦後になって，表現の自由を規定する憲法21条との関係上，刑法230条の2を追加し，名誉権との調整（調和・均衡）を図ることにした。同条1項では，①「公共の利害に関する事実に係り」，②「その目的が専ら公益を図ることにあったと認め」られ，③「事実の真否を判断し，真実であることの証明があったとき」には処罰されないことを定めている[30]。また，2項では，「公訴の提起されるに至っていない人の犯罪行為に関する事実」は，①であることが措定され，3項では，「公務員または公務員の候補者に関する事実に係わる場合」には，①②であることが措定され，それゆえ③の要件のみで判断されることになる。以上は，刑法上の名誉毀損（罪）を前提としたものであるが，この規定の趣旨は，民事上の名誉毀損においてもそのままあてはまるというのが，最判昭和41年6月23日[31]の理解である。

　しかし，学説においては，刑法230条の2の追加によっても表現に対して厳しすぎると主張され，また判例もその流れに追随し，免責の要件を緩和する。例えば，①の「事実の公共性」に関して，「月刊ペン」事件最高裁判決[32]は，「私人の私生活上の行状であっても，そのたずさわる社会的活動の性質及びこれを通じて社会に及ぼす影響力の程度などのいかんによっては，その社会的活動に対する評価ないしその一資料として，刑法230条の2第1項にいう『公共ノ利害ニ関スル事実』にあたる場合があると解すべきである」として，「事実の公共性」の要件を緩めている[33]。②の「目的の公益性」に関しては，条文上は「専ら」とされているが，主たる動機が公益を図る目的であればよいと解されており，この点についても緩やかに解されている。原告に対する反感ないし敵対感情から表現した場合や人身攻撃が目的であった場合には，「公益性」が否定される傾

向にあるとされているが[34]，それ以外の場合において「公益性」が否定された
ケースはほとんどないといわれている[35]。③の「真実性の証明」が表現を行う
者にとって最も重い負担を課すものであるが，この点に対しても，要件の緩和
が図られている。「夕刊和歌山時事」事件最高裁判決[36]は，「人格権としての個
人の名誉の保護」と「憲法21条による正当な言論」の「調和と均衡を考慮する
ならば，たとい刑法230条の2第1項にいう事実が真実であることの証明がな
い場合でも，行為者がその事実を真実と誤信し，その誤信したことについて，
確実な資料，証拠に照らし相当の理由があるときは，犯罪の故意がなく，名誉
毀損の罪は成立しないものと解するのが相当である」として，仮に誤信があっ
たとしても，事実が真実であることの証明がない場合には名誉毀損罪にあたる
とした最判昭和34年5月7日[37]を変更している。

1.2　誤信についての相当の理由（「相当の理由」ないし「相当性の基準」）

　③の「真実性の証明」に関して，当初の最高裁は，「真実性の誤信は，名誉毀
損罪の成否に影響しない」との立場[38]であった。最判昭和34年5月7日は，「（あ
る人物Aが）放火するのを見た」「火が燃えていたので（Aを）捕らえることはで
きなかった」などと確証がないにもかかわらず村民に話したことが，Aの名誉
を毀損したとして起訴された事案であるが，Aを放火犯であると誤信していて
も「（本件記録およびすべての証拠によつても）Aが本件火災の放火犯人であると確
認することはできないから，被告人についてはその陳述する事実につき真実で
あることの証明がなされなかつたものというべく，被告人は本件につき刑責を
免れることができない」と判示していた。

　これに対して，下級審では早い段階から，「相当の根拠ある真実性の誤信は名
誉毀損罪の故意を阻却する」との立場[39]をとっている。例えば，約150人の聴
衆の前で，ある警察幹部が収賄を行っていることを演説したことが名誉毀損罪
に当たるとされた事案である大阪高判昭和25年12月23日[40]は，「かりに証明
不十分の場合でも摘示者においてこれを真実なりと信ずべき相当の理由があれ
ば犯意を阻却するものとし犯罪の成立を否定しもつて実際上における証明の困
難（真実と証明との間に存する不可避的な間隙）との調和を図ることがむしろ法益
保護均衡の目的に合致するものと解し得る」と判示しており，某衆議院議員が
「現に共産主義思想を抱懐し，終戦後，共産主義運動を開始するため，たくみに

日本社会党にもぐりこんだ者である」との表現が名誉毀損罪に当たるとされた事案である東京高判昭和 31 年 2 月 27 日 [41] は、「犯意を阻却するのは摘示事実の真実性につき証明が十分ではないが、摘示者においてこれを真実なりと信ずるにつき相当の理由がある場合に限る」と判示している。

　最判昭和 34 年 5 月 7 日を変更した「夕刊和歌山時事」事件最高裁判決も、これらの下級審判決の延長線上にあるものとして理解できる [42]。ただし、同判決が示した「相当の理由」ないし「相当性の基準」は、かなり厳格なものとして扱われている。この点は同判決における調査官解説が、「ただ『相当の理由』としただけでは表現がややあいまいで実務上の解釈が放漫になるおそれがあるので、『確実な資料、証拠に照らし』として客観的なわくのあることを注意的に明らかにした趣旨」であるとするとともに、「いったん失われた個人の名誉の回復が、現実には非常に困難であることを思うとき、具体的事案について右の『相当の理由』があるかどうかの認定はきわめて慎重になされるべきであって、方が一にもかろがろしく『相当の理由』があるものと判断されることがあってはならない」(圏点筆者) [43] との記述からも読み取ることができる。

　同判決以降、刑事事件において「相当の理由」を肯定した判例 [44] はほとんど見られず、「相当の理由」を否定するのが判例の大方の傾向であると言われている [45]。その代表例としては、松川事件 (汽車転覆致死被告事件) の支援者が、同事件の第 1 審を担当した裁判官に対して、抗議と称して「名誉毀損文書を配布したり、あるいは脅迫文書を郵送した」[46] 事案において、支援者が読んだ「資料が現に係属中の刑事事件の一方の当事者の主張ないし要求または抗議に偏するなど断片的で客観性のないものと認められるときは、これらの資料に基づく右誤信には相当の理由があるものとはいえない」と判示した最決昭和 46 年 10 月 22 日 [47]、丸正事件 (強盗殺人被告事件) において有罪判決を受けた者のえん罪を主張しようとした弁護士が、最高裁判所内の司法記者クラブ室に新聞記者を集めた上で、「上告趣旨補充書の内容を説明し、記者の質問に答え、あるいは死体及び犯行現場の写真を展示するなど」して、真犯人は被害者の同居の親族であると発表した事案において、丸正事件が有罪判決をうけた者の「犯行であることについては、合理的な疑いを容れる余地のない証拠があるのに対し」、真犯人の「犯行であることについては、合理的な疑いを容れることのできない証拠はもとより、証拠の優越の程度の証拠すら存在しないものと判断せざるをえない」ことから、「摘示

した事実を真実であると信ずることについても，それを相当と認めうる程度に確実な資料，証拠があるとはいえない」と判示した最決昭和 51 年 3 月 23 日[48]が挙げられる[49]。また，「月刊ペン」事件東京地裁判決（差戻審）[50]においても，「事実の真実性，例えば関係情報の出所の信頼性，資料内容の正確性等につきあらかじめ克明な調査・検討をし，確実な資料・根拠に照らし真実であると信ずるに足りる相当な理由」が必要であると判示し，免責されないとしている[51]。

　このように判例は，「相当の理由」ないし「相当性の基準」を緩やかに解そうとしないのであるが，学説からは，「その背景には，名誉毀損を受けた側が自力で同等の形での反論を行うことが困難であること，名誉毀損をする行為者として新聞記者などを想定しているため，プロとしての高度の取材義務が求められること」[52]の諸事情が存在しているとの指摘もなされている。

1.3 「現実の悪意 (actual malice)」の法理

　先にも見たように，刑法 230 条の 2 の免責要件のうち，③の「真実性の証明」の要件の充足が一番困難である。そのため，「真実であることの証明」を求めていた最判昭和 34 年 5 月 7 日を変更し，「確実な資料，証拠に照らし相当の理由」があれば免責されるとした「夕刊和歌山時事」事件最高裁判決は，表現の自由の観点から歓迎すべきものであった。しかし，同判決の示した「相当の理由」ないし「相当性の基準」は，免責される場合を非常に限定する形で用いられてきていることも先に見た通りである。

　このような形で「相当の理由」ないし「相当性の基準」が用いられると，表現に対して（制裁を恐れて表現を控えるという）「萎縮的効果」を生じさせてしまう。そのため，学説においては，同判決よりもさらに進んで，「虚偽であることを知っていたか，または虚偽か否かを不遜にも考慮しなかったこと」を被害者である原告側が立証しなければならないとする（New York v. Sullivan[53] が示した）「現実の悪意 (actual malice)」の法理を適用すべきとの主張がある[54]。「現実の悪意」があった場合，その表現が虚偽であることを知っていたか，あるいは虚偽であっても構わないと考え，最低限の裏付け調査もなしに表現を行った場合にのみ，名誉毀損が成立すると考える立場であり，表現（言論）の自由の民主主義社会における重要性を考えて，それが萎縮することのないように一種の緩衝地帯 (buffer zone) を設定しようというのがこの法理のねらいである[55]。

これに対して，（刑罰あるいは損害賠償の）制裁がもたらす「萎縮的効果」の（日米間の）強弱の違いを指摘することによって[56]，あるいは，「『現実の悪意』を付加する実定法上の根拠を欠く」[57, 58]として「現実の悪意」の法理の適用を否定する学説もある[59]が，その中にあっても，同判決は「表現の自由の自己統治の価値を十分に活かしていないのではないか」との指摘[60]や「相当の理由」の挙証責任を転換することによって「萎縮的効果」に配慮しようとする説[61]もある。いずれにしても，同判決が示した「相当の理由」ないし「相当性の基準」に対して，批判的ないし懐疑的な態度をとる学説が多いように思われる[62]。

ところで，本件地裁判決は，「加害者が，摘示した事実が真実でないことを知りながら発信したか，あるいは，インターネットの個人利用者に対して要求される水準を満たす調査を行わず真実かどうか確かめないで発信したといえるときにはじめて」名誉毀損罪に問擬するのが相当であるとの「新基準」を示したが，この基準は，「『現実の悪意』の法理を想起させるものであり，」「インターネット上の表現の自由を刑罰から強く保護する姿勢を示した」もの[63]と評されている。次に，「新基準」の適用の可否を中心に検討を進めることにする。

2　本件地裁判決が示した「新基準」

本件地裁判決と本件高裁判決・最高裁決定とで異なるのは，「新基準」の適用の可否である。すなわち，「夕刊和歌山時事」事件最高裁判決が示した「相当の理由」ないし「相当性の基準」を適用した場合に本件事案が免責されないのは，いずれの判決も認めているところであり，本件地裁判決と本件高裁判決・最高裁決定で正反対の結論を導いているのは，「相当の理由」ないし「相当性の基準」よりも表現保護的な「新基準」に対する評価の結果である。

本件地裁判決は，インターネットの，(i)表現媒体としての特徴（被害者の反論可能性），(ii)表現内容の特徴（インターネット上の情報の信頼性の低さ），の2点が従来型のメディアと異なると指摘し，インターネットの個人利用者（の場合）には「新基準」が適用されるとしたが，その一方で，本件高裁判決・最高裁決定は，(i)(ii)（の特徴）を否定し，インターネットの個人利用者（の場合）を別異に扱うことはできないとした。

2.1 表現媒体としての特徴 (被害者の反論可能性)

本件地裁判決は, (ⅰ)表現媒体としての特徴 (被害者の反論可能性), すなわち「対抗言論 (more speech)」の理論を免責の「前提状況」と位置づけている (直接の免責事由とはしていない点に注意が必要)[64]。

この「対抗言論」の理論とは, 「名誉を毀損されたと主張する者は, 対抗言論によって名誉の回復を図ればよいのであって, それが可能なら, 国家 (裁判所)が救済のために介入する必要はない。むしろ, 当人達の自由な言論に委ねておく方がよい」との考えの下, 名誉は (形式上) 毀損されても対抗言論により回復しうるので, 結果として名誉毀損は生じないとするものである[65]。ただし, 「対抗言論」がうまく機能するためには, ①両者が対等な言論手段を有していること, ②対抗言論を要求しても不公平とはならない何らかの事情が存在すること (例えば, 名誉毀損的表現が自らの議論誘発的な表現に対してなされたような場合) の条件を満たす必要があり, かかる条件を満たした場合に, 「違法性はない」との評価がなされる[66]。

刑事事件において, 「対抗言論」の理論が登場したのは今回が初めてである[67]が, 民事事件では既に用いられている。パソコン通信上の「会議室」の書き込みが名誉毀損 (被害者〔原告〕は, 侮辱・プライバシー侵害等の主張も行っていた) にあたるか否かが争われたニフティサーブ (本と雑誌のフォーラム) 事件[68] 東京地裁判決[69] は, 「言論による侵害に対しては, 言論で対抗するというのが表現の自由 (憲法21条1項) の基本原理であるから, 被害者が, 加害者に対し, 十分な反論を行い, それが功を奏した場合は, 被害者の社会的評価は低下しないと評価することが可能であるから, このような場合に」「不法行為責任を認めることは, 表現の自由を萎縮させるおそれがあり, 相当とはいえない」と判示した。その上で, 被害者 (原告) の挑発的な発言が加害者の一連の書き込みを誘発しており, かつ, 被害者 (原告) も必要十分な「対抗言論」ができている以上, 違法性はないと結論づけた。また, 類似の事案であるニフティサーブ (現代思想フォーラム) 事件[70] 東京高裁判決[71] は, (地裁判決と比べて) 名誉毀損の成立範囲を限定し, 嬰児殺しや不法滞在の犯罪を犯したとする部分についてのみ認めた。この高裁判決は, 「『判断の前提となる本件の事情』の1つとして, 『本件フォーラム内において, ある会員に向けられた批判や反論の発言があれば, 当該会員は, 直ちにこれに対する反論や再批判をすることができ』」たとしており, 「『対抗言

論』の理論が適用できる場合であることを前提とし」た判断である[72]と理解されている[73]。

　上記の２判決は、「対抗言論」の理論により違法性阻却を認めようとするものであり、学説も好意的に解している。また、刑法学の領域においては、「自らの意思で論争の場に踏み込み、かつ互いに挑発的な表現を行っているような場合、被害者は（名誉侵害を同意しているわけではないが）名誉侵害についてある程度の危険を引き受けていると見ることも不当な見方ではなく、そのような事情は、被告人の表現行為の（構成要件該当性判断ではなく）違法性判断に当たって十分考慮に値する」[74]とし、「危険引受け」の理論から説明を試みる学説もある[75]。

2.1′　インターネットへの適用可能性

　ただし、パソコン通信上のフォーラムないし「会議室」が「規制ではなく対抗言論による害悪の除去を考えうるスペースである」[76]としても、本件のようにインターネット上のウェブサイトで名誉毀損的表現が行われている場合には、別途検討が必要である。

　この点に関する、当初の議論においては、パソコン通信とインターネットの差異は意識されていなかったように思われる。高橋和之教授は、「パソコン通信やインターネット」を並列に扱われており[77]、また、松井茂記教授にあっても、「インターネット上では反論のためのアクセスの可能性が開かれており、表現に対しては表現で対抗すべきだとする表現の自由の基本原理がより強く妥当する。それゆえ、インターネット上の表現行為には一切責任を認めるべきではないとの見解は妥当ではないとしても名誉毀損責任を問いうる余地はより狭いと考えることも可能かもしれない」[78]とされるだけで、両者を区別していない。

　しかし、高橋教授が主張された「対抗言論」の理論が機能するための２つの条件を満たすような「スペース（場）」は、インターネットの利用者同士が「対抗」可能な、「クローズド」な形式のものにしかあてはまらないであろう。結論的には、「対抗言論により名誉の回復が図れる場合があるとしても、それは極めて限定的な場合に限られる」[79]とするのが、現在の（学説の）理解であると思われる[80]。

　本件地裁判決は、(1)日本丁原軍の関係者と思しき人物による「掲示板」への書き込みやメールの送信があったこと、(2)(乙山社の代表取締役である)Bらは、被告人が本件表現行為及びそれまでのいきさつを知っていたこと、(3)(日本丁原軍

の主宰者である）Dは，乙山社の会長を自認し，週刊誌やインターネットでもそのように扱われていたこと，(4)Dが乙山社の事業活動に関して対外的な折衝等にあたることがあったことから，ウェブサイトを有する乙山社に対して，「反論を行うことを要求しても不当とはいえない状況」にあったとした[81]が，本件事案は，高橋教授が示されているところの，「⑪対抗言論を要求しても不公平とはならない何らかの事情が存在すること」の条件を満たしているとはいえないであろう。

　本件地裁判決は，⑪の条件（を満たす場合）を広く解することによって，「反論」ないし「対抗言論」を行う義務を引き出しているが，学説は，⑪の条件をより限定的に解していると思われる。「対抗言論」の理論が適用されるためには，「反論義務」の存在が言えなければならないが，その「反論義務」は（メディアへの対等なアクセスが可能であることを前提として），「反論によって名誉回復することが現実に可能な場合」[82]に生じるとされている。また，「反論の容易性を理由に名誉毀損罪の成立範囲を限定することは，自力救済が可能であることを理由に刑法上の保護を後退させることにほかならず，従来の刑法理論との整合性の点からも問題」[83]であるとの指摘を考えあわせると，具体的には，「対抗」可能な「スペース（場）」で議論誘発的な表現を行っていることが「反論義務」の存在の有無を判断する基準（の１つ）となろう（なお，本件表現行為は，Yのウェブサイト上で行われたことから，同一のウェブサイト上で「対抗」することは難しく，備え付けの「掲示板」によって行われることになるが，そこでの書き込み内容は，Yに対する下品な内容や殺人予告や懸賞広告の類であったことからすると，議論誘発的な表現とは言えないだろう。更に，日本丁原軍側の表現は，日本丁原軍のウェブサイトと「掲示板」，Yの「掲示板」と３か所に拡散しており，「対抗」可能な「スペース（場）」での発言と言えるか微妙であること，「掲示板」に書き込んだ人物が，日本丁原軍の内部者である確証がないことなどの事情が本件にはある）。

　一方で，本件高裁判決・最高裁決定は，（「インターネット上の情報の信頼性の低さ」を否定するともに）被害者の反論可能性を以て従来の基準よりも緩やかな「新基準」を用いるべきではないとしているが，「対抗言論」の理論の全否定を意図しているのであろうか。この点につき，例えば，本件最高裁決定は，「一度損なわれた名誉の回復は容易ではなく，インターネット上での反論によって十分にその回復が図られる保証があるわけではない」と判示していることから，「反論

義務」は生じず，結局の所，「対抗言論」の理論は，インターネット上では機能しないと考えているようである。ただし，「反論によって十分にその回復が得られる保証がある」場合には，「対抗言論」の理論がなお妥当すると解することができるとし，パソコン通信上の表現が問題となったニフティサーブ（本と雑誌のフォーラム）事件東京地裁判決・ニフティサーブ（現代思想フォーラム）事件東京高裁判決との整合性を図れるとの指摘もある[84]。

　本件地裁判決は，「対抗言論」の理論を免責の「前提状況」と位置づけていることから，「対抗言論」の理論の（インターネット上の表現への）適用の可否の問題と「新基準」の評価の問題はリンクすることになる。従って，インターネット上で「対抗言論」の理論が機能する「スペース（場）」が例外的なものであれば，インターネットに「新基準」が適用される余地も非常に限られることを意味することになろう（本件高裁・最高裁も「対抗言論」が適用できないことを理由として免責されないとしていることから，判断枠組み自体は同じであろう）。

　以上は，本件地裁判決の論理を前提とした議論であるが，学説の一部には，そもそも「対抗言論の考え方から，従来の基準とは異なる基準がなぜ導きだせるのか明らかではない」[85]との疑問を呈するものもある。

2.2　表現内容の特徴（インターネット上の情報の信頼性の低さ）

　本件地裁判決は，(ii)表現内容の特徴（インターネット上の情報の信頼性の低さ）を挙げ，インターネット上の情報の信頼性が低いことも「新基準」が適用される根拠としている。この点について学説は総じて批判的である。インターネット上の表現の中にそのようなものが一定程度含まれていることは事実であるとしても，「情報の信頼性が低い」と一般化してしまっていることへの批判や「情報の信頼性が低い」ことが「新基準」を採用することの根拠とはならない（「情報の信頼性が低い」ことを根拠にするのであれば，逆に，免責の余地を狭める必要があるのではないか）との批判[86]がある。また，先に見たように，本件地裁判決の判示部分については，本件高裁判決・最高裁決定においても批判されている。

2.3　「新基準」の評価

　以上の批判等をふまえると，少なくとも本件事案において，(i)表現媒体とし

210

ての特徴（被害者の反論可能性）と(ii)表現内容の特徴（インターネット上の情報の信頼性の低さ）を根拠として，「新基準」を適用することはできないであろう。それでは，(i)(ii)（の特徴）を否定した上で，「相当の理由」ないし「相当性の基準」を（厳格に）適用する「夕刊和歌山時事」事件最高裁判決（の考え方）を維持すべきなのであろうか。こちらも違うように思われる。

なぜなら，同判決を始めとする判例は，プリントメディア・電波メディア等における「プロフェッショナル」の表現であることを前提としていたが，本件で問題となったのは，インターネットにおける「アマチュア」の表現だからである。高度の取材能力を有する「プロフェッショナル」と同様に，「アマチュア」による表現を扱うべきではない。現在の判例のように「相当の理由」ないし「相当性の基準」を厳格に扱うことは，高度な取材能力を有する「プロフェッショナル」に対しても表現抑制的に機能していることが指摘され，基準の更なる緩和が学説上志向されているのは先に見た通りである。それにもかかわらず，取材能力が乏しい「アマチュア」の表現に対しても同様の扱いがなされるのであれば，表現に対する「萎縮的効果」が非常に大きくなり，「アマチュア」による「自己検閲」が行われることになる。

憲法 21 条が保障する表現の自由は，「萎縮的効果」を生じないように，また，「自己検閲」が行われないようにすることを規範的要請として含んでいる。本件地裁判決が示した「新基準」（更には，「新基準」の基となっていると思われる「現実の悪意」の法理）を本件事案に対して適用できないとしても，インターネットの個人利用者たる「アマチュア」に要求される調査水準を緩和すべきとした本件地裁判決の基本的なスタンスは，この観点から評価しうるであろう[87]。

---

1) 判時 2009 号 153 頁。
2) 同号 154 頁。
3) 「被害者側は，被告人に対し，被告人の掲示板などで，『殺されてもしょうがない』『偉大なる中杉総督にわびなさい。地獄にいくのをさけるために』『正体がバレたら殺されても当然の犯罪者』などの脅迫的言論を繰り返し行っていた」（紀藤正樹「ネット書き込みで名誉棄損[ママ]は成立するのか」法セ 655 号〔2009 年〕7 頁）。
4) 判時 2009 号 154 頁。「検察官が起訴状の公訴事実としている表現行為は，分量的にいえば，橋爪氏の開設したホームページの極々一部に過ぎないし，時間軸という観点で考えた場合には，『平成 14 年 10 月 18 日ころから同年 11 月 12 日ころまでの間』に存在していた表現を審理の対象として設定されたに過ぎない。その点で，本件は，他の名誉棄損[ママ]被告事件とは大きく

異なっている」(紀藤・前掲注3)7頁)。

5) その後、Yは、別のプロバイダを介して、「丁原軍観察会」の掲示板を新たに開設したが、日本丁原軍関係者と思しき複数の人物から、脅迫紛いの書き込み(2002年(平成14年)12月)やYの情報を求める懸賞広告が出された(2003年(平成15年)1月)。また、日本丁原軍のウェブサイトないし掲示板にもYを批判する書き込みや本件訴訟に関する書き込みがなされた。

6) 判時2009号157頁。

7) 同号157頁。

8) 同号158頁。

9) 同号160頁。

10) 最大判昭和44年6月25日刑集23巻7号975頁。

11) 判時2009号160-161頁。

12) 同号161頁。

13) 同号161頁。

14) 同号161-162頁。

15) 同号162頁。

16) 「本件の地裁および高裁は、ともに当該表現の公益性を肯定し、誤信についての相当の理由の存在を否定した(地裁は公共性も肯定。高裁は公共性について言及していない)」(上村都「インターネットによる名誉毀損——東京地判平成20年2月29日と東京高判平成21年1月30日」法セ659号〔2009年〕4頁)。

17) 判時2009号97頁。

18) 同号97頁。

19) 同号97頁。

20) 判時2075号162頁。

21) 民事訴訟については、東京地判平成15年10月30日(判例集未登載)・東京高判平成17年5月25日(判例集未登載)のいずれもYが敗訴している(http://homepage3.nifty.com/kansatsukai/ (last visited Sep 26, 2010))。

22) 判時2009号151頁。

23) 前田聡「インターネット上での個人の表現行為と名誉毀損罪の成否——いわゆる『平和神軍観察会』事件(東京地裁平成20年2月29日判決・判時2009号151頁)」流経9巻1号(2009年)92頁。

24) 判タ1277号48頁。

25) 東京地裁判決については、園田寿「ネット上の名誉毀損に無罪判決——東京地判平成20年2月29日判時2009号15頁」法セ648号(2008年)38頁以下、同「インターネット上の名誉毀損」平成20年度重判解(ジュリ1376号)(2009年)188頁以下、永井善之「インターネットと名誉・わいせつ犯罪——東京地裁平成20年2月29日判決および盗撮画像公開事案を素材に」刑ジャ15号(2009年)10頁以下、前田・前掲注23)87頁以下がある。

26) 東京高裁判決については、嘉門優「インターネット上の表現行為と名誉毀損罪」速報判例解説6号(2010年)183頁以下、佐藤結美「インターネット上の名誉毀損行為における真実性の誤信」北法61巻1号(2010年)218頁以下、進士英寛「インターネットを用いた表現行為と名誉毀損罪の成否に関する東京高判平成21・1・30の意義」NBL915号(2009年)55頁以下、緒方あゆみ「インターネット上の名誉毀損」同法61巻6号(2010年)153頁以下、上村・前掲注

16) 4頁以下, 紀藤・前掲注3) 6頁以下がある。

27) 最高裁決定については, 鈴木秀美「名誉毀損罪と表現の自由——憲法の視点から」法時82巻9号 (2010年) 22頁以下, 金澤真理「インターネット上の名誉毀損に対する刑法的規制——ラーメンフランチャイズ事件判決」法時82巻9号 (2010年) 17頁以下, 松本哲治「インターネットの個人利用者による名誉毀損と摘示事実を真実と誤信したことについての相当の理由」速報判例解説 憲法 No. 37 (2010年) (http://www.tkclex.ne.jp/commentary/pdf/z18817009-00-010370505_tkc.pdf (last visited Sep. 26, 2010)), 小玉大輔「インターネット上の表現行為に対する名誉毀損罪の成否をめぐる最高裁判例」ひろば63巻7号 (2010年) 23頁以下, 三宅裕一郎「インターネット上の表現行為による名誉毀損罪の成否と表現の自由」法セ668号 (2010年) 126頁, 前田雅英「ネット社会と名誉毀損」警論63巻6号 (2010年) 144頁以下, 加藤俊治「インターネットの個人利用者による表現行為につき, 行為者が摘示した事実を真実であると誤信した場合において名誉毀損罪の成立が否定されるための要件」研修744号 (2010年) 15頁以下, 早川真崇「実務刑事判例評釈 最一小決平22.3.15」警察公論65巻6号 (2010年) 104頁以下, 進士英寛「インターネットを用いた表現行為と名誉毀損罪の成否に関する最高裁決定」NBL 927号 (2010年) 6頁以下, 藤田和之「ネット情報なら不確かでいいか」民研636号 (2010年) 70頁以下, 「最高裁新判例紹介」法時82巻8号 (2010年) 127頁以下がある。

28) 戦前からの名誉毀損法制につき, 清水英夫『精神的自由権』(三省堂・1980年) 135頁以下, 平川宗信『名誉毀損罪と表現の自由』(有斐閣・1983年) 32頁以下参照。

29) 通説・判例において, 民事・刑事とも名誉毀損が保護する名誉は, 社会的名誉であると解されている。

30) 野中俊彦ほか『憲法Ⅰ〔第5版〕』(有斐閣・2012年) 378頁〔中村睦男執筆〕。

31) 最判昭和41年6月23日民集20巻5号1118頁。三島宗彦「真実の証明による免責」マスコミ判例百選〔第2版〕(1985年) 44頁以下, 淡路剛久「民法上の名誉毀損と真実性・相当性の抗弁——『署名狂やら殺人前科』事件」メディア判例百選 (2005年) 50頁以下参照。

32) 最判昭和56年4月16日刑集35巻3号84頁。青柳幸一「名誉毀損と『公共ノ利害ニ関スル事実』——『月刊ペン』事件」憲法判例百選Ⅰ〔第4版〕(2000年) 146頁以下, 平川宗信『『公共ノ利害ニ関スル事実』——『月刊ペン』事件」マスコミ判例百選〔第2版〕(1985年) 52頁以下, 髙佐智美「名誉毀損と『公共ノ利害ニ関スル事実』——『月刊ペン』事件」憲法判例百選Ⅰ〔第5版〕(2007年) 144頁以下参照。

33) この判決では, 「公共性」の判断基準についても示しており, 「『公共ノ利害ニ関スル事実』にあたるか否かは, 摘示された事実自体の内容・性質に照らして客観的に判断されるべきものであり, これを摘示する際の表現方法や事実調査の程度などは, 同条にいわゆる公益目的の有無の認定等に関して考慮されるべきことがらであって, 摘示された事実が公共の利害に関する事実であるか否かの判断を左右するものではない」としている。

34) 松井茂記『マス・メディア法入門〔第5版〕』(日本評論社・2013年) 117頁。

35) のぞみ総合法律事務所編『名誉毀損——被害の実態とその対策実務』(商事法務研究会・1998年) 129頁。下級審判決では, 「外形上公益目的によると見られる体裁を一応保持している場合には, 他に格別の事情が存しない限り, 社会に生起する日々の事象を報道して国民の知る権利に奉仕するという公益目的に基づくものと事実上推定されるから, 公益目的を否定する側において反証としてこれを摘示した真の動機が公益目的によるものでないことなど具

体的事情の主張，立証を要するものというべきである」（京都地判昭和 60 年 10 月 25 日判時 1184 号 89 頁）とする判決もある（同書 129 頁）。

36）最大判昭和 44 年 6 月 25 日刑集 23 巻 7 号 975 頁。浦部法穂「言論の自由と名誉毀損における真実性の証明——『夕刊和歌山時事』」憲法判例百選 I〔第 4 版〕（2000 年）144 頁以下，上村貞美「言論の自由と名誉毀損における真実性の証明——『夕刊和歌山時事』事件」憲法判例百選〔第 5 版〕（2007 年）142 頁以下，平川宗信「記事内容の真実性に関する錯誤——夕刊和歌山時事事件」メディア判例百選（2005 年）52 頁以下参照。

37）最判昭和 34 年 5 月 7 日刑集 13 巻 5 号 641 頁。

38）嘉門・前掲注 26）184 頁。

39）同論文 184 頁。

40）大阪高判昭和 25 年 12 月 23 日判特 15 号 95 頁。

41）東京高判昭和 31 年 2 月 27 日判タ 56 号 80 頁。

42）平川・前掲注 36）52 頁。

43）最高裁判所判例解説（昭和 44 年度・刑事篇）260‒261 頁〔鬼塚賢太郎執筆〕。

44）「他人の金員着服を摘示した事案で，当該金員を受領するはずであった者に確認した上で摘示した場合に『相当の理由』を肯定した事例（東京地判昭和 47 年 5 月 15 日）が見られる程度である」（小玉・前掲注 27）26 頁）。

45）同論文 26 頁。

46）判時 647 号 27 頁。

47）最決昭和 46 年 10 月 22 日判時 647 号 27 頁。

48）最決昭和 51 年 3 月 23 日刑集 30 巻 2 号 229 頁。

49）民事事件において「相当の理由」を肯定した判例として，刑法学の教授が書籍（中公新書）を執筆するにあたり，「会社業務と関係のない買物に係る領収書（レシート）と引換えに現金を受領するなどの方法によって会社資金を着服横領し，かつ，会社の所有する美術品等を自宅に持ち帰って横領したとして」，会社社長が業務上横領罪に問われた事件をとりあげ，第 1 審判決に基づいて記述した（東京地判昭和 60 年 4 月 26 日〔判例集未登載〕は一部有罪，一部無罪としたが，東京高判平成 3 年 3 月 12 日〔判例集未登載〕は「第 1 審判決が有罪とした会社資金の横領について」無罪とした）事例が例外的に存在する（最判平成 11 年 10 月 26 日判時 1692 号 59 頁）が，生まれつき口の形が変わっている生後 3 か月の嬰児の窒息死につき，捜査当局が公式発表をしていない段階で，担当の医師・刑事官からの取材に基づいて新聞報道を行った事例（最判昭和 47 年 11 月 16 日民集 26 巻 9 号 1633 号），通信社から配信された「ロス疑惑」に関する記事を新聞社が掲載した場合，配信記事であるとの一事をもってしては，新聞社に事実を真実と信ずるについて相当の理由があるとは認められないとした事例（最判平成 14 年 1 月 29 日民集 56 巻 1 号 185 頁）などのように大方の判例は否定している（小玉・前掲注 27）27 頁。更に，上村・前掲注 36）143 頁）。

50）東京地判昭和 58 年 6 月 10 日判タ 498 号 67 頁。

51）上村・前掲注 36）143 頁。

52）嘉門・前掲注 26）184 頁。

53）New York v. Sullivan, 376 U.S. 254 (1964).

54）浦部法穂『憲法学教室〔第 3 版〕』（日本評論社・2016 年）173‒174 頁，松井茂記『日本国憲法〔第 3 版〕』（有斐閣・2007 年）462 頁，佐藤幸治『憲法〔第 3 版〕』（青林書院・1995 年）526 頁など。

55）高橋和之『憲法判断の方法』（有斐閣・1995年）18–19頁。

56）高橋和之『立憲主義と日本国憲法〔第3版〕』（有斐閣・2013年）215頁，長谷部恭男『憲法〔第6版〕』（新世社・2014年）155頁。

57）阪本昌成『憲法理論III』（成文堂・1995年）60頁。更に，佐藤幸治編『憲法II 基本的人権』（成文堂・1988年）177–178頁〔阪本執筆〕。阪本教授の主張に対しては，「憲法21条こそがまさにそのような『実定法上の根拠』だというべきであ」るとの批判がある（松井茂記「名誉毀損と表現の自由」山田卓生編集代表『新・現代損害賠償法講座2 権利侵害と被侵害利益』（日本評論社・1998年）111頁）。

58）芦部信喜教授は，刑法230条の2の条文を念頭において消極的なスタンスをとっていた。芦部教授は，「現実の悪意」の法理を認める立場から，「事実の真否にかかる違法性阻却が230条の2ですべて尽くされていると解さなければならない理由はない。230条の2は違法性阻却が認められる最も重要かつ一般的な場合を規定したものにすぎず，これ以外の場合をいかに解するかは理論に委ねられていると解することは可能」とする平川宗信教授の主張（平川・前掲注28）99–100頁）に対して，「妥当するかどうかはなお議論の余地がある」とする（芦部信喜『憲法学III 人権各論(1)〔増補版〕』〔有斐閣・2000年〕355頁。また，芦部信喜『憲法判例を読む』〔岩波書店・1987年〕202頁は，「刑法230条の2の解釈の問題になりますと，なお細かな問題点の検討も必要で，『現実的悪意』の考え方には異論もあります」と述べている）。

59）この点に関する判例は，北方ジャーナル事件最高裁判決（最大判昭和61年6月11日民集40巻4号872頁）における，谷口正孝裁判官意見が，「名誉の侵害・毀損の被害者が公務員，公選による公職の候補者等の公的人物であって，その表現内容が公的問題に関する場合には，表現にかかる事実が真実に反していてもたやすく規制の対象とすべきではない。しかし，その表現行為がいわゆる現実の悪意をもってされた場合，換言すれば，表現にかかる事実が真実に反し虚偽であることを知りながらその行為に及んだとき又は虚偽であるか否かを無謀にも無視して表現行為に踏み切った場合には，表現の自由の優越的保障は後退し，その保障を主張しえないもの」とし，肯定的に理解した（ただし，この谷口意見に対して，伊藤正己裁判官の補足意見は「これを事前規制に対する判断基準として用いることに」疑問を呈する）。これに対し，例えば，大阪高判平成元年5月26日判タ713号196頁は，「実定法上の根拠がないにもかかわらず民法709条の要件を加重するものであるにとどまらず，そもそも表現の自由，殊に公共的事項に関する表現の自由は，民主制国家を護持するために重要な権利として憲法上保障されていることを重視するが故に」「個人の名誉の保護と表現の自由の保障との調和を図っているものであり，右要件を超えて虚偽であるかどうかを全く無視する態度で虚偽の事実を公表した場合にだけ責任を負担すると解することは，個人の名誉の保護を疎んじ，表現の自由を過大に保障する結果となってその均衡を失することとなるからして，採用し難い」とし，「現実の悪意」の法理の採用を否定している（東京地判平成8年1月31日判時1565号125頁も同旨）。

60）芦部・前掲注58）『憲法学III 人権各論(1)〔増補版〕』353頁。

61）高橋・前掲注56）206頁。

62）その他，「公共情報に限って『真実性の抗弁』を認める現行刑法の原則そのものに対して，違憲の疑いが」あるとしつつ，「立法論としては，名誉侵害行為に対する刑事制裁を廃止して，民事訴訟に一本化する」ことを主張する説もある（山元一「真実性の抗弁」法教236号14頁。また，奥平康弘『ジャーナリズムと法』〔新世社・1997年〕141頁も同様の主張を行っている）。

63) 鈴木・前掲注 27) 22 頁。前田・前掲注 23) 98 頁も同様の指摘を行っている。

64) 前田・前掲注 23) 99 - 100 頁, 金澤・前掲注 27) 20 頁。

65) 高橋和之「インターネット上の名誉毀損と表現の自由」高橋和之ほか編『インターネットと法〔第 4 版〕』(有斐閣・2010 年) 65 頁。

66) 高橋・前掲注 65) 67 - 68 頁。小倉一志「インターネット上の名誉毀損」鈴木秀美 = 山田健太編『よくわかるメディア法』(ミネルヴァ書房・2011 年) 183 頁参照。

67) 園田・前掲注 25)「ネット上の名誉毀損に無罪判決」39 頁。

68) 被害者 (原告) は, ニフティサーブの責任を追及するとともに, 加害者 (書き込みを行った会員) の情報 (氏名・住所) の開示を請求した。地裁判決では, 名誉毀損にあたらないとされたため, 発信者情報の開示も認められなかった。なお, 高裁判決 (東京高判平成 14 年 7 月 31 日判例集未登載) も概ね同様の判断を行っている。

69) 東京地判平成 13 年 8 月 27 日判時 1778 号 90 頁。小倉・前掲注 66) 182 - 183 頁参照。

70) 地裁判決 (東京地判平成 9 年 5 月 26 日判時 1610 号 22 頁) では, 書き込みを行った会員・システムオペレータ (シスオペ)・ニフティサーブの 3 者の責任を認めたが, 高裁判決では, シスオペ・ニフティサーブの責任を否定した。

71) 東京高判平成 13 年 9 月 5 日判時 1786 号 80 頁。小倉・前掲注 66) 182 頁参照。

72) 山下幸夫「サイバースペースにおける名誉毀損とプロバイダーの責任——ニフティ事件・控訴審判決の紹介と分析」NBL 723 号 (2001 年) 36 頁。

73)「本判決は, 『対抗言論』という言葉を明確に用いてはいないが, 実質的にはこの理論を踏まえていると思われる」(西土彰一郎「パソコン通信上の名誉毀損とシスオペの削除義務——ニフティサーブ (現代思想フォーラム) 事件」メディア判例百選〔2005 年〕225 頁)。

74) 園田・前掲注 25)「インターネット上の名誉毀損」189 頁, 同・前掲注 25)「ネット上の名誉毀損に無罪判決」40 - 41 頁。

75) ただし, 「危険引受け」の理論を適用するためには, 「①被害者が行為の危険性と共に特定の構成要件的結果の可能性を完全に認識していること, ②被害者にそれを認識・評価し得る能力が存在し, 意思決定の事由が留保されていたこと, ③被害者が少なくとも行為者と同程度以上に結果発生に対して積極的な態度を示したこと」の 3 要件を満たしている必要があり (佐藤・前掲注 26) 209 頁), 「『対抗言論』と『危険引受け』の理論は整合性を有していない」との指摘もある (同論文 207 頁)。

76) 山口いつ子「パソコン通信における名誉毀損」法時 69 巻 9 号 (1997 年) 96 頁。

77) 高橋和之「パソコン通信と名誉毀損」ジュリ 1120 号 (1997 年) 81 頁。

78) 松井・前掲注 57) 113 頁, 注 70。中村睦男教授も, 「インターネット上での名誉毀損に対しては対抗言論による名誉回復が可能かつ容易である限度で表現規制の許容範囲 (名誉毀損の成立範囲) は狭まりうる」ことを指摘する (野中ほか・前掲注 30) 401 頁〔中村執筆〕)。

79) 内田晴康 = 横山経通編『〔第 4 版〕インターネット法——ビジネス法務の指針』(商事法務・2003 年) 39 頁〔横山執筆〕。

80)「インターネットではさまざまな形態の表現手段が存在しており, 一律に対抗言論の法理を妥当させるかどうかといった形での包括的な議論は非常に困難である。例えばニフティサーブ事件のように, 表現者間で自由に議論がなされる掲示板やフォーラムに比べ, 本件のようなホームページ上の表現の場合は, 両者の実質的な対等性は原則ないと考えざるをえず, 対抗言論の法理が端的に妥当するとはいえない。このような場合には名誉毀損罪の構成要件に

は該当するといわざるをえない」(嘉門・前掲注 26)186 頁)。「『対抗言論の理論』は,『対等な討論の場』における議論であることを前提としているが,インターネット上での表現行為を『対等な討論の場』であるととらえることは,今日のインターネットの状況に適合しているとは言い難く,ここに『対抗言論の理論』を適用することは,高橋教授も意図しておられないように思われる」(進士・前掲注 26)60 頁)。

81) 判時 2009 号 162 頁。

82) 町村泰貴「ネットにおける名誉毀損——ニフティ名誉毀損事件」インターネット弁護士協議会編『インターネット事件と犯罪をめぐる法律』(オーム社・2000 年)17 頁。

83) 小玉・前掲注 27)28 頁。

84) 松本・前掲注 27)4 頁。更に,松本教授は,「上述のニフティ・本と雑誌のフォーラム事件東京地裁判決の『対抗言論』の法理について,反論を要求することが不公平とはいえない事情が存在するとしても,本件は,同法理が妥当する事案ではないように思われる」(圏点筆者)との判例時報の匿名コメントを引用している。

85) 鈴木・前掲注 27)24 頁。更に,前田・前掲注 23)100 - 101 頁,金澤・前掲注 27)20 頁。

86) 前田・前掲注 23)103 - 104 頁,永井・前掲注 25)13 頁,金澤・前掲注 27)20 頁。更に,「調査能力が情報の信頼性の一般的な受け取られ方と結びつけられ」ていることに対する批判もある(上村・前掲注 16)5 頁)。

87) 脱稿後,鈴木秀美「『ネット告発』と名誉毀損」ジュリ 1411 号 (2010 年)22 頁以下,小島慎司「インターネットの出現は名誉毀損罪の判例法理を変えうるか」ジャーナリズム 242 号 (2010 年)48 頁以下,辻智佐子ほか「『東芝問題』の再検討——ここ 10 年におけるインターネット上の紛争と法的対応について」城西大学経営紀要 6 号 (2010 年)53 頁以下,平川宗信「インターネットの個人利用者による表現行為と名誉毀損罪の成否」刑ジャ 24 号 (2010 年)95 頁以下,家令和典「重要判例解説」Law & Technology 48 号 (2010 年)70 頁以下,豊田兼彦「インターネット上の表現行為と名誉毀損罪の成否」法セ 669 号 (2010 年)123 頁,末道康之「インターネットを利用した名誉毀損行為と真実性の証明」セレクト 2010 年 [I] 35 頁,西土彰一郎「インターネット上の表現についての名誉毀損罪の成否」平成 22 年度重判解 (ジュリ 1420 号) (2011 年)23 頁以下,丸山雅夫「インターネットの個人利用者による名誉毀損と真実性の誤信についての相当の理由」平成 22 年度重判解 (ジュリ 1420 号) (2011 年)210 頁以下,山本紘之「インターネットの個人利用者による名誉毀損と摘示事実を真実と誤信したことについての相当の理由」新報 117 巻 5・6 号 (2011 年)309 頁以下,田寺さおり「インターネットの個人利用者による名誉毀損行為につき,摘示事実を真実と誤信したことについて相当の理由がないとされた事例」新潟 43 巻 3・4 号 (2011 年)126 頁以下に接した。

X　インターネット上の名誉毀損

―― 最近の 2 つの事件について ――

1　はじめに

　わが国において初めて，インターネットイニシアチブ (IIJ) がインターネット接続サービスを開始 (1993 年 (平成 5 年) 11 月) してから 20 年が経過した。現在の利用者数は 9652 万人・人口普及率は 79.5％ に達しており (2012 年 (平成 24 年) 12 月)，電気・水道などと並ぶライフラインの 1 つと言われるまでに成長している。また，(従来からの) パソコンによるアクセスのみならず，携帯電話・スマートフォン・タブレット型端末・家庭用ゲーム機・テレビからもアクセスが可能となっていることに加えて，そこでの表現形態は，ウェブサイト・電子メールのみならず，ブログ・ツイッター・フェイスブックなどへと広がりを見せるとともに，様々なアプリケーションが開発され，様々なサービスが始まっている。

　インターネットはその黎明期から，自らの意見を世界中の人々に対して自由に伝達可能なメディアである点が特に注目されていたが，インターネットの広汎な普及や情報通信機器・表現形態・アプリケーション・サービスの多様化によって，より多くの人のより多くの表現が，より容易により多様な形で発受信できる状況となっている。本稿では，名誉毀損に関する比較的新しい事件を 2 つ取り上げて，若干の検討を試みることにする。前者は「より多くの人のより多くの表現」が発信できるようになったことに起因するケースであり，後者は「より容易により多様な形」で受信できるようになったことに起因するケースと言えよう。

2 ラーメンフランチャイズ事件

2.1 事件の概要

被告人は，パソコン通信において，ある団体「甲」の関係者とその思想を批判する者との間の攻撃的な書き込みを見るなどして，甲やその主宰者の思想や活動に興味を持つようになり，自らのウェブサイトに「甲観察会」と題するコンテンツを追加し，情報の提供を始めた（1999年（平成11年）8月）。また，インターネット掲示板「2ちゃんねる」の（甲の主宰者の長男，娘婿が代表取締役を務める乙株式会社がフランチャイズ展開している）ラーメン乙を誹謗中傷するスレッドの閲覧や元店長とのメールのやり取り（2000年（平成12年）7月）を通じて，甲に対する批判を本格化させていった。

被告人は，甲の関係者と思しき人物による下品な書き込みや殺人予告を思わせる書き込みなどに対抗するとともに，「インチキFC乙粉砕！」「貴方が『乙』で食事をすると，飲食代の4〜5%がカルト集団の収入になります」との文章を「甲観察会」のトップページに掲げたほか，（乙の広告を引用した上で）「おいおい，まともな企業のふりしてんじゃねえよ。この手の就職情報誌には，給料のサバ読みはよくあることですが，ここまで実態とかけ離れているのも珍しい。教祖が宗教法人のブローカーをやっていた右翼系カルト『甲』が母体だということも，FC店を開くときに，自宅を無理矢理担保に入れられるなんてことも，この広告には全く書かれず，『店が持てる，店長になれる』と調子のいいことばかり」とする文章を同ページに掲載（2002年（平成14年）10月〜11月）したため，名誉毀損罪として起訴された。

2.2 判決・決定の要旨

東京地裁判決（東京地判平成20年2月29日判時2009号151頁）は，刑法230条の2（1項）の「真実性の証明」があったとは言えず，また，「夕刊和歌山時事」事件最高裁判決（最大判昭和44年6月25日刑集23巻7号975頁）が示した「行為者がその事実を真実であると誤信し，その誤信したことについて，確実な資料，根拠に照らし相当な理由があるとき」には免責されるとする従来の基準（いわゆる「相当の理由」ないし「相当性の基準」）による場合にも無罪とはならないとした。しかし，①「インターネットの利用者は相互に情報の発受信に関して対等の地位に立ち言論を応酬し合える点において，これまでの情報媒体とは著しく異なった特徴をもっている」こと（ゆえに，名誉毀損を誘発する情報を先に発信したとか，名誉毀損がなされた前後の経緯に照らして，情報発信を期待してもおかしくないとかいうような特段の事情があるときには，反論を要求しても不当とは言えない），②「インターネットを利用する個人利用者に対し，これまでのマスコミなどに対

するような高い取材能力や綿密な情報収集，分析活動が期待できないことは，インターネットの利用者一般が知悉して」おり，「個人利用者がインターネット上で発信した情報の信頼性は一般的に低いものと受けとめられている」ことを考え合わせると，「摘示した事実が真実でないことを知りながら発信したか，あるいは，インターネットの個人利用者に対して要求される水準を満たす調査を行わず真実かどうか確かめないで発信したといえるときにはじめて同罪に問擬」できるとの新たな基準（以下，「新基準」とする）を適用して，被告人を無罪とした。

これに対して，東京高裁判決（東京高判平成21年1月30日判タ1309号91頁）は，①被害者が反論するには名誉を毀損する情報の存在を知る必要があるが，インターネット上のすべての情報を知ることは不可能であること，被害者が反論したとしても先行する情報を閲覧した人がその反論を閲覧する保証がないこと，②「インターネット上で個人利用者が発信する情報だからといって，必ずしも信頼性が低いとは限らない」ことなどを示して，「新基準」の適用を否定した。また，最高裁決定（最決平成22年3月15日刑集64巻2号1頁）も同様の理解に立って，有罪を維持している[1]。

2.3 若干の検討

（今見たように）本件地裁判決は，インターネットの①表現媒体としての特徴（被害者の反論可能性），②表現内容の特徴（インターネット上の情報の信頼性の低さ）の2点が従来のメディアとは異なると指摘し，インターネットの個人利用者には「新基準」が適用されるとした[2]。しかしその一方で，本件高裁判決・最高裁決定は，①②（の特徴）を否定し，インターネットの個人利用者を別異に扱うべきではないとした。ここでは，①②（の特徴）と「新基準」につき検討する。

(1) 表現媒体としての特徴

本件地裁判決は，①表現媒体としての特徴（被害者の反論可能性），ひいては「対抗言論（more speech）」の理論（の考え方）を「新基準」が適用されるための根拠（の1つ）としている[3]。ここでの「対抗言論」の理論とは，「名誉を毀損されたと主張する者は，対抗言論によって名誉の回復を図ればよいのであって，それが可能なら，国家（裁判所）が救済のために介入する必要はない。むしろ，当人達の自由な言論に委ねておく方がよい」との考えの下，名誉は（形式上）毀損されても「対抗言論」により回復しうるので，結果として名誉毀損は生じないとするものである[4]。ただし，「対抗言論」が機能するためには，(i)両者が対等な言論手段を有していること，(ii)「対抗言論」を要求しても不公平とはならな

い何らかの事情の存在することが必要とされ，かかる条件を満たした場合に，違法性はないとの評価がなされる[5]。

　刑事事件において，「対抗言論」の理論（の考え方）が登場したのは今回初めてであるが，民事事件では既に用いられたものもある。パソコン通信上の書き込みが名誉毀損にあたるか否かが争われたニフティサーブ（本と雑誌のフォーラム）事件東京地裁判決（東京地判平成13年8月27日判時1778号90頁）は，「言論による侵害に対しては，言論で対抗するというのが表現の自由（憲法21条1項）の基本原理であるから，被害者が，加害者に対し，十分な反論を行ない，それが功を奏した場合は，被害者の社会的評価は低下しないと評価することが可能であるから，このような場合に」「不法行為責任を認めることは，表現の自由を萎縮させるおそれがあり，相当とはいえない」と判示した。その上で，被害者の挑発的な発言が加害者の一連の書き込みを誘発しており，かつ，被害者も必要十分な「対抗言論」ができている以上，違法性はないと結論づけた。また，類似の事案であるニフティサーブ（現代思想フォーラム）事件東京高裁判決（東京高判平成13年9月5日判時1786号80頁）も，（名誉毀損の成立範囲を限定するにあたり）「本件フォーラム内において，ある会員に向けられた批判や反論の発言があれば，当該会員は，直ちにこれに対する反論や再批判をすることができ」たと判示しており，「対抗言論」の理論が適用可能なことを認めたものと理解されている[6]。

　上記2判決については，学説からも好意的な評価がなされているが，本件のようにインターネット上で名誉毀損（罪）が問題となる場合には注意が必要である。本件地裁判決は，「対抗言論」が機能するための条件を広く解することによって，反論ないし「対抗言論」を行う義務を引き出しているが，この点について，学説は限定的に解している。「対抗言論」の理論（の考え方）を適用するためには，「対抗言論」によって反論が可能なだけではなく，反論しなければならないこと（反論義務の存在）が言えなければならないが，その反論義務は（メディアへの対等なアクセスが可能であることを前提として）「反論によって名誉回復することが現実に可能な場合」に生じるとされている[7]。また，「反論の容易性を理由に名誉毀損罪の成立範囲を限定することは，自力救済が可能であることを理由に刑法上の保護を後退させることにほかならず，従来の刑法理論との整合性の点からも問題」[8]であるとの指摘を考えあわせると，対抗可能なスペースで議論誘発的な表現を行っていることが反論義務の有無を判断する基準（の1つ）と

なろう（本件については，①甲側の表現が，被告人・甲の掲示板，甲のウェブサイトの3か所に拡散しており，対抗可能なスペースでの発言と言い切れないこと，⑪掲示板への書き込みは被告人に対する下品な内容や殺人予告などの類であり，議論誘発的な表現と言えるものではなかったこと，⑪実際に書き込んだ人物が，甲の内部者である確証がないことなどの事情から，否定的に解すべきであろう[9]）。

一方で，本件高裁判決・最高裁決定は，（インターネット上の情報の信頼性の低さを否定するとともに）被害者の反論可能性を以て従来の基準よりも緩やかな「新基準」を用いるべきではないとしているが，「対抗言論」の理論（の考え方）の全否定を意図しているのであろうか。この点，（先に見た本件高裁判決のみならず）「一度損なわれた名誉の回復は容易ではなく，インターネット上での反論によって十分にその回復が図られる保証があるわけではない」とする本件最高裁決定もインターネット上では適用不可能と解しているようである。ただし，反論によって十分にその回復が得られる保証がある場合には「対抗言論」の理論（の考え方）がなお妥当すると（本件最高裁決定を）読むことができるとし，パソコン通信に関する上記2判決との整合性が図れるとの指摘もある[10]。

(2) 表現内容の特徴

本件地裁判決は，②表現内容の特徴（インターネット上の情報の信頼性の低さ）も「新基準」が適用される根拠（の1つ）としている。この点について大方の学説は批判的である。インターネット上の情報に信頼性の低いものが含まれていることは事実であるとしても，信頼性が低いと一般化してしまっていることへの批判や信頼性の低いことが「新基準」を適用することの根拠とはならない（信頼性が低いことを根拠にするのであれば，逆に，免責の余地を狭める必要がある）との批判がある[11]。また，本件地裁判決の判示部分については，本件高裁判決・最高裁決定においても批判されている。

(3) 「新基準」の評価

以上の検討からも明らかなように，少なくとも本件事案において，①②（の特徴）を根拠として，「新基準」を適用することはできないであろう。しかしその一方で，①②（の特徴）を否定し，「相当性の基準」を（厳格に）適用する「夕刊和歌山時事」事件最高裁判決を維持すべきとする考え方が正しいかと言えば，こちらも誤りであるように思われる。

（同最高裁判決を始めとする）現在の判例は，プリントメディア等における「プ

ロフェッショナル」の表現を前提とするものであるが，本件で問題となったのは，インターネットにおける「アマチュア」の表現である。現在の判例のように「相当性の基準」を厳格に扱うことは，高度な取材能力を有する「プロフェッショナル」に対しても表現抑制的に機能することが指摘されている[12]が，取材能力の乏しい「アマチュア」の表現に対しても同様の扱いがなされるのであれば，「アマチュア」の表現に対する萎縮的効果は非常に大きく，自己検閲を広く行わせるものとなる。

　このような状況は表現の自由を保障する憲法21条が許容するところではないと思われる。インターネットの個人利用者である「アマチュア」に要求される調査水準を緩和すべきとした本件地裁判決のスタンスは，この観点から評価すべきであろう。

3　Googleサジェスト事件

3.1　事件の概要

　本件では，「ユーザーが語句を入力していくと，検索エンジンが検索トピックを提案してくれる」[13]サジェスト機能が問題となった。検索サイトの最大手であるGoogle Inc.(米国本社。以下，Googleないしグーグルインクとする）において自己の氏名を入力しようとすると，その途中の段階で，自己の氏名と並んで（身に覚えのない）犯罪行為を連想させる言葉が検索候補として表示され，その表示を選択すると，自己を中傷するサイトが検索結果として多数表示されることに気づいた債権者（原告）が，名誉毀損・プライバシー侵害を理由として当該表示の差止めなどをGoogleに求めた（また，自己の氏名と並んで過去に犯罪を起こしたことのある所属団体名・犯罪行為を連想させる言葉を表示された別の原告も同様の訴訟を起こしている）。

3.2　決定・判決の要旨

　東京地裁決定（東京地決平成24年3月19日判例集未登載）は，サジェスト機能による表示の差止めを求める仮処分申請を認容したが，Googleは，①米国本社が行っているサービスに日本の法律の規制は及ばず，②個人情報保護に関する社内規定の削除理由にも該当しない，また，③サジェスト機能の表示内容はアルゴリズムが自動的に決定しているのであって，人為的な操作は介在していないとして，本件決定に従わないことを表明した[14]。その後，本案訴訟が提起され，東京地裁判決（東京地判平成25年4月15日判例集未登載）も原告の主張を認めた。この判決では，サジェスト機能が「名誉毀損やプライ

バシー侵害に当たる違法な投稿記事を容易に閲覧しやすい状況を作り出して」おり,「機械的な自動表示でも,放置すれば将来にわたって権利侵害が拡大する」として,当該表示を禁止するとともに仮処分後も(違法性を認識できたのに)放置したことに対して30万円の慰謝料を認めた[15](もう一方の東京地裁判決〔東京地判平成25年5月30日判例集未登載〕は,検索結果が「名誉やプライバシーを侵害し社会通念上容認できないものか一見して明らかとは言え」ず,サジェスト機能の表示内容も,「原告と団体との関係を何も示しておらず,名誉毀損にはあたらない」とした[16])[17]。

3.3　若干の検討

本件訴訟の影響からか,Googleも(サジェスト機能に起因する)削除申請に対応するようになったと言われており,実際上の問題は減少しているように思われる。しかしながら,理論上の問題は残されている。

(1)　民事責任の存否

まず1点目は,民事責任の存否についてである。「特定電気通信役務提供者」が情報の削除等の送信防止措置を講じなかったときに(被害者に対して)免責される場合を規定するプロバイダ責任制限法3条1項本文がGoogleのような検索サービスに適用されるのであれば,名誉毀損・プライバシー侵害に該当する表示内容の存在を具体的に知っていたような場合でなければ免責されるが,同項但書は,「発信者」と見なされる場合には「この限りでない」としている。検索サービスが「発信者」にあたるか否かについては,そこで用いられているアルゴリズムの可変性を理由に肯定する学説がある。この学説に立つと,削除申請を拒絶したような場合には故意責任が認められ,「名誉毀損的情報が投稿される蓋然性の高い」「電子掲示板等を自動情報収集の対象として」,そこでの情報を大量に検索対象としたような場合には過失責任が認められることになる[18](検索結果のみならず,サジェスト機能の表示内容も同様のアナロジーで考えて良いであろう)。その一方で,「入力された単語に関連性の強い単語を他の利用に基づいて自動的に予測してサジェストしているだけ」であるから,名誉毀損には問えないとする学説もある[19]。先に見たようにGoogleも同様の主張を行っているが,アルゴリズムの使用を理由として,アウトプットの客観性(及び,民事責任を負わないこと)までは正当化できないと思われる[20]。少なくともわが国の現行法上,氏名・団体名と並んで表示されるネガティブ・ワードを放置した場合

には，その状況に応じて，法的責任が生じることもあると言わざるを得ないであろう[21]。

(2) 債務者（被告）の適格性

2点目は，債務者（被告）の適格性についてである。本件債権者（原告）は，「（検索サイトの管理運営はグーグルインクがすべて行っていることから）検索結果等の表示内容及びその修正，削除に関する決定権限は，グーグルインクが有している」とした東京高裁判決（東京高判平成19年5月30日判例集未登載）[22]の影響からか，日本法人を債務者（被告）とすることを避けた。インターネット上では様々なサービスがボーダレスに提供されているが，その多くはGoogleと同様に国外に拠点を持つものであることから，本件と同様の問題（訴状送達などの裁判手続・外国法人に対する判決の執行の問題）の生じるおそれが指摘されている[23]。学説の中には，この点への対処を念頭に，「co.jpドメインを使用，日本国内でサービス展開をしていること」から日本法人も責任主体となる[24]，日本法人にも共同不法行為責任が認められる[25]と主張するものもある。

4 まとめに代えて

これまで本稿では，名誉毀損に関する2つの事件の検討を行ってきた。（本稿の）冒頭でもふれたように，インターネットの広汎な普及や情報通信機器などの多様化は，インターネットのメディアとしての特性を顕在化させるとともに，新たな問題を生じさせている。インターネットは，「プロフェッショナル」のみならず，「アマチュア」も自由に表現可能なスペースであるが，前者のラーメンフランチャイズ事件では，（「アマチュア」が表現した場合の）名誉毀損罪の成否に係わる調査水準の緩和が問題となった。また，インターネットは，（新たな）サービスが世界規模で普及するスペースでもあるが，後者のGoogleサジェスト事件では，アルゴリズムの使用によってインターネット上の情報を際立たせ[26]，被害を拡大させたことが問題となった[27]。

インターネット上の法律問題は，「基本原理についての考察を活性化させる」とともに，既存の法が内在させている問題点を明らかにし，「今日的な観点から問い直す契機を与え」るものであると言われている[28]。本稿で扱った問題を更に検討するにあたっては，この点を踏まえつつ吟味していく必要があろう。

1) 本件評釈として，鈴木秀美「判批」法時82巻9号（2010年）22頁，憲法判例研究会編『判例プラクティス憲法〔補訂版〕』（信山社・2014年）157頁〔曽我部真裕執筆〕，松本哲治「判批」速報判例解説8号（2011年）15頁，西土彰一郎「判批」平成22年度重判解（ジュリ1420号）（2011年）23頁，前田聡「判批」流経10巻2号（2009年）93頁，小倉一志「判批」商討62巻1号（2011年）237頁【本書196頁】（本件に関する記述は，同稿を再構成したものである）などがある。

2) この「新基準」は，アメリカにおいて表現保護的に用いられている「現実の悪意（actual malice）」の法理を想起させるものである（鈴木・前掲注1）22頁）。

3) 本件地裁判決は，「対抗言論」の理論を直接適用した訳ではなく，その考え方を援用したに止まる。

4) 高橋和之ほか編『インターネットと法〔第4版〕』（有斐閣・2010年）65頁〔高橋執筆〕。

5) 高橋ほか編・前掲注4）67－68頁〔高橋執筆〕。

6) 西土彰一郎「判批」メディア判例百選（2005年）225頁。

7) インターネット弁護士協議会編『インターネット事件と犯罪をめぐる法律』（オーム社・2000年）17頁〔町村泰貴執筆〕。「反論可能性があるというだけでは訴訟での権利主張を否定する根拠とならないから」である（同書17頁）。

8) 小玉大輔「判批」ひろば63巻7号（2010年）28頁。

9) これに対して，山田隆司『記者ときどき学者の憲法論』（日本評論社・2012年）25－26頁は肯定する立場を取る。

10) 松本・前掲注1）17－18頁。

11) 前田聡「判批」流経9巻1号（2009年）103－104頁，永井善之「判批」刑ジャ15号（2009年）13頁。

12) そのため，わが国でも「現実の悪意」の法理を適用すべきである，「相当性の基準」についての挙証責任を転換すべきである等の主張がなされている。

13) デビッド・ヴァイス『Google誕生』（イースト・プレス・2006年）337頁。

14) 西口博之「インターネットを通じたプライバシー侵害」知財ぷりずむ123号8頁・20頁，北海道新聞2012年（平成24年）3月26日朝刊31面。

15) 北海道新聞2013年（平成25年）4月16日朝刊32面，毎日新聞2013年（平成25年）4月16日朝刊1面。

16) 読売新聞2013年（平成25年）5月31日朝刊35面，毎日新聞2013年（平成25年）5月31日朝刊27面。また，Googleサジェスト事件に類似した訴訟として，Yahoo! JAPANで自分の氏名を検索すると，京都府迷惑行為防止条例違反容疑で逮捕された際の記事（を転載したもの）が表示されることから，名誉毀損を理由として，その削除と慰謝料を求めたものがある（2013年（平成25年）9月2日〔京都地裁に提訴〕；http://mainichi.jp/select/news/20130919k0000e040241000c.html (last visited Sep. 26, 2013)）。

17) プライバシー保護を理由に判決文が公表されていない（毎日新聞・前掲注16））ため，詳細は不明であるが，後者の判決は，サジェスト機能で表示された団体の所属自体は事実であった（読売新聞・前掲注16））ことが結果に影響を与えているように思われる。

18) 小倉秀夫「自動収集された違法コンテンツについての検索サービス提供者の義務および責任」法コン28号（2010年）44－45頁。

19) 松井茂記『表現の自由と名誉毀損』（有斐閣・2013年）401頁。

20) アルゴリズムに「恣意性」の入り込む余地があるためである（Search King v. Google, 2003

WL 21464568, at 5 (W.D. Okla. May 27, 2003))。名和小太郎「サーチエンジンと表現の自由」情報管理51巻4号（2008年）295頁，牧野二郎『Google問題の核心』（岩波書店・2010年）80頁。

21）これに対して，アメリカでは（publisher又はspeakerとしての取扱いを禁じた）「グッド・サマリタン（Good Samaritan）」条項（47 U.S.C. §230(c)(1)）の存在により免責される（同条項については，さしあたり，小倉一志『サイバースペースと表現の自由』〔尚学社・2007年〕183-184頁参照）。

22）小倉・前掲注18）45-46頁。

23）富田寛之＝高橋未紗「Google仮処分命令申立事件にみるインターネット案件の法的課題と忘れられる権利」Law and Technology 58号（2012年）59頁。

24）富田＝高橋・前掲注23）59頁。

25）小倉・前掲注18）46頁。

26）この点につき，データ管理者に対して，個人データの消去及び更なる拡散の回避を求めることを内容とする「忘れられる権利（Right to be forgotten）」（EUデータ保護規則案17条1項）が示唆に富む。

27）外国でも同様の訴訟が起こされており，ドイツ連邦通常裁判所は，名誉毀損にあたる場合には削除義務が生じるとして，削除を求める原告の主張を認めた（2013年5月14日；http://www.tagesschau.de/wirtschaft/google500.html (last visited Sep. 26, 2013)）が，フランス破毀院は逆の結論を出している（2013年6月19日；http://www.courdecassation.fr/jurisprudence_2/premiere _chambre_civile_568/625_19_26825.html (last visited Sep. 26, 2013)）。

28）山口いつ子『情報法の構造』（東京大学出版会・2010年）167-168頁。

XI　インターネット上のプライバシー侵害に関する一考察

1　はじめに

　インターネットは当初より，自らの表現を世界中の人々に対して自由に伝達可能なメディアであることが認識され，その自由主義的・民主主義的意義が高く評価されていた。しかしその一方で，①表現対象が著名人のみならず一般人にも及びやすいこと，②匿名性が比較的高く，素人による表現であることが多いため，無責任・不正確なものとなりがちであること，③一旦書き込まれた表現（流出した情報）は複製が容易であることから延々と流通すること，④検索技術の向上により，時間的に古い表現（情報）であっても即座に引き出すことが可能であることなど，インターネット（上の表現）については，マイナスの側面の指摘も併せてなされてきた[1]。このマイナスの側面は，スマートフォンなどからもブログ・ツイッター・フェイスブックに代表されるソーシャルメディアに（容易な形で）投稿・閲覧が可能となったことにより，更に増幅される傾向にある[2]。

　本稿では，インターネット上の様々な「問題のある」表現の中でも，プライバシーを侵害する表現（情報）に焦点を当て，検討を加えてみたい。これまでの先行業績においては，名誉毀損的表現などの陰に隠れ，それ自体としては十分な紹介・検討がなされてきていないように思われるためである。（本稿の）構成としては，インターネット上の表現（情報）につき，プライバシー侵害（肖像権侵害を含む）を認めた判例を概観（2）することから始めたい。その上で，リアルスペース上で形成されてきたプライバシーの法理を確認し，（2で概観した）インターネット上の判例についての検討（3）を行う。そして最後に，まとめと指摘（4）を紙幅の許す範囲で行うことにする。

2 インターネット上の判例の概観

わが国の判例においてインターネット上の表現（情報）がプライバシー侵害（肖像権侵害を含む）に当たると判断されたケースは，判例集に登載されたものに限ると 7 事件 8 判決ある。以下，それぞれの判例を概観するが，結論を先取りすると，①プライバシー（個人情報）掲示型・②プライバシー（肖像写真）掲示型・③プライバシー（個人情報）漏えい型に分類することができる。

2.1 プライバシー（個人情報）掲示型

❶神戸地判平成 11 年 6 月 23 日判時 1700 号 99 頁[3]

〔事実の概要〕 眼科医 X と被告 Y は，いずれもニフティ（パソコン通信）の会員であり，同社が提供する（電子）掲示板を日常的に利用していた[4]が，そこに Y が X の氏名・職業・診療所の住所・電話番号を書き込んだ。そのため，書き込み直後よりいたずら電話や X 名義での通信販売への注文等の嫌がらせがなされたことから，X が提訴。

〔判決要旨（神戸地裁）〕 掲示板に書き込まれた X の「氏名，職業，診療所の住所及び電話番号は，NTT 作成の地域別の職業別電話帳に広告掲載されている」ものであり，「必ずしも純粋な私生活上の事柄であるとはいい難い面がある」。しかし，「右電話帳への掲載は，右電話帳作成の目的及びその掲載内容に照らし，X においてその掲載に係る個人情報の伝搬の範囲を診療所営業に関わる範囲に制限しているものであるといえ」，その限りで，「私生活上の事柄としての側面も有するものと認められる」。また，「右電話帳に掲載されていることを考慮しても，それをネット上の掲示板において公開されることまでは，一般的にも欲したりしないであろうと考えられ」，「右電話帳の記載の検索は，通常，眼科医の診療を希望する者がその診療所を探すという目的で利用するという特定の場合にすぎないと解されるから，右職業，診療所の住所・電話番号は，一般人には未だ知られていない事柄であると解するのが相当である」[5]。

「本件掲示行為には何ら正当な理由は認められないだけではなく」，X に対する攻撃的対応の発生が十分認識できたのであるから，（違法であり，故意に基づくものであり）不法行為を構成する（慰謝料 20 万円，治療費 2380 円を認容）。

❷東京地判平成 16 年 11 月 24 日判タ 1205 号 265 頁

〔事実の概要〕 何者かによって原告 X の氏名のイニシャルと名字（ローマ字）をつなげたものが Yahoo! JAPAN（被告 Y）の ID として取得され，同 ID の公開プロフィールに X の携帯電話番号のほか，（職業が）知的障害者・（住所が）精神病院隔離病棟などと記載

された上で，Xに関する書き込みがYの（電子）掲示板でなされたため，Xが提訴。

〔判決要旨（東京地裁）〕「個人の氏名及び携帯電話番号という個人情報については，本人が，自己の欲しない他者にはみだりにこれを開示されたくないと考えることは当然であり，そのことへの期待は保護されるべきものである。」「とりわけ，本件掲示板等においては，匿名による情報交換が前提となっているうえ，誰もが極めて容易にアクセスできるインターネット上の掲示板上では，被害の拡大の速さと深刻さを無視することはできないから，氏名や電話番号を開示されないことへの期待をより一層強い理由で保護する必要がある」。

公開プロフィール・掲示板への書き込みは，「Xのプライバシーを侵害するものというべきであり，」「投稿者において，Xのプライバシーを公開する正当な理由があるなどの事情を認めるに足りる証拠」もない[6]（発信者情報の開示請求[7]を認容）。

❸大阪地判平成 20 年 6 月 26 日判時 2033 号 40 頁

〔事実の概要〕　Yahoo! JAPANが運営するチャットルーム「メンタルヘルス1」において，原告Xの氏名・住所のほか，「郵便局の配達員クビになった」「誰もが認める人格障害」「引き籠もり40才」との書き込みが何者かによってなされたため，Xが（NTTコミュニケーションズYを相手に）提訴。

〔判決要旨（大阪地裁）〕「住所・氏名は，Xのプライバシーに属する情報として，みだりに自己の欲しない範囲の他者に開示されないという意味において，法的保護の対象となる。」「本件記載のうち，Xの住所・氏名を記載した部分は，原告の法的保護の対象となるプライバシーを侵害することが明白である」[8]（発信者情報の開示請求を認容）。

❹東京地判平成 21 年 1 月 21 日判時 2039 号 20 頁[9]

〔事実の概要〕　消費者問題に関する（電子）掲示板「悪徳商法？マニアックス」の運営者X₁の妻X₂の氏名・住所，X₁・X₂の親族の氏名，親族の会社の本支店の所在地・電話番号などを内容とする書き込みが，2ちゃんねるの「悪マニ管理人，X₁が企業恐喝？」と題するスレッド上で被告Yによってなされたため，X₁・X₂が提訴。

〔判決要旨（東京地裁）〕「自己の氏名・住所はもとより，配偶者の氏名・住所，親族の経営する会社の名称・本支店の所在地・電話番号は，いずれも，Xらにとって，私的な情報であるといえ，かつ，一般的に広く知れ渡っている情報ではない」。したがって，「Xらが欲しない他者にはみだりにこれを開示されたくないと考えることは自然なことであり，そのことへの期待は保護されるべきものであるから，これらの情報は，Xらのプライバシーに係る情報として法的保護の対象となる」。

「これらの情報を公開されない法的利益がこれを公開する理由に優越する場合には，不法行為が成立すると解すべきである」が，本件掲示板において「上記情報を公開する必要

性を認めるに足りない」(慰謝料各10万円, 弁護士費用各2万円を認容)[10]。

2.2　プライバシー(肖像写真)掲示型

❺東京地判平成17年9月27日判時1917号101頁[11]

〔事実の概要〕　日本ファッション協会Y₁とコロモ・ドット・コムY₂が共同開設しているウェブサイト「Tokyo Street Style〔銀座〕」において, Y₂の撮影担当社員が原告Xに断りなく撮影した写真が掲載された。本件写真は, Xの容貌を含む全身が大写しにされたものであり, また, 衣服の胸部には大きく赤い文字で「SEX」というデザインが施されたものであったため, 2ちゃんねるの複数のスレッドにおいて同サイト・写真へのリンクが張られるとともに, Xに対する下品な誹謗中傷が書き込まれる等したため, Xが提訴。

〔判決要旨(東京地裁)〕「何人も, 個人の私生活上の自由として, みだりに自己の容貌や姿態を撮影されたり, 撮影された肖像写真を公表されないという人格的利益を有しており, これは肖像権として法的に保護されるものと解される。」本件写真の撮影・ウェブサイトへの掲載はXの承諾を得ずに行われたものであり, また, 「写真の一部にたまたま特定の個人が写り込んだ場合や不特定多数の者の姿を全体的に撮影した場合とは」違い, 「被写体となった原告に強い心理的負担を覚えさせるもの」であり, Xの肖像権を侵害する。

「肖像権が侵害された場合であっても, ①当該写真の撮影及びウェブサイトへの掲載が公共の利害に関する事項と密接な関係があり, ②これらが専ら公益を図る目的で行われ, ③写真撮影及びウェブサイトへの掲載の方法がその目的に照らし相当なものであれば, 当該撮影及びウェブサイトへの掲載行為の違法性は阻却される」。確かに, Xの衣服はドルチェ&ガッバーナ(高級ファッションブランド)のものであり, 東京の最先端のストリートファッションを広く紹介するという目的から, ①公共性・②公益性の要件を充たす[12]が, Xの承諾を得ないで撮影したこと・特定の個人を(容貌も含めて)大写しにしたことは目的との関連で③相当性の要件を欠き, 違法性は阻却されない(慰謝料30万円, 弁護士費用5万円を認容)。

2.3　プライバシー(個人情報)漏えい型

❻札幌地判平成17年4月28日判自268号28頁・札幌高判平成17年11月11日判例集未登載[13]

〔事実の概要〕　未成年者Xは, 道路交通法に違反した(一時不停止を現認された後, 逃走した)として現行犯逮捕され, 北海道警察の巡査Aにより「現行犯人逮捕手続書」「道路交通法違反被疑者事件捜査報告書」などの文書が作成されたが, これらの文書がインターネット上に流出したため, Xが(北海道Yを相手に)提訴。

なお，インターネット上に流出した原因は，Aが道警本部長の警察署長等宛通達（2001年（平成13年）3月26日）に違反する形で上記文書を私物のパソコンに保存し，管理担当者の（公務に関する情報が保存されていないことの）確認を受けることなしに自宅に持ち帰ったことにあり，より直截的には，私物のパソコンがウイルスソフト「アンティニー（Antinny）」[14]に感染していることに気づかないまま，ファイル交換ソフト「ウイニー（Winny）」を起動させたことによる。

〔判決要旨（札幌地裁）〕「Xの住所，職業，氏名，生年月日といった個人識別情報とともに」「Xを被疑者とする道路交通法違反事件の詳細な内容が記載されていたことが認められるところ，同事実は少年の非行事実として少年の健全育成のため秘匿されるべき情報であって，Aの上記原因行為により本件情報流出という本来あってはならない事故が発生し，その結果，Xの秘匿されるべき情報がウイニーを利用する不特定多数人の閲覧に供されたばかりか，その情報はダウンロードされ，プリントアウトされることによってインターネットを利用しない一般人にまで広く暴露され得る状況に至ったのであり，Xが本件情報流出により人格権に基づくプライバシー権を侵害されたことは明らか」である。

Aが「ハードディスクに保存した行為は職務行為そのものであり，また，Aが上記文書を本件パソコン内に保存したまま同パソコンを自宅に持ち帰り，インターネットに接続させた行為は」，文書の保存，管理という点において「職務行為と関連して一体不可分のものというべきであるから，Aの上記原因行為は『職務を行う』」場合に当たる。また，「Aの上記原因行為は警察官としての情報管理に関する注意義務に違反したものというべきであって，Aのかかる過失行為により本件情報流出という結果が発生したのであるから，Aの上記原因行為は不法行為を構成する」（慰謝料40万円を認容）。

〔判決要旨（札幌高裁）〕「自宅において，インターネットに接続するなどしてパソコンを利用することは」，「職務と無関係の行為で」あるのが一般的であり，外形的に見ても「職務の範囲に属する」ということはできない[15]。よって，「Aの原因行為が，国賠法1条1項に該当するとはいえない」（原判決取消し，Xの請求棄却）。

❼東京地判平成19年2月8日判時1964号113頁・東京高判平成19年8月28日判タ1264号299頁[16]

〔事実の概要〕　エステティックサロンを全国展開するTBCグループYが自社のウェブサイトを開設するにあたり，ネオジー（IT関連会社）Aとの間でサーバーコンピュータのレンタル契約を締結し，その後，ウェブサイトの制作・保守に関する契約も締結した。原告Xら（14名）は，同ウェブサイトにおいて実施されたアンケート・懸賞・無料エステ体験の募集等に対する回答とともに，氏名・年齢・住所・電話番号・メールアドレスを入力・送信したが，これらのデータが，一般のインターネット利用者にも閲覧可能な状態となった（更に，2ちゃんねるの「大量流出！　Yのずさんな個人情報管理！」と題す

るスレッド上でも様々な書き込みがなされ, 広く知れ渡った) ため, Xらが提訴。

なお, インターネット上に流出した原因は, Aが同ウェブサイトをY専用のサーバーに移設する際, パスワード設定がなされていない公開領域に上記データを置いたことによる。

〔判決要旨 (東京地裁)〕「氏名, 住所, 電話番号及びメールアドレスは, 社会生活上個人を識別するとともに, その者に対してアクセスするために必要とされる情報であり, 一定の範囲の者に知られ, 情報伝達のための手段として利用されることが予定されているものであるが, 他方で, そのような情報であっても, それを利用して私生活の領域にアクセスすることが容易になることなどから, 自己が欲しない他者にはみだりにそれを開示されたくないと考えるのは自然のことであり, そのような情報がみだりに開示されないことに対する期待は一定の限度で保護されるべきものである。また, 職業, 年齢, 性別についても, みだりに開示されないことの期待は同様に保護されるべきものといえる」。更に, 本件情報には, 「原告らが関心を有していたコース名, 回答の内容等」も含まれているが, 「これらの情報全体がプライバシーに係る情報として法的保護の対象となる」。Xらが「氏名, 職業, 年齢, 性別, 電話番号及びメールアドレス等の個人の情報及び回答内容等を送信した際には, それらの情報は, 適切に管理され, Yの業務に必要な範囲でのみ利用され, それ以外の目的でY以外の者に利用されることは想定していなかったことは明らかであるから, 本件情報がXらの想定を超えて, 本件ウェブサイトからインターネット上に流出したことはXらのプライバシーを侵害する」。

Aは安全対策を講ずべき注意義務があったのにそれを怠り, 「本件電子ファイルをサーバー内の公開領域に置いた上, 第三者のアクセス権限を制限するような設定を講じなかった過失により, 本件ウェブサイトにアクセスした第三者が本件電子ファイルを閲覧することができる状態に」したのであるから, 民法709条による不法行為責任を負うのであり, 更に, AとYの間には指揮・監督関係が認められるから, 民法715条により不法行為責任をYは負う (慰謝料各3万円・1万7千円[17], 弁護士費用各5千円を認容)。

〔判決要旨 (東京高裁)〕 Xの控訴理由・Yの附帯控訴理由に対する説示を除くほかは, 原判決を引用する。「Yは, Aが行う本件ウェブサイトの制作, 保守について, Aを実質的に指揮, 監督していた」との原判決の認定判断, 「本件事故によりXらの被った精神的苦痛を慰謝するために各3万円 (10番Xについては1万7千円) が相当であるとした原判決の認定判断」は正当として是認できる (慰謝料・弁護士費用は地裁判決と同額)[18]。

3 検討

これまでインターネット上の表現 (情報) がプライバシー侵害 (肖像権侵害を含

む）に当たるとした判例を概観してきたが，内容的には，①プライバシー（個人情報）掲示型・②プライバシー（肖像写真）掲示型・③プライバシー（個人情報）漏えい型の3つに分類可能なものであった。次に，これらの判例についての検討を行うが，それに先立って，リアルスペース上で形成されてきたプライバシーの法理を確認することから始めたい。その上で，3つに分類した判例を（リアルスペース上での議論との関係で）検討する。

3.0 （リアルスペース上の）プライバシーの法理

　プライバシーの権利は，アメリカに起源を有する権利であるといえる。19世紀のアメリカにおいて，イエロー・ジャーナリズム（大衆紙・誌）による有名人などの私生活の暴露に対抗する私法上の権利として，「一人で放っておいてもらう権利（right to be let alone）」として構成され（当初は論文[19]による），その後に裁判所の判例あるいは州法として取り入れられていった。そして，現在では憲法上の権利として位置づけられている[20]。他方，わが国でも，私法上の権利とされた後，幸福追求権（憲法13条）を根拠として，憲法上の権利と位置づけられるに至っている。

　わが国の判例において，プライバシーの権利について初めて判断したものといわれる[21]のが，（三島由紀夫のモデル小説に対して，プライバシー侵害を理由として損害賠償と謝罪広告が求められた）東京地判昭和39年9月28日判時385号12頁（「宴のあと」事件東京地裁判決）である。同判決は，「私生活をみだりに公開されない法的保障ないし権利」は，「法的救済が与えられるまでに高められた人格的な利益と考えるのが正当であり，それはいわゆる人格権に包摂されるものではあるけれども，なおこれを1つの権利と呼ぶことを妨げるものではない」とするとともに，公開された内容が，(i)「私生活上の事実または私生活上の事実らしく受け取られるおそれのあることがらであること」（私事性）[22]，(ii)「一般人の感受性を基準にして当該私人の立場に立った場合，公開を欲しないであろうと認められることがらであること，換言すれば一般人の感覚を基準として公開されることによって心理的な負担，不安を覚えるであろうと認められることがらであること」（秘匿性），(iii)「一般の人々に未だ知られていないことがらであること」（非公知性）[23]というプライバシーの権利侵害の要件も示している。

　同判決は，「学説により圧倒的に支持され，わが国におけるプライバシー権確

立の礎石を築いた判決として位置づけられ」[24]，その後も「私生活をみだりに公開されない法的保障ないし権利」としてのプライバシーの権利[25]を承認している。また判例は，（警察官によるデモ行進の写真撮影が問題となった）最大判昭和44年12月24日刑集23巻12号1625頁（京都府学連事件最高裁判決）において，憲法13条は，「国民の私生活上の自由が，警察権等の国家権力の行使に対しても保護されるべきことを規定しているものということができる。そして，個人の私生活上の自由の1つとして，何人も，その承諾なしに，みだりにその容ぼう・姿態（以下「容ぼう等」という。）を撮影されない自由を有するものというべきである。これを肖像権と称するかどうかは別として，少なくとも，警察官が，正当な理由もないのに，個人の容ぼう等を撮影することは」許されないと判示し[26]，（弁護士法23条の2に基づく弁護士からの照会に対して，京都市の区長が前科及び犯罪経歴を開示したことが問題となった）最判昭和56年4月14日民集35巻3号620頁（京都市前科照会事件最高裁判決）においても，前科及び犯罪経歴は「人の名誉，信用に直接に係わる事項であり，前科等のあるものもこれをみだりに公開されないという法律上の保護に値する利益を有する」と判示している[27]ことから，学説は，プライバシーの権利が（国家に対して主張しうる）憲法上の権利として判例上肯定されたものと理解している[28]。

　以上のようなプライバシーの権利は，個人の私的領域に他者を無断で立ち入らせないという自由権的・消極的な権利と理解されていたが，現在の学説では，プライバシーの権利を，「自己に関する情報をコントロールする権利」（自己情報コントロール権，情報プライバシー権）と捉え直して，従来からの自由権的・消極的側面に加えて，プライバシーの保護を国家などに対して要求するという請求権的・積極的側面[29]を強調するようになっている[30]。この主張は，技術革新（コンピュータ・監視カメラなどの発達）により，国家や企業などの団体が個人情報（個人に関する情報）を容易に収集・管理・利用できるようになったという現状認識から来ている。個人情報を情報の収集・管理・利用・開示などの各レベルにおいて，自らの手でコントロールすることが，自らのプライバシーを守る最善の策との考えによるものである。

3.1　プライバシー（個人情報）掲示型

プライバシー（個人情報）掲示型の❶判決〜❹判決では，氏名・（個人・会社の）

住所・電話番号・職業のプライバシー該当性が問題となっている。プライバシーの権利といった場合のプライバシーの範囲，あるいはプライバシーと個人情報の関係をどのように理解するかについては議論があるが，代表的な（憲法）学説は，個人情報を「個人の道徳的自律の存在にかかわる情報（プライバシー固有情報）」と「個人の道徳的自律の存在に直接かかわらない外的事項に関する個別的情報（プライバシー外延情報）」に区別した上で，前者については，取得・利用・対外的開示が原則的に禁止され，後者については，「正当な政府目的のために，正当な方法を通じて取得・保有・利用しても，直ちにはプライバシーの権利の侵害とはいえない」が，「このような外的情報も個人の知らないままに集積され，オンラインで結ばれたりして様々な利用対象とされるとき，個人の道徳的自律の存在を脅かす可能性が生じる」ことから，「広く『個人情報』をプライバシーの権利にかかわるものとしてその保護のあり方を考える必要がある」としている（2分論）[31]。また，「①だれが考えてもプライバシーであると思われるもの，②一般的にプライバシーと考えられるもの，③プライバシーに該当するか判然としないもの」に区別した上で，①には最も厳格な審査基準が適用されるが，②等については基準が緩められると解する説もある（3分論）[32]。2分論・3分論は，情報の性質に着目して類型化を行い，それに対応する形で保障の程度ないし適用される審査基準の強弱を確定しようとするものであるが，この点については，情報の性質をより相対的に捉え，全ての個人情報がプライバシーに該当するとした上で，「権利侵害の許容性を判断する際に情報の性質を考慮することによって対処」すれば足りるとする説もある[33]。

　これに対して判例は，上記の学説のように大上段に構えるのではなく，従来より保障対象としてきたプライバシーの範囲を拡大することによって，個人（識別）情報にもその保障を及ぼしてきている。リアルスペース上の代表的な判例としては，（長崎市内の教職員を批判するビラが撒かれたが，その文中に教職員の氏名・住所・電話番号が含まれていたため，第三者による嫌がらせ・批難攻撃が生じた事例である）最判平成元年12月21日民集43巻12号2252頁，（幼女と二人暮らしの女性が電話帳に氏名・住所・電話番号を掲載しないようNTTに求めたにもかかわらず，それが受け入れられなかった事例である）東京地判平成10年1月21日判時1646号102頁，（中国国家主席の講演会を主催した早稲田大学が，氏名・学籍番号・住所・電話番号の記載された参加申込者の名簿の写しを無断で警察庁に提出したことが問題となっ

た）最判平成 15 年 9 月 12 日民集 57 巻 8 号 973 頁（早稲田大学江沢民講演会名簿提出事件最高裁判決）などが挙げられる。これらの判例は，東京地判昭和 39 年 9 月 28 日判時 385 号 12 頁（「宴のあと」事件東京地裁判決）が示した「伝統的なプライバシーの要件を一応は使用しながら，その要件の解釈を拡大するか，あるいはそれとともにその要件の該当性の判断を緩和するかしているものである」[34] が，本稿で扱ったインターネット上の判例も同様の処理をしているものと評価できよう [35]。このような判例の傾向に対しては，個人情報保護法制定の影響や（同法制定による）国民の権利意識の変化が語られることがあるが，それに加えて，インターネット上の判例については，本稿の「はじめに」で挙げたようなインターネット上の表現に関するマイナスの側面が害悪発生の蓋然性を高めていることも考慮に入れられているように思われる。

更に，❶判決・❷判決・❹判決においては，掲示行為に正当な理由が認められない場合・公開されない法的利益が公開する理由に優越する場合に不法行為が成立するとしているが，この点については，リアルスペース上の判例との違いはないと言えよう。最近は，（ノンフィクション作品の中で無断で実名が明かされ，前科が公表されたことが問題となった）最判平成 6 年 2 月 8 日民集 48 巻 2 号 149 頁（「逆転」事件最高裁判決）を「契機として，利益衡量説をとる裁判例が増加して」いることが指摘されており [36]，（少年犯罪について推知報道を行った出版社に対して，プライバシー侵害等を理由として損害賠償が求められた）最判平成 15 年 3 月 14 日民集 57 巻 3 号 229 頁（長良川事件報道訴訟最高裁判決）でも同判決を引用しつつ，「プライバシーの侵害については，その事実を公表されない法的利益とこれを公表する理由とを比較衡量し，前者が後者に優越する場合に不法行為が成立する」としているところである。

3.2 プライバシー（肖像写真）掲示型

プライバシー（肖像写真）掲示型の❺判決では，路上歩行者の無断撮影・ウェブサイトへの無断掲載が肖像権の侵害となるか，どのような場合に違法性がないとされるのかの 2 点が問題となっている。アメリカにおいて肖像権は，プライバシーの権利の一環として判例あるいは州法上承認されてきたものであるが，わが国では，「何人も，その承諾なしに，みだりにその容ぼう・姿態を撮影されない自由」を「個人の私生活上の自由の 1 つ」と位置づけた最大判昭和 44 年 12

月24日刑集23巻12号1625頁（京都府学連事件最高裁判決）により（実質的に）承認され，同判決の趣旨が後の刑事事件のみならず，（世界的に有名な子役の氏名・肖像がテレビ・コマーシャルに無断使用されたことが問題となった）東京地判昭和51年6月29日判時817号23頁（マーク・レスター事件東京地裁判決）を初めとする民事事件においても適用され，現在に至っている[37]。

　違法性阻却事由については，（歯科大学の教授がスナック経営者とともにフィリピンに行き，現地の採用希望者にハレンチな行為をした写真が週刊誌に掲載された事例である）東京地判昭和62年2月27日判時1242号76頁において名誉毀損の場合に類似した事由ないし要件を初めて示し[38]，その後の（和歌山毒物カレー事件の刑事被告人を法廷内で隠し撮りした写真・イラスト画が週刊誌に掲載された事例である）大阪地判平成14年2月19日判タ1109号170頁は，違法性が阻却されるためには，①「当該取材報道行為が公共の利害に関する事項に関わること」（公共性），②「専ら公益を図る目的でなされたこと」（公益性），③「当該取材ないし報道の手段方法が，その目的に照らして相当であること」（相当性）の3要件を充たすことが必要としており，本稿で扱った❺判決も（先の肖像権に対する理解とともに）同様の立場に立っている。ただし，この大阪地裁判決に対しては，(i)公共性の要件は妥当だとしても，(ii)公益性を問題とすべきではなく，(iii)相当性を独立の要件とし，撮影が相当でなかった場合に一切違法性阻却を否定することは疑問である等の批判[39]がなされていたところであり，上告審である最判平成17年11月10日民集59巻9号2428頁では「被撮影者の社会的地位，撮影された被撮影者の活動内容，撮影の場所，撮影の目的，撮影の態様，撮影の必要性等を総合考慮して，被撮影者の上記人格的利益の侵害が社会生活上受忍の限度を超えるものといえるかどうかを判断して決すべき」との新たな枠組みを採用するに至っている[40, 41]。

3.3　プライバシー（個人情報）漏えい型

　プライバシー漏えい型の❻判決・❼判決では，プライバシー（個人情報）掲示型の❶判決～❹判決と同様の氏名・住所・電話番号・職業のほか，生年月日・被疑事件の内容（❻判決），関心のある（エステの）コース名・回答の内容（❼判決）の漏えいが問題となっている。特に，被疑事件の内容・（エステの）コース名・回答の内容は，センシティブ（機微）性を有する情報であり，（「宴のあと」事件東

京地裁判決が示した）従来からの要件を満たすものである。センシティブ性の有無（センシティブ情報であるか，個人識別情報であるか）と慰謝料額の多寡には関連性があり，「センシティブ情報が対象となったプライバシー侵害事案では慰謝料が 10 万円から 100 万円の間で認められている」一方で，「個人識別情報が問題となった事案では 5 千円から 10 万円の範囲内で慰謝料が認定」されている[42]。ここでの「相場」を前提とすると，❼判決について「適正な慰謝料額といえるのか疑問が残る」との評価がなされている[43] のも頷けるものがある[44]。ただし，プライバシー（個人情報）漏えい型においては一度に極めて大量の個人情報が流出することが多く見られ，そのような場合には，慰謝料額の算定について裁判官が心理的にブレーキを踏まざるをえないようにも思われる[45]。

　この他，❻事件については，巡査・管理担当者の過失の問題，❼事件については，TBC グループの（ネオナチに対する）使用者責任の問題などもあるが，これらの点については省略する。

4　まとめに代えて

　これまで本稿では，インターネット上におけるプライバシーを侵害する表現（情報）に関する（判例集に登載された）7 事件 8 判決の概観及び，それらの判例が①プライバシー（個人情報）掲示型・②プライバシー（肖像写真）掲示型・③プライバシー（個人情報）漏えい型の 3 種類に分類可能なものであることを確認した上で，プライバシー（肖像権を含む）該当性・違法性阻却事由・慰謝料額などにつき，リアルスペース上の判例との対比・検討を行ってきた。

　その結果は，リアルスペース上の判例とインターネット上の判例において判断が大きく異なるものではなかった。この点は，インターネット上のわいせつな表現が問題となった事案について，リアルスペース上で形成されてきた刑法175 条に関する理論を適用した最決平成 13 年 7 月 16 日刑集 55 巻 5 号 317 頁（京都アルファネット事件最高裁決定），インターネット上の名誉毀損的表現について，リアルスペース上で用いられてきた基準を適用すべきとした最決平成 22 年 3月 15 日刑集 64 巻 2 号 1 頁（ラーメンフランチャイズ事件最高裁決定）などとも軌を一にするものと言える[46]。しかし，本稿で扱った❷判決・❻判決などが指摘するように，（電子）掲示板等での情報交換は匿名で行われるのが一般的であり，

また，インターネットへのアクセスは誰もが容易にできることから，プライバシーを侵害する表現（情報）が一旦，インターネット上に掲示・漏えいされると，その被害はリアルスペース上で同様の事態が生じた場合と比較して質量ともに甚大なものとなる。このような理解に立つ場合には，プライバシー（肖像権を含む）該当性・違法性阻却事由・慰謝料額などの判断について，インターネット独自の理論を検討する余地もあるように思われる[47]。その萌芽は，氏名・電話番号の要保護性をインターネット上の表現のマイナスの側面からも求める❷判決，リアルスペース上の慰謝料の「相場」とは異なる形で処理している❶判決・❼判決などからも見て取れよう。紙幅の関係で本稿での検討はここまでとならざるをえないが，今後もこのテーマに関するフォローを継続し，次の議論につなげていくこととしたい。

1) 籾岡宏成「インターネット上の名誉毀損・プライバシー侵害」堀部政男編『インターネット社会と法〔第2版〕』（新世社・2006年）194-195頁，鈴木秀美「インターネット社会のリスクと課題」長谷部恭男編『リスク学入門3 法律からみたリスク』（岩波書店・2007年）39頁。
2) 小林直樹『ソーシャルメディア炎上事件簿』（日経BP社・2011年）20頁。
3) 本件に関しては，新保史生「判批」岡村久道編『サイバー法判例解説』（商事法務・2003年）92頁以下，牧野二郎「ニフティ・プライバシー事件」岡村久道編『インターネット訴訟2000』（ソフトバンク パブリッシング・2000年）222頁以下，升田純『現代社会におけるプライバシーの判例と法理』（青林書院・2009年）278頁以下，千代原亮一「サイバースペース時代の個人情報保護」法政論叢36巻2号87頁以下がある。
4) その当時，掲示板の利用者間で対立が生じており，片方のグループに与するXがターゲットとされた。
5) ❶判決は，「自己に関する情報をコントロールすることは，プライバシーの権利の基本的属性として，これに含まれる」とも判示している。
6) ❷判決は，公開プロフィール・掲示板への書き込みが名誉毀損にも当たるとしている。
7) 発信者情報の開示請求については，紙幅の関係から検討する余裕がない。この点については，さしあたり，小倉一志「プロバイダ責任制限法」鈴木秀美＝山田健太編『よくわかるメディア法』（ミネルヴァ書房・2011年）184頁以下参照。
8) ❸判決もXの氏名・住所以外の記載が名誉毀損に当たるとしている。
9) 本件に関しては，升田・前掲注3）332頁以下がある。
10) その他，プライバシー侵害を認めた判例集未登載の判例としては，次のものがある。①マンガ家Xの高校時代の同級生Yが（Yの氏名と似たペンネームをXが用いているとして）改名を要求したが受け入れられなかったため，「Xの実名の外，自宅住所，Xの父親の住所及び電話番号，Xの実名等のXのプライバシーにかかる事項をXに無断で書き込み，これまでの経緯についてのYの一方的な評価を加えて書き込み，また，過去にXがYに送った年賀状や漫画などの画像をXに無断でインターネット上で閲覧可能なように貼り付けた上，その画像

にリンクするようにアドレスを 2 ちゃんねるに書き込んだ」ケース（東京地八王子支判平成
14 年 8 月 29 日判例集未登載〔D1-Law.com 判例体系 判例 ID：28080364〕；名誉毀損にも当た
るとした），⑪噂の眞相（月刊誌）Y が，テレビ番組にも出演していた弁護士 X に関して，X が
キャバクラ通いをしているとの記事とともに店内で女性従業員と会話している様子の写真を
掲載し，Y のウェブサイトにもその一部を掲載したケース（東京地判平成 16 年 2 月 19 日判例
集未登載〔D1-Law.com 判例体系 判例 ID：28090989〕；ただし，本件「表現行為が社会の正
当な関心事に係るものであり，かつ，表現の内容及び方法が目的に照らし不当なもの」では
ないとして，違法性は認めなかった），⑫ 2 ちゃんねる Y の「不良マニアを告発する（マニア
限定＊煽り禁止）」と題するスレッド上に，X の氏名・住所・電話番号・携帯番号・勤務先・
勤務先電話番号・車両ナンバーなどのほか，X に前科があり，今回警察に逮捕され，懲戒免
職になる見込みであることが何者かによって書き込まれたケース（東京地判平成 16 年 3 月
26 日判例集未登載〔D1-Law.com 判例体系 判例 ID：28092246〕），⑬被告 Y の運営する電子掲
示板において，医療法人 X₁ の事務長 X₂ の学歴・年齢・結婚歴・女性関係・性的行動などが
何者かによって書き込まれたたケース（大阪地判平成 16 年 4 月 22 日判例集未登載〔D1-Law.
com 判例体系 判例 ID：28092283〕；発信者情報の開示請求を認めた），⑭全日本海員組合の
元執行部員 Y が自らの解雇を不当として争った裁判の判決文をインターネット上のブログに
掲載したが，その際，（裁判の相手方であった）同組合の組合長 X₁・副組合長 X₂ の自宅住所
もそのまま掲載したケース（東京地判平成 23 年 8 月 29 日判例集未登載〔D1-Law.com 判例体
系 判例 ID：28212513〕）がある。

11) 本件に関しては，升田・前掲注 3) 188 頁以下がある。
12) この点については，「公共性，公益性が認められるかは疑わしいものであり，この判決の理
由には疑問が残る」との批判がある（升田・前掲注 3) 191 頁）。
13) 本件に関しては，皆川治廣「行政機関の保有する個人情報の適正な管理・利用・外部委託
に関する一考察」法研 81 巻 12 号（2008 年）537 頁以下，岡村久道「判批」NBL813 号（2005 年）
26 頁以下，升田・前掲注 3) 347 頁以下がある。
14) 同ウイルスソフトは，パソコンのデスクトップにあるファイルを自動的にウイニーの公開
用フォルダにコピーするものであった。
15) この点については，「当該警察官の本件行為は，自宅で行われたものであるが，教育職員が
自宅で採点を行うように，職務の延長として同行為が行われたとみるのが妥当であろう」と
の批判がなされている（皆川・前掲注 13) 554 頁）。
16) 本件に関しては，浦川道太郎「判批」リマークス 38 号（2009 年）66 頁以下，川地宏行「判批」
現代消費者法 4 号（2009 年）115 頁以下，遠山光貴「個人情報をインターネット上に流出させ
た事業者の責任に関する近時の裁判例の動向」金判 1287 号（2008 年）10 頁以下がある。
17) 本件情報の流出により，迷惑メール・ダイレクトメール・いたずら電話などの被害に遭っ
たとされる 13 名が慰謝料 3 万円とされ，被害を主張・立証しなかった 1 名が 1 万 7 千円（先
に 3 千円の支払いを受けている）とされた。
18) その他，インターネット上にプライバシー（個人情報）が直接漏えいした事例ではないが，
不正な形で外部に持ち出されたものとして，⑮宇治市 Y が自ら管理・保管する住民基本台帳
のデータを用いて乳幼児検診システムを開発することになり，その開発を民間企業に委託し
たが，再々委託先のアルバイト従業員によって（住民基本台帳の）データが名簿業者に売却
され，更に，結婚相談者・婚礼衣装業者・別の名簿業者に転売されたケース（京都地判平

XI インターネット上のプライバシー侵害に関する一考察　241

成13年2月23日判自265号17頁・大阪高判平成13年12月25日判自265号11頁・最決平成14年7月11日判自265号10頁;市民Xらの請求に対して,Yに賠償を命じた),⑦Yahoo! BB（インターネット接続サービス）を共同提供しているBBテクノロジーY₁・ヤフーY₂のうち,Y₁の元派遣社員Aに与えられていたユーザ名・パスワードを使用し,Aらが顧客データベースから顧客情報を不正取得したケース（大阪地判平成18年5月19日判時1948号122頁;Yahoo! BBの会員Xらの請求に対して,Y₁に賠償を命じた）においてプライバシー侵害が認められている。なお,前者（⑥判決）に関しては,右崎正博「判批」平成13年度重判解（ジュリ1224号）（2002年）8頁以下,齋藤義浩「判批」法時78巻8号（2006年）92頁以下,藤原静雄「判批」岡村編・前掲注3）190頁以下,伴義聖＝小安政夫「住基台帳データ売買で自治体に衝撃」判自272号（2006年）4頁以下,皆川・前掲注13）537頁以下,升田・前掲注3）282頁以下,後者（⑦判決）に関しては,升田純「判批」Lexis判例速報13号（2006年）84頁以下,神作裕之「判批」消費者法判例百選（2010年）236頁以下,田中宏「判批」リマークス36号（2008年）16頁以下,遠山・前掲注16）10頁以下がある。

19) S. D. Warren & L. D. Brandeis, *The Right to Privacy,* 4 Harv. L. Rev. 193 (1890). 邦訳として,外間寛訳「プライヴァシーの権利」戒能通孝＝伊藤正己編『プライヴァシー研究』（日本評論新社・1962年）1頁以下がある。

20) *See* Griswold v. Connecticut, 381 U.S. 479 (1965) & Roe v. Wade, 410 U.S. 113 (1973). 右崎正博「アメリカにおける表現の自由とプライバシー」田島泰彦ほか編『表現の自由とプライバシー』（日本評論社・2006年）259頁参照。

21) 正確には,（警察官によるデモ行進の写真撮影が問題となった）大阪高判昭和39年5月30日判時381号17頁において,「プライバシーの権利とは私人が私生活に他から干渉されず,本質的に私的な出来事についてその承諾なしに公表されることから保護される権利である」と判示されていた（阪本昌成「判批」憲法の基本判例〔第2版〕〔1996年〕35頁）。

22) 具体的には,夫婦・家族・恋愛・病気に関する事柄のほか,前科・顔の特徴・週刊誌による写真の掲載なども該当すると判例は認めている（五十嵐清『人格権法概説』〔有斐閣・2003年〕213－218頁,松井茂記『マス・メディア法入門〔第5版〕』〔日本評論社・2013年〕145－146頁）。

23) ある地域では公知の事実であっても,全国的には非公知の事実である場合・かつては公知の事実であっても,時間の経過によって忘れ去られたような場合にも該当すると判例は認めている（松井・前掲注22）147頁）。

24) 五十嵐・前掲注22）198頁。

25)「プライバシー」の語を最高裁が使うようになったのは,1995年（平成7年）以降である。最判平成7年9月5日判時1546号115頁（関西電力事件最高裁判決）・最判平成7年12月15日刑集49巻10号842頁（指紋押捺拒否事件最高裁判決）・最判平成14年9月24日判時1802号60頁（「石に泳ぐ魚」事件最高裁判決）・最判平成15年9月12日民集57巻8号973頁（早稲田大学江沢民講演会名簿提出事件最高裁判決）など参照。

26) 更に同判決は,撮影される本人の同意・裁判官の令状がなくても,「現に犯罪が行われもしくは行われたのち間がないと認められる場合であって,しかも証拠保全の必要性および緊急性があり,かつその撮影が一般的に許容される限度をこえない相当な方法をもって行われる」場合には,「犯人の身辺または被写体とされた物件の近くにいたためこれを除外できない状況にある第三者である個人の容ぼう等を含むことになっても」許されると判示している（〔オービスによる写真撮影が問題となった〕最判昭和61年2月14日刑集40巻1号48頁も参

照）。

27) 同判決における伊藤正己裁判官補足意見は，より明確に，「前科等は，個人のプライバシーのうちで最も他人に知られたくないものの1つであり」，「プライバシーに優越する利益が存在するのでなければならず，その場合でも必要最小限度の範囲に限って公開しうるにとどまる」と判示している。

28) 芦部信喜『憲法学Ⅱ 人権総論』（有斐閣・1994年）375頁。

29) 自己情報コントロール権の請求権的側面については，法律上の根拠が必要とされる。ただし，例外的に直接憲法に基づいて請求が認められる場合もある（東京地判昭和59年10月30日判時1137号29頁〔在日台湾元軍属身元調査事件東京地裁判決〕・〔養護学校の校長が受験先の校長宛に作成した文書の一部の抹消が求められた〕浦和地判平成11年3月1日判タ1021号136頁参照）。

30) 芦部信喜（高橋和之補訂）『憲法〔第6版〕』（岩波書店・2015年）123頁。また，金沢地判平成17年5月30日判時1934号3頁（住基ネット差止請求事件金沢地裁判決）は，「プライバシーの権利を，私事の公開や私生活への侵入を拒絶する権利と捉えるだけでは充分でなく，自己に関する情報の他者への開示の可否及び利用，提供の可否を自分で決める権利，すなわち自己情報をコントロールする権利を認める必要があり，プライバシーの権利には，この自己情報コントロール権が重要な一内容として含まれる」とした上で，「氏名，住所，生年月日，性別の4情報と，市町村長が記載した住民票コード及びこれらの変更情報」を含む本人確認情報（6情報）は，「いずれもプライバシーにかかる情報として，法的保護の対象となるというべきであり（早稲田大学事件最高裁判決参照），自己情報コントロール権の対象となる」と判示している（更に，大阪高判平成18年11月30日判時1962号11頁参照）。

31) 佐藤幸治『日本国憲法論』（成文堂・2011年）182-184頁。

32) 芦部・前掲注30)125頁。

33) 松井茂記「プライヴァシーの権利について」ひろば41巻3号（1988年）33頁，同「情報コントロール権としてのプライバシーの権利」法セ404号（1988年）40頁。更に，右崎・前掲注20)12頁参照。

34) 升田・前掲注3)8頁。比較的最近の判例（最判平成15年3月14日民集57巻3号229頁〔長良川事件報道訴訟最高裁判決〕・最判平成15年9月12日民集57巻8号973頁〔早稲田大学江沢民講演会名簿提出事件最高裁判決〕など）では，とりわけ東京地判昭和39年9月28日判時385号12頁（「宴のあと」事件東京地裁判決）が示した3要件のうち①私事性の要件に言及せずにプライバシー該当性を認める傾向にあり，その傾向はインターネット上の判例においても同様である（岡村・前掲注13)30-31頁）。

35) 学説からは，「個人情報をプライバシーに含めるためには，プライバシー権を自己情報コントロール権ととらえることが必要」との指摘（五十嵐・前掲注22)222頁）があるが，実害の発生していない後二者については特にそうであろう。

36) 五十嵐・前掲注22)223-224頁。差止めの要件としては，東京高決昭和45年4月13日判時587号31頁（「エロス＋虐殺」事件東京高裁決定）で用いられており，比較的最近では，最判平成14年9月24日判時1802号60頁（「石に泳ぐ魚」事件最高裁判決）でも用いられている。

37) 五十嵐・前掲注22)163-165頁。

38) 同判決は，「(1)当該写真が公共の利益に関連する事象を撮影したものであり，(2)掲載目的が専ら公益を図るものであり，(3)写真掲載の必要性があり，かつ(4)掲載された写真が(1)ないし

(3)の目的を達する必要最小限度の範囲及び形態である場合には，たとえ肖像権を侵害したとしても違法性が阻却されると解すべきである」と判示している。

39) 松井茂記「肖像権侵害と表現の自由（2・完）」民商127巻3号（2002年）332－337頁。更に，右崎正博「法廷内写真の撮影・公表と報道・取材の自由」独法60号（2003年）27頁以下参照。

40) 藤田憲一「判批」メディア判例百選（2005年）107頁。

41) 本文で紹介した肖像権侵害に関するリアルスペース上の判例の認容額を示すと，東京地判昭和51年6月29日判時817号23頁については（氏名権侵害を含め）100万円，大阪地判平成14年2月19日判タ1109号170頁については写真（第1事件）につき220万円，イラスト画（第2事件）につき440万円，（控訴審である大阪高判平成14年11月21日民集59巻9号2488頁及び，上告審である）最判平成17年11月10日民集59巻9号2428頁は，イラスト画（第2事件）につき220万円に減額している。更に，（有名作家の再婚相手と目された女性の台所姿の隠し撮り写真を週刊誌に掲載した事例である）東京地判平成元年6月23日判時1319号132頁・東京高判平成2年7月24日判時1356号90頁については110万円，（テレビ局の女子アナウンサーが学生時代にランジェリーパブで働いていたとの虚偽の記事とともに，水着姿の写真を週刊誌に転載した事例である）東京地判平成13年9月5日判時1773号104頁については770万円（そのうち，肖像権侵害については200万円）などと比較しても，❺判決の認容額は低く抑えられていると言えそうである。

42) 川地・前掲注16) 125頁。

43) 川地・前掲注16) 125頁。

44) これとは逆に，❶判決の場合は損害額が「相場」よりも高いことになるが，この点については，「被害の内容に照らすと，不合理な損害額ではない」との評価がある（升田・前掲注3) 282頁）。

45) 例えば，❼判決のケースでは約3万7千件，前掲注18) の⑪判決では約451万件の個人情報が漏えいしていることから，仮に全員が訴訟を提起したとすると，前者では12億円以上，後者では248億円以上の支払義務を（TBCグループ・BBテクノロジーは）負うことになる（遠山・前掲注16) 10－11頁）。

46) この点については，さしあたり，小倉一志『サイバースペースと表現の自由』（尚学社・2007年）200頁以下，同「インターネット上の名誉毀損」法セ707号（2013年）20頁以下【本書218頁以下】参照。

47) 更に，データ管理者に対して，個人データの消去及び更なる拡散の回避を求めることを内容とする「忘れられる権利（Right to be forgotten）」（EUデータ保護規則案17条1項）が近年とみに注目を集めているが，このような考え方（権利）は，プライバシーの権利・表現の自由などのリバランシングを生じさせることになろう。

Ⅻ　インターネット上の差別的表現

1　はじめに

　本稿は，差別的表現に焦点を当てるものである。これまで差別的表現と言った場合，わが国では部落差別的表現が議論の中心であり，障がい者差別的表現（筒井康隆「無人警察」に関する一連の騒動を想起されたい）なども問題の1つとされてきたが，近年とみに注目を集めているのが，在日韓国・朝鮮人などに対する差別的表現である（更に，アイヌ民族に対する表現も見られるようになっている）。この点は，リアルスペースのみならず，インターネット上においても同様の傾向を示している。

　差別的表現は，アダルトコンテンツ・名誉毀損的表現と並んで，「問題のある表現」の代表格と位置づけられてきたものである。しかし，アダルトコンテンツ・名誉毀損的表現とは異なり，（少なくとも従来の）学説の多くが規制に対して慎重な態度を示してきており，その意味で，前二者とは対応を異にしなければならない表現であると言える。

　本稿では，インターネット上の差別的表現に対する状況分析（2），リアルスペースを中心とする差別的表現に対する諸外国の対応（3）・わが国の対応（4）などのほか，インターネット上の差別的表現に対して，わが国において取りうる方策につき検討する（5）。また，昨年（2016年（平成28年））6月から7月にかけて「本邦外出身者に対する不当な差別的言動の解消に向けた取組の推進に関する法律（ヘイトスピーチ〔対策〕法）」「大阪市ヘイトスピーチへの対処に関する条例（大阪市ヘイトスピーチ抑止条例）」が相次いで施行されたので，同法・同条例についても扱うことにしたい（6）。

　なお，差別的表現は，近年，ヘイトスピーチと呼ばれることも多くなってきている。両者の定義・両者の関係については，学説上，必ずしも見解が一致し

245

ている訳ではないが，次のように説明できる。差別的表現とは，人種・性・性的指向等を異にする「少数者集団（minority）に対する侮辱・名誉毀損・憎悪・排斥・差別などを内容とする表現行為」のことを指し，アメリカにおけるヘイトスピーチ（hate speech）と同義に捉えられる[1]（他方，「ある集団の示している特性について人々がいだいている偏見〔いわれのない評価〕を誇張し助長する内容を不特定又は多数者に向けて表出すること」と差別的表現を広く捉えた上で，その中に「歴史的に差別されてきた人種又は民族的なマイノリティ・グループに対して，あからさまな憎悪や敵意を表明する」ヘイトスピーチが含まれるとする説もある[2]）。この点，人種差別撤廃条約は，「人種，皮膚の色，世系（descent）又は民族的若しくは種族的出身」（1条1項）に対する差別を対処すべき人種差別と定めており，ここでの「世系」に被差別部落などの身分制度に基づく被差別集団を含める立場と含めない立場（外務省の立場[3]）の対立がある[4]。しかし，本稿では，「我が国に存在する被差別部落問題やアイヌ問題，定住外国人問題など，あらゆる差別の撤廃に向けて一層の努力を払うこと」とした衆議院外務委員会（1995年（平成7年）11月22日）・参議院外務委員会（同年11月30日）の同条約承認にあたっての付帯決議の趣旨や差別的表現の歴史的経緯を踏まえて，部落差別的表現も含めて検討の対象とする。

2 インターネットにおける差別的表現の具体例

2.1 これまでの状況

当初の段階において，差別的表現が見られたのは主として被差別部落に関するものであった。パソコン通信を用いた例としては，1994年（平成6年）4月，ニフティサーブの掲示板で，石川県の被差別部落名を尋ねる書き込みがなされたケース（1995年（平成7年）11月にも同様の書き込みが繰り返された）・1997年（平成9年）5月，福岡市職員になりすました人物が部落差別的表現を含む電子メールを送信し，受信者がその内容をニフティサーブの掲示板に転載したケースがある（それよりも先，アマチュア無線を用いたパケット通信によるものとしては，1989年（平成元年）2月〜8月にかけて大阪府・和歌山県の被差別部落名・主な職業のリストが部落差別的表現とともに送信されたケース・1991年（平成3年）1月には在日朝鮮人に対する差別的表現が送信されたケースがある[5]）。インターネットを用いた（初期の）例と

しては，1996年（平成8年）8月，大阪大学部落解放研究会が運営する電子掲示板に部落差別的な書き込みが行われたケース・1997年（平成9年）5月・9月に（2度）開設された「大和民族を守る会」という名称のウェブサイトにおいて被差別部落出身者・在日韓国・朝鮮人・障がい者などに対する差別的表現が掲載されたケースがある。このように当初の段階においても，①被差別部落名・職業に関する書き込み，②被差別部落出身者・在日韓国・朝鮮人は「人間ではない」「死ね」「抹殺せよ」とする表現が多くなされてきた。また，③特定の人物が被差別部落出身者・在日韓国・朝鮮人であるとする情報の流布も行われていたとされる[6]。

　その後も，これら3つの類型の表現がインターネット上で行われていることに変わりはないが，大型掲示板での差別的表現が増加している点，差別を目的としたウェブサイトが「マルチメディア化」し，動画投稿サイトも用いられるようになっている点を，量的・質的変化の特徴として挙げることができる。前者については，2000年（平成12年）5月に発生した「西鉄バスジャック事件」の犯行声明が2ちゃんねるに書き込まれたことをきっかけとして，2ちゃんねるへの社会的注目が集まり（更には，マスコミにより「何でも自由に書き込める」ことが喧伝されたことにより），これまで個別のウェブサイト・掲示板で行われていた差別的表現が2ちゃんねるに集まるようになったとの指摘がある。ただし，2ちゃんねるにおいても被差別部落名などにつき対応がなされるようになってからは，megabbs・Yahoo!といった規制の緩やかな掲示板などへの移動[7]（「一極集中から分散化」の傾向）が見られるという[8]。

　後者については，多くの画像・動画データ，あるいはグーグルマップ・ストリートビューの2次利用などにより，より視覚に訴える形での差別的表現が行われるようになったとの指摘がある。その代表例としては，2006年（平成18年）10月頃に開設された「B地区にようこそ in 愛知県」という名称のウェブサイトにおいて，愛知県を中心とした未指定地域を含む被差別部落の詳細な地図・地区内の住宅や工場の写真・自転車から撮影したと思われる動画が差別的な説明文とともに掲載されたケース（その後，作成者は名誉毀損罪で懲役1年・執行猶予4年の有罪判決を受けた）・2007年（平成19年）3月に開設されたジオシティーズ内のウェブサイトにおいて，墨田区を中心とした地区内の住宅・工場の写真が差別的な説明文とともに掲載されたケース・「鳥取県内の同和地区（被差別部落）」

という題名のマイマップを差別的な説明文とともにグーグルマップ上で閲覧できるようにしたケース・兵庫県・和歌山県の被差別部落の様子を動画で撮影したものが動画投稿サイトにアップロードされたケースが挙げられる[9]。

更に最近では，アイヌ民族に対する表現が問題となったケースも生じている。2014年（平成26年）8月，札幌市議会の金子快之議員（自民党・市民会議所属）が，「アイヌ民族なんて，いまはもういないんですよね。せいぜいアイヌ系日本人が良いところですが，利権を行使しまくっていることの不合理。納税者に説明できません」とツイッターに書き込み，自身のブログにおいても，アイヌ民族であることを強調するのは行政からの便益を獲得するためであり，その手続についても「自称」「推定」を認める客観性の乏しいものであると批判したため[10]，所属政党から除名処分を受け（同年9月9日），市議会本会議において辞職勧告決議案が可決されている（9月22日）。

2.2　最近の判例

最近では，インターネット上の差別的表現が裁判においても問題となるようになってきている。ただし，ここで扱う2つの事件は，インターネット単独で差別的表現が行われたケースではなく，リアルスペース上で行われた街宣・示威活動の様子を動画で撮影し，それを動画投稿サイトにアップロードしたものである点に特徴がある。

(1)　奈良水平社博物館事件

2011年（平成23年）1月，「在日特権を許さない市民の会（在特会）」の当時の幹部が水平社博物館（奈良県御所市）前において，同博物館が実施していた「コリアと日本──『韓国併合』から100年」と題する特別展示における慰安婦問題に対する展示・解説内容に誤りがあるとして街宣を行った。その中には，（在日）朝鮮人・北朝鮮に対する誹謗中傷のほか，水平社博物館・被差別部落に対する差別的表現が多分に含まれており，その時の様子を撮影した動画が動画投稿サイト（YouTube）にアップロードされ，多くの人が閲覧できる状態になっていた。そのため，損害賠償を求めて，水平社博物館が提訴した。

奈良地裁は，街宣で用いられた「穢多」「非人」などの文言が「不当な差別用語であることは公知の事実であり，原告の設立目的及び活動状況，被告の言動の時期及び場所等に鑑みれば，被告の上記言動が原告に対する名誉毀損に当た

ると認めるのが相当で」あり，「被告の不法行為によって原告に生じた有形，無形の損害は相当大きなものである」とした（奈良地判平成24年6月25日判例集未登載；慰謝料150万円を認容）。この判決の特徴は，①差別的表現に対して民法上の不法行為を認めた点，②無形損害が問題となった同種の事案と比較して賠償額が高額である点にあるが，これらの特徴は次の判決にも引き継がれていく[11]。

(2) 京都朝鮮学校事件

2009年（平成21年）12月・2010年（平成22年）1月・3月の3度にわたって，在特会の構成員が，京都朝鮮第一初級学校（京都市伏見区）の周辺において，差別的表現を多分に含み，有形力の行使をも伴う非常に過激な示威活動を行い，それと同時に，示威活動の様子を撮影した動画を動画投稿サイト（YouTube・ニコニコ動画）にアップロードした（1回目の動画については，公開後1週間で10万件を超えるアクセスがあったとされる）。そのため，同学校を運営する学校法人京都朝鮮学園が，損害賠償・今後の示威活動の差止めを求めて提訴した。

京都地裁は，本件示威活動・映像公開行為が同学校における教育業務を妨害する不法行為・社会的評価たる名誉を著しく損なう不法行為に該当すると同時に，在日朝鮮人という民族的出身に基づく排除であり，在日朝鮮人の平等の立場での人権及び基本的自由の享有を妨げる目的を有するものであることから，人種差別撤廃条約1条1項所定の人種差別に該当する違法性も帯びるとした。その上で，締約国に対して人種差別を禁止し終了させる措置を求める同条約2条1項，裁判所を通じて人種差別に対する効果的な救済措置の確保を求める同条約6条から，国内の法律を同条約の定めに適合するように解釈する責務を裁判所は負うとした。より直截的には，刑事事件の量刑の場面では，犯罪の動機が人種差別にあったことは量刑を加重させる要因となり，本件のような民事事件で不法行為が同時に人種差別に該当する場合・不法行為が人種差別を動機としている場合には，同条約が民事法の解釈適用に直接的に影響し，無形損害の認定を加重させる要因となることを認めている（京都地判平成25年10月7日判時2208号74頁；賠償額として，有形損害〔16万3140円〕・無形損害〔1100万円〕などの合計1226万3140円を認容・更に，学校の半径200メートル以内での今後の示威活動を禁止）。また，大阪高裁判決は，京都地裁判決では触れられなかった「民族教育を行う利益」を認めた上で京都地裁判決を支持し（大阪高判平成26年7月8日判時2232号34頁），最高裁は在特会側の上告を退ける決定を下した（最決平成26年12

月9日判例集未登載)。なお，民事事件に先立つ刑事事件でも，侮辱罪・威力業務妨害罪などの成立を認め，各被告人に対して，懲役1～2年（執行猶予4年）の有罪判決が下されている（京都地判平成23年4月21日判例集未登載・大阪高判平成23年10月28日判例集未登載・最決平成24年2月23日判例集未登載）。

京都朝鮮学校事件の諸判決の中でも，とりわけ2013年（平成25年）の京都地裁判決は，先の奈良地裁判決の2つの特徴を引き継ぎつつも，その内容を明確化したものと評せよう。すなわち，前記(1)の①の点に関しては，不特定多数の属する集団全体に対する差別的表現がなされ，それが人種差別撤廃条約1条1項所定の人種差別に該当するような場合であっても，個人に具体的な損害が生じていないのであれば，不法行為の成立を認めて賠償を命じることは（新たな立法がなされない限り）できないと判示している。これは，差別的表現によって不法行為が成立する場合を現行の法制度の枠内で（のみ）認めるものであり，不法行為成立の限界を画するものである。また，②の点に関しては，人種差別撤廃条約1条1項所定の人種差別が，民事事件では無形損害の認定を加重させる要因・刑事事件では量刑を加重させる要因になると判示している。これは，賠償額が高額とならざるを得ない理由を明らかにするものである[12]。

3　差別的表現に対する諸外国の対応

差別的表現への対応については，国際法レベルの対応・国内法レベルの対応の2つに分けることができ，国内法レベルの対応は，各国の対応の違いに応じて区別できる。ここでは，差別的表現の規制に肯定的な立場をとってきたドイツを中心とするヨーロッパ諸国などと，表現（言論）の自由を重要視し，差別的表現の規制に否定的な立場をとってきたアメリカの2つに分けて紹介する。

3.1　国際法レベル

1950年代末，ヨーロッパを中心に顕在化した反ユダヤ主義（ネオナチズム）に対して，国連人権委員会における「反ユダヤ主義の表明，および同様な性質の人種的，民族的憎悪，および宗教的，人種的偏見の他の形態」と題するナチズム非難決議の採択（1960年）[13]，国連総会における人種差別撤廃宣言・人種差別撤廃条約・国際人権規約B規約[14]の採択（1963年・1965年・1966年）などにより，

国際社会は迅速に対応した。

　ただし，人種差別撤廃条約については，その核心的規定である 4 条(a)・(b)において，①人種的優越に基づく思想のあらゆる流布・②人種的憎悪に基づく思想のあらゆる流布・③人種差別の煽動・④特定の人種等の集団に対する暴力行為の煽動・⑤人種差別を助長し煽動する団体の活動・⑥人種差別を助長し煽動する組織的及びその他の宣伝活動・⑦人種差別を助長し煽動する団体又は活動への参加など[15] について犯罪類型化を求めるものであったため，憲法が保障する表現 (言論) の自由・結社の自由などとの関係から，わが国やアメリカは同条約への加入を長らく見送ってきた。

　その後，約 30 年の時を経て，アメリカ (1994 年批准) に倣い，わが国も「4 条(a)・(b)の規定の適用に当たり」，「日本国憲法の下における集会，結社及び表現の自由その他の権利の保障と抵触しない限度において，これらの規定に基づく義務を履行する」との留保を行うことにより，条約に加入 (1995 年) しつつも，条約上の義務と憲法上の権利との抵触を避ける道を選んだ。しかし，人種差別撤廃委員会は，「本条約第 4 条の差別を禁止する規定を完全に実施するための法律の欠如を是正すること」「憎悪的及び人種差別的表明に対処する追加的な措置，とりわけ，それらを捜査し関係者を処罰する取組を促進することを含めて，関連する憲法，民法，刑法の規定を効果的に実施することを確保すること」「人種主義的思想の流布に対する注意・啓発キャンペーンを更に行い，インターネット上の憎悪発言や人種差別的プロパガンダを含む人種差別を動機とする違反を防ぐこと」(2010 年)・「集会における憎悪および人種主義の表明並びに人種主義的暴力と憎悪の扇動に断固として取り組むこと」「インターネットを含むメディアにおけるヘイトスピーチと闘うための適切な手段を取ること」(2014 年) などを勧告しており，これらの勧告に従わなければならない直接的な義務を日本政府は負っていないものの，「外圧」は非常に高まっている[16] (なお，インターネット上の差別的表現については，2003 年に採択されたサイバー犯罪条約の追加議定書が，人種・皮膚の色・世系または国民的もしくは民族的出身・宗教に基づき，個人ないし集団に対して重大な犯罪を行うと脅迫したり，憎悪・侮蔑・嘲笑に晒すこと，ジェノサイドの否定・矮小化などを規制するための国内法整備を求めている。しかし，同議定書への批准はまだ少ない状況にある〔2013 年 1 月段階で 20 か国〕)。

3.2 国内法レベル

(1) 規制に肯定的な国（ドイツなど）

国内法レベルにおいて差別的表現の規制を肯定する国としては，ドイツ・フランスなどのヨーロッパ諸国のほか，カナダ・オーストラリアを挙げることができる。特にドイツは，ナチズム（及びナチズムが生じさせた結果）に対する深い反省から，差別的表現を厳しく規制してきた国（の1つ）である。

ドイツは，1960年に（従来からあった）刑法の階級煽動罪を改正し，公共の平穏を乱す態様で住民の一部に対する憎悪をかき立てるなどの他の人間の尊厳を攻撃する行為を処罰する民衆煽動罪とした。1973年には，暴力を賛美する文書や人種的憎悪を煽動する文書の頒布・陳列・作成などの行為を処罰する人種憎悪煽動罪を新設した。また，ユダヤ人約600万人がアウシュビッツの強制収容所などにおいて計画的・組織的に殺戮されたとする事実を否定ないし疑問視する，いわゆる「アウシュビッツの嘘」は，1970年代にフランスで現れ，その後，（西）ドイツでも見られるようになり，このような表現は民衆煽動罪・侮辱罪などにより対処されていたが，1994年には，ホロコーストを公然とまたは集会において容認・事実の否定ないし無害化する行為を処罰するホロコースト否定罪を新設するなど，差別的表現の規制が着実に進められている。

フランスでは，1972年に包括的な人種差別禁止法が作られ，その中で，出自あるいはエスニック集団・民族・人種・宗教を理由とする，個人ないし集団に対する中傷・名誉毀損，差別・憎悪・暴力の煽動が禁止されるとともにホロコーストの否定・矮小化を禁止する，いわゆる「ゲソ法」が1990年に制定されている。

ヨーロッパ以外における規制に肯定的な国としては，カナダ・オーストラリアが挙げられる。カナダは，人種差別撤廃条約を批准した後の1970年に連邦刑法を改正し，皮膚の色・人種・宗教・民族的出身（後に，性的指向も追加された）によって識別される集団に対するジェノサイド（近年，適用範囲が拡大された）を主張ないし助長する「ジェノサイド煽動」・公共の場での，平和の破壊をもたらす可能性が高い状況において（同様の）集団への憎悪を煽動する「憎悪煽動」・私的な会話以外の場面での（同様の）集団に対する憎悪を意図的に促進する意見を伝達する「憎悪宣伝」の3つの類型を規制している（更に，1977年のカナダ人権法でも電話・通信システムを用いた差別的表現が規制の対象となっていた。1998年の改

正で罰金刑が導入され，2001年の改正ではインターネット上の表現も規制対象とすることが明確化されたが，これらを定める規定は2014年に廃止された）。

オーストラリアも人種差別撤廃条約加入への対応として，1975年に人種差別禁止法が制定され，差別行為の煽動・差別行為の広告が規制対象とされた。1995年には，人種的憎悪禁止法により，私的に行われたとは言えない場面での，(i)個人ないし集団の感情を害し，侮辱し，辱め，畏怖させる合理的蓋然性があり，(ii)個人ないし集団の全部又は一部の人種・皮膚の色・民族的又は種族的出身を理由としてなされる表現行為に対する規制が人種差別禁止法に追加されている（なお，オーストラリアでは，テレコミュニケーション犯罪に関する改正法により，故意に脅迫・嫌がらせ・攻撃の目的でインターネットを利用することも犯罪化している）[17]。

差別的表現を規制する各国の法律はリアルスペース上の表現のみならず，インターネット上の表現にも適用されるものと考えられている。また，ドイツでは，1997年のマルチメディア法により，インターネットサービスプロバイダ（ISP：以下，プロバイダと表記）が自らの伝達する内容を知り，かつ，その伝達を防ぐことが技術的に可能である場合には伝達する内容に責任を負うことになっているが，これは差別的表現の場合にも適用になる。

インターネット上の差別的表現が裁判で問題となった例としては，ズンデルサイト（Zundelsite）・アデレードインスティテュート（Adelaide Institute）のケースがある。前者は，インターネット上で差別的なウェブサイトを開設していたEarnst Zündel（カナダ在住のドイツ国籍保有者）がドイツに送還された後，人種憎悪煽動罪等で有罪（懲役5年）となったケースである（2007年）。後者は，アデレードインスティテュートという名称の団体を設立し，インターネットや印刷物においてホロコーストを否定し，それに抗議するユダヤ人は知性が低いなどと主張していたFredrick Töben（ドイツ生まれのオーストラリア国籍保有者）が，ドイツに入国した際に逮捕され，有罪判決（懲役10か月）を受けたケースである（2000年）。その後，Töbenの表現は，オーストラリアでも問題となり，連邦裁判所は人種差別禁止法に違反する表現と認定して，当該表現のウェブサイトからの削除と同様の表現の公表の差止めを命じた（2002年）。しかし，Töbenは裁判所の命令を無視し続けたため，法廷侮辱罪で告発され，有罪判決（懲役3か月）を受けている（2009年）[18]。

(2) 規制に否定的な国（アメリカ）

差別的表現に対する規制を肯定するヨーロッパ諸国などとは対照的に，アメリカでは否定的な立場がとられている。特に，ドイツでは，「自由で民主的な基本秩序」を否定するような主張や政党の活動に自由は与えられるべきではないとする，いわゆる「闘う民主主義」の考え方がとられている一方で，アメリカでは（更に，わが国でも）このような考え方に否定的である。アメリカは，「国家からの自由」の観点から，「対抗言論」を基調とし，「思想の自由市場」を護ろうとする立場であるのに対して（「対抗言論」「思想の自由市場」については後述），ドイツは，「国家による自由」の観点から，差別的表現などに対しては国家による介入（法規制）を肯定するものとも言えよう。

先に見たように，アメリカも「合衆国憲法および各種法令は，個人の言論，表現，結社の自由に広い保護を与えている。よって，これらの権利が保護されるべき範囲においては，立法およびその他の方法で権利を制約するような，同条約上のいかなる義務，特に第4，7条によって定められる義務を負うことはない」との留保を付けた上で人種差別撤廃条約を批准した（1994年）が，その直前には連邦最高裁判所において差別規制立法に対する重要な判決が出されていた。1992年のR.A.V.判決（R.A.V. v. City of St. Paul, 505 U.S. 377 (1992)）では，白人居住区に住むアフリカ系移民である黒人の家の庭先に燃える十字架（burning cross）を仕掛けた未成年者らが，人種・皮膚の色などに基づき，他人に対し，怒り・恐怖・憤慨を引き起こすことを知った上で，十字架焼却・スワスティカなどのシンボルの掲出を禁止する，セイントポール市の条例に違反したとして起訴され，その条例の憲法適合性が問題となった。連邦最高裁判所の法廷意見は，本件条例が，（言論の自由を規定する）第1修正の保障の対象外とされてきた喧嘩言葉（fighting words）を専ら規制対象とするものであるとしても，人種・皮膚の色等々といった観点ないし主題に基づく規制を課すことは，特定の表現内容を狙い打ちしたもの（表現内容規制）であり許されないとした（これに対して，同意意見も本件条例を違憲とする。ここでは，喧嘩言葉に対する規制は第1修正の問題を引き起こさないが，本件条例は喧嘩言葉に対象を限定できていないので，過度広汎性が問題となる，という構成がとられている）。更に，その翌年に出されたMitchell判決（Wisconsin v. Mitchell, 508 U.S. 476 (1993)）では，黒人青年が「白人に思い知らせる」よう友人たちに命令し，近くにいた白人の子どもを暴行したことに対して

刑が加重されたため，ヘイトクライム法（人種・宗教などに起因する憎悪・偏見に基づく犯罪行為に対して，刑を加重する法律）の憲法適合性が問題となった。連邦最高裁判所は，規制対象が行為であることを強調し，被告人の人種的偏見は言論としてではなく，動機として用いられているに過ぎないことから，刑の量定に当たって考慮しても第1修正に違反することはないとした。

　これらの判決により，差別的表現に対する規制は，「表現」規制として原則違憲[19]と解する一方で，ヘイトクライムに対する規制は，「行為」規制として合憲と解されることになった（後者については，1990年のヘイトクライム統計法・1994年のヘイトクライム判決強化法・2009年のヘイトクライム予防法などにより，規制が更に進められている）。アメリカでは，リアルスペース・インターネットのいずれにおいても差別的表現について法規制を行うことは許されないと考えられている。そのため，（規制の網をかいくぐるために）差別的なウェブサイトの多くがアメリカのサーバから発信されており，人種差別的思想の持ち主自らがサーバの管理者・運営者となる場合もあるという。

　なお，インターネット上のヘイトクライムが裁判で問題となった例としては，カリフォルニア大学アーバイン校のある学生が「アジア人嫌い（Asian Hater）」を名乗り，アジア系の同級生たちに「お前たち一人一人を見つけて殺してやる」とのメールを送ったことから有罪判決（懲役1年・罰金10万ドル）を受けた（1998年）ケース，それと同様にカリフォルニア州立大学・マサチューセッツ工科大学のヒスパニック系学生などに対して，人種差別的な表現とともに「お前の元に行って殺す」とのメールを送ったことから有罪判決（懲役2年）を受けたケースがある[20]。

4　差別的表現に対するわが国の対応

　ここでは，差別的表現に関するわが国の憲法学説とともに，国・地方公共団体において試みられてきた，法律（案）・条例（案）による規制について紹介する。

4.1　憲法学説

　わが国の憲法学説は，アメリカの判例理論に強い影響を受けていることもあり，特定の個人・団体に向けられたものではなく，ある属性を持った集団に向

けられた差別的表現に対する法規制については，否定的あるいは慎重な立場を取るものが多い。先に見たような国際法レベルでの規制の動向・それに呼応した形でのヨーロッパ諸国などにおける規制の動向は，「参考に留まるものであって，『国際社会はこうだ』とか『バスに乗り遅れるな』といったムードは排撃されるべきである」[21]「世界的にみれば，アメリカにおける表現の自由論が例外的であることは否定できないが，同時に，表現の自由の保障についての理想的な水準を提示する役割を果たしていることも，認識しておく必要がある」[22]との主張はまさしくこのような理解から出されたものである。

まず，規制否定説とも呼ぶべき学説は，差別的表現を①人種的少数者などに危害を加えることを煽動する表現，②人種的少数者などに対する差別を助長する表現，③人種的少数者などの名誉を毀損する表現，④人種的少数者などを侮辱する表現などに区別できるとした上で，①②にあっては，違法な行為の煽動であり，ブランデンバーグの基準（Brandenburg判決〔Brandenburg v. Ohio, 395 U.S. 444 (1969)〕で示された，当該表現が「差し迫った非合法な行動を煽動すること若しくは惹き起こすことに向けられたもので，かつ，非合法な行動を煽動若しくは惹き起こす蓋然性がある場合にのみ規制できる」とする基準）を満たす限りで規制を認める[23]が，③④にあっては，憲法上規制を正当化できないとする[24]。この説は，真理に到達するための最善の方法は，人々が思っていることや考えていることを自由に表明できる「場」（「思想の自由市場」）を設定し，その「場」において言論を戦わせ（「対抗言論」），その善し悪しはその「場」にいる者が決めるものである（逆に言えば，国家は〔喧嘩言葉・プライバシーを侵害する表現などのように〕具体的・直接的な害悪が発生し，「対抗言論」に委ねておけないような例外的場合を除き，その「場」に介入することは許されない）とする「思想の自由市場」論に対する強い信頼に基礎を置くものである。

他方，限定的規制肯定説とも呼ぶべき学説は，差別的表現を(i)少数者集団への侮辱そのものを内容とする表現，(ii)差別的取扱いを煽動する表現，(iii)差別的取扱いを助長する表現の3つに分類する。この説の特徴的な所は(i)につき，差別的表現の規制を正当化する根拠は，少数者集団に属する個々人の名誉感情を保護する必要性にあるとし，「ことさらに侮辱する意図を持って行われる，きわめて悪質なもの」に限って規制が合憲になるとする点である（その他，(ii)については，ブランデンバーグの基準で判断されるとし，(iii)に含まれる，〔後述の〕大阪府興信

所条例で規制の対象となっているような表現は，プライバシー保護の観点から規制が許されるとする)25)。この説は，表現の自由を支える2つの価値，すなわち，表現にかかわることによって個人が自己の実現を図るという個人的な価値（「自己実現」の価値）・表現にかかわることによって（主権者である）個人がより良い政治的意思決定を行えるという社会的な価値（「自己統治」の価値）に照らすと，「価値の低い表現」と見做され，このような表現に対してまで強い保障を及ぼす必要はないと主張するものである。

　両説の結論が大きく異なる点は，④ないし(i)に含まれる「少数者集団をことさらに侮辱する意図を持って行われる，きわめて悪質な表現」の規制の可否であるが，この領域にあてはまる表現は例外的であり，規制の対象となりうる表現は比較的少ないと言えよう。そのため，限定的規制肯定説に対しては，差別的表現のごく一部を規制するために表現の自由全体に脅威となるような規制を認めることは合理的ではない・望ましい結論に合わせて保障の程度を緩めたりすると，憲法解釈論と政策論を混同する結果になり妥当ではないとの批判がなされている26)。

　なお，いずれの説にあっても，差別的表現がリアルスペース・インターネットのどちらで行われたものであろうとも，区別せずに扱うべきであるとする理解が一般的のようである。ただし，学説の一部には，インターネット上の差別的表現は，表現の容易さ・匿名性・流通する範囲の広さ・情報を入手できる容易さなどの特徴から従来型のメディア以上に深刻な被害をもたらす可能性が高く，（特に，被差別部落名・出身地リストのような類については）より広い規制が認められて良いとする主張27)もなされている点には留意すべきである。

4.2　法律（案）・条例（案）

　差別的表現に対する法規制について，憲法学説の多くが否定的あるいは消極的な立場を取ることを確認したが，わが国の政府の立場も同様である。日本政府は，人種差別撤廃条約の加入にあたり，憲法21条1項（表現の自由，集会・結社の自由）・憲法31条（罪刑法定主義）などに抵触するおそれを指摘した上で，同条約4条(a)・(b)を留保するとともに，国際人権規約B規約20条2項（憎悪唱道の禁止）については，「憲法第14条において法の下の平等をうたっているほか，刑法，教育法，労働法等の各種の分野で差別，憎悪，暴力の排除に資する措置をとっ

XII　インターネット上の差別的表現　　257

ている。今後このような現行法制でも規制し得ない行為により，具体的な弊害
が生じるような場合には，表現の自由の要請を十分考慮して立法を検討する」
とするだけで，当面の対応は不要としていたことからも明らかである。しかし，
わが国においても，差別的表現に対処するための立法化の動きがなかったわけ
ではない。

(1) 人権擁護法案・鳥取県条例

　その代表例として，人権擁護法案が挙げられる。この法案は，1996年（平成8
年）12月に制定された人権擁護施策推進法に基づいて法務省に設置された人権
擁護推進審議会の「人権救済制度の在り方について」と題する答申（2001年（平
成13年）5月）を踏まえて作成されたものであるが，更に遡ると，人権擁護施策
推進法は，地域改善対策協議会における「同和問題の早期解決に向けた今後の
方針の基本的な在り方について（意見具申）」の提出（1996年（平成8年）5月）・国
内人権機関の設置を各国に求めることを内容とする「国内人権機関の地位に関
する原則（パリ原則）」の国連総会での採択（1993年（平成5年）12月）・人権擁護
委員制度の問題点・警察や入管職員による虐待に対して申立てを行う独立した
機関の不存在を指摘した国連人権委員会の最終見解（1998年（平成10年）11月）
など，国内外の様々な要因を背景に制定されたものである。

　2002年（平成14年）3月，国会に提出された人権擁護法案は，人権委員会を法
務省の外局に設置することにより，人権侵害がなされた場合には，任意の調
査・助言・指導・調整などの一般救済手続により，更に①不当な差別的取扱い・
②不当な差別的言動・③差別助長行為・④虐待などがなされた場合には，過料
の制裁を伴う形での出頭要請・文書の提出・立入検査などの調査を行った上で，
調停・仲裁・勧告・訴訟援助などの特別救済手続により人権救済を図ることと
されていた（③については，公表・差止め訴訟の提起なども可能となっていた）。しか
し，同法案に対しては，(i)救済対象が曖昧不明確であること・過度に広汎であ
ること・(ii)公権力の人権侵害を法務省の外局で対処できるか疑問であること・
(iii)人権委員会の行う調査に過料のサンクションが課されていること・令状が
不要とされていることなど，様々な問題点が指摘された結果，2003年（平成15
年）10月の衆議院解散により廃案となった[28]。

　同法案は，再提出の見込みもなく頓挫したままの状態であるが，地方レベル
において同様の制度の導入を目指した地方公共団体もあった。鳥取県では，同

法案を参考にした[29] 鳥取県人権侵害救済推進及び手続に関する条例案が可決（2005年（平成17年）10月）され，2006年（平成18年）6月に施行となる予定であった。しかし，同法案と同様の問題点が指摘されたことから，同条例の施行を無期限に延期する条例を制定（2006年（平成18年）3月）した上で，人権救済条例見直し検討委員会による検討作業を行ったが，結果的に同条例は施行されることなく廃止された（2009年（平成21年）4月）。

(2) 人種差別撤廃法案・大阪市条例案

　その後，民主党政権下における人権委員会設置法案の国会への提出（2012年（平成24年）11月：同月の衆議院解散により廃案）などを除いて，立法化に向けた目立った動きは見られなかったが，現在，その「第2波」が来ているところである。コリア・タウンを抱える新大久保（東京都新宿区）・鶴橋（大阪市生野区）などにおける排外主義デモ・街宣の過激化，インターネットにおける差別的表現の増加への対処を目的として，国会（参議院）には「人種等を理由とする差別の撤廃のための施策の推進に関する法律案（人種差別撤廃法案）」，大阪市会には「大阪市ヘイトスピーチへの対処に関する条例案（大阪市ヘイトスピーチ抑止条例案）」が提出されている（いずれも2015年（平成27年）5月22日提出）。

　前者の人種差別撤廃法案は，民主党（現・民進党）・社民党などにより提出されたものである。同法案は，人種等を理由とする（特定の者に対する）不当な差別的行為・（人種等の共通の属性を有する不特定の者に対する）差別的言動を禁止する（ただし，違反した場合の罰則規定はない）とともに，差別防止に関する施策の策定・実施，民間団体などとの連携協力体制の整備を国・地方公共団体に求める内容となっている。特に，インターネットにおける差別的表現については，事業者の自主的な取組みを支援するために必要な措置を講ずるものとされている。後者の大阪市ヘイトスピーチ抑止条例案は，大阪市内外で行われたヘイトスピーチ（インターネットによる表現も含む）により大阪市民・団体などが被害を被った場合において，（広義の）市民の申出又は市長の職権によりヘイトスピーチの拡散防止措置・ヘイトスピーチを行った個人・団体名の公表を行うほか，民事責任を追及するための訴訟費用の貸付などを可能にするものである。また，同条例案は，ヘイトスピーチに該当するか否か・市長による措置・公表内容・訴訟費用の貸付などについて意見を述べる機関として，大阪市ヘイトスピーチ審査会を設置することとしている。

(3)　大阪府条例・岡山市条例

　これに対して，条例によって差別的表現（の一部）の規制を行っている地方公共団体もある。大阪府興信所条例（大阪府部落差別事象に係る調査等の規制等に関する条例）（1985年（昭和60年）10月施行）は，興信所・探偵業者を対象とし，「特定の個人又はその親族の現在又は過去の居住地が，同和地区にあるかないかについて調査し，又は報告しないこと」「同和地区の所在地の一覧表等の提供及び特定の場所又は地域が同和地区にあることの教示をしないこと」などを求めており，これに対して興信所・探偵業者が違反した場合には，行政指導・営業停止の行政命令・3か月以下の懲役又は10万円以下の罰金を科すことができることになっている（更に，2011年（平成23年）10月の改正により，土地調査等を行う者も規制対象に含まれることになった）。学説は，同条例のような興信所等に対する規制は，被差別部落出身者のプライバシーの権利などを援用することによって正当化できると解している。また，岡山市電子掲示板に係る有害情報の記録行為禁止に関する条例（2002年（平成14年）5月施行）[30]は，同市が運営する掲示板において，不当な差別を助長するおそれがあると認められる情報を始めとする「有害情報」を書き込んではならないことを規定している。同条例が規制対象とする「有害情報」の中身が広汎であるだけではなく，削除される対象は「有害情報」以外のものも含むため，憲法上疑義がある。しかし，同市の掲示板は既に廃止されているため，同条例の規定は死文化していると言えよう。

5　小括

　差別的表現が特定の個人・団体に向けられたものである場合には，名誉毀損罪（刑法230条）・侮辱罪（同231条）・脅迫罪（同222条）・威力業務妨害罪（同234条）などによる処罰が考えられるとともに，名誉毀損・業務妨害・人種差別行為などによる不法行為責任（民法709条）も認められうる。しかし，ある属性を持った集団に向けられたものとなると，現行法を用いた規制は難しく，（新たな立法を許容する立場に立ったとしても）表現の自由の観点から，その規制範囲は極めて限定されたものとならざるを得ないというのが憲法学における一般的な理解である。この点は，リアルスペース・インターネット，いずれの表現であっても同様であろう。

一方，インターネット上の情報を媒介するプロバイダにおいては，契約約款に基づく対応がなされてきている[31]（本稿で紹介した具体的ケースの一部についても，削除・閲覧停止などの対応がなされてきている）。契約約款は各プロバイダが作成するものではあるが，電気通信事業者協会・テレコムサービス協会・日本インターネットプロバイダー協会・日本ケーブルテレビ連盟により「違法・有害情報への対応等に関する契約約款モデル条項」が策定（2006年（平成18年）11月，最近の改訂は2014年（平成26年）12月）されており，その中で，わいせつな表現・児童ポルノの送信行為，プライバシー・肖像権・知的財産権を侵害する行為などとともに「他者を不当に差別もしくは誹謗中傷・侮辱し，他者への不当な差別を助長し，またはその名誉もしくは信用を毀損する行為」「公序良俗に違反し，または他者の権利を侵害する（と当社が判断した）行為」が禁止事項とされている。この禁止事項に該当するとのクレームがなされ，プロバイダがそのクレームを妥当と判断した場合には，契約者（表現者）に対して禁止事項に該当する行為の中止の要求・クレーム解消のための協議の要求・削除要求，プロバイダによる削除・閲覧停止・利用停止・契約解除が行える仕組みになっており，各プロバイダに対して，文字通り「モデル」として機能している[32]。また，法務省人権擁護機関（法務局・地方法務局）は，プロバイダに対する削除要請を従来から行っているが，「プロバイダ責任制限法　名誉毀損・プライバシー関係ガイドライン」の改訂（2004年（平成16年）10月）により，その手続方法・対応手順が明確化されている。このガイドラインに従ってプロバイダに対して削除要請がなされた場合，「他人の権利が不当に侵害されていると信じるに足りる相当の理由」を否定する特段の理由がなく，プロバイダが送信の防止に最小限度の措置を講じていれば，発信者（表現者）に対する損害賠償責任をプロバイダは免れうると理解されている。

しかし，前者の契約約款については，禁止事項（の規定）が不明確であること・禁止事項の該当性判断が難しいこと・クレーム処理手続が不透明であること・（違法ではないものは削除しなくても損害賠償責任が生じないため）削除に踏み込むインセンティブに欠けることなどから，プロバイダによる対応が取られずに，差別的表現の多くがインターネット上に残存していることが指摘されている。後者の人権擁護機関の削除要請についても，プロバイダが削除・閲覧停止の措置を取るまでの「タイムラグ」の存在が，被害の拡大を招いているとの指摘が

なされている。

　思うに，差別的表現は，社会的弱者（少数派）を攻撃する表現であり，これまで規制の可否が判例・学説において問題となってきた表現が政府や社会的強者（多数派）を攻撃するものであったことと比較すると両者の径庭は大きいとも言える。しかし，差別的表現がいかに多くの人が忌み嫌う思想に基づく不快な表現であったとしても，「表現」にとどまるものである以上は「表現」として扱われる必要があり，「思想の自由市場」における「対抗言論」による対処が原則と考えざるを得ない。差別的表現は，平等に係わる表現として，政治的な性格を帯びることが往々にしてある点も見逃されるべきではないであろう。また，わが国の表現の自由に関する準拠法国と目されるアメリカでは，（1964年公民権法に代表される）人種差別禁止法・（先述の）ヘイトクライム法が制定されており，これらについては，わが国でも立法化が検討されるべきであろうが，表現内容規制を含むものではない点については十分な留意が必要である。

　法律による規制は，表現の自由の観点から正当化される領域に対するもの・差別そのものを解消していくためのものとして用いられるべきであり，差別解消のためには，教育・啓発活動・社会における運動などもブレンドした形で実施されるべきであろう。インターネットにおける差別的表現についても，法律による規制は最小限に留め，プロバイダによる自主的な取り組み（自主規制）の実効化を目指すことが優先されるべきである。

6　まとめに代えて──最近施行された法律・条例に関して

　最後に「まとめに代えて」として，4.2で紹介した，人種差別撤廃法案・大阪市条例案のその後について触れておく。

　前者の人種差別撤廃法案は，参議院法務委員会（2016年（平成28年）5月12日）及び本会議（5月13日）において，与党などの反対により否決された。他方，これまで与党は法整備に消極的な立場を取っていたが，急遽，方針を転換し[33]，「本邦外出身者に対する不当な差別的言動の解消に向けた取組の推進に関する法律案（ヘイトスピーチ〔対策〕法案）」を国会（参議院）に提出した（4月8日）。同法案は参議院での修正[34]を経た後，衆議院法務委員会（5月20日）及び本会議（5月24日）において，（民進党・共産党を始めとする）野党も賛成の上，可決・成立した。

6月3日より施行された同法は，「専ら本邦の域外にある国若しくは地域の出身である者又はその子孫であって適法に居住するもの」「に対する差別的意識を助長し又は誘発する目的で公然とその生命，身体，自由，名誉若しくは財産に危害を加える旨を告知し又は本邦外出身者を著しく侮蔑するなど，本邦の域外にある国又は地域の出身であることを理由として，本邦外出身者を地域社会から排除することを煽動する不当な差別的言動」（2条）に対する国・地方公共団体の（解消に向けた施策を実施する）責務（4条）を定めるとともに，基本的施策として，相談体制の整備・教育の充実・啓発活動など（5条−7条）を挙げている（なお，インターネット上の差別的表現に関しては，「インターネットを通じて行われる本邦外出身者等に対する不当な差別的言動を助長し，又は誘発する行為の解消に向けた取組に関する施策を実施すること」の一文が，特段の配慮をすべき事項として，衆議院・参議院双方の附帯決議に盛り込まれている）。同法には，「本邦外出身者に対する不当な差別的言動」を行った者に対する罰則規定はない。そのため，法律の実効性を疑問視する向きもあるが，民事上の不法行為成立の判断の場面で参照される可能性があり（京都朝鮮学校事件京都地裁判決参照），デモ行進あるいは公園・公共施設を用いた集会の許否などに対しても一定の影響を及ぼすことが予想される[35]。

　後者の大阪市条例案は，訴訟費用貸付制度に関する規定の削除・大阪市ヘイトスピーチ審査会委員の委嘱について市会の同意を要件とすることなどの修正を行った上で，可決・成立した（2016年（平成28年）1月15日）。同条例は，7月1日より施行されたが，施行初日に，在日コリアンらでつくる市民団体がヘイトデモ（差別的表現を多分に含む示威活動）の様子を撮影した動画の投稿者・ブログ・ツイッターで差別的表現を行った人物など8名・1団体の合計12件につき被害申立てを行っている[36]。（同審査会の答申に基づき）大阪市長が同条例に定めるヘイトスピーチに該当すると判断した場合，同市のウェブサイトにおいて当該表現を行った者の氏名・名称やその内容の概要等が公表されるほか，プロバイダ・サイト管理者に当該表現の削除を要請するなど，拡散を防止するために必要な措置をとることになっている（5条）[37]ことから，同条例を差別的表現の抑止のために活用しようとする動きも見られるところである。

　筆者は，前書の段階より，「表現はあくまでも，自由であることが原則であって，公権力，ましてや行政権が介入していくことは常に謙抑的でなければなら

ない」こと,「行政権が『表現の交通整理』を行うことには,多くの疑問がある」
ことを指摘してきた[38]（更に,5参照）。

　最近施行された2つの法律・条例は,表現の自由に一定の配慮をした内容と
はなっているが,その影響の度合いについては,運用の面も含めて,更なる精
査が必要であるように思われる。特に,「表現の交通整理」の問題に関しては,
大阪市ヘイトスピーチ審査会の動向及び大阪市（長）の対応に注目が集まらざる
を得ない。同審査会がヘイトスピーチ該当性を緩やかに解した場合には,表現
内容規制的性質を強く持つことになるであろうし,逆に厳しく解した場合には,
当該表現に対して「お墨付き」が与えられたとして,当該表現（及び同種の表現）
が「大手を振って」インターネット上に拡散することが想定される。「表現の交
通整理」を行う側は,このようなアンビバレントな関係も勘案しつつ対応する
ことが求められているのである[39]。

1) 高橋和之『立憲主義と日本国憲法〔第3版〕』（有斐閣・2013年）219頁,渋谷秀樹『憲法〔第2
　版〕』（有斐閣・2013年）381頁など。なお本稿では,わが国・諸外国いずれの場合であっても,
　「差別的表現」の方に表記を（可能な限り）統一している。
2) 杉原泰雄編『〔新版〕体系憲法事典』（青林書院・2008年）518頁〔阪本昌成執筆〕。
3) 衆議院外務委員会（1995年（平成7年）11月21日）における朝海和夫政府委員の答弁（第
　134回国会・衆議院外務委員会議録6号2頁）参照。
4) 市川正人『ケースメソッド憲法〔第2版〕』（日本評論社・2009年）132頁,師岡康子『ヘイト・
　スピーチとは何か』（岩波書店・2013年）41−42頁,山田健太『法とジャーナリズム〔第3版〕』
　（学陽書房・2014年）306頁,内野正幸『差別的表現』（有斐閣・1990年）139−140頁。
5) 友永健三「インターネットと部落差別」月刊ヒューマンライツ117号（1997年）17頁。
6) 小倉一志『サイバースペースと表現の自由』（尚学社・2007年）191−192頁。
7) 2ちゃんねるでは,2006年（平成18年）6月に栃木県の被差別部落地名・出身者の名字が伏
　せ字・隠語を用いた形で書き込まれる事件があって以降,一定程度の対応が取られるように
　なったが,他の掲示板はそれ以上に対応が緩慢であると言われている。
8) 田畑重志「増加する差別事例と当面の課題」部落解放599号（2008年）92頁。在日韓国・朝
　鮮人に対する差別的表現については,拉致問題がマスコミに取り上げられるようになって以
　降,質量ともに大きな変化が見られるという（田畑重志「民族差別にかかわるインターネッ
　ト上の差別書き込みの現状と課題(2)」Sai 57号〔2007年〕23頁）。
9) 部落解放・人権政策確立要求中央実行委員会編『2008年度版 全国のあいつぐ差別事件』（解
　放出版社・2008年）83−85頁・90頁（以下,『20xx年度版』と略記）,『2011年度版』14−15頁・
　97頁,『2012年度版』13頁。
10)「『アイヌ民族もういない』――金子札幌市議が書き込み」北海道新聞2014年（平成26年）8
　月17日朝刊,「『アイヌ』証明根拠 現行法にない――金子市議,ブログに」北海道新聞2014

年（平成 26 年）8 月 18 日朝刊。

11) 古川雅朗「水平社博物館差別街宣事件」前田朗編『なぜ，いまヘイト・スピーチなのか——差別，暴力，脅迫，迫害』（三一書房・2013 年）66 頁以下，『2013 年度版』86 − 89 頁。

12) 冨増四季「京都朝鮮学校襲撃事件」前田編・前掲注 11）32 頁以下，小谷順子「日本国内における憎悪表現（ヘイトスピーチ）の規制についての一考察」法研 87 巻 2 号（2014 年）385 頁以下，奈須祐治「大きな意義を持つ京都地裁判決——この国の法制度の限界も明らかに」ジャーナリズム 2013 年（平成 25 年）11 月号 110 頁以下。

13) 熊本信夫「宗教的不寛容のあらゆる形態の除去に関する国際協定草案」北法 17 巻 3 号（1967 年）107 頁。

14) 国際人権規約 B 規約（わが国は 1979 年（昭和 54 年）に批准）には，「差別，敵意又は暴力の煽動となる国民的，人種的又は宗教的憎悪の唱道は，法律で禁止する」（20 条 2 項）との規定がある（ただし，刑罰による禁止を明確な言葉で要求していない点に注意）。

15) その他，4 条(a)は，人種もしくは皮膚の色または種族的出身の異なる人々の集団に対する暴力行為・人種主義的活動に対する財政援助を含むあらゆる援助の供与についても処罰を求めている。

16) 山田・前掲注 4）304 − 305 頁，日本新聞協会研究所編『新・法と新聞』（日本新聞協会・1990 年）267 − 268 頁〔江橋崇執筆〕，師岡・前掲注 4）74 − 78 頁。

17) 師岡・前掲注 4）102 − 132 頁，エリック・ブライシュ『ヘイトスピーチ——表現の自由はどこまで認められるか』（明石書店・2014 年）40 − 41 頁，藤井樹也「IT 化時代における表現の自由と差別規制——オーストラリアにおけるサイバー・レイシィズム問題を素材に」筑波ロー創刊号（2007 年）98 − 101 頁。

18) 中原美香「インターネット上の差別をめぐる国際的な動向」部落解放 595 号（2008 年）51 − 54 頁，浜田純一「ネットワーク時代の表現の自由——アメリカの『通信品位法』違憲判決とドイツの『マルチメディア法』」部落解放 431 号（1998 年）26 − 27 頁，師岡・前掲注 4）130 − 132 頁。

19) 2003 年の Black 判決（Virginia v. Black, 538 U.S. 343 (2003)）は，威嚇を目的とした十字架焼却は州法で規制しても第 1 修正に違反しない（ただし，十字架焼却の行為が「個人あるいは集団を威嚇する意図の自明の証拠になる」としていた部分は違憲）としており，一部例外を認めるようになっている。

20) 中原美香「インターネット上の差別をめぐる国際的な動き」月刊ヒューマンライツ 205 号（2005 年）7 − 8 頁。

21) 横田耕一「日本における人権と人権保障制度」松本健男ほか編『高野眞澄先生退職記念　これからの人権保障』（有信堂高文社・2007 年）34 頁。

22) 浜田・前掲注 18）28 頁。

23) この点を強調するならば，規制否定説というよりも，「限定的規制肯定説よりも限定的な規制肯定説」とした方が意味的には正しいかも知れない。

24) 松井茂記「インターネット上の表現行為と表現の自由」高橋和之ほか編『インターネットと法〔第 4 版〕』（有斐閣・2010 年）39 頁。

25) 内野正幸『人権のオモテとウラ』（明石書店・1992 年）199 − 203 頁，浜田純一「インターネットによる差別の扇動」部落解放研究 126 号（1999 年）56 − 57 頁。

26) 藤井樹也「ヘイト・スピーチの規制と表現の自由——アメリカ連邦最高裁の R.A.V. 判決と

Black 判決」国際公共政策研究 9 巻 2 号（2005 年）14 頁，小谷順子「アメリカにおけるヘイトスピーチ規制」駒村圭吾＝鈴木秀美編『表現の自由Ｉ——状況へ』（尚学社・2011 年）472－473 頁。

27）浜田・前掲注25）57－58 頁。

28）田島泰彦＝梓澤和幸『誰のための人権か——人権擁護法と市民的自由』（日本評論社・2003 年）2－12 頁，松井茂記『マス・メディアの表現の自由』（日本評論社・2005 年）178－180 頁・187－191 頁。

29）両者で大きく異なるのは，特定の個人に関する人種等の差別を生じさせるような情報の収集・著しく粗野又は乱暴な言動を反復する行為なども鳥取県条例では規制対象に含んでいる点，調査を拒絶・妨害した場合の罰則は同条例では 5 万円と人権擁護法案の 30 万円より低く設定されている点，特別救済手続に調停・救済が同条例には含まれていない点などである（内田博文『求められる人権救済法制の論点』〔解放出版社・2006 年〕42－48 頁）。

30）岡山市の掲示板に部落差別に係わる表現が書き込まれたのが条例制定のきっかけであったと言われている。

31）この点は，わが国に限らず，欧米でも同様である（中原・前掲注18）49 頁）。

32）松井修視「インターネット上の差別的表現をめぐる課題を考える——総務省の ICT 政策とプロバイダ責任制限法の枠組みによる解決を手がかりに」月刊ヒューマンライツ302号（2013年）8－9 頁。

33）自民・公明両党は，3 月 19 日から法案作りのための協議を行い，7 日間で作業を終えたことが伝えられている。その後，自民党は民進党に法案の一本化を打診したが難色を示されたため，2 つの法案がそれぞれ審議されることになった（「ヘイトスピーチ法案——自民が消極姿勢転換」北海道新聞2016年（平成 28 年）4 月 6 日朝刊）。

34）修正が加えられたのは，①「本邦外出身者に対する不当な差別的言動」の定義に「本邦外出身者を著しく侮蔑する」を加えた点，②「不当な差別的言動に係る取組については，この法律の施行後における本邦外出身者に対する不当な差別的言動の実態等を勘案し，必要に応じ，検討が加えられる」ものとした点である。

35）例えば，同法の成立後，ヘイトデモを繰り返し行っていた団体に対し，川崎市が公園の使用を不許可としたり（「ヘイトデモ団体 公園使用認めず——川崎市，対策法成立後初」北海道新聞2016年（平成 28 年）6 月 1 日朝刊），在日コリアンが運営する社会福祉法人の事務所から，半径 500 メートル以内のデモ行進の禁止を命じる決定が横浜地裁川崎支部で出されたりしている（「在日コリアン排除デモ禁止」北海道新聞2016年（平成 28 年）6 月 3 日朝刊）。

36）「大阪市ヘイト条例施行——「排外デモ動画で被害」在日コリアン初の申し立て」北海道新聞2016年（平成 28 年）7 月 1 日夕刊，「大阪ヘイト条例施行——全国初 認定なら名前公表」北海道新聞2016年（平成 28 年）7 月 1 日朝刊。

37）更に，大阪市人権施策推進審議会「ヘイトスピーチに対する大阪市として取るべき方策について（答申）」（http://www.city.osaka.lg.jp/shimin/cmsfiles/contents/0000299/299917/tousinkagamituki.pdf (last visited Jul. 6, 2016)）参照。

38）小倉・前掲注6）278 頁。

39）本稿は，『インターネット法』所収論文を元に大幅に改変を加えたものである。

XⅢ 自己情報のインターネット・サイトへの無断記載
——K.U. 対フィンランド判決——

K.U. v. Finland (Application No. 2872/02), 2 Dec. 2008

〔事実〕

申立人は 1986 年生まれの少年である。事件当時は 12 歳であったが，身元不詳の人物がインターネットの出会い系サイトに申立人の情報を無断で記載した（1999 年 3 月 15 日）。そこには，申立人の年齢，生年，身体的特徴，電話番号などのほか，申立人の写真が掲載されていたウェブサイトへのリンクが張られるとともに，「自分と同年代の少年もしくは年上との親密な関係を求めている」との書き込みがなされていた（以下，本件書き込みとする）。申立人は，別の人物[1]より面会を求めるメールを受け取ることによって本件書き込みの存在を知り，申立人の父親が書き込んだ人物を告訴するために警察に対し，その身元を特定するよう求めた。しかし，サービスプロバイダ（以下，プロバイダとする）は通信の秘密を理由として，動的IPアドレスの割り当てを受けた人物の身元の開示を拒否した。

更に，警察はヘルシンキ地方裁判所に対して，刑事捜査法 28 条によりプロバイダに開示を命ずるよう求めたが，そのような権限を認める明文上の根拠が存在しないとして，警察の求めに応じなかった（2001 年 1 月 19 日）。強制手段法（pakkokeinolaki, tvångsme-delslagen; Act no. 450/1987）5a章 3条・電気通信におけるプライバシー保護及びデータセキュリティに関する法律 18 条は，一定の重大犯罪について警察が身元識別情報を得る権限を有するとしていたが，本件で問題となった中傷（calumny[2]）罪は適用外であったからである。この地裁の判断は，控訴裁判所（同年3月14日）・最高裁判所（同年8月31日）によっても支持された。

ヨーロッパ人権裁判所（以下，裁判所とする）に対しては，ヨーロッパ人権条約（以下，条約とする）34 条（個人の申立）に基づいて申立が行われ，その後，申立の受理決定がなされた（2006 年 6 月 27 日）。ここで申立人は，自らの私生活への侵害が生じており，かつ，本件書き込みを行った人物の身元の開示が認められなかったことから，実効的救済手段が得られていないとして，条約 8 条（私生活の尊重を受ける権利）・13 条（実効的救済手

267

段を得る権利）違反を主張していた。

〔判旨〕

1　条約8条違反の主張について

本件は，「当時12歳であった申立人が出会い系サイトの書き込み対象とされた」ケースであるが，「その当時のフィンランドの国内法では，本件書き込みを行った人物の身元をプロバイダによって開示してもらうことができなかった」（§40 [3]）。

「条約8条の適用可能性について争いはない。申立の基礎をなす事実は，個人の身体的精神的完全性（傷つけられないでいること）を含む概念である『私生活』に関するものだからである（X and Y v. the Netherlands, 26 March 1985, Series A no. 91 参照）」（§41）。「条約8条の目的は，本質的には国家機関による恣意的な介入から個人を保護することにあるが，国家に対してそのような介入を止めるよう強制するだけのものではない。消極的義務に加えて，実効的な尊重に内在する積極的義務もありうることを当裁判所は繰り返し述べてきた（Airey v. Ireland, 9 October 1979, Series A no. 32 参照）。これらの義務は私人間の関係においても私生活の尊重を確保することが意図された手段の採用を含むかもしれない」（§42）。「私生活の尊重を確保するには様々な方法があり，国家の義務の性質は，問題となっている私生活の個々の態様によって変わりうる。私人間の領域において，条約8条の履行を確保するための手段の選択は，国家の評価の余地に委ねられるのが原則であるが，私生活の基本的価値及び本質的側面を危うくする重大な行為に対して実効性ある威嚇を与えるためには，有効な刑事法の規定が必要である（上掲・X and Y v. the Netherlands等参照）」（§43）。本件は，「障害を持つ少女に対する強姦につき実効性ある刑事罰を欠いていたがために条約8条違反とされたX and Y v. the Netherlandsに匹敵する深刻さはないが，些末なケースとして扱うことはできない。」なぜなら，本件書き込みは「未成年者が巻き込まれ，小児愛者によってアプローチの標的とされた犯罪」だからである（§45）。

フィンランド政府は「サーバのオペレータに対して犯罪者の身元を特定するための情報の開示を命じることが当時できなかったことを認める」一方，「中傷罪の存在，サーバのオペレータに対する告訴・損害賠償請求訴訟の提起の可能性により保護は与えられていたと主張した」。当裁判所は，前者につき，「実際の犯罪者の身元を特定し，法によって処罰する手段がないとするならば，その威嚇効果は限定されたものになると考える。」「条約8条により，未遂を含む行為を犯罪化するとともに，（実際には実効性ある捜査・刑事訴追を通じてであるが）刑事法の規定の適用によって，威嚇効果を強固にする積極的義務を国家は負っている。」「特に，子どもの身体的精神的幸福が脅かされるケースにおいて，そのような義務がより重要となるのは当然である」（§46）。また，後者の損害賠償が得られる可能性があるとの主張については，「本件の状況に鑑みると十分ではないと考える」

（§47）。

「国内法の不備は，その当時の社会的文脈で理解しなければならないとのフィンランド政府の主張に当裁判所は注意を払う」が，「インターネットが匿名性の故に犯罪目的で用いられることが広く知られるようになった1999年に起きた事件を指摘できる」ほか，「子どもの性的虐待の問題が10数年来広く知られるようになっていることから，フィンランド政府が，インターネットによって小児愛的なアプローチの標的として子どもが晒されることから保護するための適切な制度を布く機会がなかったと言うことはできない」（§48）。

「申立人に実際的かつ実効性ある保護を与えるためには，本件書き込みを行った人物の身元を特定し，起訴するための実効性ある手段が取られる必要があると当裁判所は考えるが，本件において，そのような保護は与えられなかった。通信の秘密を優先させた結果，実効性ある捜査を始めることができなかった。表現の自由・通信の秘密は主たる考慮事項であり，電気通信やインターネットの利用者に対してプライバシー・表現の自由が保障されなければならないが，その保障は絶対的なものではなく，必要に応じて，例えば，無秩序や犯罪の防止，他者の権利・自由の保障のような正当な要請に譲歩しなければならない。」本件書き込みを行った人物の行為に「条約8条・10条の保障が及ぶか否かの問題に係わらず，その批難すべき性質を考慮して，競合する様々な利益を調和させるような枠組みを提供することは立法者の役割である。そのような枠組みは当時存在せず，フィンランド政府の積極的義務は履行されなかった。この不備は後に対処されたが，マスメディアにおける表現の自由行使のための法律によって導入された仕組みは，申立人にとっては遅すぎた」（§49）。以上の点から，「当裁判所は，条約8条違反があったと考える」（§50）。

2　条約13条違反の主張について

「条約8条に関する認定を考慮すると，当裁判所は，条約13条違反があったか否かを審理する必要はないと考える」（§51）。

3　条約41条の適用について

条約41条は「裁判所が条約または諸議定書の違反を認定し，かつ，当該締約国の国内法によってはこの違反の結果を部分的にしか払拭できない場合には，裁判所は，必要な場合，被害当事者に公正な満足を与えなければならない」と規定する（§52）。「当裁判所は，条約違反の認定のみでは公正な満足を十分に与えることができず，補償が行われるべきものと考える。正当な基礎に基づいて，その額を3000ユーロと確定する」（§55）（以上，すべての結論について全員一致）。

〔解説〕

1　本判決の意義・特徴

　インターネットは匿名性の高いメディアであり，この匿名性には，正と負の両面があると言われている。正の側面としては，表現の自由の行使を容易にし，多様な表現の流通を可能とする点があげられる。既存のメディアと比較してインターネット上に多様な表現が流通しているのは，この点に起因する。他方，負の側面としては，他者に対する中傷・名誉毀損・プライバシー侵害・その他の違法行為を容易に行える点があげられる。既存のメディアと比較して表現者（加害者）の特定に手間が掛かり，犯罪捜査・損害賠償請求訴訟の提起などを難しくしているのは，この点に起因する。学説からは，インターネットの一般的な利用を前提とすると，その利用段階で既にIPアドレスなどの漏えいが生じていることから，この匿名性は，ある意味，幻想に過ぎないと言われることもあるが，①（身元識別情報を含む）通信ログがプロバイダによって開示されない・保存されない（あるいは保存の後，消去された）場合にはトレーサビリティーを失ってしまう結果，高度の匿名性が実現可能になること，②リメーラ・公開プロキシなどの技術により，かなりの程度，身元を秘匿して利用することも可能であることが指摘されているところである[4]。

　本件は，書き込みを行った人物の身元識別情報がプロバイダによって開示されなかったために，高度の匿名性が実現される結果となった。その結果を生じさせた原因はフィンランドの国内法の不備にあった。本判決は，条約8条（私生活の尊重を受ける権利）に違反するとの申立人の主張に対して，条約8条（通信の尊重を受ける権利）・10条（表現の自由）とのバランスを考慮しつつも，この点における国家の積極的義務の存在を認めたものである。

2　条約8条の意味内容

　条約8条は，1項で，私生活・家族生活・住居・通信の尊重を受ける権利を保障し，2項で，民主的社会において必要な，国もしくは公共の安全・国の経済的福利・無秩序もしくは犯罪の防止・健康もしくは道徳の保護・他者の権利およ

270

び自由の保護を制約事由として挙げている。

　条約 8 条は，私生活全般を扱う権利であるが，私生活・家族生活ともに適用対象及び範囲が不明確であるため，個々の判例を通じて具体化が図られてきた。その結果，現在においては，身体的精神的完全性・住居の尊重・通信の秘密・個人データの保護など（狭義の）私生活の尊重に対する権利として従来より認められてきたもののほか，個人の発展に対する権利・個人の自律ないし自己決定に対する権利・氏名に対する権利・性的アイデンティティ・性的嗜好および性的生活に関わる権利などにも保障範囲が広がっている[5]。本判決については，精神障害を持つ少女への性的接近に対して加害者の刑事責任を問う規定の不備[6]が条約 8 条に違反する（積極的義務の不履行）とされた X and Y v. the Netherlands が用いた概念（「個人の身体的精神的完全性」）[7]により，申立の基礎をなす事実が「私生活」に該当するとしている（§41）。

　条約 8 条の保障に関して，締約国には 2 種類の義務（消極的義務・積極的義務）が課されている。ここでの消極的義務とは，私生活の尊重を確保するために，私生活に対する恣意的な介入を避けなければならない国家の義務のことを指し，積極的義務とは，法制度の整備等，私生活の尊重を確保するために措置を講じなければならない国家の義務を指すが，いずれの義務にあっても国家の評価の余地が認められている[8]。条約 8 条違反の有無は，この評価の余地を逸脱したか否かの判断としてなされる。本判決については，前掲・X and Y v. the Netherlands に依拠しつつ，①条約 8 条の履行を確保するための手段の選択は，国家の評価の余地に委ねられるのが原則であるが，私生活の基本的価値及び本質的側面を危うくする重大な行為に対して実効性ある威嚇を与えるためには，有効な刑事法の規定が必要であること（§43），②子どもの身体的精神的幸福が脅かされる場合，威嚇効果を強固にする国家の積極的義務が特に重要となること（§46），③通信の秘密・表現の自由も重要な権利であるが，絶対的な保障が及ぶものではないこと（§49）等を挙げ，条約 8 条違反（積極的義務の不履行）を認めている。

3　身元識別情報の開示

　事件当時のフィンランドでは，4 か月を下回らない自由刑の犯罪・コンピュ

ータシステムに対する犯罪・麻薬に関する犯罪などにつき，警察が裁判所の許可を得た場合に限って身元識別情報を得ることが可能になっていた[9]。このように身元識別情報が開示される場合を限定していたのは，政体法8条（後の憲法10条）[10]が規定する通信の秘密を重要視したからである[11]。しかし，他のEU加盟国では，どのような犯罪であるかに係わらず，捜査当局ないし裁判所の求めに対して，プロバイダに開示を義務づけているのが大部分である。ヨーロッパ評議会閣僚委員会におけるコンピュータ関連犯罪に関するRecommendation No. R (89) 9の採択（1989年）・情報技術に関するRecommendation No. R (95) 13の採択（1995年）・サイバー犯罪条約の採択（2001年）・追加議定書の採択（2003年），ヨーロッパ議会・ヨーロッパ理事会におけるデータの保持に関するDirective 2006/24/ECの採択（2006年）など，インターネット犯罪及び匿名性への取り組みが継続的になされてきたことの結果であろう。

　フィンランドでは，その後，マスメディアにおける表現の自由行使のための法律が施行され（2004年1月1日），犯罪を限定することなく，メッセージの内容が犯罪を構成すると考える合理的理由があれば裁判所は開示を命じることが可能となり（同法17条），他の加盟国の法制度と平仄をあわせる形へと変更されている。

4　日本法の内容・日本法への示唆

　日本では，憲法21条2項（更には，電気通信事業法4条）によって通信の秘密が保障されており，その保障は，通信内容のみならず，通信に係わる事実（送信者の身元識別情報・送信の日時・回数など）にも及ぶと考えられていることから，これらの情報を警察が得るためには，裁判官による捜索差押許可状が必要とされている（憲法35条2項・刑事訴訟法218条）。日本においても対象となる犯罪は限定されていない。刑事訴訟法は，他にも捜査関係事項照会書を用いて関係団体に照会を行う権限を警察に与えている（同法197条2項）が，照会に応じる義務はなく，また，応じたことに対して違法性が阻却されない場合もあると考えられていることから，プロバイダが法律上の照会に応じることは，原則行われていないようである。

　本判決が日本法に対して示唆するところは必ずしも多くないと思われる。本

判決について，再度，確認すべき点を挙げるとすれば，被表現者（被害者）の私生活の尊重を受ける権利（プライバシー）と表現者（加害者）の通信の尊重を受ける権利（通信の秘密）・表現の自由とのバランシングを前提とした上で，インターネットが匿名性の故に犯罪目的で用いられることがあり，子どもの性的虐待の問題も周知のものとなっていた（また，EU内においてもインターネット犯罪及び匿名性への取り組みがなされていた）にも係わらず，フィンランド政府は「実際的かつ実効性ある保護」を与えていなかったとして，積極的義務の不履行を認めた点（§48-49）であろうか。むしろ日本が留意すべきなのは，（2001年11月23日に署名し，2012年11月1日に発効した）サイバー犯罪条約の内容である[12]。

参考文献

Tuomas Pöysti, *Judgment in the case of K.U. v Finland,* Digital Evidence & Elec. Signature L. Rev. 33 (2009).

Robert Uerpmann-Wittzack, *Principles of International Internet Law,* 11 German L. J. 1245 (2010).

1) この人物は，後に，メールアドレスから身元が特定された。
2) 一般的にslander（口頭誹謗）とlibel（文書誹謗）の区別がなされるが，本判決ではcalumnyの語が用いられており，前二者との違いを出すために「中傷」と訳した。なお，フィンランドにおける中傷罪（刑法27章3条）は，口頭による場合のほか，（手書き・印刷物・グラフィック表示などによる）文書による場合も規制対象としている。
3) 記号（§）の後ろの数字は，本判決のパラグラフ番号を示している。
4) 町村泰貴「インターネットとプライバシー」田島泰彦ほか編『表現の自由とプライバシー──憲法・民法・訴訟実務の総合的研究』（日本評論社・2006年）139-140頁。
5) 小林真紀「私生活の尊重の概念と出自を知る権利」愛大187号（2010年）15-16頁，同「『私生活の尊重』と体外受精における意思決定」愛大175号（2007年）67-68頁。
6) 当時のオランダ刑法248条は，「贈り物ないし約束により，あるいは事実上の状況から生じた優越的地位の濫用により」わいせつ行為を行った者を処罰の対象としていたが，被害者本人の告訴が必要であり，父親からの告訴は認められないことになっていた結果，加害者の刑事責任を問うことができなかった（戸波江二ほか編『ヨーロッパ人権裁判所の判例』〔信山社・2008年〕323頁〔棟居快行執筆〕）。
7) 同判決は，「『私生活』とは，個人の性的生活を含み，個人の人格が，身体的ならびに精神的に傷つけられないでいることが含まれる」としている（戸波ほか編・前掲注6）324頁〔棟居執筆〕）。
8) 「評価の余地」の考え方は，条約15条（緊急時における免脱）が問題となったLawless v. Ireland, 1 July 1961, Series A no. 3 等により採用され，条約8条を含む，それ以外の規定にも用いられるようになったものである（戸波ほか編・前掲注6）147頁〔江島晶子執筆〕）。「評

価の余地」については，広く認められる場合もあれば，狭くしか認められない場合もある。この点を判断する主要な基準として，「締約国間の共通項あるいはコンセンサスの有無」という基準がある（小林・前掲注5）「私生活の尊重の概念と出自を知る権利」20頁）。

9) 一方，中傷罪（刑法27章3条）は，個人によって行われた場合，最大3か月の自由刑もしくは罰金となっていた。

10) これまでフィンランドでは，政体法・国会法・閣僚責任法・弾劾裁判法の4つの基本法を憲法と見なしてきたが，単一の憲法典が作られた（2000年3月1日施行）。

11) 衆議院『EU憲法及びスウェーデン・フィンランド憲法調査議員団報告書』（衆議院・2004年）120頁。

12) 本稿は未刊行の『ヨーロッパ人権裁判所の判例II』のために執筆し，編集委員会の査読を受け修正を経たものである。

索　引

1964年公民権法（米国）　262
1996年WIPO条約　15
1998年デジタルミレニアム著作権法（米国）　15
2ちゃんねる　40, 196, 219, 230, 232, 241, 247, 264
　――DHC事件　49
　――女性麻雀士事件　49
　――動物病院事件　40, 42, 49
　――プライバシー侵害事件　40
2分論　236
3層フィルタリング・スキーム　11, 23-24
3分論　236
ACLU　16, 113, 115
American Library Association　119, 136
American Reporter　115
ARPANET計画　3
au　5, 14
BBテクノロジー　244
BIGLOBE　14
Black判決　265
Burton判決　130, 145
California State University　144
Carnegie Mellon University　140
CSデジタル放送　146
Denver判決　114, 124, 126-127, 143
DRM技術　10
EFF　16
EPIC　16
Eレート・プログラム　104
FOSI　14
Ginsberg判決　138
Google　223-225
Googleサジェスト事件　223, 225-226
IAB　8, 16
ICRA　6, 14, 18
　――ラベリング・システム　6
ICT総合進展度　32
ICチップ付きIDカード　191
ICチップ付き選挙人カード　191
IETF　8, 16
Internet Explorer　13

InterSafe　13
InterScan WebManager　14
IPアドレス　40, 49, 270
　動的――　267
IT時代の選挙運動に関する研究会　151
IT選挙　153
IT戦略本部　158
i-フィルター　13-14
Java　4
KT　32
LGWAN　190
LG電子　31, 46
Lockbox　146
LRAの基準　→より制限的でない他の選びうる手段の基準
megabbs　247
Millerテスト　140
Mitchell判決　254
NTT　229, 236
NTTコミュニケーションズ　230
NTTドコモ　5, 14
NTT東日本　188
OCN　14
Pacifica判決　114, 121, 123, 127, 133, 138, 146
Parental Key　146
Parental Lock　146
PHS　5, 18, 108, 191
　――会社　19, 37, 108
　――端末　94
PICS　4-6, 11, 13, 16-17, 23-25, 28, 30
Prodigy　26
Prodigy判決　26
P-STATION事件　35, 37
R.A.V.判決　254
Red Lion判決　133
Reno判決　121, 128, 137, 143
Renton判決　138
RSAC　6
RSACi　18
　――システム　6
Sable判決　116, 122

275

Safety Online 3　18
Santa Monica Public Electronic Network　144
SKブロードバンド　32
TBCグループ　232, 239, 244
TCP/IP　4
Turner判決　124, 141-143
University of Oklahoma　140
V-chip　126
VVPAT　159-160, 190
W3C　6, 8
Webフィルタリングサービス　14
Yahoo!　242, 247
Yahoo! BB　242
Yahoo! JAPAN　226, 229-230
YouTube　248-249

ア　行

アーキテクチャ　4, 6-7, 15-16, 21, 28, 30, 121, 138
アイヌ民族　248
曖昧性　117
アウシュビッツの嘘　252
明らかに不快な番組　125-126
明らかに不快な表現　→不快な表現
アダルトコンテンツ　21, 24, 26-28, 33-35, 119, 131, 245
アダルトサイト　17, 33, 36, 106
アデレードインスティテュート　253
アマチュア無線　246
アルゴリズム　223-226
暗号化モジュール　4
アンティニー　232
イエロー・ジャーナリズム　234
違憲審査基準　45-46, 112-116, 120, 127, 129, 134-135, 141
「石に泳ぐ魚」事件　242-243
萎縮的効果　30, 114, 205-206, 211, 223
違法な行為の煽動　256
違法・有害情報への対応等に関する契約約款モデル条項　261
威力業務妨害罪　250, 260
インターネット　41-42, 53, 95, 107, 208
　　カフェ　52, 64-66, 93, 107
　　掲示板　33-34, 44, 196, 219

　　言論社　45
　　サービスプロバイダ　5, 130, 132, 145, 253
　　端末の貸付・頒布・販売（業）者　53, 64-65, 73, 107
インターネット異性紹介事業を利用して児童を誘引する行為の規制等に関する法律の一部を改正する法律（改正出会い系サイト規制法）　109
インターネットイニシアチブ　32, 148, 218
インターネット学校フィルタリング法案（米国）　103
インターネット・コンテンツ審査監視機構　18
インターネット選挙運動解禁研究会　153
インターネット先進ユーザーの会　16
インターネットを利用した選挙運動に関するワーキンググループ　43, 153
ウイニー　232, 241
ウィルコム　5, 14
ウェブサーバ　4
迂回禁止条項　15
「宴のあと」事件　234, 237-238, 243
噂の眞相　241
映像送信型性風俗特殊営業　36, 106
営利的言論　139
役務提供事業者　66, 109
エルピーダメモリ　31, 47
「エロス＋虐殺」事件　243
エンドポイント　112
大阪市ヘイトスピーチ審査会　259, 264
　　委員　263
大阪市ヘイトスピーチへの対処に関する条例（大阪市ヘイトスピーチ抑止条例）　245
　　案　259, 263
大阪大学部落解放研究会　247
大阪府興信所条例（大阪府部落差別事象に係る調査等の規制等に関する条例）　256, 260
オープンソース　3, 11
　　運動　10
岡山市電子掲示板に係る有害情報の記録行為禁止に関する条例　260
オプト・アウト方式　176
オプト・イン方式　176
オペレーティングシステム　4
親の教育権　25

カ 行

会議室　208
階級煽動罪　252
改正出会い系サイト規制法（インターネット異
　性紹介事業を利用して児童を誘引する行為の
　規制等に関する法律の一部を改正する法律）
　→出会い系サイト規制法
改正風営（適正化）法　→風俗営業等の規制及
　び業務の適正化等に関する法律
改善事項報告書　66, 100
ガイドライン　16
開票所経費　188
怪文書　193
外務省　246
カウンター・コード　10, 15
過剰禁止原則　51
価値の低い表現　257
学校裏サイト　18, 108
学校法人京都朝鮮学園　249
カテゴリリスト　5
過度広汎性　104, 117, 254
カナダ人権法　252
カリフォルニア州立大学　255
カリフォルニア大学アーバイン校　255
環境管理型権力　10
関西電力事件　242
緩衝地帯　205
キーワードブロッキング　22, 26, 146
　——技術　5
危険引受けの理論　208, 216
記号式投票　163
技術者倫理　16
技術的手段　105
技術的特性　127
規制可能性　26
規制された自主規制　→自主規制
規制の認識　11-12
規制の歴史　102, 116-117, 138
規制否定説　256, 265
規制要素　4, 6-7, 21, 28
キッズ・モード・ブラウジング　12
義務
　削除——　227

消極的——　268, 271
積極的——　268-271, 273
努力——　→努力義務
年齢確認——　36, 106
罰則のない——　18-19
反論——　209, 221
保護——　→保護義務
——規定　65-66, 94-95, 100
義務教育（諸）学校　9, 29, 117
「逆転」事件　237
救済リスト　24
強行的義務規定・禁止規定　66, 95
共産党（日本共産党）　177, 262
行政権　263-264
強制手段法（フィンランド）　267
京都アルファネット事件　36-37, 48, 239
京都市前科照会事件　235
京都朝鮮学校事件　249-250, 263
京都朝鮮第一初級学校　249
京都府学連事件　235, 238
脅迫罪　260
業務妨害罪　44
虚偽事実の表現　34-35, 44, 46
虚偽表示罪　171
規律訓練型権力　10
記録媒体　184-185
金融商品取引法　44
グーグルマップ　247-248
具体的努力義務　→努力義務
グッド・サマリタン条項　227
クライアント・サーバ方式　184, 189
クリエイティブ・コモンズ　10
クレジットカード　30
訓示的・抽象的努力義務　→努力義務
携帯電話　5, 18, 31, 64, 93, 108, 191
　——会社　19, 37, 66, 108-109
　——端末　94
携帯電話インターネット接続役務　93-94
　——提供事業者　93-95
契約約款　261
ケーブルテレビ　123-126, 142-143, 146
　——事業者　125-126, 141
ゲソ法（フランス）　252
「月刊ペン」事件　202, 205

結社の自由 251
下品な番組 125, 147
下品な表現 22, 102-103, 115, 122, 131, 133, 140
厳格審査基準 12, 16, 18, 23, 25-27, 29, 46, 102-105, 113-118, 120-121, 125-126, 137, 139, 141-142, 144-145, 156-157
厳格な合理性の基準 156-157
喧嘩言葉 254, 256
検索サービス 224
検索サイト 225
現実の悪意 42, 205
── の法理 205-206, 211, 215, 226
源泉規制 117-118, 121, 134, 139
限定的規制肯定説 256-257, 265
限定的パブリックフォーラム →パブリックフォーラム
憲法裁判所（韓国） 34, 45-47, 51, 168
公益性 238, 241
── の要件 231
公開プロキシ 270
公開プロフィール 229-230, 240
光学スキャナ 163
公共性 231, 238, 241
── の要件 238
公権力 263
公職選挙法（公選法） 43, 150-151, 155, 177
── 改正案 43, 153-154, 174
── 改正案要綱 43
公職選挙法（韓国） 46
公正使用 16
公然性を有する通信 135
公選法改正案 →公職選挙法
公選法改正案要綱 →公職選挙法
公的関心事 140
公的言論 137-138
公的センサー 24-27
公的ドメイン 9, 12
口頭誹毀 273
高度情報通信ネットワーク社会推進戦略本部 →IT戦略本部
幸福追求権 234
公平原則 133
候補者誹謗罪（韓国） 46
公明党 154-155, 159, 177-178

公立学校 25
公立図書館 8-9, 25, 29, 105, 117, 120-121, 146
合理的関連性の基準 183
「コード」 3-13, 15-17, 21-22, 24-29, 101, 110
「コード」作者 7, 12, 16
国際人権規約B規約 250, 257, 265
国内人権機関の地位に関する原則（パリ原則） 258
国民主権原理 43, 162, 193
国民新党 177
国連人権委員会 250, 258
個人識別情報 232, 236, 239
個人識別番号 191
個人情報 236, 243
個人情報保護法 237
個人データの保護 271
個人認証システム 161
個人の身体的精神的完全性 268, 271
国家からの自由 9, 13, 254
国家による自由 9, 254
国家の評価の余地 268, 271, 273
国家保安法（韓国） 35, 45
国庫補助負担金等に関する改革案 188
子どもインターネット保護法（米国） 9, 29
子どもオンライン保護法（米国） 29, 101
子どものアクセスの容易さ 144
子どもの保護 29
戸別訪問の禁止 156
コモンキャリア 142
コロモ・ドット・コム 231
コンテンツアドバイザ 13
コンテンツフィルタリングサービス 14
コンピュータ 108, 112

サ 行

サーバ 11
サービスプロバイダ 267
罪刑法定主義 257
財団法人インターネット協会 14, 18
再投票の制度 191
サイト管理者 12, 19, 108, 263
在特会 →在日特権を許さない市民の会
サイト作成者 12
サイト事業者 37, 66, 109

サイトブロッキング　22, 146
　──技術　5
在日韓国・朝鮮人　264
在日台湾元軍属身元調査事件　243
在日朝鮮人　246, 249
在日特権を許さない市民の会（在特会）　248-
　249
サイバースペース独立宣言　3
サイバーゾーニング　25
サイバー犯罪条約　272-273
　──追加議定書　251, 272
サイバーリバタリアニズム　3
サイバーリバタリアン　6, 14
削除義務　227
削除要請　261
サジェスト機能　223-224, 226
札幌市議会　248
差別的表現　21-22, 24, 26-28, 245-257, 259-
　260, 262-264
　障がい者──　245
サムスン電子　31, 46-47
参議院　153
　──外務委員会　246
　──政治倫理の確立及選挙制度に関する特
　　別委員会　155
　──法務委員会　262
　──自民党　→自民党
ジェノサイド　251
　──煽動　252
ジオシティーズ　247
自己検閲　30, 211
自己実現　20, 45
　──の価値　38, 257
自己情報コントロール権　235, 243
自己統治　20, 45
　──の価値　12, 38, 206, 257
私事性　234
　──の要件　243
事実の公共性　202
事実の真実性　199
自主規制　43, 52, 67, 109, 262
　規制された──　13
　純然たる──　13
自主的フィルタリング　10, 12

市場　6-7, 21, 25, 28
市場分析　132
自書式投票　195
　──制　194
システムオペレータ（シスオペ）　38-39, 48, 216
私生活の尊重を受ける権利　267, 270, 273
思想の自由市場　27, 127, 132, 135, 143, 254,
　256, 262
　──論　256
自治省　42, 149-151
　──行政局選挙部選挙課　149
実効的救済手段を得る権利　267
実名確認　168
指定的パブリックフォーラム　→パブリックフ
　ォーラム
私的自治　13
私的センサー　24-27, 29
私的ドメイン　8-9, 13
児童ID　17
自動ソフトウェア・スクリーニング・プログラ
　ム　26
児童ポルノ　104-106, 119, 132
　──の送信行為　261
児童ポルノ法　36-38, 106
児童ポルノ防止法（米国）　101, 104
自民党（自由民主党）　43, 52, 153-155, 159, 174,
　176-178, 195, 266
　──青少年特別委員会　13, 66-67, 108
　──選挙制度調査会　43, 153-154, 159
　──総務委員会　67, 108
　参議院──　66
指紋押捺拒否事件　242
社会規範　6-7, 10, 15, 21, 28
社会的強者（多数派）　262
社会的弱者（少数派）　262
社会の責任を考えるコンピュータ専門家の会日
　本支部　16
社会的評価　39-41, 221, 249
社会的名誉　213
蛇口規制　117, 134, 139, 147
写真撮影　235
社民党　154, 176-177, 259
自由（な）意思による投票　161-163
集会・結社の自由　257

索　引　279

集会の自由 20
衆議院 153
── 外務委員会 246
── 政治倫理の確立及び公職選挙法改正に関する特別委員会 155, 166
── 法務委員会 262
住基ネット差止請求事件 243
十字架焼却（燃える十字架） 254, 265
住民基本台帳 241
熟議・討議 195
出版メディア 21
純然たる自主規制　→自主規制
障がい者差別的表現　→差別的表現
消極的義務 268, 271
消極的自由 10-12
少数者集団 27, 246, 256-257
肖像権 231, 237-240, 244, 261
── 侵害 228-229, 233, 235, 244
商標権 139
情報技術に関するRecommendation No. R (95) 13 272
情報通信機器 31
情報通信サービス提供者 45
情報通信網利用促進及び情報保護法（韓国） 33-34, 45
情報通信倫理委員会 33
情報プライバシー権 235
商用オンラインサービス 132, 145
商用ソフトウェア 5
職業別電話帳 39, 229
所有権 142
自律分散型ネットワーク 3
知る権利 198, 213
人格権 41, 197, 202-203, 234
人権委員会 258
人権救済条例見直し検討委員会 259
人権擁護委員制度 258
人権擁護機関 261
人権擁護施策推進法 258
人権擁護推進審議会 258
人権擁護法案 258, 266
新シカゴ学派 6-7
真実性の証明 203, 205
人種差別禁止法（オーストラリア） 253

人種差別禁止法（フランス） 252
人種差別禁止法（米国） 262
人種差別撤廃委員会 251
人種差別撤廃条約 246, 249-252, 254, 257
人種差別撤廃宣言 250
人種差別撤廃法案 259, 262
人種憎悪煽動罪 252-253
人種的少数者 256
人種的憎悪禁止法（オーストラリア） 253
人種等を理由とする差別の撤廃のための施策の推進に関する法律案　→人種差別撤廃法案
新党さきがけ 150
浸透性 102, 116-117, 122-123, 133, 144
信用毀損罪 44
水平社博物館 248
スクランブル 126
スタンド・アローン方式 184, 189
ステイトアクション 130, 145
ストリートビュー 247
スワスティカ 254
ズンデルサイト 253
世系 246
政権公約 152
政治活動 148-149, 163, 167, 171, 176
政治献金 149, 165
政治資金 162, 164, 193
政治的言論 127, 137, 138
政治的表現 162
青少年が安全に安心してインターネットを利用できる環境の整備等に関する法律（青少年インターネット環境整備法） 13, 36-38, 71-72, 92-93, 108-109
青少年健全育成推進委員会 19, 48, 108
青少年健全育成法案 66
青少年健全成長阻害図書類規制法案 52
青少年社会環境対策基本法案 52
青少年保護条例 13
青少年保護法（韓国） 33
青少年有害情報 94
── フィルタリングサービス 93-94
青少年有害媒体物 33, 45, 50
青少年を取り巻く有害社会環境の適正化のための事業者等による自主規制に関する法律案 66
政治倫理の確立及び公職選挙法改正（選挙制度）

に関する特別委員会 →参議院, 衆議院　153

成人ID　17

成人認証　45

政体法（フィンランド）　272, 274

積極的義務　268-271, 273

積極的自由　10-12

セルフガバナンス　4, 101

セルフレイティング　23

選挙運動　42, 46, 50, 148-151, 154-156, 162-164, 167, 169, 173, 183, 193-194

　―― 規制　42, 44

　―― 費用　162, 167, 176, 194

選挙管理委員会　152, 165, 189

選挙権　182, 192

選挙公報　165

選挙に関する表現　34-35

選挙の公正　43-44, 46, 152, 156

選挙の自由　43-44, 156

選挙の自由妨害罪　171

選挙費用　152, 171

センシティブ情報　239

センシティブ性　238-239

憎悪宣伝　252

憎悪煽動　252

総合行政ネットワーク　→LGWAN

捜査関係事項照会書　272

捜索差押許可状　272

送信防止措置　224

相当性　238

　―― の基準　40, 201, 203-206, 211, 219, 222-223, 226

　―― の要件　231

相当の理由　200-201, 203-206, 211, 214, 219

総務省　18, 42, 149, 151, 154, 185, 195

ソースコード　10, 190

ゾーニング　12, 25

　―― 条例　138

　―― 方式　10, 17

　―― 立法　30

訴訟費用貸付制度　263

措置命令　36, 106

その時代の共同体の基準　104, 135

ソフトウェア　22, 25

　　自動 ―― ・スクリーニング・プログラム　26

商用 ――　5

フィルタリング ――　4-5, 8-9, 11, 13, 18-19, 37-38, 52-53, 64, 66, 72-73, 92, 94, 101, 103-104, 107-110

ソフトバンク　5

タ　行

対抗言論　39, 41, 207-210, 216, 220-221, 254, 256, 262

　―― の理論　39-41, 207-210, 217, 220-222, 226

第三者機関　11-12, 18

代表民主制　162

他者に対する中傷　270

闘う民主主義　254

立入検査　52

立入調査　99

タッチパネル　188

　―― 方式　183, 189

地域改善対策協議会　258

地上波　134, 147

知的財産権　261

地方6団体　188

地方公共団体の議会の議員及び長の選挙に係る電磁的記録式投票機を用いて行う投票方法等の特例に関する法律　158

　―― 及び最高裁判所裁判官国民審査法の一部を改正する法律案　159

地方選挙電磁的記録投票補助金　159

チャイルドポルノ　→児童ポルノ

チャットルーム　46

中央集権型システム　35

中間的審査基準　135, 141

中間取りまとめ ―― 有害情報から子どもを守るために　52, 67

中傷罪　267-268, 273-274

直接記録式電子投票機　149, 160, 189-190

直接記録式投票機　165

直接民主主義　195

著作権管理システム　4

通信の秘密（通信の尊重を受ける権利）　267, 269, 271-273

通信品位法（米国）　29, 101-102

通信網利用促進及び情報保護法（韓国）　51

通信ログ 270
出会い系サイト 18, 66, 108, 267-268
出会い系サイト規制法 66
　改正—— 37, 109
ディスクリプター 24
データ管理者 244
デジタルアーツ 14
デジタル権利管理 8
デジタルディバイド 161
デジテク 14
テレコミュニケーション犯罪に関する改正法
　（オーストラリア） 253
テレコムサービス協会 261
テレテキスト 127, 143
テレホンサービス 122
電気通信基本法（韓国） 33-34, 46
電気通信事業者協会 261
電気通信事業法 272
電気通信事業法（韓国） 47
電気通信におけるプライバシー保護及びデータ
　セキュリティに関する法律（フィンランド）
　267
電子機器利用による選挙システム研究会 157
電子掲示板 224, 230, 239, 241
電子商取引 161
電子投票 149, 157-160, 162-163, 183, 189, 191,
　195
　第1段階の—— 149, 158, 160, 163
　第2段階の—— 160-161, 163
　第3段階の—— 149, 160-163, 191-192, 195
　——機 159-161, 184, 188, 190
　——システム 163
電子投票システム調査検討会 185
電子投票システムの技術的条件に係る適合確認
　実施要綱 185
電子投票導入の手引き 195
電子投票普及協業組合 188
電子民主主義 158
電子メールシステム 4
伝統的パブリックフォーラム →パブリックフ
　ォーラム
電波の稀少性 133
電波の物理的不足 123
電波メディア 102, 116-117, 121-124, 127, 133,

137-138, 211
電波有限論 133
テンプレート 24
電話 146
　——によるテレホンサービス 122-123
動画投稿サイト 247-249
東京都電子投票制度検討研究会 191
東芝 188
動的IPアドレス →IPアドレス
投票確認用監査証跡紙 →VVPAT
投票所経費 188
投票立会人 161
投票の秘密 161
トゥルーネット 32
時・場所・方法の規制 38, 138, 145
特定電気通信役務提供者 224
毒電波Radio 196-197
得票の再計票 160
匿名性 4, 7, 30, 228, 257, 269-270, 272-273
図書館サービス技術法（米国） 105
鳥取県人権侵害救済推進及び手続に関する条例
　案 259
都立大学事件 39
努力義務 18-19, 37, 53, 64, 66, 69-70, 72-73,
　92-95, 106-109
　具体的—— 65-66, 95
　訓示的・抽象的—— 65, 95
　——規定 65-66, 95, 100
トレンドマイクロ 14

ナ 行

内閣府 19, 52, 108
内容中立規制 129, 141-143, 145
長野市青少年保護育成条例 92
　——施行規則 92
長良川事件報道訴訟 237, 243
ナチズム 252
　ネオ—— 250
　——非難決議 250
奈良水平社博物館事件 248
なりすまし 43, 151-154, 157, 162-163, 171,
　176, 193
新見市議会の議員及び新見市長の選挙における
　電磁的記録投票機による投票に関する条例

183

ニコニコ動画　177, 249

西鉄バスジャック事件　247

「二重封筒」方式　191

偽アカウント　193

日本維新の会　154-155, 177

ニフティ　229

ニフティサーブ　39, 48, 196, 216, 246

　　―― 現代思想フォーラム事件　38, 40-41,
　　207, 210, 221

　　―― プライバシー侵害事件　39

　　―― 本と雑誌のフォーラム事件　39, 41, 207,
　　210, 217, 221

日本インターネットプロバイダー協会　261

日本共産党　→共産党

日本ケーブルテレビ連盟　261

日本ファッション協会　231

日本複合カフェ協会　52

認証システム　4, 30

認証済みアカウント　193

認定マーク　11

ネオナジー　232, 239

ネオナチズム　→ナチズム

ネットいじめ　18

ネットカフェ事業者　52

ネットスター　5, 14

ネットヘブン　16

ネットワークのセキュリティ　161

年齢確認　30, 52, 66-67, 100, 103

　　―― 義務　36, 106

ノキア　31

ノンパブリックフォーラム　128-129

ハ　行

ハードコアポルノ　38

ハードドライブ　4-5, 16

バイオメトリクス情報　191

ハイニックス半導体　31, 47

パケット通信　246

パソコン　31, 64, 93

パソコン通信　26, 35-36, 38, 41-42, 46-47, 53,
　95, 102, 105-107, 167, 196, 207-208, 222,
　229, 246

　　―― 業者　26

ハッカー　3-4

バックボーン　130

発信者情報の開示　216

　　―― 請求　230, 241

罰則規定　65-66

罰則のない義務　→義務

バナー広告　154-155, 163, 178

ハナロテレコム　32

パブリックアクセスチャンネル　125-126

パブリックスペース　144

パブリックフォーラム　105, 126, 128, 142,
　144-145

　限定的――　29

　指定的――　105, 121, 126, 128-129, 144

　伝統的――　128-129

　　―― 理論　120, 126, 128-133, 135, 142, 144

パブリッシャー　26

パリ原則　→国内人権機関の地位に関する原則

パンチカード　164

　　―― 式　190

半導体メモリ　31

ハンドルネーム　139

反ユダヤ主義　→ネオナチズム

反論義務　209, 221

非公知性　234

被差別集団　246

被差別部落　246, 248

秘匿性　234

一人で放っておいてもらう権利　234

誹謗中傷　43, 151-154, 157, 162-163, 171, 176,
　193, 248, 261

秘密投票制　194

表現内容規制　31, 33, 45, 113, 115, 118, 121, 123-
　124, 129, 133, 135-136, 141-143, 254

　　―― 立法　112

表現の自由　4-5, 7, 9, 13, 20-21, 24-25, 29, 38-
　39, 41, 43-44, 65-66, 72, 94, 112, 117, 125, 134,
　137, 143, 156-157, 162, 183, 193, 198, 202,
　205-207, 215, 221, 223, 244, 250-251, 256-
　258, 260, 264, 269-271, 273

平等選挙　183

ビレッジグリーン　130-132, 145

広島市青少年と電子メディアとの健全な関係づ
　くりに関する条例　71

索　引　283

フィルタ方式　10, 17
フィルタリング　5, 9, 11, 14, 18-19, 120
　　——機能　5
　　——サービス　18-19, 37-38, 52, 94, 108-109
　　——システム　16
　　——推進機関　48, 109
　　——ソフトウェア　4-5, 8-9, 11, 13, 18-19,
　　　37-38, 52-53, 64, 66, 72-73, 92, 94, 101,
　　　103-104, 107-110
風説の流布　44
風俗営業等の規制及び業務の適正化等に関する
　法律（風営法）　135
　改正——　36, 38, 106, 135
フォーラム　208
不穏通信　47
不快な表現　131
　明らかに——　102
普及性　122, 133
富士通　188
侮辱罪　250, 252, 260
付帯決議　246
普通選挙　183
物理的証跡　160, 190
不当な差別的言動　263, 266
不法行為責任　41, 260
プライバシー　239-240, 261, 269, 273
　情報——権　235
　　——外延情報　236
　　——（個人情報）掲示型　229, 234-235, 238-
　　　239
　　——（肖像写真）掲示型　229, 234, 237, 239
　　——固有情報　236
　　——侵害　41, 223-224, 228-229, 233, 240,
　　　242, 270
　　——の権利　41, 234-237, 242-244, 260
　　——（個人情報）漏えい型　229, 234, 239
　　——を侵害する表現　33-35, 39, 41, 228, 239-
　　　240, 256
ブラウザ　4
部落差別的表現　245-246
ブラックリスト方式　14
ぷららネットワークス　196
ブランデンバーグの基準　256
プリントメディア　41, 121-124, 127, 134, 140,

143, 211, 222
プロキシサーバ　5, 14
プログラマー　21
プログラム　8, 22
ブロッキングシステム　24
ブロッキングソフトウェア　22-26, 28-29, 117,
　120, 134, 139, 146
プロトコル　16
プロバイダ　5, 19, 36-37, 41-42, 52-53, 64-66,
　70, 73, 93, 95, 103, 106-107, 109, 112, 261-
　263, 270, 272
プロバイダ責任制限法　42, 224
　　——名誉毀損・プライバシー関係ガイドラ
　　　イン　261
プロフ（自己紹介サイト）　18, 108
文書図画　42-43, 150, 155-156, 166, 193
文書誹毀　273
ヘイトクライム　255
ヘイトクライム統計法（米国）　255
ヘイトクライム判決強化法（米国）　255
ヘイトクライム法（米国）　255, 262
ヘイトクライム予防法（米国）　255
ヘイトスピーチ　245-246, 251, 259, 263-264
ヘイトスピーチ（対策）法　245
　　——案　262
ヘイトデモ　263, 266
ベッコアメ事件　36
編集の自由　125
反中傷同盟　26-27
防御条項　113-114
放送の浸透性　→浸透性
法　3-7, 9-10, 12-13, 15, 21-22, 25-29, 101,
　103, 109-110
法廷侮辱罪　253
法の下の平等　257
法務省　258
　　——人権擁護機関（法務局・地方法務局）　261
ポータルサイト　33, 45
ボート・トレーディング　149, 165
ボート・ペアリング　149
保護義務　9
　基本権——　17
保護者・学校関係者・その他の青少年の育成に
　携わる者　53, 64-65, 71, 73, 93, 107

補助金　9, 13, 29, 103, 105, 109, 117
ホストコンピュータ　35-36
ホロコースト　252-253
ホワイトリスト　24
　　──方式　14
本人確認　45-46, 50, 192
　　──情報　243
本邦外出身者　263, 266
本邦外出身者に対する不当な差別的言動の解消
　に向けた取組の推進に関する法律（ヘイトス
　ピーチ〔対策〕法）　245
　　──案　262

マ 行

マーク・レスター事件　238
マークシート　164
　　──式　165
　　──投票用紙　163, 190
マイクロソフト　13
マイマップ　248
マサチューセッツ工科大学　255
マストキャリー規則　124, 141
マスメディア　20
マスメディアにおける表現の自由行使のための
　法律（フィンランド）　269, 272
松川事件　204
マニフェスト　43, 152-154, 171
丸正事件　204
マルチメディア法（ドイツ）　253
未成年に有害な表現　12, 103-104
未成年（者）の保護　23, 103, 105, 146
見たくない者の保護　23
ミネルバ　34
身元識別情報　270, 272
民衆煽動罪　252
民主主義プロセス　137, 157
民主党　43, 152-155, 159-160, 174, 176-178,
　188, 193, 259
民進党　259, 262, 266
みんなの党　154-155, 176-178
無形損害　249-250
無効化条項　105
明確性の原則　34, 46
明確性の要件　114

名誉毀損　39-40, 49, 178, 201-202, 205, 207,
　216, 219-221, 223-224, 227, 238, 240, 248,
　270
　　──罪　40-41, 197-204, 206, 209, 216, 221,
　225, 247, 260
　　──的表現　21, 24, 26-28, 33-35, 38-39, 41,
　199, 207-208, 228, 239, 245
名誉権　41, 202
迷惑メール　151
メタデータ　10
メディア特性分析　102, 112, 114, 116, 121, 123-
　125, 127-128, 131-135, 142, 144
メディアの稀少性　102, 116-117, 144
燃える十字架　→十字架焼却
目的の公益性　199, 202
モバイルコンテンツ審査・運用監視機構　18
文部科学省　18

ヤ 行

ヤフー　→Yahoo!
大和民族を守る会　247
やむにやまれぬ（政府）利益　102-103, 105, 113,
　115, 123, 129
優越的地位　38
有害サイトブロックサービス　14
有害情報　18-19, 37-38, 48, 52-53, 64-65, 67,
　72, 92, 107-109, 260
　　──の遮断　64-65, 73, 92-93
有害情報から子どもを守るための検討会　52
「夕刊和歌山時事」事件　40, 198, 201, 203-206,
　211, 222
有形損害　249
ユーザコントロール　146
郵便投票　192
　　──制度　192
ヨーロッパ議会・ヨーロッパ理事会におけるデ
　ータの保持に関するDirective 2006/24/EC
　272
ヨーロッパ人権裁判所　267
ヨーロッパ人権条約　267
ヨーロッパ評議会閣僚委員会におけるコンピュ
　ータ関連犯罪に関するRecommendation No.
　R (89) 9　272
より制限的でない他の選びうる手段の基準（LRA

の基準）　46, 156-157, 183

ラ 行

ラーメンフランチャイズ事件　40, 49, 219, 225, 239
ラベリング　5, 11-12
リーストアクセスチャンネル　125-126, 142
利益衡量説　237
利敵表現　34-35
リバースブロッキング　141
リメーラ　270
倫理綱領　16
ルートサーバ　4
レイティング　5, 11-12, 23, 25, 29-30, 146
　　—— 技術　28

—— システム　23-24, 103, 117
連邦憲法裁判所（ドイツ）　165, 190
ロゴマーク　10

ワ 行

ワーム　16
わいせつな州際営利的電話サービス　122
わいせつな表現　21, 33, 38, 102-106, 122, 131-132, 140, 239, 261
わいせつ物　36-38
わいせつ物公然陳列罪　106
和歌山毒物カレー事件　238
忘れられる権利　227, 244
早稲田大学江沢民講演会名簿提出事件　237, 242-243

初出一覧・関連文献

Ⅰ 「コード」
「コード」『表現の自由Ⅰ──状況へ』(尚学社・2011年)295-316頁
Ⅱ サイバースペースにおける表現内容規制に関する一考察──規制要素としての「コード」と「法」
を中心として
「サイバースペースにおける表現内容規制に関する一考察──規制要素としての『コード』と
『法』を中心として」情報ネットワーク5巻(商事法務・2006年)11-20頁
Ⅲ 日本におけるインターネット上の表現内容規制──韓国の状況を参照しながら
「日本におけるインターネット上の表現内容規制──韓国の状況を参照しながら」『日韓憲法
学の対話Ⅱ』(尚学社・未刊行)
Ⅳ 条例によるインターネットの「有害」情報規制
「条例によるインターネットの『有害』情報規制」札大19巻2号(2008年)35-54頁
Ⅴ 条例によるインターネットの「有害」情報規制(続)
「条例によるインターネットの『有害』情報規制(続)」商討67巻1号(2016年)269-302頁
Ⅵ インターネットにおける「有害」情報規制の現状
「インターネットにおける『有害』情報規制の現状」『憲法理論叢書18 憲法学の未来』(敬文
堂・2010年)119-133頁
Ⅶ サイバースペースに対する表現内容規制立法とその違憲審査基準──アメリカにおけるアダル
トコンテンツ規制を素材として
「サイバースペースに対する表現内容規制立法とその違憲審査基準──アメリカにおけるア
ダルトコンテンツ規制を素材として」北大法学研究科ジュニア・リサーチ・ジャーナル6
号(1999年)215-243頁
Ⅷ 政治過程におけるインターネットの利用──わが国の過去・現在・近未来
「インターネットにおける選挙運動規制に関する一考察」札大21巻2号(2010年)105-133頁
「選挙運動のネット利用解禁」法教359号(2010年)2-3頁
「選挙運動におけるインターネットの利用──わが国の過去・現在・近未来」『憲法問題25』(三
省堂・2014年)42-53頁
「電子投票に関する一考察」商討65巻4号(2015年)283-311頁
＊上記4論文をまとめたもの
Ⅸ インターネットの個人利用者による表現行為について名誉毀損罪の成否が争われた事例──い
わゆる,ラーメンフランチャイズ事件判決
「インターネットの個人利用者による表現行為について名誉毀損罪の成否が争われた事
例──いわゆる,ラーメンフランチャイズ事件判決」商討62巻1号(2011年)237-263頁
Ⅹ インターネット上の名誉毀損──最近の2つの事件について
「インターネット上の名誉毀損──最近の2つの事件について」法セ707号(2013年)20-24頁
Ⅺ インターネット上のプライバシー侵害に関する一考察
「インターネット上のプライバシー侵害に関する一考察」『高見勝利先生古稀記念論文集 憲法
の基底と憲法論──思想・制度・運用』(信山社・2015年)923-941頁
Ⅻ インターネット上の差別的表現
書きおろし(「インターネット上の差別的表現・ヘイトスピーチ」『インターネット法』(有斐
閣・2015年)145-166頁を元に大幅改稿)
ⅩⅢ 自己情報のインターネット・サイトへの無断記載──K.U.対フィンランド判決
「自己情報のインターネット・サイトへの無断記載──K.U.対フィンランド判決」『ヨーロッ
パ人権裁判所の判例Ⅱ(仮題)』(信山社・未刊行)

著者紹介

小倉一志（おぐら かずし）

北海道札幌市生まれ
北海道大学法学部卒業
北海道大学大学院法学研究科修士課程・博士後期課程修了
日本学術振興会特別研究員，北海道大学大学院法学研究科助手，札幌大学法学部准教授，
小樽商科大学商学部企業法学科長・教育研究評議会評議員（併任）などを経て

小樽商科大学商学部企業法学科教授（大学院商学研究科現代商学専攻担当），教育研究評
議会評議員（併任）

インターネット・「コード」・表現内容規制

2017年4月1日　初版第1刷発行

著者Ⓒ　小 倉 一 志

発行者　芋 野 圭 太
発行所　尚 学 社

〒113-0033　東京都文京区本郷1-25-7　電話(03)3818-8784　FAX(03)3818-9737
http://www.shogaku.com/　verlag@shogaku.com
ISBN978-4-86031-122-3　C3032

組版・ACT·AIN／印刷・互恵印刷／製本・三栄社

―― 現代憲法研究 I ――

サイバースペースと表現の自由

小倉 一志 著
A5判 360頁

　国家・法域を超えて情報が行き交うサイバースペースについての憲法理論のあり方を，アダルトコンテンツ・名誉毀損的表現・差別的表現を突破口に，アメリカの「コード」論を中心として比較法的観点から検討する。
――目次抜萃　序章／第1章 リアルスペース上の表現諸理論の形成／第2章 サイバースペース原理論／第3章 サイバースペースに対する表現内容規制／第4章 表現内容規制論の再検討／終章　　　定価7,000円（税抜）
――――――――――――――尚学社刊――――――――――